DICIONÁRIO ROUSSEAU

CB143407

N.J.H. DENT

DICIONÁRIO
ROUSSEAU

Tradução:
ÁLVARO CABRAL

Revisão Técnica:
RENATO LESSA
Professor e diretor executivo do Iuperj
Professor-titular de ciência política da UFF

Jorge Zahar Editor
Rio de Janeiro

Título original:
A Rousseau Dictionary

Tradução autorizada da primeira edição inglesa publicada em 1992 por Blackwell Publishers, de Oxford, Inglaterra

Copyright © 1992, N.J.H. Dent

Copyright © 1996 da edição em língua portuguesa:
Jorge Zahar Editor Ltda.
rua México 31 sobreloja
20031-144 Rio de Janeiro, RJ
tel.: (021)240-0226 / fax: (021)262-5123

Todos os direitos reservados.
A reprodução não-autorizada desta publicação, no todo ou em parte, constitui violação do copyright. (Lei 5.988)

Capa: Gustavo Meyer

CIP-Brasil. Catalogação-na-fonte
Sindicato Nacional dos Editores de Livros, RJ.

Dent. N.J.H.
D462d Dicionário Rousseau / N.J.H. Dent: tradução. Álvaro Cabral; revisão técnica. Renato Lessa. — Rio de Janeiro: Jorge Zahar Ed., 1996.

— (Dicionários de filósofos)

Tradução de: A Rousseau dictionary
Inclui bibliografia
ISBN 85-7110-342-9

1. Rousseau. Jean-Jacques, 1712-1778 — Dicionários. 2. Rousseau, Jean-Jacques, 1712-1778. 3. Filosofia francesa — Século XVIII. I. Título. II. Série.

96-0070 CDD 194
CDU 1(44)

Todos sabem que existe uma grande disputa entre seus líderes para decidir qual deles se parece mais com Rousseau... Rousseau é o seu cânone de sagrada escritura... é a sua figura exemplar de perfeição... Tivemos o grande professor e fundador da *filosofia da vaidade* na Inglaterra... ele não nutriu outro princípio para influenciar seu coração ou guiar seu entendimento exceto a *vaidade*... Foram esse abuso e essa perversão que a vaidade comete até a hipocrisia que levaram Rousseau a relatar uma vida que está longe de ser marcada, ou mesmo salpicada aqui e ali, de virtudes, ou distinguida até por uma única boa ação.

Edmund Burke,
Carta a um Membro da Assembléia Nacional (1791)

Para muitos deles, os estóicos, por exemplo, a compaixão é positivamente rejeitada e condenada. Por outro lado, meu fundamento está amparado pela autoridade de J.-J. Rousseau, que foi indubitavelmente o maior moralista dos tempos modernos. Ele é o profundo juiz do coração humano, que foi buscar sua sabedoria não nos livros, mas na vida, e destinou sua doutrina não à cátedra magisterial, mas à humanidade. É o inimigo de todo preconceito, o discípulo da natureza; só ele foi dotado pela natureza com o dom de poder moralizar sem ser enfadonho, pois atingiu a verdade e tocou o coração.

Arthur Schopenhauer,
O fundamento da moral (1841)

A meus pais

Sumário

Prefácio

O foco principal deste *Dicionário* incide sobre Rousseau como filósofo (por mais constrangido que ele se mostrasse com usar essa designação). Embora não negligencie absolutamente suas realizações na literatura, na música etc., não lhes dei tanto destaque quanto às suas idéias nas áreas da filosofia social, política e moral. Isso deve-se, em parte, ao fato de eu crer que a importância permanente de Rousseau está alicerçada nessa obra, e não nos outros aspectos de sua produção; em parte, porque minha própria formação é a de filósofo e, portanto, estou mais à vontade no trato com esses elementos do pensamento rousseauniano. Também procurei dar uma idéia de Rousseau, o homem, e do contexto em que viveu e trabalhou. Acho porém necessário dizer que não sou um estudioso da França setecentista, nem me considero, *stricto sensu,* um estudioso metódico da obra de Rousseau, no sentido em que, por exemplo, M. Cranston e R. Wokler o são, e o falecido R.A. Leigh o foi. (Há muitos outros além deles, é claro.)

Recebi generosa colaboração, sobre certos aspectos, do professor Basil Deane e do dr. Colin Timms, do Departamento de Música da Universidade de Birmingham; dr. Peter Jones, do Departamento de História; dr. Ceri Crossley, do Departamento de Francês; e do professor Frances Young e do dr. Iain Torrance, do Departamento de Teologia. Gostaria de registrar uma dívida de caráter mais geral para com Peter Nicholson, da Universidade de York, que foi, como sempre, incondicional em sua ajuda e profundo interesse.

A maior parte do *Dicionário* foi compilada durante um período de licença que gozei em 1990. Tal licença só é possível porque colegas estão preparados para suportar uma carga mais pesada de trabalho durante esse período, e desejo expressar-lhes os meus agradecimentos. Sou grato a Sue Bowen pela datilografia, e ao revisor da editora por converter minha emaranhada prosa em algo mais legível. E não poderia ter escrito este livro sem o constante e carinhoso apoio de minha mulher, Stephanie.

N.J.H.D.
Birmingham
dezembro de 1991

Introdução e notas sobre o uso deste dicionário

O objetivo deste *Dicionário* é proporcionar, numa forma acessível, suficiente informação sobre as principais obras e idéias de Rousseau, assim como seu exame, a fim de habilitar o leitor a adquirir uma noção abrangente do homem e de suas realizações. O corpo principal do livro divide o material acerca de Rousseau e suas obras em duas amplas categorias: verbetes sobre suas principais idéias; e verbetes sobre seus principais livros e ensaios, ou grupos de obras (por exemplo, peças teatrais). Não tentei, é claro, abranger tudo o que Rousseau escreveu, mas incluí algumas de suas peças mais despretensiosas a fim de oferecer um quadro mais acabado do que seria o produzido pela concentração apenas em suas "grandes" obras.

Pouca coisa existe na obra de Rousseau que não seja polêmico. A própria tentativa de apresentar o que ele sustentou tão simplesmente quanto possível exige, com freqüência, uma boa dose de interpretação controversa. Por conseguinte, mesmo caracterizando-se como obra de referência, não se deve esperar deste *Dicionário* um ponto de vista desapaixonado e imparcial. Entretanto, ao formular e apresentar teses particularmente discutíveis, alertei o leitor para o fato.

A estrutura deste *Dicionário* segue os seguintes princípios:

Verbetes sobre as obras. Quando a obra é mais conhecida por seu título em português, a entrada do verbete traz esse título, com o original francês entre parênteses. Obras cujos títulos começam em *O/A* ou *Le/La* são localizadas pela primeira palavra diferenciadora (por exemplo, *Confissões, As*). Quando o título de uma obra não figura como entrada de verbete, é porque trata-se, a meu ver, de uma obra secundária e, portanto, tratada sob uma entrada genérica. Por exemplo, a análise de *Le lévite d'Éphraïm* encontra-se no verbete *Poesia e prosa variada.* O Índice remissivo indica a localização de tais peças.

Em virtualmente todos os casos, exponho algo sobre a gênese da obra, as circunstâncias em que foi escrita e o acolhimento que desfrutou. Faço também uma descrição de seu teor e principais características, e procuro identificar o que nela existe de valor e interesse. Quando apropriado, o verbete também contém referência a livros ou artigos que analisam a obra. Os detalhes sobre datas de publicação, traduções etc. são fornecidos na Bibliografia. O número entre colchetes no título do verbete indica onde, na lista de obras de Rousseau (p.224-9), a obra em questão é citada.

Ocorrem, inevitavelmente, algumas superposições e repetições entre verbetes sobre as obras e verbetes sobre idéias. Tentei de certa forma tornar cada verbete autônomo, para que o leitor não se visse obrigado a percorrer o livro inteiro em busca das remissões. Contudo, para evitar excessivas duplicações, mantive algumas remissões que precisam ser procuradas. Espero ter encontrado o equilíbrio correto nesse aspecto.

Verbetes sobre idéias. Faço uma explanação da idéia, uma indicação do lugar que ocupa no pensamento de Rousseau como um todo, um exame do que nela é difícil ou polêmico e uma consideração sobre sua importância. Especifico onde, nos escritos de Rousseau, deve ser encontrada a principal apresentação da idéia, e cito livros ou artigos que tratam-na de forma útil. Tal como no caso dos verbetes sobre obras, procurei tornar esses verbetes razoavelmente autônomos e estabelecer um equilíbrio adequado entre economia e duplicação.

Verbetes variados. Estes são de duas espécies. Em primeiro lugar, os verbetes que englobam grupos de obras, como peças teatrais ou poesia. Neste caso, sigo o mesmo procedimento adotado para as obras isoladas. Em segundo lugar, os verbetes — dos quais há poucos — que consideram alguns assuntos antecedentes ou afins de utilidade para o entendimento de Rousseau. Eles cobrem idéias (por exemplo, o *Iluminismo*) e obras (por exemplo, a *Enciclopédia*).

Remissões. Para consultas a termos ou nomes alternativos aos que figuram no *Dicionário*, os leitores encontrarão o gênero usual de remissão. Por exemplo, *Adivinho da aldeia, O*, ver *composição musical; Cartas a Sofia*, ver *Cartas morais*. Conforme expliquei, tentei manter o mínimo de remissões em verbetes. O Índice remissivo fornece uma especificação bem mais abrangente dos tópicos importantes do que as remissões relativas às entradas de verbetes.

Seções introdutórias. Compreendem um breve relato da vida e da obra de Rousseau; uma cronologia; uma tentativa de avaliação das realizações de Rousseau como um todo. A finalidade do ensaio é fornecer um quadro sinótico do homem e sua obra. Não é, evidentemente, um substituto da leitura de análises mais demoradas, mais extensas e seqüenciais da vida e obra de Rousseau, mas deve propiciar alguns pontos de referência.

Bibliografia. Contém duas partes, cada uma delas subdividida: a Parte I ocupa-se das principais obras escritas por Rousseau; a Parte II trata das obras sobre Rousseau. Detalhes completos são fornecidos na p.221.

Índice remissivo. Nem todos os nomes, termos etc. significativos são apresentados como entradas de verbetes. Ao incluir tais nomes e termos, o Índice complementa tais entradas; para quaisquer temas, conceitos ou obras que o leitor queira investigar, aconselho consultar sempre, em primeiro lugar, o Índice remissivo. Sempre que apropriado, o nome ou termo aparecem ali em português e em francês.

Vida e obra de Rousseau

A vida de Rousseau tem sido tão extensamente estudada e analisada quanto o são suas obras. A razão está em que algumas de suas mais importantes obras tratam de sua própria vida, como é o caso da autobiografia *As confissões* e de *Os devaneios de um caminhante solitário*, ou resultam de — e relacionam-se muito diretamente com — circunstâncias de sua vida, como as *Cartas da montanha*; e, em parte, porque sua própria vida é, sob muitos aspectos, fascinante e estranha. Por conseguinte, é particularmente aconselhável possuir algum conhecimento dos principais episódios dessa vida, o que o leitor acompanhará a seguir. Além disso, é importante para a compreensão do pensamento de Rousseau conhecer a ordem em que foram escritas suas principais obras, e a Cronologia (p.23-6) torna essa informação acessível numa forma sucinta.

Rousseau nasceu a 28 de junho de 1712 em Genebra, o segundo filho de Isaac Rousseau, um relojoeiro, e de Suzanne Bernard. O irmão de Rousseau, François, nasceu dez anos antes de Jean-Jacques, mas sabe-se muito pouco sobre ele. Jean-Jacques foi batizado em 4 de julho na fé calvinista de Genebra; dois dias depois faleceu sua mãe, aos 40 anos de idade. (Muito tem sido especulado, por biógrafos e intérpretes de Rousseau, acerca de sua criação sem mãe.) O pai de Rousseau, que era cidadão pleno de Genebra, possuía um razoável nível de educação, com alguns interesses literários. Rousseau registra nas *Confissões* as leituras que ele e seu pai faziam juntos, as quais incluíam as obras de Plutarco, seu autor favorito desde tenra idade. Após a morte da esposa, a situação financeira de Isaac Rousseau piorou, e ele e Jean-Jacques foram obrigados a mudar-se para um bairro mais pobre da cidade, St. Gervais. Não se sabe se François estava ou não com eles.

Em outubro de 1722, quando Rousseau tinha 10 anos, seu pai fugiu de Genebra após uma briga e estabeleceu-se em Nyon, onde voltou a casar quatro anos depois. O rapaz foi entregue à tutela de seu tio materno, Gabriel Bernard, que o enviou, juntamente com seu primo Abraham, para morar na casa do pastor J.-J. Lambercier e de sua irmã Gabrielle em Bossey, próximo a Genebra (embora pertença hoje à França), onde teria prosseguimento sua educação. Depois de um par de anos vivendo numa situação de perfeita harmonia e felicidade com Abraham, Rousseau e o primo regressaram a Genebra, onde as diferenças de condição social e de fortuna entre a família confortavelmente abastada de Abraham e a quase pobreza de Rousseau se tornaram evidentes. Em abril de 1725, Rousseau foi colocado como aprendiz de um gravador, Abel Ducommun, sob cujo teto passou a viver. Sentia-se muito infeliz nessa época — por seu relato, Ducommun era homem cruel e implacável, e Rousseau não era aprendiz muito hábil e assíduo no trabalho, o que gerou grande animosidade entre eles.

Em um domingo de março de 1728, após ter trabalhado no negócio de Ducommun por quase três anos, Rousseau volta a Genebra de um passeio pelo campo com amigos para constatar que as portas da cidade acabavam de ser fechadas. Embora isso já lhe tivesse ocorrido outras vezes, essa ocasião iria precipitar uma decisiva mudança em sua vida. Decidiu deixar Genebra e, após um dia ou dois perambulando, buscou ajuda de um sacerdote católico que lhe recomendou, com uma carta de apresentação, procurar Françoise-Louise de la Tour, baronesa de Warens, em Annecy, como potencial neófito católico, embora a seriedade das preocupações religiosas de Rousseau nessa época seja bastante duvidosa. A sra. de Warens era separada de um grande proprietário rural suíço, ela própria uma recém-convertida, e destinatária de várias pensões que lhe eram concedidas a fim de ajudá-la a recrutar outros prosélitos para a fé católica. Seu encontro com Rousseau foi decisivo, e suas vidas iriam ficar estreitamente interligadas nos cerca de doze anos subseqüentes. Para ele, a baronesa era a sua *maman*; para ela, Jean-Jacques era o seu *petit*.

A princípio, foi decidido que Rousseau iria para Turim a fim de ser instruído na fé católica e preparado para o ingresso na Igreja. Ignora-se até que ponto encarou com seriedade o assunto; o mais provável é que estivesse meramente disposto a fazer o que se esperava dele, com o intuito de obter alguma segurança e de reter o interesse que a sra. de Warens e outros tinham demonstrado por ele. Chegou a Turim em abril de 1728 e abjurou em 23 desse mês. (Rousseau exagera, nas *Confissões*, a resistência que opôs à sua admissão na Igreja Católica.) No entanto, nenhuma ocupação lhe foi imediatamente proposta pelas autoridades eclesiásticas, e após algumas vicissitudes — incluindo episódios de amor desvalido e bizarro exibicionismo — encontrou finalmente um lugar como lacaio na casa da condessa de Vercellis. Aí conheceu o abade Gaime, cujas idéias influenciariam profundamente suas crenças religiosas numa outra vida. Após a morte da condessa, em dezembro de 1728, teve lugar o episódio da fita roubada, quando Rousseau falsamente acusou a camareira Marion como autora do furto. Isso é lancinantemente narrado por Rousseau no Livro II das *Confissões*, e atormentou a tal ponto seu espírito que voltaria a mencioná-lo no fim da vida em *Os devaneios de um caminhante solitário* (Quarto Passeio). Não tardou a encontrar novo trabalho, como secretário do abade Gouvon, mas não punha grande empenho no cumprimento de seus deveres, sendo demitido no começo do verão de 1729.

Após várias aventuras, Rousseau realiza, finalmente, seu caminho de volta ao lar da sra. de Warens, onde se fizeram planos para seu ingresso no sacerdócio. Estudou por algum tempo sob a direção do abade Jean-Baptiste Gâtier, em Annecy, que ao lado do abade Gaime teve certa influência na formação das idéias religiosas de Rousseau. A figura do vigário saboiano, cuja *Profissão de fé* é registrada no Livro IV do *Emílio*, parece ter tido como principal modelo o abade Gâtier, embora as crenças atribuídas a esse vigário sejam um misto das próprias idéias com algumas pitadas das de ambos os abades. Rousseau não revelou a menor aptidão para o exercício religioso e, ao invés disso, manifestou o desejo de tornar-se músico. Sua sempre indulgente *maman* providenciou seu ingresso numa *schola cantorum*, onde adquiriu os rudimentos do conhecimento musical e algum treinamento.

Seguiu-se um período muito instável de cerca de dezoito meses, pontuado por novas aventuras. Algumas são ignóbeis — abandonou seu professor de música em Lyon, Le Maître, quando este sofreu um derrame; outras prazerosas — o idílio no cerejal com a senhorita de Graffenried e a senhorita Galley; algumas de mero arroubo juvenil — suas farras com Venture de Villeneuve, um aventureiro e aspirante a músico. Durante esse período, Rousseau ganhou pequenas somas de dinheiro dando aulas de música (não muito bem) e copiando partituras (não muito melhor). Chegou a fazer uma curta viagem a Paris, provavelmente em junho de 1731, mas a cidade não tinha aliciantes para ele nessa época. No outono desse ano, enfim regressou ao lar da sra. de Warens, que vivia agora em Chambéry, com quem permaneceria quase continuamente nos dez anos seguintes. Ocupou-se ensinando música, organizando serões musicais, lendo muito e ajudando a sra. de Warens em seus muitos e vários projetos.

Quando Rousseau completou 21 anos em 1733, a sra. de Warens decidiu iniciá-lo sexualmente, acontecimento que parece ter-lhe proporcionado mais confusão e tristeza do que prazer. A situação foi complicada pela presença de um tal Claude Anet. Embora nominalmente fosse o mordomo da sra. de Warens — cargo que desempenhava com responsabilidade —, era também seu amante e, embora não parecesse perturbada por ter dois parceiros sexuais convivendo em sua casa, sérias tensões foram introduzidas em conseqüência dessa mudança na posição de Rousseau na vida dela. Anet morreu, em circunstâncias um tanto misteriosas, em março de 1734, e Rousseau então assumiu o lugar mais completamente, não só em seu papel sexual, mas também na (não muito competente) administração dos assuntos domésticos da sra. de Warens.

Os dois anos seguintes da vida de Rousseau parecem ter sido particularmente felizes. Continuou lendo vorazmente em muitas áreas — filosofia, história, teoria musical, matemática; e, embora passasse por alguns períodos de saúde muito precária, suas relações com a sra. de Warens, sobretudo quando estavam vivendo no vale do Les Charmettes, deram-lhe profundo prazer. Suas primeiras publicações datam desse tempo; uma canção sua, "Un papillon badin" ("Uma borboleta brincalhona"), foi publicada no *Mercure de France* em 1737; e também escreveu um poema um tanto longo, *Le verger de Madame la Baronne de Warens* (O pomar da sra. de Warens), em 1738. De fato, porém, suas relações com a *maman* estavam ficando por essa altura bastante azedas. Um amante e auxiliar preferido, Jean-Samuel-Rodolph Wintzenried, entrara em sua vida e, embora por alguns meses os três tivessem vivido juntos, a intimidade de Rousseau com a sra. de Warens estava se tornando rapidamente coisa do passado.

Foi, portanto, com certa avidez que ele aproveitou a oportunidade para mudar-se para Lyon em abril de 1740, onde se tornou o preceptor dos dois filhos de Jean Bonnot de Mably, um rico aristocrata e chefe de polícia. (O filósofo Condillac era um dos irmãos de Mably, e Jean d'Alembert — *philosophe* e colaborador de Diderot na *Enciclopédia* — era um primo natural.) Havia começado outra fase significativa na vida de Rousseau.

Não era um preceptor muito eficiente, embora tampouco seus alunos fossem muito receptivos a seus ensinamentos, e a sua nomeação foi amigavelmente rescindida após um ano. Datam mais ou menos dessa época dois breves ensaios sobre educação referentes à instrução do sr. de Sainte-Marie, o primogênito de Mably, e também um certo número de poemas dedicados a amigos. Rousseau voltou por breves dias a Les Charmettes, mas todos os remanescentes de seu antigo prazer na companhia da sra. de Warens tinham-se evaporado. Doente e deprimido, decidiu ir a Paris para conseguir celebridade e fazer fortuna. Partiu em junho de 1742 aos 30 anos de idade, levando consigo um exemplar de seu *Projeto para uma nova notação musical* e sua peça *Narcisse* (Narciso). Essas obras, esperava, estabeleceriam uma base para a realização de suas novas ambições.

Com cartas de apresentação fornecidas pela família Mably, Rousseau garantiu a oportunidade de apresentar seu *Projeto* à Academia de Ciências em agosto de 1742. Recebeu alguma atenção mas foi rejeitado, não sendo considerado pela Academia como de suficiente mérito. Entre os que assistiram à explanação de Rousseau estava o compositor Rameau e, embora suas relações se tornassem mais tarde acrimoniosas, Rousseau então se dispunha a reconhecer a justiça das observações críticas do compositor e teórico musical. Não renunciou de imediato às suas idéias; elaborou seu esquema a fim de lhe dar uma forma publicável e — com algum material adicionado — lançou-o em 1743 com o título *Dissertation sur la musique moderne.* Também começou a trabalhar em outros projetos musicais, que só se concretizariam um ou dois anos mais tarde.

Rousseau começou a travar amizades entre a *intelligentsia* ascendente de Paris, sendo sua mais significativa associação a com Denis Diderot. Mas o sucesso não veio com facilidade e, em junho de 1743, aceitou o cargo de secretário do novo embaixador francês em Veneza, o conde de Montaigu, embora isso o tenha afastado de Paris. O relato de Rousseau sobre seu serviço em Veneza, como apresentado no Livro VII de *As confissões,* é provavelmente fidedigno em sua maior parte. Iniciou-se em condições desfavoráveis em conseqüência do mau relacionamento com o embaixador e, embora pareça que, ao menos desta vez, tenha desempenhado seus deveres bastante bem, os dois não tardaram em desavir-se de maneira irreparável. Amplamente reconhecido como vítima de tratamento vexatório, Rousseau renunciou a seu posto em agosto de 1744 e regressou a Paris.

Uma vez ali reinstalado, entregou-se totalmente ao trabalho musical. Concluiu sua ópera-balé *Les muses galantes,* que iniciara antes de partir para Veneza, e trechos da partitura foram apresentados na casa do mecenas Le Riche de la Pouplinière perante uma platéia que incluía Rameau (de novo) e o duque de Richelieu. Rameau, talvez com ciúmes por essa intrusão em seu domínio de influência, sugeriu que as únicas partes decentes da partitura eram fruto de plágio. Fizeram-se diligências para que a obra fosse apresentada em Versalhes, mas sem resultado. Entretanto, Rousseau foi encarregado de fazer uma adaptação de *Les fêtes de Ramire,* de Rameau e Voltaire, a qual foi levada à cena em Versalhes, em dezembro de 1745. Uma significativa mudança na vida pessoal de Rousseau havia ocorrido nesse mesmo ano. Conhecera na primavera Thérèse Levasseur, uma lavadeira e criada analfabeta que trabalhava em sua residência; não tardou a tornar-se sua amante, a mãe de seus filhos (abandonados) e, finalmente, sua esposa e companheira de toda a vida.

Apesar de ter obtido alguns êxitos com suas obras musicais Rousseau não estava estabelecendo qualquer posição realmente sólida, ou remuneradora, em Paris. Na primavera de 1746, aceitou o posto de secretário da família Dupin, e tornou-se um companheiro constante do enteado da sra. Dupin, Franceuil. Por uma temporada, foi membro mais ou menos regular dessa casa, e para representação familiar na residência de verão dos Dupin, o Château de Chenonceaux, escreveu pelo menos uma peça teatral, *L'engagement téméraire* (O compromisso temerário), além de poemas, canções e outras criações. Sua amizade com Diderot e com outros membros do nascente ciclo *encyclopédiste* consolidava-se nesse meio tempo. Em 1748, ele e Diderot planejaram revezar-se na edição de um jornal, *Le persifleur* (O trocista), mas o projeto nunca foi além do rascunho de um anúncio de lançamento escrito por Rousseau. Por essa época, Diderot estava profundamente envolvido nos preparativos de publicação da *Enciclopédia*, e Rousseau foi chamado a escrever — a toda pressa — um grande número de verbetes sobre tópicos musicais. Alguns anos depois, colaborou com um extenso verbete adicional sobre economia política (conhecido como *Discurso sobre economia política*, o qual foi publicado finalmente no volume V da *Enciclopédia* em 1755).

As idéias progressistas de Diderot colocaram-no freqüentemente em conflito com as autoridades civis e, em julho de 1749, foi detido por escrever obras sediciosas e encarcerado em Vincennes, nos arredores de Paris. Numa de suas visitas ao amigo, em agosto de 1749, ocorreu o que Rousseau considerou o episódio decisivo de toda a sua vida. Leu no *Mercure de France* o anúncio de um concurso de ensaios organizado pela Academia de Dijon cujo tema era a seguinte questão: "O progresso das ciências e das artes corrompeu ou purificou a moral?". Rousseau ficou petrificado; foi tamanha a torrente de novas idéias e visões que o acometeram que desmaiou e viu-se incapaz por algum tempo de prosseguir em sua viagem. Essa "iluminação" fixou a forma definitiva do restante de sua vida. Decidiu escrever sobre o tema, e o resultado foi o ensaio *Discurso sobre as ciências e as artes* (o *Primeiro discurso*). Ganhou o prêmio, concedido em julho de 1750, e o texto foi editado na íntegra pouco depois. A tese de Rousseau — que o avanço das ciências e das artes havia, de fato, corrompido a moral — despertou grande atenção; muitos ensaios foram escritos em resposta, e Rousseau respondeu cuidadosamente à maioria dos críticos. A notoriedade pública, até mesmo a fama, tinham finalmente chegado.

Nos dez anos seguintes, Rousseau trabalhou com grande intensidade, e toda a sua obra realmente duradoura foi produzida nesse período, quando se esforçou por expressar tudo o que lhe fora revelado em sua "iluminação". Entretanto, não prosseguiu de imediato com novas obras sobre temas de significação moral e social. Suas ambições musicais não o tinham abandonado por completo. Na primavera de 1752, foi hospedar-se em Passy, na casa de seu amigo François Mussard, um apaixonado pela música italiana — pela qual Rousseau também ficara muito impressionado durante sua temporada em Veneza. Enquanto esteve em Passy, inspirou-se para escrever o libreto e a música de *O adivinho da aldeia,* completando o plano geral de ambos em seis dias. Essa ópera cômica, sua obra musical mais famosa e a única duradoura, foi escolhida para montagem perante o rei e Madame de Pompadour em Fontainebleau, em outubro de 1752. Foi um enorme sucesso e Rousseau — caso houvesse permanecido em Fontainebleau — teria certamente recebido uma pensão de Luís XV. Mas, a pretexto de uma doença (de fato, já estava sofrendo de uma enfermidade urinária que o afligiria de maneira mais ou menos aguda o resto de sua vida) e — em retrospecto — de sentimentos republicanos, regressou a Paris sem comparecer perante o rei.

O adivinho da aldeia foi incluído no repertório da Ópera de Paris e, na esteira de seu sucesso, a Comédie Française encenou a sua peça *Narcisse* (que levara consigo para Paris dez anos antes). A própria Madame de Pompadour interpretou o papel de Colin em nova encenação privada de *O adivinho da aldeia* em seu palacete de verão em 1753. Tudo parecia encaminhar-se para que Rousseau se tornasse um compositor de celebridade e distinção. Além disso, seu envolvimento com o universo musical se expandiu em outras direções. No verão de 1753, uma companhia itinerante de ópera italiana, denominada Les Bouffons, chegou a Paris a fim de apresentar óperas da escola italiana. Já tinham feito uma visita no verão anterior sem atrair muita atenção, mas, desta vez, sua presença provocou um prolongado e assaz agitado debate em torno dos méritos relativos à música francesa e à italiana. Grande número de panfletos, cartas e ensaios foi escrito em prol de um gênero ou outro, e Rousseau deu seu influente veredicto a favor do lado italiano, ao escrever em 1753 sua *Carta sobre a música francesa,* na qual conferiu dimensões culturais, sociais e nacionais em grande escala a essa polêmica originalmente musical. Um de seus alvos específicos era Rameau, o grande mestre da ópera francesa, e o ataque arraigou a pendência entre os dois. Rameau empenhou-se numa virulenta recriminação a Rousseau anos depois — quando Rousseau já há muito deslocara sua atenção para outras áreas de interesse.

A primeira guinada consistiu em seu retorno a questões de interesse moral e político. A Academia de Dijon havia anunciado um novo concurso na categoria de ensaio no outono de 1753, propondo a consideração da origem e legitimidade da desigualdade entre os homens. Rousseau, uma vez mais, aceitou o desafio, e o resultado foi o *Discurso sobre a origem da desigualdade* (o *Segundo discurso*). Há uma outra obra significativa, iniciada nessa época, que faz a ponte entre seus interesses musicais e políticos. Trata-se do *Ensaio sobre a origem das línguas*, que parece nunca lhe ter dado plena satisfação, só vindo a ser publicado após sua morte.

No *Segundo discurso,* Rousseau distancia-se mais enfaticamente do que antes das atitudes otimistas, racionalistas e progressistas de seus companheiros enciclopedistas, que haviam considerado a tese do *Primeiro discurso* essencialmente malévola e provocante. No *Segundo discurso,* Rousseau analisa a sociedade moderna como não só incorporando mas promovendo, instigando e exigindo profundas e odiosas desigualdades entre as pessoas, o que as empurraria cada vez mais para o caminho da corrupção, da infelicidade e da miséria. Seu lento e cada vez maior distanciamento da sociedade parisiense e das atitudes dos colegas revela-se também na decisão de ir a Genebra em junho de 1754, de ser readmitido na Igreja Protestante e de reclamar seus direitos como cidadão. A caminho, escreveu para o *Segundo discurso* uma extensa e veemente dedicatória a Genebra, apresentando a cidade como modelo de perfeição para todas as comunidades humanas.

O *Discurso* não ganhou o prêmio, mas, quando foi publicado, em agosto de 1755, despertou considerável interesse. Entre os que depreciavam as idéias de Rousseau estava Voltaire, que escreveu, após ter recebido o exemplar que Rousseau lhe remetera: "Depois de ler seu livro, fica-se com o desejo de passar a andar de quatro." A rixa entre os dois aprofundar-se-ia nos anos seguintes. Não se viram em vida, contudo passaram a ser vistos, após a morte, como irmãos de armas. Foi em novembro desse ano que o verbete de Rousseau sobre economia política apareceu na *Enciclopédia.*

Rousseau parecia então decidido a converter seus preceitos em prática. A sra. d'Épinay, cujo salão Rousseau freqüentava, ofereceu-lhe o uso de l'Ermitage, uma casa de campo que ela mandara recentemente construir em Montmorency. Em abril de 1756, ele retirou-se da sociedade parisiense e foi viver, com Thérèse e a mãe dela, em relativo isolamento no campo. Os cinco anos seguintes passados ali e na vizinha localidade de Mont-Louis foram os mais criativos de sua vida.

Continuou trabalhando no vasto projeto, "Instituições políticas", que concebera inicialmente em Veneza. Acabou por abandoná-lo, à exceção de seu mais famoso fragmento: *O contrato social.* Também estava empenhado na compilação de excertos das obras do abade de Saint-Pierre (*Extrait du "Projet de paix perpétuelle"* e *Polysynodie*). Em julho de 1756 escreveu uma extensa carta a Voltaire (sobre o otimismo, ou providência) em resposta ao poema de autoria do último a respeito do terremoto de Lisboa, no qual escarnecia da idéia segundo a qual "tudo é feito com a melhor das intenções". Outras obras que Rousseau tinha em elaboração eram um dicionário de música, fundamentado nos verbetes que escrevera para a *Enciclopédia* de Diderot, e um tratado sobre moralidade e experiência, "La morale sensitive, ou le matérialisme du sage", que não foi adiante.

A obra que o preocupava acima de tudo em 1757-58 era, de fato, uma em que não havia pensado quando se mudara para o campo. Passeando pelos bosques ao redor de Montmorency, Rousseau absorveu-se num mundo de fantasia povoado por seus sonhos amorosos, e desses sonhos emergiu o plano de seu romance, *Júlia, ou A nova Heloísa* — as cartas de dois amantes que vivem numa pequena aldeia ao sopé dos Alpes. Tudo indica que ficou algo embaraçado ao empreender tal obra — um romance epistolar de paixão e sentimentos elevados — quando, aos olhos do mundo, exibia-se sob a capa de um austero moralista. Mas seu envolvimento com o romance só se aprofundou quando a encarnação viva de sua imaginada Júlia incorporou-se na forma de Sophie d'Houdetot, cunhada da sra. d'Épinay, que residia nas vizinhanças. Rousseau apaixonou-se perdidamente por ela, e os sentimentos e conflitos daí resultantes encontraram expressão no romance. A inebriante mistura de erotismo e virtude que impregna o romance também pode ser apreciada nas *Lettres morales* (Cartas morais), que escreveu a Sophie durante os meses do inverno de 1757-58.

As relações de Rousseau raramente perduravam, e em fins de 1757 já se desentendera com a sra. d'Épinay. Mudou-se então de l'Ermitage para a vizinha Mont-Louis. Não muito depois, seu *affaire* com Sophie terminaria, mais adquirira alguns novos amigos, os Luxemburgo, que lhe foram sumamente prestimosos nos três ou quatro anos seguintes. Não só o acolheram em sua casa, como a sra. de Luxemburgo ajudou-o a conseguir a publicação de *Emílio*. A conclusão de seu romance foi também retardada por outros desvios. Em outubro de 1757, d'Alembert contribuiu para o volume VII da *Enciclopédia* com um verbete sobre Genebra, no qual recomendava o estabelecimento de um teatro na cidade. Rousseau ergueu-se em defesa dos costumes morais republicanos de sua cidade natal, que reputou passíveis de serem abalados pela presença de um teatro, e no inverno escreveu sua *Carta a d'Alembert*. (Ele pode ter desconfiado da influência de Voltaire nas entrelinhas do artigo de d'Alembert.) Esse ensaio foi publicado em setembro de 1758.

A nova Heloísa foi finalmente publicado em Paris no começo de 1761 com prodigioso sucesso. Teve pelo menos setenta edições em francês ao longo dos quarenta anos seguintes, e dez edições inglesas foram publicadas antes de 1800. Mas esse espetacular triunfo teve vida curta. Em 1758, Rousseau havia começado a trabalhar no *Emílio*, sua maior obra, que em 1761 estava virtualmente concluída. *O contrato social* também estava em seu rascunho final por essa mesma altura, e ambos os manuscritos foram para as mãos dos gráficos. Mas, perturbado por demoras na impressão, doente e deprimido, Rousseau escreveu em janeiro de 1762 quatro cartas confessionais a Malesherbes — o diretor oficial de publicações, ou censor —, que era um defensor da liberdade de imprensa e já mostrara amistoso interesse pela obra de Rousseau. Essas *Cartas a Malesherbes* foram realmente precursoras das grandes obras autobiográficas que Rousseau escreveria ao longo da década e meia seguinte. Essas cartas não eram destinadas à publicação (foram editadas a título póstumo), mas o seu conteúdo era conhecido de muitos dos amigos de Rousseau — e de alguns de seus inimigos.

Finalmente, na primavera e começo do verão de 1762, vieram a lume *Emílio, ou Da educação* e *O contrato social*. A catástrofe abateu-se sobre Rousseau. *A profissão de fé do vigário saboiano*, incluída no *Emílio*, foi considerada intoleravelmente ofensiva à ortodoxia religiosa. Em 7 de junho de 1762, *Emílio* foi condenado pelo corpo docente da Faculdade de Teologia na Sorbonne e exemplares do livro foram queimados. Avisado da iminente prisão, Rousseau fugiu de Montmorency no dia 9, indo refugiar-se em Yverdon, na Suíça. Mas não pôde permanecer aí por muito tempo: também em Genebra o *Emílio* era queimado em praça pública — adicionando-se-lhe *O contrato social* como contrapeso. Foi obrigado a seguir viagem; encontrou segurança em Môtiers, no principado de Neuchâtel, súdito nessa época de Frederico II da Prússia.

Rousseau não deve, no começo, ter ficado totalmente aturdido com esse furor, uma vez que, durante sua viagem de Paris, escreveu um poema em prosa, *Le levite d'Ephraïm* (O levita de Efraim), sobre o qual declarou mais tarde ser sua obra "predileta" (*As confissões*, Livro XI). Além disso, estava em suficiente posse de suas faculdades para escrever uma vigorosa resposta à carta pastoral que o arcebispo de Paris, Christophe de Beaumont, divulgara em agosto de 1762 condenando a *Profissão de fé*. A *Carta a Christophe de Beaumont* foi publicada em março de 1763. Um outro acontecimento de 1763 foi a morte da sra. de Warens. Porém, ela e Rousseau já estavam separados há tanto tempo que, a essa altura, ele não parece ter sido muito afetado.

Embora Rousseau desfrutasse de alguma tranqüilidade e segurança em Môtiers, a maré de seus dissabores estava de fato apenas começando. Estava tão desgostoso com o tratamento que suas obras tinham recebido em Genebra que, em maio de 1763, renunciou à cidadania que tão pressurosamente reclamara nove anos antes. O procurador-geral genebrino, Jean-Robert Tronchin, não deixaria, entretanto, as coisas nesse pé. Publicou as suas *Cartas do campo*, justificando as ações do Conselho de Genebra. Isso provocou um extenso e polêmico ataque de Rousseau: as *Cartas da montanha* foram publicadas em dezembro de 1764 e, embora agradassem a alguns dos mais revolucionários elementos em Genebra, exacerbaram a má vontade das autoridades. Entretanto, nem todo o tempo de Rousseau em Môtiers foi exclusivamente consagrado ao trabalho. Começou a interessar-se pela botânica, interesse que subsistiu até quase o fim da vida. Também temos um esplêndido relato da visita que lhe foi feita pelo presunçoso James Boswell em dezembro de 1764 (*Boswell na grande viagem: Alemanha e Suíça*, 1764). Contatos mais sérios também foram feitos: um certo Matteo Buttafoco escreveu-lhe em agosto de 1764, em nome de Paoli, o líder dos rebeldes corsos, solicitando a redação de uma proposta de nova constituição para a Córsega — que em breve, esperava ele, se libertaria do jugo genovês. Rousseau nunca terminou o seu *Projeto de constituição para a Córsega*, a qual, em todo caso, teria sido inútil, uma vez que a causa rebelde não tardou a ser derrotada.

A breve paz que Rousseau encontrou em Môtiers não durou muito. No final de dezembro de 1764, Voltaire publicou, anonimamente, *O sentimento dos cidadãos*, um panfleto no qual tornou público, entre outras coisas, o fato de Rousseau ter abandonado os filhos que tivera com Thérèse Levasseur. Rousseau ficou desvairado com essa denúncia e, ao lado das dificuldades cada vez maiores que vinha enfrentando com as autoridades religiosas, isso pode ter ajudado a causar o sério distúrbio paranóico de que sofreria, com algumas pausas, nos muitos anos subseqüentes. Sua casa em Môtiers foi apedrejada em setembro de 1765 e, após um breve e idílico interlúdio na ilha de St.-Pierre, no lago de Bienne, resolveu regressar a Paris, de onde viajaria para um refúgio supostamente seguro na Inglaterra sob a proteção de David Hume. Hume era, ao mesmo tempo, íntimo de muitas das mais poderosas figuras na França, algumas das quais também manifestavam um amistoso e generoso interesse por Rousseau. Mas essa amizade não iria durar.

Em janeiro de 1766, Rousseau deixou a França na companhia de Hume. Foi residir primeiro em Londres (no bairro de Chiswick) e depois em Wootton, no Derbyshire. Hume tinha providenciado para que Rousseau recebesse uma pensão de Jorge III, mas a princípio ele recusou-a. Essa rejeição e um certo número de outros episódios resultaram num áspero conflito entre os dois homens. Hume — cujo comportamento do começo ao fim parece ter sido inteiramente judicioso — escreveu um relato dessa pendência, a qual se tornara assunto de interesse público (*The Concise Account*, outubro de 1766). Rousseau tornou-se um homem cada vez mais perturbado, morbidamente desconfiado, imaginando conspirações e escárnio à sua volta. O trabalho que realizou nesse tempo figura na primeira parte de *As confissões*. Então, no começo de 1767, ele e Thérèse deixaram subitamente Wootton e, depois de algumas semanas perambulando, retornaram em maio à França.

Foi permitido a Rousseau, sob a condição de nunca mais voltar a escrever para o público, residir perto de Paris. Assim fez por algum tempo, sob a proteção do príncipe de Conti e outras pessoas influentes. O seu *Dicionário de música* — presumivelmente não considerado uma obra turbulenta ou sediciosa — veio a lume, entretanto, no final de 1767 (ele havia corrigido as provas no decorrer do ano precedente). Rousseau não permaneceu por muito tempo perto de Paris; seguiram-se dois anos muito instáveis, durante os quais viveu em Bourgoin e em Monquin, perto de Grenoble. Em agosto de 1768, enquanto estava em Bourgoin, casou finalmente com Thérèse.

Em março de 1770, Rousseau decidiu voltar — pela última vez, divulgar-se-ia — a Paris. Fez a viagem via Lyon, onde foi festivamente acolhido. *O adivinho da aldeia* e o monodrama *Pigmalião* foram encenados em sua homenagem. Em junho, estava uma vez mais instalado em Paris. Organizou leituras de excertos de *As confissões* para grupos de amigos, mas estas logo foram proibidas sob pressão da sra. d'Épinay, que suspeitava não ser retratada nelas de forma favorável. Nos últimos oito anos de sua vida, Rousseau trabalhou principalmente em novos e extensos escritos autobiográficos, embora mantivesse também seu interesse pela botânica, escrevendo algumas cartas pedagógicas sobre o assunto.

Algumas dessas obras autobiográficas mostram sinais acentuados de persistente perturbação mental. *Rousseau juiz de Jean-Jacques: diálogos*, escrita entre 1771 e 1776, é uma dessas obras; mas, por outro lado, *Os devaneios de um caminhante solitário,* que a morte de Rousseau em 1778 deixou inacabada, está impregnada de uma constante serenidade espiritual. Além das *Cartas elementares sobre botânica*, Rousseau empreendeu um último trabalho político. O conde Wielhorski fora enviado a Paris em 1770 pelos membros da Confederação de Bar, que se opunha à dominação russa na Polônia, a fim de recolher idéias para a reelaboração da Constituição polonesa. Entre aqueles a quem contatou estava Rousseau, cujas *Considerações sobre o governo da Polônia* constituem uma obra substancial, recheada de muitas idéias importantes. Embora concluída em 1771 ou 1772, não foi publicada em vida do autor. Durante esse período, tudo o que se relacionava com Rousseau era objeto de intensa curiosidade e, embora evitasse companhias, sua reputação pessoal mantinha-se muito alta. Seu renome musical também estava se recuperando: *O adivinho da aldeia* voltou a ser encenada e atraiu a admiração do compositor Gluck, com quem estabeleceu um relacionamento positivo.

Em 1776, Rousseau concluíra o manuscrito dos *Diálogos* e em fevereiro — sabe-se lá em que estado mental — tentou colocar um exemplar da obra no altar-mor de Notre-Dame, quando encontrou trancados os portões de acesso ao altar. Em profunda aflição mental, redigiu um panfleto — *A todos os franceses que ainda amam a justiça e a verdade* — e num estado de semiloucura deambulou pelas ruas de Paris tentando distribuí-lo nas mãos dos transeuntes. No final desse ano, quando voltava de um de seus mais tranqüilos passeios, foi derrubado por um grande cão e bastante machucado. De um modo inexplicável, esse acidente parece ter-lhe purificado o espírito, e começou a trabalhar em *Os devaneios de um caminhante solitário*, onde relata esse episódio (no Segundo Passeio), assim como expressa muitas e várias reflexões sobre si próprio e as circunstâncias de sua vida.

Em maio de 1778, Rousseau mudou-se com Thérèse para Ermenonville, não muito longe da Paris central. Aí faleceu em 2 de julho, após breve enfermidade. Foi sepultado na Île des Peupliers em Ermenonville, e sua sepultura tornou-se lugar de peregrinação para os parisienses. Em outubro de 1794, seus restos mortais foram transferidos para o Panteão. Thérèse sobreviveu-lhe 22 anos.

A maior parte dos escritos póstumos de Rousseau foi confiada a seus velhos amigos genebrinos P. Moultou e P.A. Du Peyrou. Os dois publicaram uma edição de suas obras completas, a qual incluiu muitos dos trabalhos que Rousseau havia escrito durante os dez anos precedentes mas que não tinham sido publicados até então. Sua reputação póstuma cresceu incessantemente. Não há dúvida de que foi uma presença dominante durante a Revolução Francesa, e de que está hoje consagrado como uma das grandes figuras da civilização ocidental.

Cronologia

Nota: A vida de Rousseau pode ser dividida, *grosso modo*, em três partes. (1) Os anos de aprendizado (1712-49), nos quais a maioria de sua obra é sobre música, e que termina com a "iluminação" a caminho de Vincennes. (2) Os anos de maturidade (1750-64). Suas maiores obras datam desse período: *O adivinho da aldeia*, os *Discursos, A nova Heloísa, Emílio, O contrato social* e a *Carta a d'Alembert*. (3) Os anos de declínio (1764-78), marcados pela crescente perturbação mental e grande absorção em si mesmo. Sua obra-prima, *As confissões*, provém deste período, mas muitas obras são prolixas e desiguais.

1712 28 de junho: nascimento
6 de julho: falecimento da mãe
1722 O pai foge de Genebra
Colocado sob tutela de seu tio; vive em Bossey
1725 Aprendizado de gravador, Ducommun
1728 14 de março: fechamento das portas de Genebra, deixando-o do lado de fora; abandona a cidade
Conhece a sra. de Warens
23 de abril: abjura o protestantismo, Turim
Conhece o abade Gaime; rouba a fita cor-de-rosa
1729 Treinamento como músico; período de incertezas
1731 Trabalha brevemente como escrevente na coletoria de impostos
1733 Iniciado sexualmente pela sra. de Warens
1734 Morte de Claude Anet (amante e factótum da sra. de Warens)
1736 Vive em Les Charmettes com a sra. de Warens
1737 É publicada a canção "Un papillon badin"
1738 Escreve *Le verger de Madame la Baronne de Warens* (publicado em 1739)
1740 Em Lyon, preceptor dos filhos de Jean Bonnot de Mably. Escreve *Projet pour l'éducation de M. de Sainte-Marie;* poemas;
Épître à M. Bordes; ópera, *La découverte du Nouveau Monde*
1741 Demite-se do cargo de preceptor
1742 Vai para Paris, levando consigo o *Projeto para uma nova notação musical* e a peça teatral *Narcisse*
22 de agosto: apresenta o *Projeto* à Academia de Ciências. Escreve *Dissertação sobre música moderna* (uma versão do *Projeto;* publicada em 1743)
1743 Esboço da ópera-balé, *Les muses galantes*

Julho: parte para Veneza, como secretário do embaixador francês
Inicia o trabalho sobre "Instituições Políticas" (nunca completado)
1744 6 de agosto: deixa Veneza
1745 Conhece Thérèse Levasseur, que se torna sua amante
Conclui *Les muses galantes*; partes representadas
Revê *Les fêtes de Ramire*, de Rameau/Voltaire; representação em Versalhes, 22 de dezembro
1746 Torna-se secretário da família Dupin (até 1751)
Escreve o poema *L'allée de Sylvie*
Thérèse dá à luz o primeiro filho
1747 Verão: escreve *L'engagement téméraire* para apresentação em Chenonceaux
Outono: Thérèse grávida de novo
Morre o pai
Diderot e d'Alembert planejam a *Enciclopédia*
1748 Planejado mas nunca terminado *Le persifleur*
Escreve artigos sobre música para a *Enciclopédia*
1749 24 de julho: detenção de Diderot
Agosto: experiência de "iluminação" quando a caminho de Vincennes para visitar Diderot
1750 Julho: *Discurso sobre as ciências e as artes* (o *Primeiro discurso*) ganha o prêmio da Academia de Dijon
Novembro: publicado o *Primeiro discurso*
1751 Respostas a críticos do *Primeiro discurso*
Junho: publicado o primeiro volume da *Enciclopédia*
1752 Primavera: esboço da ópera *O adivinho da aldeia*
18 de outubro: *O adivinho* é levado à cena em Fontainebleau com grandes aplausos
Dezembro: *Narcisse* representado na Comédie Française
1753 *O adivinho* publicado; *Narcisse* publicado
Novembro: *Carta sobre a música francesa* publicada; anunciado o tema para o prêmio de ensaio do segundo concurso da Academia de Dijon, sobre desigualdade
Ensaio sobre a origem das línguas, iniciado nesta época (nunca concluído; publicado postumamente)
1754 Escreve o *Discurso sobre a origem da desigualdade* (o *Segundo discurso*)
Regressa a Genebra a fim de ser readmitido na Igreja Protestante e solicitar a cidadania
10 de outubro: volta a Paris
1755 Junho: o *Segundo discurso* publicado
Artigo sobre economia política (futuro *Discurso sobre economia política*) publicado no vol. V da *Enciclopédia*
Carta a M. Philopolis, crítico do *Segundo discurso*
1756 Muda-se para l'Ermitage em Montmorency
Trabalha em "Instituições Políticas": compila excertos das obras do abade de

Saint-Pierre (*Projet de paix perpétuelle*, publicado em 1761; o restante, publicado postumamente)
Julho/Agosto: *Carta a Voltaire sobre a providência* (publicada sem autorização em 1759, Berlim)
Outono: começa a trabalhar em *Júlia, ou A nova Heloísa*

1757 Conhece Sophie d'Houdetot
Pendência com Diderot
Outubro: artigo de d'Alembert sobre Genebra no vol. VII da *Enciclopédia*
Dezembro: deixa l'Ermitage
Inverno: *Cartas morais* escritas para Sophie d'Houdetot (publicadas postumamente)

1758 Trabalha em *A nova Heloísa*; começa a escrever *Emílio*
Setembro: *Carta a d'Alembert* publicada
Rompimento final com Diderot

1760 Concluído *A nova Heloísa; Emílio* e *O contrato social* em andamento
Minuta de *Les amours de Milord Édouard Bomston*

1761 Janeiro: *A nova Heloísa* publicado

1762 Janeiro: escreve as *Cartas a Malesherbes* (publicação póstuma)
Abril: *O contrato social* publicado
Maio: *Emílio, ou Da educação*, publicado
Junho: *Emílio* denunciado e queimado; foge de Paris; *Le lévite d'Éphraïm* escrito durante a fuga
11 de junho: *Emílio* e *O contrato social* queimados em Genebra
Julho: instala-se em Môtiers; morre a sra. de Warens
Agosto: Christophe de Beaumont, arcebispo de Paris, publica o decreto contra *A profissão de fé do vigário saboiano*
Outono/Inverno: escreve *Émile et Sophie, ou Les solitaires* (publicado postumamente)

1763 Março: publicação da *Carta a Christophe de Beaumont*
Maio: renuncia à cidadania genebrina
Outono: publicadas as *Cartas do campo,* de J.-R. Tronchin

1764 Agosto: recebe carta de Buttafoco sobre a Córsega
Começa trabalhando no *Projeto de constituição para a Córsega* (inacabado; publicado em 1861)
Dezembro: *Cartas da montanha* publicadas; visita de Boswell; Voltaire publica (anonimamente) *O sentimento dos cidadãos*

1765 Trabalha no *Dicionário de música* quase concluído
Apedrejada sua casa em Môtiers; deixa o lugar
Intervalo na ilha de St.-Pierre
Dezembro: chega a Paris

1766 4 de janeiro: parte para a Inglaterra com Hume
Trabalha em *As confissões* em Wootton
Junho/Julho: conflitos com Hume
Em grande perturbação mental

	Outubro: *Concise Account* de Hume
1767	Maio: regressa à França; vive perto de Paris
	Novembro: *Dicionário de música* publicado
	No final do ano: troca Paris pela Suíça
1768	Agosto: casa com Thérèse em Bourgoin
1770	Retorna a Paris
	Conclui *As confissões* (publicação póstuma); promove leituras da obra a amigos
	Rascunho de *Considerações sobre o governo da Polônia* (exemplares ilícitos circulam em 1772; publicação póstuma)
1772	Trabalha em *Rousseau juiz de Jean-Jacques: Diálogos* e em estudos botânicos
	Escreve *Cartas elementares sobre botânica* (publicação póstuma)
	Inicia o *Dictionnaire des Termes d'Usage em Botanique* (inacabado)
1774	Conhece Gluck
	Trabalha na última ópera, *Daphnis et Chloé* (inacabada)
1776	Completa *Rousseau juiz de Jean-Jacques* (publicação póstuma)
	24 de fevereiro: tenta colocar o manuscrito no altar-mor de Notre-Dame
	Maio: escreve o panfleto *A todos os franceses...*
	Outono: derrubado por um cão
	Começa trabalhando em *Os devaneios de um caminhante solitário* (inacabado; publicação póstuma)
1778	20 de maio: muda-se para Ermenonville
	2 de julho: morre
1778-89	Moultou e Du Peyrou publicam as *Obras completas*, incluindo muitas produções dos últimos dez anos de Rousseau
1794	Corpo trasladado para o Panteão

O alcance da obra de Rousseau

O alcance e a força da obra de Rousseau são indiscutíveis, havendo obras importantes e duradouras em muitos gêneros. *O contrato social* é uma das permanentes obras-primas de teoria política; *A nova Heloísa* é um romance *best-seller* de paixão ilícita e redenção espiritual; *Emílio, ou Da educação*, constitui uma contribuição fecunda para a teoria educacional e a psicologia humana; *As confissões,* uma autobiografia, não estiveram longe de inaugurar um novo modo de expressão pessoal; *O adivinho da aldeia*, uma ópera, abriu caminho para uma ruptura radical na evolução da música francesa. Não muito menos significativas são várias das obras mais curtas de Rousseau. O *Discurso sobre a origem da desigualdade* contém um diagnóstico das raízes da desigualdade social e civil de excepcional penetração; a *Carta sobre a música francesa* considera a base humana e as ramificações sociais da expressão musical; *Os devaneios de um caminhante solitário* (melhor, sem dúvida, "Os devaneios de alguém que anda sozinho") articula sentimentos de individualidade e destino pessoal com delicadeza e sensibilidade ímpares.

Tudo isso ainda não constitui nem metade de sua produção — ao menos, em termos de páginas. Há outros ensaios sociais e políticos (o *Discurso sobre as ciências e as artes*; o *Discurso sobre economia política;* a *Carta a D'Alembert;* o *Ensaio sobre a origem das línguas*; as propostas políticas para a Córsega e a Polônia); outras obras importantes de autodefesa e explicação pessoal (a *Carta a Christophe de Beaumont;* as *Cartas da montanha; Rousseau juiz de Jean-Jacques: Diálogos*); composições musicais adicionais e obras sobre música (*Pigmalião; Les consolations des misères de ma vie*; o *Dicionário de música*); poemas, peças teatrais, volumosa correspondência (incluindo muitas cartas de substancial significação intelectual); obras diversas; como *O levita de Efraim*; as *Cartas morais,* as *Cartas a Malesherbes* e as *Cartas elementares sobre botânica.* Para quem não poucas vezes declarou que lamentava o dia em que pegou numa pena para escrever e deplorava a fama (ou notoriedade) que isso lhe acarretava, dir-se-ia que tinha adquirido um vício incurável.

É fácil sentir-se avassalado por esse volume quase irresistível de trabalho. Com freqüência, as pessoas familiarizam-se primeiro com as idéias e a presença de Rousseau a partir de diferentes obras, e as noções que adquirem sobre o cerne do homem e seu significado criativo podem ser muito díspares. Algumas lêem primeiro *As confissões* e nada sabem de suas obras teóricas sobre filosofia política. Outras — talvez a maioria — começam pelo *Contrato social*, mas não fazem a menor idéia de que Rousseau escreveu um romance. Algumas podem ocasionalmente deparar-se primeiro com *O adivinho da aldeia* — ainda encenada uma vez por outra e acessível em disco. Conheço alguém que durante muito tempo supôs que o compositor chamado Rousseau era simplesmente um homônimo de quem escreveu *O contrato social.* Qualquer avaliação que se faça da obra de Rousseau como um todo está fadada, portanto, a refletir a maneira como se travou o conhecimento inicial com ele, assim como a idéia de significação e valor que cada um lhe atribui.

Minha opinião pessoal é de que a obra de Rousseau em teoria social e política, com um suporte em suas idéias sobre desenvolvimento psicológico, é que deve ser vista como a base para a sua posição como pensador de primeira grandeza. O *Discurso sobre a origem da desigualdade, Emílio* e *O contrato social* constituem, em minha avaliação, o Rousseau "essencial", e devem ter prioridade em qualquer tentativa para entender e avaliar suas idéias de um modo abrangente. Não quero, obviamente, marginalizar as outras obras, nem insistir em que tudo o que nelas tem valor resulta de suas vinculações com os temas centrais dessas três obras. Mas Rousseau não teria o mesmo e legítimo direito à nossa atenção se colocássemos, por exemplo, *A nova Heloísa* ou *As confissões* no pináculo de suas realizações.

O que há, portanto, nessas três obras que pode convencer uma pessoa de se encontrar na presença de um espírito excepcional? À custa de uma extrema simplificação, poderíamos salientar os seguintes pontos. Em primeiro lugar, o preciso e penetrante diagnóstico de Rousseau das raízes e natureza das desigualdades de poder e privilégio e de fruição da dignidade humana na sociedade moderna — e, neste ponto, "moderna" pode adequadamente englobar a sociedade que Rousseau conheceu e a nossa. Há aí uma aversão profunda, mas controlada, da opressão e do esbulho e desumanização sofridos pelas pessoas na sociedade. A visão intuitiva de Rousseau das causas e ramificações da ânsia de ascendência e predomínio, bem como da determinação implacável de negá-los a outros que configura e impregna as relações e estruturas sociais, ainda retém uma força ímpar e o mesmo poder de impacto. Poderíamos supor que foi Marx quem primeiro traçou o quadro da sociedade capitalista como um conjunto de pessoas alienadas de si mesmas e umas das outras, entregues à servidão, alijadas de sua própria natureza e das possibilidades de felicidade e realização pessoal. Mas eu sugeriria que essa visão foi tão bem, se não melhor, articulada por Rousseau — embora não por motivos marxistas, é claro.

Em segundo lugar, o reverso da medalha: a suprema ênfase de Rousseau na liberdade e na igualdade como títulos inalienáveis que pertencem a todo e a cada ser humano, cujo pleno gozo é seu absoluto e pleno direito. Tão importante é isso para Rousseau que propõe uma forma de autoridade civil em que todos os membros da comunidade serão membros iguais do órgão soberano, de modo que as leis comuns que regem a sociedade não possuem legitimidade sem a anuência voluntária de todos os membros. Nenhuma outra base de direito e autoridade, sustenta Rousseau, pode escapar à degeneração em brutalidade e escravidão.

Em terceiro lugar, oferece-nos uma penetrante e inteiramente original descrição das determinantes psicológicas do desenvolvimento e associação humanos, em conjunto com uma tentativa de demonstração do modo como uma pessoa pode ser preservada dos sofrimentos e distorções resultantes da alienação de si mesma e em relação aos outros. Empenha-se em revelar um modo de vida que habilitará o indivíduo a manter-se em contato com as suas próprias capacidades para o pleno desenvolvimento e expressão pessoais, de um modo que dará origem a uma vida criativa e satisfatória tanto para esse indivíduo quanto para os outros. Esses três pontos resumem, *grosso modo*, as preocupações primordiais do *Segundo discurso*, de *O contrato social* e do *Emílio*.

Caso se deseje rotular Rousseau de "filósofo" — e este, juntamente com o mais amplamente significativo *philosophe*, era um título que ele sistematicamente repudiava —, é claro que não deveria ser considerado primordialmente um metafísico, um epistemólogo ou um lógico mas, sobretudo, um filósofo do homem, da sociedade e da política.

Embora seja ridículo, é claro, atribuir mudanças em grande escala nas idéias e transformações sociais à obra e influência de uma única pessoa, não se pode negar que Rousseau teve muitíssimo a ver com o gradual surgimento da impossibilidade moral e política de supor que a subordinação é o destino natural de qualquer homem ou mulher — com cujas conseqüências, poder-se-ia acrescentar, ainda hoje continuamos lutando. Só isso já o converte num significativo gênio formador na história do pensamento ocidental, por que não dizer?, universal. Eu consideraria uma desonestidade escrever acerca de uma pessoa e sua obra se não ponderasse sobre aquilo que ela foi e a importância que teve. Mas é evidente que muitos livros e artigos sobre Rousseau são exercícios de difamação, desprezo e até ódio. Por quê?

Poucos pensadores importantes atraem uniformemente um elevado respeito. Mas Rousseau tem a capacidade de dividir a opinião mais extrema e violentamente do que a maioria. Estive chamando a atenção para o seu lado "bom". Outros, porém, insistem em que ele era vingativo, um monstro totalitário tenuamente disfarçado, despótico, capaz de acreditar em seus próprios embustes e apologista de todos os que aceitam suas próprias falsas crenças de integridade moral como prova de que são os portadores manifestos da vontade de Deus para a humanidade.

Como muitos desses epítetos sugerem, tais julgamentos são feitos não só sobre a personalidade criativa consubstanciada nas obras, mas sobre o homem em sua totalidade. Com Rousseau, isso não acontece apenas, penso eu, porque a propensão natural, embora descabida, é para a crítica da obra contaminar o seu autor. Muitos de seus escritos são obras explícitas de autobiografia e auto-afirmação, nas quais somos convidados, de um modo nem sempre muito agradável, a tomar partido, a pronunciarmo-nos contra ou a favor dele, ou como melhores ou piores do que ele foi. Até mesmo muitos dos textos manifestamente mais teóricos revelam com clareza a presença do autor. Assim, parece inevitável que se forme uma opinião tão firme acerca do homem quanto a respeito da obra. Indiscutivelmente, nem sempre era fácil agradar. Freqüentemente farisaico, ao mesmo tempo servil e combativo, desafiador e obstinado, sustentou ser o direito e a verdade que falavam através dele e exigiam uma resposta.

É essencial, entretanto, procurar manter separados o julgamento sobre o homem e sobre a sua obra. Na verdade, poder-se-ia supor que, com ele morto há duzentos anos, essa não seria uma tarefa difícil. No entanto, existe claramente um modo em que ele "embaraça" as pessoas, as irrita e as provoca. É evidente que manter qualquer dessas divisões não justificará de súbito as obras. Ainda é perfeitamente possível encontrar nelas idéias, tendências e opiniões que são inaceitáveis e que suscitam o desejo de as combater. É claro que em filosofia política, por exemplo, não é apenas o destino de uma idéia que está em jogo: pois inextricavelmente ligadas a qualquer idéia dada podem estar as possibilidades de incutir um nexo e um sentido à sociedade e de iniciar uma ação significativa em seu seio. Assim, estão aqui em confronto matérias que se situam acima do meramente cerebral. Mas, apesar de tudo, alguns dos veredictos condenatórios formulados contra Rousseau parecem, de fato, extravagantes. Mesmo que se concorde com Nietzsche, quando diz que "toda a grande filosofia" foi "uma espécie de memória involuntária e inconsciente" (*Para além do bem e do mal*, §6), subsiste a questão de saber em que medida essa memória é interessante e valiosa; não temos o direito de vê-la como meros extravasamentos neuróticos.

Kant é o mais proeminente entre aqueles filósofos que se impressionaram com as idéias de Rousseau. Há a famosa história de Kant, que era famoso pela regularidade de sua vida, abandonando o seu padrão normal quando começou a ler o *Emílio*, tão absorvido ficou pelo livro. Há passagens inteiras do ensaio *Paz perpétua* de Kant, e naquelas partes da *Metafísica da moral* que tratam do direito político, que são virtuais transcrições de trechos de Rousseau. E é largamente sustentado que a insistência de Kant de que nada pode ser uma lei moral se não receber o consentimento racional de todos, é uma reformulação do conceito rousseauniano da igualdade e liberdade próprias dos seres humanos. Hegel também se refere freqüentemente a Rousseau, embora quase sempre em discordância (nem sempre bem fundamentada). E, como mencionamos antes, é possível ver algumas das concepções fundamentais de Marx a respeito das relações entre o indivíduo e a sociedade já prefiguradas na obra de Rousseau — embora, tal como no caso de Hegel, a opinião de Marx sobre as idéias de Rousseau fosse predominantemente crítica. Rousseau parece ter sido menos apreciado pelos teóricos políticos e sociais ingleses do século XIX mas, hoje, apresenta-se como uma das figuras dominantes cujas idéias determinam o próprio formato da disciplina. Uma obra moderna, *A Theory of Justice*, de John Rawls, demonstra a permanente força das idéias de Rousseau.

O impacto prático de suas obras sociais e políticas é mais difícil de avaliar. Vale notar, antes de tudo, que *O contrato social* era menos conhecido e menos considerado do que o *Emílio*. Hume, numa carta a um amigo, disse que a crença de Rousseau de que *O contrato social* era melhor do que *A nova Heloísa* era tão absurda quanto a crença de Milton de que *Paraíso reconquistado* era superior ao *Paraíso perdido*. Se e como as obras de Rousseau, ou a sua "presença", podem ter contribuído para a Revolução Francesa é matéria de perene debate.

Outras questões para as quais poderá não haver nunca uma resposta definitiva decorrem de algumas de suas outras obras. Sustentou-se que *As confissões* foram a obra instigadora e o exemplo preeminente da celebração romântica do gênio individual. Goethe, em particular, teria ficado extremamente impressionado, ao que consta, por essa obra. *A nova Heloísa*, um tremendo êxito popular, desempenhou sem dúvida algum papel na mudança de perspectiva das pessoas sobre si mesmas e sobre a moralidade. Mas influência é algo difícil de avaliar. *Emílio* certamente causou em algumas pessoas a mudança de seus hábitos pedagógicos durante a vida de Rousseau, como sabemos por cartas que ele recebeu; e é possível ver as idéias educacionais de, por exemplo, A.S. Neil da Escola de Summer Hill, na Inglaterra, inspiradas na ênfase de Rousseau em impor restrições mínimas à conduta de crianças. *O adivinho da aldeia* e os escritos de Rousseau sobre música tiveram certamente um impacto direto em Gluck, e ajudaram a efetuar uma mudança no estilo musical francês e um desvio de rumo. Mas é tanto uma questão de o público estar disposto a ouvir quanto a de haver alguém com coisas novas a dizer.

Mudanças mais sutis de "sensibilidade" — ainda mais difíceis de avaliar — também foram atribuídas à influência de Rousseau: assuntos tais como a importância conferida ao amor ao campo e à natureza, o cultivo da simplicidade de maneiras, a crescente ênfase na auto-expressão emocional e no gozo de "sensações". Tais mudanças tendem a esquivar-se à análise. O certo é que é muito difícil ser indiferente a Rousseau. Quer seja prazer e admiração, ou irritação e repulsa, o que ele inspira, Rousseau conserva a capacidade de emocionar. Assim, no mínimo, ele ainda fala poderosamente a todos nós.

Abreviações e referências

C	*As confissões* [18]
CS	*O contrato social* [14]
DCS	*Os devaneios de um caminhante solitário* [21]
DD	*Discurso sobre a origem da desigualdade* [2]
DEP	*Discurso sobre economia política* [3]
DCA	*Discurso sobre as ciências e as artes* [1]
E	*Emílio, ou Da educação* [11]
GP	*Considerações sobre o governo da Polônia* [19]
OC	*Jean-Jacques Rousseau: Œuvres Complètes,* org. de B. Gagnebin e M. Raymond
PCC	*Projeto de constituição para a Córsega* [16]
RJJ	*Rousseau juiz de Jean-Jacques: diálogos* [20]

Detalhes completos sobre essas obras e as traduções usadas no texto são fornecidos na Bibliografia (Obras da autoria de Rousseau, p.221-30).

As referências no texto indicam o livro, capítulo e número de página (conforme for apropriado) na tradução inglesa, seguidas do volume e número de página em *Jean-Jacques Rousseau: œuvres complètes.* (Essa edição ainda não está concluída, de modo que a tal referência não foi possível em todos os casos.) As referências nas Leituras sugeridas no final de cada verbete fornecem o nome do autor, seguido de um número entre parênteses; este número indica onde, na Parte II da Bibliografia, Obras sobre Rousseau (p.231-42), aparece o item (com detalhes da publicação).

A

abade de Saint-Pierre *Ver* ESCRITOS SOBRE O ABADE DE SAINT-PIERRE.

Adivinho da aldeia, O (Le devin du village) *Ver* COMPOSIÇÃO MUSICAL.

alienação A noção de alienação encontra emprego explícito nas obras de Hegel e Marx, através de cujos textos ela é mais conhecida. Não concordam entre si sobre em que consistem precisamente os fenômenos de alienação nem sobre o modo como são causados, mas existe suficiente semelhança entre o que Rousseau considera e o que é examinado por Hegel e Marx para se afirmar que Rousseau também havia identificado o fenômeno do homem e da sociedade "alienados", embora não use esse termo específico nem o que ele diz corresponda diretamente às idéias desses escritores mais recentes.

Argumenta Rousseau que na sociedade ordinária — ou seja, aquela que não foi reformada ou recriada segundo os princípios igualitários enunciados no CONTRATO SOCIAL — os seres humanos acabam sendo corrompidos de um modo particular. Quando se associam entre si, sustenta ele, tendem a recorrer a ardis para galgar posições, buscam o domínio sobre outros na ânsia de poder e exultam com a inferioridade ou subordinação daqueles que lhes ficam abaixo. Isso ocorre, na opinião de Rousseau, por causa das exigências do AMOR-PRÓPRIO de uma pessoa.

Ao buscarem assim uma distinção odiosa para si mesmas, as pessoas passam a estar alienadas em relação às suas próprias necessidades e natureza, alheiam-se de si mesmas de, pelo menos, duas maneiras. Em primeiro lugar, o objetivo de garantir uma odiosa superioridade, argumenta Rousseau, age contra o verdadeiro bem da própria pessoa. Não faz parte do bem humano a necessidade de dominar ou de exigir a humilhação de outros. Tal desejo é uma expressão de agressão, a qual é tão prejudicial ao agressor quanto aos alvos de sua agressão. Viver uma vida dominada por propósitos agressivos não é simplesmente desertar, mas contrariar os interesses cooperativos e criativos que prometem plena satisfação de acordo com as reais necessidades humanas. Assim, ao entregar-se ao objetivo de dominação, uma pessoa coloca-se em conflito com a sua própria e verdadeira natureza e com o seu próprio bem; esse objetivo faz com que ela seja diferente do que é requerido por suas necessidades pessoais intrínsecas e aja à revelia destas. Torna-se uma pessoa alienada de si mesma.

Em segundo lugar, a fim de realizar uma odiosa precedência no fórum dos assuntos humanos, uma pessoa tem de possuir, ou assumir, a aparência convincente de que possui atributos e talentos capazes de granjear ou extrair a estima e deferência de outros. Isso requer que ela represente para a multidão, molde a sua apresentação pessoal de acordo com as tendências e propensões alheias. Se a *persona* de um indivíduo foi ditada pelo gosto do seu público, ele perde o contato com o caráter e os interesses que são propriamente dele — ou seja, aqueles que teria se não fosse predominante ou exclusivamente preocupado com a figura que faz aos olhos dos outros. Segundo Rousseau, na busca de superioridade, estabelece-se todo um sistema de pseudovalores, os quais servem apenas como indicadores de prestigiosa distinção na concorrência por visibilidade pessoal. A esses valores chama variadamente ARTIFICIAIS, CAPRICHOS, convencionais ou em voga. Uma vez que uma pessoa se converteu numa criação artificial modelada pelas prescrições e os ditames de outros, o seu sentido de eu, de seu próprio valor e importância, fica inteiramente nas mãos deles. Um outro eu, alienado, substituiu o seu próprio eu.

Estilos de vestir, códigos de maneiras, posições sociais e, em particular, a riqueza são vistos por Rousseau como valorizados principalmente a título de insígnias de uma odiosa superioridade. Com o tempo, toda a estrutura da lei, propriedade e instituições sociais passará a incorporar e consolidar o modo de vida auto-alienante. Nenhum modo alternativo de ação ou realização parecerá ser possível às pessoas. Uma sociedade alienada adquire existência.

Assinala-se que Rousseau não critica todas as formas de superioridade ou ascendência entre as pessoas. Sustenta, por exemplo, que as proezas atléticas são merecedoras de apreço. Mas isso é porque elas compreendem uma distinção real, e porque o seu objetivo não é simplesmente fornecer uma base a partir da qual se despreze ou anule outros como inferiores (embora possa, é claro, ser desvirtuada para esse fim). Mesmo numa sociedade "retificada" pode haver distinções de hierarquia e poder, mas essas só existirão com a autorização de todo o corpo social, e serão concedidas a pessoas que serviram ou continuam servindo ao verdadeiro bem dos outros membros da sociedade.

Para que a idéia de Rousseau de alienação como a aquisição de um eu diferente e em conflito com o verdadeiro ou próprio eu de uma pessoa seja defensável, ele deve dar uma descrição convincente dessa última idéia. Se não o fizer, então nada existe de onde um ser alienado seja alienado e essa concepção ruirá. Rousseau oferece tal descrição em seu exame da BONDADE NATURAL do homem e da base adequada para a cooperação em sociedade. É uma opinião muito generalizada — mas, sugiro, equivocada — sobre Rousseau a de que este sustenta serem necessariamente alienantes do eu todas as formas de existência social. De fato, ele afirma que podemos, em princípio, ocupar uma posição e uma hierarquia em relação a outros na sociedade que se harmonizem totalmente com as necessidades do nosso próprio ser.

Há dois outros aspectos do pensamento de Rousseau a que é aplicável a noção de alienação. Em primeiro lugar, em *O contrato social* (I, cap. 6, 174; *OC* III, 360), ele usa realmente o termo uma vez: diz que, como condição para estabelecer uma sociedade livre e justa, deve ocorrer a "alienação" total de cada pessoa à comunidade toda. O termo, tal como ele o usa aqui, significa renunciar ou abrir mão de todos os direitos ou pertences de domínio próprio, colocando-os sob o comando de outro, ou de outros. Pode-se facilmente perceber por que o termo "alienação" deve ser usado nesse caso — o que Rousseau justifica

— e em outros discutido (muito embora veja que uma corrupção inerente está envolvida nos casos examinados antes). Por que essa renúncia de direitos deve ocorrer fica claro na tese defendida no *Contrato social*.

Em segundo lugar, em diversos pontos, Rousseau estabelece uma distinção entre os interesses privados, egoístas, das pessoas e aqueles que elas podem assumir em virtude de ocuparem uma certa posição na sociedade e de adquirirem propósitos que visam o bem comum de todos nessa sociedade. Por vezes, faz essa distinção em termos de um contraste entre o *moi particulier* (eu particular) e o *moi commun* (eu comum ou coletivo), entre o eu como uma entidade separada, absorvida em seus interesses pessoais, e o eu como portador de atributos e disposição resultantes do papel que esse eu desempenha na sociedade. Rousseau argumenta com freqüência que, se pretendemos ter uma sociedade justa, próspera e feliz, o *moi commun* deve dominar ou deslocar o *moi particulier* : as pessoas devem identificar-se com o seu lugar na sociedade, absorver-se no desempenho dos seus respectivos papéis sociais. Mas isso também pode ser visto como uma forma de alienação, uma vez que a identidade distinta, particularizada, dos indivíduos é substituída por uma identidade socialmente construída. Rousseau usa, por certo, o termo DESNATURAÇÃO para descrever esse processo, mas as questões são, neste caso, complexas. Por um lado, é bastante claro que, por vezes, ele percebe que o *moi particulier* que vai ser deslocado já está alienado (na primeira acepção). Mas, por outro lado, desde que o *moi commun* envolva identificação com propósitos que servem genuinamente ao bem de outros, incorporará também necessidades e desejos próprios de uma verdadeira auto-expressão. Não existe resposta decisiva sobre se a adoção de um eu diferente envolve ou não uma alienação do tipo danoso.

Fontes: *DD*, especialmente Parte 2
E, especialmente Livros II e IV
DCS, Oitavo Passeio

Leituras sugeridas: Bloom (163); Chavert, cap. 3 (23); Dent, cap. 2 (24); Horowitz (27); Laing (291); Shklar, cap. 3 (36); Reisman (343)

amor No DISCURSO SOBRE A ORIGEM DA DESIGUALDADE (70-1; *OC* III, 157-8) Rousseau distingue o que chama de ingredientes "físicos" e "morais" no sentimento do amor. A "parte física" é apenas o "desejo geral que leva um sexo a unir-se a outro". A "parte moral" é a "que determina esse desejo e o fixa exclusivamente num só objeto". Em sua opinião, essa "parte moral" é "um sentimento artificial nascido do costume da sociedade", o qual dá origem ao ciúme e à vingança, e é uma das principais causas da ALIENAÇÃO e da desigualdade entre os homens. Esse elemento no sentimento de amor alimenta-se de noções de mérito e beleza relativos, as quais são predominantemente odiosas porque levam homens e mulheres a buscar a preferência exclusiva para si mesmos em detrimento de outros. O homem natural, em contrapartida, é um estranho a tais sentimentos; está "confinado meramente ao que é físico no amor" e, assim, está livre dos violentos acessos de paixão e de disputas (*ver* SEXO).

Rousseau volta a esse tema no *Emílio* (Livro V, 429-31; *OC* IV, 796-9). Mas neste último contexto ele está ansioso por mostrar o caráter do "verdadeiro amor" entre humanos, e não adota o mesmo tom depreciativo em relação à "parte moral" do amor. Afirmou, com efeito, que o amor recíproco contém todo o valor da vida e deve, pois, mostrar como pode haver um vínculo de união amorosa entre pessoas que é "moral" no caráter e, no entanto, não degenera em ciúme e ira, nem alimenta conflitos e retaliações.

Ao chamar o vínculo de "moral", Rousseau pretende que ele é mediado por idéias sobre o que é apropriado, correto ou conveniente, o que é devido ou merecido por cada um a cada um, sejam essas idéias boas ou más (*ver* MORALIDADE). Sua tarefa deve ser, portanto, mostrar qual é o caráter específico que essas idéias devem ter para que o vínculo seja sadio, criativo e benigno, e não se preste a introduzir a desigualdade, a escravização e outras distorções no relacionamento humano. O seu ponto de vista é o de que Emílio e Sofia, seus amantes típicos, devem reconhecer que não é para o próprio bem deles, nem para o bem daquele a quem amam, ficar tão escravizado pelos vínculos do amor, que a vida e o ser inteiros de um ou de outro fiquem ao sabor dos caprichos do ser amado. É essencial que cada amante retenha um forte sentido do seu valor como pessoa independente, que reconheça existirem valores e bens que importam tanto quanto submeter-se à vontade do ser amado.

Se isso não é feito, argumenta Rousseau, eles aviltar-se-ão, de qualquer modo, e deixarão de ser interessantes ou merecedores, como pessoas, de serem amados. Alguém que, sob o domínio da paixão, renuncia a tudo o que acredita ser bom anula-se, nada tem nele que possa ser de valor para outrem. Um amante não deve ter motivos para abandonar suas virtudes em atenção à sua amada; assim fazendo, ele apenas degradará a base do seu amor e tornar-se-á indigno dessa pessoa. É "o apreço (de Emílio) pelos verdadeiros bens, a frugalidade, a simplicidade, o generoso altruísmo, o desdém pelo exibicionismo e as riquezas" (*E* V, 433; *OC* IV, 801), o que o torna atraente, interessante e estimável. Não pode ser conveniente para ele, portanto, deixar de ser todas essas coisas submetendo-se servilmente a Sofia (por mais poderosa, admite Rousseau, que possa ser a tentação para fazê-lo) (*ver também* JÚLIA).

O seu exame desse assunto é mais uma prova de que ele não considera que todas as relações sociais entre pessoas engendrem automaticamente sua desfiguração e infelicidade. Embora seja esse, com freqüência, o desfecho observado, ele não é inevitável (*ver* AMOR-PRÓPRIO). Somente se puder haver igual respeito e afeição, baseados num reconhecimento do valor e honra das pessoas envolvidas, então, muito longe de representar qualquer perda de humanidade para elas, será esse o meio pelo qual elas alcançarão sua plena humanidade em associação com outras.

Assinale-se que as próprias experiências de Rousseau no capítulo de amor dificilmente se coadunam com as suas prescrições. Ele parece ter sido incapaz de conjugar as partes "física" e "moral": aquelas com as quais manteve relações sexuais, ele não amou; e com aquelas a quem amou não teve — era incapaz de ter — relações sexuais. Além disso, o seu único e verdadeiro amor (por Sophie d'Houdetot) foi marcado por um notável fracasso em reter qualquer sentimento de seu próprio valor pessoal: abandonou-se a transportes de irremediável paixão. A verdadeira Sofia, assim como a fictícia Sofia no *Emílio*, comportou-se com muito mais integridade e pundonor do que Rousseau (ou do que Emílio). Com efeito, Rousseau parece sugerir que é principalmente a incapacidade dos homens para responder de modo apropriado ao surto de paixão amorosa a responsável pela maior parte da deformação e infelicidade humana que impregna as relações íntimas.

Fontes: *DD*, Parte 1
E, Livros IV e V
A nova Heloísa
DCS, Sexto, Oitavo e Nono Passeios

Leituras sugeridas: Schwartz (35); Shklar, caps. 3, 4 (36); Starobinski (37)

amor de si mesmo (*amour de soi*) Noção semiteórica que Rousseau desenvolve para explicar e interpretar os fins e o comportamento de todas as criaturas animadas, mas, em especial, os seres humanos. Em sua tradução literal, "amor de si mesmo" não fornece uma chave real para entender a noção tal como ele a emprega.

Rousseau dá uma elucidação explícita no Emílio (IV, 212-13, *OC* IV, 491): "A fonte de nossas paixões, a origem e o princípio de todas as outras, a única inata ao homem e que nunca o deixa enquanto ele viva é o amor de si mesmo — uma paixão primitiva, inata, que é anterior a todas as outras..." E no *Discurso sobre a origem da desigualdade* escreveu (66 n. 2; *OC* III, 219 n. 15): "O *amor-próprio* não deve ser confundido com o *amor de si mesmo*, pois diferem em si mesmos e em seus efeitos. O amor de si mesmo é um sentimento natural que leva todo e qualquer animal a cuidar de sua própria preservação e que, guiado no homem pela razão e modificado pela compaixão, cria humanidade e virtude."

Dessas e de outras passagens podemos aduzir os seguintes pontos. Primeiro, Rousseau sustenta que todos os seres animados são inatamente constituídos de tal modo que se preocupam em preservar suas próprias vidas e em assegurar seu próprio bem-estar (seja no que for que ele consiste). Nos animais inferiores, essa preocupação não é consciente, mas decorre, mais exatamente, de um padrão de desejos instintivos e de comportamento que tende para a conservação da vida de uma criatura. Uma noção afim é o *conatus* de Spinoza, se bem que, diferente de Rousseau com o seu amor de si mesmo, aquela idéia estende-se às coisas inanimadas.

Rousseau sustenta que dar expressão concreta ao amor de si mesmo é naturalmente bom (*ver* BONDADE NATURAL). Quer ele dizer com isso pelo menos três coisas. Primeiro, que as criaturas vivas se esforcem por sua própria conservação não é errado nem perverso — acreditar nisso seria condenar a própria existência de tais criaturas. Segundo, que o amor de si mesmo orienta uma criatura para o seu próprio bem e é, portanto, uma disposição naturalmente saudável, bem ordenada e benigna na criatura. Rousseau inclina-se a dizer que a substância do bem-estar que o amor de si mesmo leva qualquer criatura (incluindo os seres humanos) a buscar compreende sua saúde básica e o completo funcionamento físico. (Será explicado mais adiante que o amor de si mesmo não é, porém, em sua essência, tão restrito em seus objetivos.) Em terceiro lugar, Rousseau argumenta que as disposições e condutas que o amor de si mesmo dirige não são, em sua natureza, cruéis ou malévolas. Mesmo se, como pode acontecer especialmente no reino animal, o amor de si mesmo de uma criatura a coloca em conflito com uma outra, esse conflito é breve e não serve a fins de retaliação. Nos seres humanos, tal conflito é adicionalmente suscetível de ser temperado pela COMPAIXÃO; e, de grande importância para Rousseau, o amor de si mesmo não contém o desejo de levar a melhor sobre outrem, como prova de superioridade pessoal (*ver* AMOR-PRÓPRIO).

O amor de si mesmo não está exclusivamente confinado a padrões instintivos de comportamento. Essa mesma preocupação geral pelo bem-estar individual manifesta-se quando entram em jogo a percepção consciente, a previsão e o conhecimento dos componentes do bem individual. A consciência da necessidade de prover ao futuro, ou de controlar os impulsos presentes se eles forem nocivos, requer uma deliberada regulação da conduta. Quando isso ocorre, intervém uma outra capacidade — exclusiva dos humanos, na opinião de Rousseau: é o livre-arbítrio que, na acepção aqui pretendida, significa justamente essa capacidade para atuar, ou para abster-se de atuar, na base de julgamento ponderado a respeito do futuro bem ou dano (*ver* LIBERDADE).

Também exclusiva dos humanos é uma plasticidade e adaptabilidade de comportamento, a capacidade de aprender através da experiência. Os humanos não estão confinados a rígidas rotinas, mas podem aprender como manipular o seu meio ambiente e ajustar seu comportamento de modo a aumentar suas vantagens. Rousseau chama PERFECTIBILIDADE à capacidade para fazer isso. Isso e o livre-arbítrio são, diz ele, inatos nos seres humanos.

Quando o amor de si mesmo age em conjunção com o livre-arbítrio e a perfectibilidade, de modo que uma pessoa está conscientemente regulando e adaptando o seu comportamento com conhecimento de resultados futuros, vemos então o padrão familiar de alguém agindo em seu próprio interesse pessoal. Para Rousseau, entretanto, é importante que qualquer preocupação egoísta de lucrar à custa de outros seja excluída do interesse pessoal para o qual o amor de si mesmo está dirigido. É devido a essa ênfase de Rousseau que fica fácil pensar que o amor de si mesmo diz respeito ao bem de pessoas somente quando estão inteiramente isoladas umas das outras. (Isso, contudo, como será sugerido adiante, não é essencial.) Rousseau condena, por vezes, a previsão excessiva que leva uma pessoa a viver sempre no amanhã, nunca hoje. Mas, de um modo geral, considera inequivocamente boa essa forma desenvolvida de amor de si mesmo.

Há ainda um outro aspecto do amor de si mesmo a que Rousseau alude no *Discurso sobre a origem da desigualdade* (66 n. 2; *OC* III, 219 n. 15). Isso implica possuir-se um sentido do valor e do mérito próprios como agente competente e bem-sucedido na condução de seus negócios. Neste ponto, o seu pensamento parece querer expressar que os seres humanos refletem-se não só em seus propósitos e em seu meio ambiente mas também em si mesmos e em seus atributos e realizações. Faz parte do nosso bem-estar sermos capazes de pensar que existe em nós algo de louvável e de meritório; que somos, à nossa maneira, boas e competentes criaturas. O amor de si mesmo fará com que formemos essa opinião de nós próprios, a fim de podermos carregar conosco uma feliz consciência de nossa eficácia pessoal. É crucial para a tese geral de Rousseau que fique bem claro que esse tipo de auto-estima não deriva, de maneira nenhuma, de um sentimento de ter levado a melhor sobre outros, de ter obtido ascendência sobre eles, ou de nos considerarmos meritórios por lhes termos imposto a negação. A competição por precedência não desempenha papel nenhum nesse sentimento confiante e auto-suficiente de valor pessoal.

É o ponto de vista de Rousseau que, quando aumenta numa pessoa a consciência de si mesma e de sua situação, isso a levará a compreender que é uma criatura amada por Deus e abençoada com poderes extraordinários, uma criatura que possui capacidade para a ação virtuosa por instigação da CONSCIÊNCIA (*ver* PROFISSÃO DE FÉ DO VIGÁRIO SABOIANO, A). Com esse sentimento muito ampliado do seu caráter e lugar no universo organizado, o indivíduo será orientado pelo amor de si mesmo a empenhar-se na aquisição de uma boa consciência e a viver e agir de formas que se harmonizem com os desígnios do Criador. O amor de si mesmo é virtualmente transcendido neste ponto:

> Era simples ascender do estudo da natureza à busca de seu Autor.
>
> Uma vez aí chegados, o que havia de original cedemo-lo ao nosso aluno... Só então ele descobre seu verdadeiro interesse em ser bom... Faz isso não apenas pelo amor à ordem, à qual cada um de nós prefere sempre o amor de si mesmo, mas também pelo amor do Autor do seu ser

— um amor que é confundido com esse mesmo amor de si mesmo — e, finalmente, para a fruição daquela felicidade duradoura que a serenidade de uma boa consciência e a contemplação desse Ser Supremo lhe prometem... (*E* IV, 314; *OC* IV, 636).

De acordo com uma extremamente penetrante e razoavelmente persuasiva interpretação das idéias de Rousseau (anteriormente referidas), o amor de si mesmo está confinado à necessidade e ao bem de uma pessoa como um ser separado e não associado com outros; e, assim, está predominantemente restrito à obtenção do bem-estar físico. Esta interpretação surgiu pelo fato de ser sustentado que, na opinião de Rousseau, quando os humanos se associam mutuamente (de qualquer modo, exceto os mais fortuitos) o amor de si mesmo é deslocado por uma diferente espécie de preocupação com o eu — o chamado amor-próprio — a qual, além disso, é antitética do amor de si mesmo. Sugiro que esta avaliação das idéias de Rousseau é profundamente equivocada.

Se esse fosse realmente o seu ponto de vista, seria duvidoso se a vida obtida na direção do amor de si mesmo fosse humana, em qualquer acepção legítima. A língua — de fato, todas as artes e ofícios que requerem cooperação — depende da sociedade. Mas se o contato social conduz imediatamente ao deslocamento do amor de si mesmo, então isso, por si só, pode causar para nós uma vida escassamente diferente da dos animais. Embora essas conclusões sejam, por vezes, atribuídas a Rousseau, não é essa a sua posição. Sustenta ele ser inevitável que os humanos se associem mutuamente em toda a espécie de processos permanentes, e que embora, com bastante freqüência, essa associação os prejudique, não é forçoso que o seja. Uma parte apropriada do nosso bem pessoal em associação humana consiste em adquirirmos dos outros reconhecimento e bom nome como pessoas cuja existência e interesses contam como significativos. Valorizamos isso não só pelos benefícios que acarreta mas porque constitui um elemento de nossa dignidade e valor humanos. O amor de si mesmo dirige-nos para adquirir essa posição para nós próprios, como pessoa entre pessoas, como o igual humano e moral de todos. Os interesses do amor de si mesmo estendem-se, pois, ao nosso ser moral como membro da sociedade detentor de direitos, e não estão confinados somente ao nosso ser físico como entidade separada (*ver* MORALIDADE). Desejar e reivindicar esse reconhecimento social para nós próprios não requer que outrem seja esbulhado ou rejeitado; com efeito, Rousseau argumenta que isso requer que concedamos um reconhecimento análogo a outros. Assim, ele pode sustentar que o amor de si mesmo opera em relações sociais humanas, enquanto permanece benéfico para o seu possuidor e para aqueles com quem ele trata. Essa interpretação das idéias de Rousseau sobre esse ponto não é geralmente aceita.

Fontes: *DD*
E, Livros I-IV

Leituras sugeridas: Charvet, caps. 2-3 (23); Dent, cap. 3 (24); Dent (82); MacAdam (93); Masters, cap. 3 (69); Shklar, cap. 2 (36)

amor-próprio (*amour-propre*) A noção de amor-próprio, que Rousseau usa de forma semitécnica, é uma das mais importantes em sua teorização social e política como um todo. Uma sólida apreensão do seu significado é essencial se quisermos entender os seus pontos de vista num grande número de assuntos. Em primeiro lugar, a explicação conhecida e largamente aceita do termo.

De acordo com ela, Rousseau sustenta que, logo que um ser humano forma qualquer espécie de relação ou associação estável com um outro, isso suscita nele um desejo, que rapidamente se torna dominante e absorvente, de estabelecer-se como superior ao outro, de adquirir um poder arbitrário e despótico, de impor submissão e ignomínia ao outro, em cuja degradação encontra prazer e prova de sua própria importância e valor. As relações humanas são assim completamente desfiguradas por um desejo insaciável de dominação e prestígio, que exige e impõe deferência e subordinação.

Como todos alimentam esse mesmo desejo, competição e conflito impregnam inexoravelmente toda a associação humana. Dissimulação, fraude, agressão e malevolência são as notas predominantes do intercurso humano. Valores ARTIFICIAIS ou marcados pelo CAPRICHO — aqueles cuja significação consiste unicamente em dividir as pessoas em superiores e inferiores — substituem todos os valores reais, isto é, os que produzem verdadeiro crescimento e proveito. As pessoas tornam-se alienadas (*ver* ALIENAÇÃO) de si mesmas quando adotam os disfarces necessários para obter e reter sua odiosa precedência. Seu próprio sentido de valor e sucesso pessoal, do valor de suas vidas, depende de ocuparem uma elevada posição na sociedade. É da opinião que outros têm delas que retiram o sentido de sua própria realidade. Cargos, hierarquias, alocações de bens — tudo está estruturado de forma a sustentar o padrão de superioridade e de inferioridade, de ascensão individual de um enquanto outros são rebaixados.

O amor-próprio acaba por desalojar o AMOR DE SI MESMO, substituindo o bem intato e sereno que caracteriza este último pelo bem enganoso e ilusório que consiste em obter odioso domínio pessoal sobre outrem. De acordo com essa explicação, Rousseau tende a ver o amor-próprio como, acima de tudo, a fonte de corrupção e sofrimento pessoais, e de perversidade social. Quando ele diz, com freqüência, que o homem é bom por natureza mas corrompido pela sociedade, o que tem em mente é o fato de que o contato social põe em relevo o amor-próprio e reforça e amplia a sua influência.

Uma vez que o contato social destaca o amor-próprio, e uma vez que o amor-próprio é inexoravelmente nocivo e corruptor, Rousseau considera muito escassas, de fato, as perspectivas para os humanos viverem vidas fecundas e gratificantes juntos em sociedade. O homem está em profundo conflito consigo mesmo e com os outros; já não é mais possível considerar a harmonia de indivíduo e grupo descrita, por exemplo, por Aristóteles, que sustentou que a vida social promovia a plena realização do potencial humano. Dada a sombria visão de Rousseau da difícil situação do homem moderno, o melhor remédio seria a retirada completa da sociedade, uma "volta à natureza". Mas Rousseau sustenta — uma vez mais, de acordo com essa interpretação — que não existe a menor perspectiva real de que isso aconteça; só é possível uma ligeira atenuação do mal. A retirada parcial para unidades familiares dispersas poderia fornecer alguma solução; a abolição do indivíduo como entidade preocupada consigo mesma e a substituição de um eu moldado em função das necessidades da sociedade poderiam fornecer uma outra (*ver* DESNATURAÇÃO). Talvez os piores malefícios do amor-próprio possam ser moderados mediante o reforço das disposições colaboradoras e cooperativas da COMPAIXÃO. Mas o amor-próprio tende para a extinção de tais disposições. E em nenhuma dessas eventualidades é possível qualquer vida plenamente humana ou plenamente satisfatória. O homem social é um ser fraturado, inválido e infeliz.

O amor-próprio é traduzido às vezes como VAIDADE, orgulho, ufania, mas nenhum capta o sentido tão bem quanto aquele termo. O aspecto mais importante e expressivo do seu significado relaciona-se com a avaliação do que é bom e valioso em e para a própria pessoa em função da falta dessas coisas em outros, em função de os outros serem de pouca ou nenhuma valia em comparação com a própria pessoa. Assim entendido, o amor-próprio é um desejo agressivo que contém a necessidade de controlar outros e de os obliterar. Na concepção de Rousseau, está enraizado na reação imperiosamente obstinada da criança à frustração, por meio da qual espera mandar em outras pessoas e pôr o mundo a seu serviço.

Assim se expõe a conhecida descrição da noção de Rousseau de amor-próprio. É inegável que ele diz todas essas coisas acerca da situação do homem em sociedade. Mas permito-me sugerir que ele não pensa que sejam o desfecho inevitável do ingresso de uma pessoa na sociedade humana — porque não vê o amor-próprio como algo que assume inevitavelmente um caráter agressivo e controlador. A explicação acima descreve o que é característico do excessivo ou, como diz Rousseau, "petulante" amor-próprio. Embora o amor-próprio seja, de fato, necessariamente revelado pela associação humana, Rousseau propõe em *O contrato social* uma forma de sociedade humana que pode ser criativa, benéfica e engrandecedora para todos os envolvidos.

Intrinsecamente, o amor-próprio dirige-nos no sentido de obter para nós próprios o reconhecimento dos outros e uma posição na sociedade em que sejamos respeitados como seres significativos cujas necessidades e desejos têm o direito absoluto a ser levados em conta em pé de igualdade com os de quaisquer outras pessoas. Possuir tal posição é inerentemente valioso, como reconhecimento de nossa dignidade humana e moral. Desfrutá-la é um dos nossos bens particulares; de fato, o amor-próprio é simplesmente a forma que o amor de si mesmo (que nos dirige para a fruição do nosso próprio bem) adota quando o bem pessoal procurado é aquele de que necessitamos em nosso trato com outros. É o desejo de ter o que nos é próprio (*proprius*), o que nos pertence, como membros iguais em nossa associação com outros.

Reivindicar tal reconhecimento como algo que nos é devido não envolve, de maneira nenhuma, negar o mesmo direito a outros. Com efeito, Rousseau empenha-se em mostrar que somente se o concedemos a outros é que podemos esperar recebê-lo deles. Assim, não está envolvida aqui competição nem luta por dominação — isso só ocorre quando as outras pessoas são percebidas como ameaçando negar-nos ou privar-nos de honra ou prestígio. É em resposta a tal ameaça percebida que o amor-próprio assume um caráter excessivo, deformado, e em sua própria defesa busca despojar outros. No que talvez seja um dos seus mais profundos argumentos, Rousseau revela não existir uma causa real para se imaginar que as outras pessoas apresentem necessariamente uma tal ameaça. A nossa propensão para fazer isso é a projeção da nossa própria e não reconhecida ira, uma expressão de ressentimento e queixa infantis. É humanamente possível, e muito desejável, perceber os outros como fontes de solicitude e apoio, de quem se pode facilmente esperar reconhecimento e a quem podemos, então, concedê-lo com igual facilidade.

Embora essa explicação alternativa da natureza e dos efeitos do amor-próprio dê à obra de Rousseau, como um todo, um nível muito maior de coerência e inteligibilidade, ela não goza de aceitação geral. Entretanto, recebe alguma confirmação em Kant, que escreve o seguinte tendo claramente Rousseau em mente:

> As predisposições para a humanidade podem ser postas, na verdade, sob o título geral do amor-próprio físico mas *comparativo*... a saber, julgar-se feliz ou infeliz apenas pela comparação com os outros. Dele é que provém a inclinação *para se adquirir um certo valor na opinião de outros*. Originariamente, sem dúvida, só um desejo de *igualdade*: não conceder a ninguém superioridade, ligado a uma constante preocupação de que outros a ambicionem; donde resulta, pouco a pouco, uma ânsia injustificável de adquiri-la para si por sobre os outros. Nesse tronco gêmeo de *ciúme* e *rivalidade* podem ser enxertados os maiores vícios de secreta e manifesta hostilidade contra todos os que consideramos estranhos; essas inclinações não provêm, na realidade, espontaneamente da natureza como sua raiz, mas do temor que temos de que outros tentem adquirir sobre nós uma superioridade que nos é odiosa... Os vícios enxertados nessa inclinação podem por isso ser chamados de vícios de *cultura*, denominados, no mais alto grau de maldade, vícios *diabólicos*, por exemplo, a *inveja*, a *ingratidão*, a *alegria suscitada pelo mal de outrem* etc. (Kant, *A religião dentro dos limites da simples razão*, Livro I, seção I, trad. do original alemão por Tania Maria Bernkopf, ed. Abril Cultural, col. "Os Pensadores", p. 372).

Fontes: *DD*, especialmente Parte 2
E, Livros I-IV
RJJ, *Diálogos* 1, 2
DCS, Oitavo Passeio

Leituras sugeridas: Bloom (163); Chavert, cap. 3 (23); Dent, cap. 2 (24); Horowitz (27); Kant (289); MacAdam (93); Masters, cap. I (69); Plattner (99); Shklar, caps. 1-3 (36); Skillen (101)

artes *Ver* DISCURSO SOBRE AS CIÊNCIAS E AS ARTES.

artificial Rousseau usa freqüentemente o termo "artificial" de um modo corrente, incolor, para significar aquilo que é produto de trabalho e engenho humanos, o produto de artifício. Também o emprega, entretanto, com uma significação mais específica, para dizer ou sugerir algo que é, de algum modo, fraudulento ou suspeito, um desvio impróprio ou substituição do que é natural, legítimo e bom.

O DISCURSO SOBRE A ORIGEM DA DESIGUALDADE está estruturado em torno de um contraste entre desigualdades naturais e artificiais. Neste caso, Rousseau pretende sugerir, em relação às segundas, que não só tais desigualdades são o produto de convenção e trabalho humanos, e por estes sustentadas, mas também que se trata de desigualdades sem fundamento razoável, injustificadas e nocivas. Assim, afirma que todas as relações "morais" entre pessoas — ou seja, todas as relações, justas ou não, envolvendo deveres, obrigações, responsabilidades e direitos que regulam a conduta mútua (*ver* MORALIDADE) — são artificiais na acepção comum, incolor, na medida em que requerem intenção e atividade humanas a fim de assegurar a manutenção e condução adequadas dessas relações (mesmo se se pudesse acreditar que a base para tais relações não repousa em algo feito pelo homem).

Tais relações são, com freqüência, cautelosamente chamadas de "convencionais". Entretanto, essas relações adotam certa formas que, na opinião de Rousseau, também são artificiais no sentido específico, condenatório, indicado. As relações em que alguns são estabelecidos como senhores e outros como servos, alguns como respeitáveis e outros como ignominiosos, são artificiais nesse sentido mais específico. Em tais casos, um relacionamento é estruturado por exigências morais e responsabilidades morais reivindicadas, mas essas são exigências que meramente mascaram um poder e um controle despóticos que não têm permissão nem justificação. A história da sociedade humana mostra o gradual desenvolvimento de formas sociais e morais que servem para disfarçar — em roupagem fabricada, por assim dizer — as realidades de dominação, força e terror que estruturam muitas relações e processos sociais. Que as desigualdades morais "artificiais" ganhem voga e aceitação é um elemento nesse desenvolvimento. (Neste ponto, podemos ver um eco da tese de Trasímacos a respeito da justiça ser no interesse do mais forte, na *República*, de Platão, Livro I.) Rousseau não chama "artificial" a uma relação humana governada pela força "nua", embora não a considere, é claro, mais tolerável — exceto, talvez, na medida em que mostra seu caráter em sua face.

É em conexão com a desigualdade humana que Rousseau usa mais incisivamente o termo "artificial". Mas este ocorre em usos afins quando ele fala de valores "artificiais" (*ver* CAPRICHO) e de um eu artificial (*ver* ALIENAÇÃO); nestes casos, o que está em questão é o desenvolvimento de pseudovalores, ou de uma *persona* inventada. Mas em todos os casos, é a dissimulação das estratégias subjacentes de dominação e controle que leva Rousseau a usar o termo "artificial". No caso de valores artificiais, o desejo de obter uma superioridade odiosa sobre outros é facilitado pela introdução de insígnias de distinção pessoal. No caso do eu artificial, esse mesmo desejo envolve a aquisição, a demonstração de posse daqueles atributos ou realizações que produzirão um perfil competitivo, habilitando a pessoa a comprazer-se na desprezível negligibilidade de outros. Em todo o caso, esses são os efeitos do AMOR-PRÓPRIO desordenado, que modela pessoas, idéias e relações individuais e sociais.

Um contexto adicional em que Rousseau postula a questão da artificialidade é quando considera a posição e os deveres das MULHERES (no Livro V de *Emílio*). Ele analisa aí se algumas, pelo menos, das obrigações femininas não são mais do que "injustas desigualdades criadas pelo homem"; mas não subentende, neste ponto, que se algo é "feito pelo homem" ou é uma "instituição humana", seja automaticamente suspeito (como sua adição da palavra "injustas" mostra).

Poder-se-ia dizer que as duas significações de "artificial" — uma meramente descritiva, a outra condenatória — correspondem a dois modos diferentes de pôr em contraste artifício e natureza. No primeiro sentido, neutro, o que é artificial vai muito além do que é um mero processo ou produto da natureza: estão envolvidas a intenção e a capacidade inventiva humanas. Neste sentido, até a melhor forma de sociedade civil que Rousseau tenta descrever em O CONTRATO SOCIAL é uma forma artificial, ou convencional, de associação humana. No segundo sentido, crítico, o que é artificial está em conflito com o que é natural — ou seja, em conflito com o que Rousseau entende ser saudável, intato, benigno e bom (*ver* BONDADE NATURAL). Os desígnios agressivos que encontram expressão dissimulada no erigir de desigualdades artificiais colocam as pessoas, na opinião de Rousseau, em conflito com aquelas disposições e potencialidades que, em si mesmas, se harmonizam com suas oportunidades naturais para uma vida fecunda. É essa a razão para condenar tais disposições artificiais.

Fontes: *DD*
E, Livros IV, V

Leituras sugeridas: Charvet, cap. 3 (23); Horowitz, cap. 8 (27); Masters, cap. 4 (69)

autoridade Rousseau não atribui qualquer *sentido* especial à noção de autoridade. Usa-a para significar o direito legítimo para comandar ou exigir ações e abstenções de outros. Correlativa à autoridade está a obrigação de obediência. Situa-se em contraste com a mera força superior, a qual exige unicamente condescendência subjugada (servidão). O que é significativo é a análise de Rousseau das *bases* em que uma pessoa ou grupo de pessoas está devidamente autorizada a reivindicar ou a gozar de autoridade. Embora examine *en passant* a autoridade dos pais sobre os filhos e de professores sobre alunos, o seu principal interesse debruça-se inteiramente sobre os fundamentos da autoridade soberana num estado (*ver* CORPO SOBERANO) e da autoridade de governantes (*ver* GOVERNO) e da LEI. O que ele diz sobre autoridade nos outros casos está usualmente em relação apenas com esses interesses centrais.

A autoridade soberana num estado é, por definição, a fonte suprema do direito de dirigir os negócios do estado e de regular as vidas de seus membros. (Não há necessidade, em teoria ou de fato, de qualquer pessoa ou instituição específica ser tal fonte suprema; a autoridade final pode estar disseminada entre vários órgãos, embora Rousseau considere isso indesejável.) Tal autoridade só é legítima e age eqüitativamente, na opinião de Rousseau, se tiver uma certa composição e conduzir-se de uma certa maneira. Se lhe faltar essa composição ou se não proceder de forma apropriada, torna-se inválida e, caso não deixe completamente de existir, somente sobreviverá como poder subjugante. (Tal poder é ainda capaz de *reclamar* e, provavelmente, reclamará a posse de autoridade — ou seja, o direito de mandar e de dar ordens. Mas, na realidade, não a *possui*.) A autoridade soberana deve ser composta de todos os membros adultos da sociedade, que serão considerados os seus membros constitutivos e que estarão sujeitos à direção autorizada. Nenhum ato ou procedimento tem autoridade se não receber o consentimento racionalmente ponderado de todos os seus membros.

Assim, *grosso modo*, pode-se dizer que, para Rousseau, a fonte da autoridade do soberano num estado repousa nas autorizações dadas por todos os membros constitutivos desse estado. E todas as regras gerais autorizadas (leis) na sociedade, ou instituições autorizadas (como os magistrados), derivam sua autoridade do corpo soberano. Obrigações de obediência às regras ou pessoas são, assim, adquiridas através de uma forma de consentimento voluntário por parte dos obrigados, seja diretamente, no caso do consentimento às regras fundamentais da associação civil (sociedade), seja indiretamente, no caso de consentimento na direção de um magistrado, cuja existência e funções são estabelecidas por decisão do corpo soberano como fundamentais para o bom funcionamento do corpo civil.

Que a autoridade está baseada em, promana de, "a vontade do povo" é certamente o conceito pelo qual Rousseau é mais conhecido e o que se apresenta com mais clareza em seus escritos (especialmente no CONTRATO SOCIAL) aos olhos do público atual. Um mais minucioso exame do seu argumento sugere, porém, que a questão não é assim tão simples. Em particular, Rousseau sugere às vezes que o povo pode enganar-se a respeito dos seus próprios interesses, ou pode não discernir com clareza onde eles se situam, e permitir assim regras e procedimentos que lhe são prejudiciais ou que implicam mera subjugação. Nesse caso, Rousseau diria que essas regras carecem de autoridade, muito embora lhes tenha sido dada autorização. (Seria um mero artifício verbal dizer que em tais casos o consentimento não equivale a autorização.)

Resulta, portanto, que um corpo e seus atos desfrutam de autoridade somente se satisfazem certos critérios, essencialmente morais, em sua composição e funcionamento. Esses critérios incluem a proteção eficaz da pessoa e dos bens de cada membro da sociedade, e o reconhecimento garantido desse membro como participante pleno da sociedade. Somente quando um corpo em sua composição e ações atinge esses objetivos é que está investido de autoridade e funciona soberanamente. E unicamente porque Rousseau acredita que num corpo soberano constituído totalmente de adultos, funcionando com o bem-informado consentimento de todos, é que há a maior probabilidade de que esses critérios sejam satisfeitos, é que ele adota isso como a encarnação apropriada da autoridade no estado. É concebível que algum corpo constituído e funcionando de modo diferente pudesse satisfazer os critérios mais completamente, embora Rousseau, nesse caso, lhe fizesse outras objeções: em particular, que se omite de dar a todo o cidadão a sua devida dignidade quando adquire o conhecimento da virtude cívica e a disposição para agir de acordo com ela para o bem público. Assim, mesmo se, através do fracasso em satisfazer os critérios apropriados, "o povo" não toma decisões de comprovada competência, resta para Rousseau que o objetivo de fazer do povo o portador de uma autoridade legitimamente possuída deverá constituir um objetivo supremo em qualquer sociedade bem ordenada.

Que o governo e a lei só possuem autoridade com o consentimento dos governados é algo que está hoje quase universalmente aceito — se bem que, por vezes, mais em teoria do que em substância, e os processos pelos quais se afirma ser obtido tal consentimento são, de fato, muito variados. A autoridade reivindicada com base no direito divino, sucessão hereditária etc. deixa de ser reconhecida como autoridade legítima. Na medida em que Rousseau contribuiu para essa mudança profunda na compreensão da base da autoridade soberana, pode-se reconhecê-lo como um dos fundadores do pensamento político moderno. Isso não significa que sua noção do modo como o soberano devia ser constituído e agir a fim de impor autoridade tenha sido aprovada. Estados muito grandes, com grande diversidade de membros, não podem reunir-se e funcionar do modo que ele contemplou. (Em sua opinião, isso gera dúvidas, por vezes, quanto ao status de autoridade legítima das exigências impostas aos súditos de tais estados.)

Um caso especial da posse e exercício de autoridade, que é central para a questão de "o povo" evitar erros em suas deliberações, é o do LEGISLADOR. Pretende Rousseau que essa figura forme as atitudes e expectativas das pessoas de tal modo que suas deliberações satisfaçam mais eficazmente os critérios morais acima assinalados e possuam, portanto, inequívoca autoridade. A fim de se alcançar esse objetivo, as próprias direções do legislador devem comportar autoridade sobre aqueles que são guiados por ele.

Segundo Rousseau, quando uma pessoa não é membro de qualquer associação ou sociedade civil, goza de autoridade absoluta para dirigir e organizar os seus próprios negócios como julgar apropriado. Não é intrínseco em algumas pessoas estar subordinadas a outras, carecer do direito de mandar em suas próprias atividades, ser obrigadas a aguardar as orientações de outros ou, de qualquer modo, ineptas para governar suas próprias vidas. É da autoridade original sobre si próprias que todas as pessoas possuem que, pensa Rousseau, deve derivar, em última instância, qualquer autoridade sobre as outras.

Fontes: *DD*
DEP
GP, caps. 7-13
CS, Livros I-III

Leituras sugeridas: Dent, cap. 5 (24); Gildin (123); Leigh (127); Levine (128); Masters, caps. 7, 8 (69); Noone (140); Shklar (146)

B

bom selvagem "Bom selvagem" ou "selvagem" é como Rousseau denomina habitualmente o homem no ESTADO DE NATUREZA, conforme caracterizado em seu DISCURSO SOBRE A ORIGEM DA DESIGUALDADE. Esse ser pacífico, inocente e sereno ocupa um lugar central em sua imaginação e em suas teses.

Em uma de suas extensas notas para o *Segundo discurso*, sugere que os orangotangos, os "habitantes das florestas", deviam ser considerados como "homens selvagens":

> De modo algum se encontram nessas passagens os motivos nos quais os autores [da *Histoire Générale des Voyages*] se fundamentam para recusar a esses animais o nome de homens selvagens, mas é fácil imaginar dever-se isso à sua estupidez e, também, a não falarem; são razões fracas para aqueles que sabem que, apesar de o órgão da palavra ser natural ao homem, a palavra em si, todavia, não lhe é natural. (*DD* (Cranston) 157; *OC* III, 210 nota 10) (p. 304 da trad., *op. cit.*).

Rousseau é levado a desconfiar de que esses animais são, "com efeito, verdadeiros homens selvagens, cuja raça, dispersada antigamente nos bosques, não encontrara ocasião de desenvolver qualquer de suas faculdades virtuais, não adquirindo nenhum grau de perfeição e encontrando-se ainda no estado primitivo de natureza" (*DD* (Cranston) 155; *OC* III, 208) (p. 303 da trad., *op. cit.*). Foi até sugerido que, embora não tivessem nenhuma noção real de evolução, Rousseau não acreditava na fixidez das espécies, porquanto sustentava que mudanças nas circunstâncias da vida produziriam não só mudanças em aptidões (como o desenvolvimento da fala; *ver* ORIGEM DAS LÍNGUAS), mas também mudanças na aparência e conformação corporais. Essas mesmas mudanças puderam, por seu turno, transformar em vampiro um homem civilizado.

Apesar de sua atitude obviamente favorável para com a disposição pacífica e a vida simples do "bom selvagem", Rousseau não tinha dúvidas de que tal criatura e uma tal vida não são inteiramente humanas, uma vez que a gama total de capacidades e potencialidades humanas não está desenvolvida. Escreve no *Emílio*: "Embora eu queira formar o homem de natureza, o objetivo não é, apesar de tudo, fazer dele um selvagem e relegá-lo às profundezas das florestas... O mesmo homem que deve permanecer estúpido nas florestas deve tornar-se razoável e judicioso nas cidades" (*E* IV, 255; *OC* IV, 551). E: "Ora, as necessidades mudam com a situação dos homens. Há uma enorme diferença entre o homem natural vivendo no estado de natureza e o homem natural vivendo no estado de sociedade.

Emílio não é um selvagem a ser relegado ao deserto. É um selvagem feito para habitar cidades" (*E* III, 205; *OC* IV, 483-4).

Assim, apesar de sua evidente nostalgia, em algumas de suas referências ao homem natural e ao bom selvagem, de um paraíso perdido, é claro que ele não pensa que tal estado seja viável para o homem moderno. Entretanto, a crença, nutrida há tanto tempo, de que Rousseau alimentava uma nostalgia incondicional favorável à reversão a algum primitivismo idealizado, tem sido lenta em dissipar-se. Mas ele não viu, de fato, uma dicotomia intransponível entre o natural, pré-social, benigno e verdadeiro, e o artificial, social, maligno e corrupto. Para ele, é na verdade possível viver em sociedade, embora permanecendo fiel à natureza humana. (*Ver* AMOR-PRÓPRIO; COMPAIXÃO)

Fonte: *DD*, especialmente a Parte 1.

Leituras sugeridas: Cook (80); De Jouvenel (83); Lovejoy (92); Lovejoy (212); Meek (96); Plattner (99); Wokler (104); Wokler (105); Wokler e Frayling (107)

bondade *Ver* BONDADE NATURAL; VIRTUDE.

bondade natural Quase tão famoso quanto o epigramático comentário de Rousseau, "O homem nasce livre e por toda a parte encontra-se a ferros" (*CS* I, cap. 1, 165; *OC* III, 351; *ver* LIBERDADE), é o seu freqüente estribilho de que o homem é por natureza bom mas pervertido e corrompido pela sociedade. Essa opinião é expressa mais especificamente em EMÍLIO e ROUSSEAU JUIZ DE JEAN-JACQUES, e ainda em sua CARTA A CHRISTOPHE DE BEAUMONT, na qual a especifica como sendo talvez a idéia predominante que impregnou e estruturou toda a sua obra, e que ele sempre manteve de forma consistente.

De acordo com a interpretação comum do seu pensamento nesta matéria, Rousseau está sustentando que os homens nascem, se não exatamente virtuosos (pois isso envolve o conhecimento do bem e a vontade consciente de o praticar), pelo menos predispostos à VIRTUDE — benignos, afetuosos e ternos em seus sentimentos e disposições inatos, naturalmente inclinados para tratar com magnanimidade e carinho todos aqueles com quem se relacionam. Agressividade, malícia, rancor, despeito e inveja são estranhos ao coração humano imaculado que sai das mãos do seu Criador. Essas disposições malignas só se instalam porque outras pessoas pervertem e destroem a inocência e a integridade naturais do indivíduo. Não é deste a responsabilidade final por tais defeitos; mesmo quando pratica uma maldade, ele é realmente a vítima desafortunada e maltratada da má vontade de outros, que fazem do indivíduo um monstro e depois o repelem, horrorizados.

É freqüentemente afirmado que esse retrato de inocência primitiva é parte integrante da negação psicopática de Rousseau de sua própria ira, inveja e índole vingativa, as quais o levaram sempre a representar-se como a vítima ferida mas bem-intencionada da malevolência de outros — um hábito a que ele era, sem dúvida, excessivamente propenso (*ver* PARANÓIA). Alguém poderia muito bem desejar desacreditar de tão íntegro auto-retrato mas não são as inadequações psicológicas de Rousseau que se encontram aqui em discussão e sim o que ele realmente disse e se isso é ou não defensável.

Um dos maiores problemas dessa conhecida interpretação é que ela deixa Rousseau vulnerável a acusações de maciça incoerência. Se o homem é naturalmente bom, como pode então a sociedade corrompê-lo? A sociedade são apenas as outras pessoas, logo, a menos que elas tenham tendências (latentes) para a prática do mal, como pode a sociedade engendrar a corrupção? Rousseau acredita ser possível alguma espécie de sociedade e estado benigno — o que o CONTRATO SOCIAL se dedica a explicar. Mas como pode ele sustentar tal ponto de vista se a sociedade inevitavelmente corrompe? Em vez de concluirmos que Rousseau adiciona uma grosseira inconsistência à sua psicopatia, deveríamos começar por indagar se essa conhecida interpretação é ou não adequada.

Uma passagem crucial para se compreender o pensamento de Rousseau sobre esse tópico ocorre no *Emílio* (IV, 212-13; *OC* IV, 491-2), onde ele distingue as paixões "naturais" do homem de suas paixões "exóticas". Reconhece aí que "natural" tem o significado de "inato", que o que nasce conosco é, real ou potencialmente, parte de nossa herança. Mas não é esse o sentido que lhe interessa, o sentido em que emprega o termo. O sentido significante em que as paixões são "naturais" é, antes, que elas são "instrumentos de nossa liberdade; elas tendem a preservar-nos". Aquelas paixões que, pelo contrário, "nos subjugam e nos destroem" são "exóticas" — ou seja, são contrárias à nossa natureza e "vêm de alhures... apossamo-nos delas em detrimento da natureza".

Rousseau expõe aí um quadro estruturado de idéias que remontam, pelo menos, a Aristóteles. Na opinião de Aristóteles, é adequado entender teologicamente a constituição das coisas, em particular as coisas animadas — isto é, em função de elas terem componentes e uma organização que tendem para a preservação e a manutenção, para a meta que é a promoção do bem dessas coisas, sua vida e bem-estar intatos. Esse é o modo como a constituição natural de uma coisa é identificada; tudo o que nela bloqueie tais tendências, ou se incline para danificar ou destruir essa coisa, é contrária, é estranha, à sua natureza. Ou também poderia haver disposições que são inatas e naturais nesse sentido mas foram desviadas de sua tendência propriamente natural (por acaso ou por deliberação) e acabaram sendo prejudiciais ou nocivas para o ser em questão.

Daí surge a noção paradigmática primária de Rousseau do que é "natural" e "bom". O "bom" em questão é a autopreservação e a vida fecunda da criatura — neste caso, uma pessoa. E o que é "natural" são as paixões (e, concomitantemente, ações, circunstâncias etc.) que conduzem a esse bem, seja imediata ou indiretamente, seja instintivamente ou por deliberação consciente. O exemplo mais claro do que é natural e bom desse modo é o AMOR DE SI MESMO, "a fonte de nossas paixões, a origem e o princípio de todos os outros, o único nascido com o homem e que nunca o abandona enquanto ele viver". Desse amor de nós mesmos deriva a tendência para amar o que nos preserva. Assim, é natural no homem amar desse modo "sua ama e sua governanta". No começo, prossegue Rousseau, esse apego é meramente "instinto cego"; o que o converte num sentimento, numa paixão, é a crescente conscientização de sua "manifesta intenção... de nos ser útil"; isso inspira-nos "sentimentos semelhantes aos que essas pessoas manifestam". Assim, no mesmo sentido do que é natural, a nossa afeição por aqueles que nos ajudam e nos mantêm e a nossa gratidão por sua ajuda (*ver* COMPAIXÃO) também são sentimentos naturais. Todos eles provêm, ajudam e favorecem a nossa autopreservação e a plenitude de nossa vida.

O *amor de si mesmo* é a fonte de *todas* as nossas paixões; "todas as outras são, num certo sentido, modificações" desse amor primordial. Isso significa que mesmo as paixões perniciosas e escravizadoras são "se quiserdes... naturais". Mas algumas modificações "alteram o objetivo primário e colidem com o seu próprio princípio. É então que o homem se acha à margem da natureza e coloca-se em contradição consigo mesmo".

O que Rousseau tem em vista é o que se segue. A ira de uma criança diante de uma frustração, sua birra por não conseguir fazer o que quer podem levá-la a ver as outras pessoas não como sustentáculos, mas como perseguidores malignos que odiosamente a contrariam (*ver* AMOR-PRÓPRIO). Isso lança-a em competição pelo controle sobre elas e em luta perpétua por dominação num contexto impregnado de ameaças e medo. Se esse padrão de expectativa e resposta se consolida, como pode acontecer através do tratamento errôneo das necessidades e reações da criança, então, longe de ser instigada por paixões que a preservem e favoreçam sua liberdade, ela será impelida por agressão, medo e cólera, que não só são intrinsecamente perniciosos mas também criam uma situação que bloqueia qualquer desenvolvimento no sentido da ampliação da capacidade pessoal ou criativa (*ver* ALIENAÇÃO). A tendência original da criança para a birra não é, em si mesma, exótica. É um elemento em sua auto-afirmação, em seu direito à vida. Mas, através de equívocos ou infortúnios ao lidar com essa reação, desenvolveu-se na criança uma atitude perante a vida, ela própria e os outros, que a colocou em conflito com o seu propósito pessoal de ter uma vida fecunda em convívio com os outros, pelo que acaba encontrando-se "em contradição com ela própria".

Dado esse *background*, pode ser entendido por que Rousseau diz que o amor, a gentileza e a beneficência constituem disposições naturais, e a crueldade, o rancor e a cobiça são antinaturais. Isso não é porque ele pense que cada um nasceu, por assim dizer, um santo a quem os outros perverteram, mas porque as primeiras disposições acima citadas resultam de, harmonizam-se com e favorecem o bem-estar de um indivíduo, ao passo que as segundas contrariam e conflitam com a busca e a realização desse bem-estar — algo que ninguém quer que aconteça a menos que tenha sido submetido a circunstâncias deformadoras. Não se trata de que Rousseau suponha não haver ninguém que possua uma tendência para causar dano a outras como seu princípio primordial; mas, mediante o seu argumento em duas etapas, ao mostrar como as segundas disposições são perniciosas para o indivíduo, ele conclui que elas são alheias ao seu ser.

Embora essa passagem do *Emílio* diga especificamente respeito às paixões, o seu peso pode ser generalizado para todos aqueles casos em que Rousseau fala do que é natural no ou para o homem; com efeito, ele sustenta haver uma integridade básica na constituição e propósitos dos seres humanos que é propícia ao seu próprio bem-estar e plenitude da vida, para eles mesmos e no trato com os outros. (E é através de sua crença nessa integridade própria da constituição humana que Rousseau chega à sua crença na ordem providencial de Deus — não o inverso (*ver* PROFISSÃO DE FÉ DO VIGÁRIO SABOIANO, A). Os seres humanos não estão, pensa ele, fundamentalmente divididos contra si mesmos: quando isso ocorre, devemos suspeitar de alguma deformação externamente engendrada. Ele explica então como traços e disposições moralmente perversos colocam uma pessoa em contradição consigo própria, e como os traços moralmente bons decorrem de sua própria integridade e a desenvolvem. Assim, ele conclui que a maldade moral é antinatural e origina-se em influências externas.

Embora a concepção teleológica de Rousseau de organização humana possa não ser convincente e talvez se possa pensar que ele não foi bem-sucedido na demonstração de como a crueldade, a perversidade etc. são contrárias ao bem pessoal (já para não falar do bem dos outros), o seu argumento está bem concebido.

Fontes: *DD*

E, Livros I-IV

Leituras sugeridas: Charvet, caps. 2, 3 (23); Clark (332); Dent, caps. 3, 4 (24); Dent (166); Howells (255); Masters, cap. 3 (69); Melzer (29); Shklar, cap. 2 (36)

botânica Já em 1738, quando estava ainda vivendo, embora contrafeito por essa época, com a sra. de Warens, Rousseau registra o prazer que lhe dava lidar com plantas. De fato, ele deve ter aprendido muito a respeito de ervas e outras plantas usadas para fins medicinais, uma vez que a preparação de remédios herbáceos era uma das atividades da própria sra. de Warens e de Claude Anet, o seu factótum (embora Rousseau viesse mais tarde, em *Os devaneios de um caminhante solitário*, a depreciar a atenção dedicada às plantas com vistas, meramente, aos seus usos medicinais).

Durante as duas décadas seguintes, enquanto Rousseau estava preocupado com suas obras musicais e teóricas, em Paris e em outros lugares, o seu interesse declinou. Quando, forçado a fugir de Paris em 1762, voltou para a Suíça e, em julho, instalou-se em Môtiers, no principado de Neuchâtel, reatou as suas pesquisas botânicas, derivando enorme prazer de muitas viagens que fez por montes e vales na companhia de amigos. Por essa época, começou planejando um dicionário de botânica, o *Dictionnaire des termes d'usage en botanique*, do qual sobrevivem rascunhos. A obra de Lineu causou-lhe grande impressão; acreditava que o sistema de classificação introduzida por Lineu era essencial para qualquer estudo adequado de plantas.

A estada de Rousseau em Môtiers não durou muito. Vítima de agressão pública e de condenação pelas autoridades religiosas, teve de mudar-se de novo em setembro de 1765, parando por algum tempo na ilha de St.-Pierre, no lago Bienne, onde passou alguns dos dias mais aprazíveis de sua vida, diz ele, estudando a flora. Mesmo durante os seus conturbados dias na Inglaterra, em 1766, continuou dedicado à botânica, colhendo samambaias e musgos nas vizinhanças de Wootton.

Quando voltou a morar em Paris, em 1770, dedicava as manhãs ao seu emprego como copista de partituras musicais e pelas tardes ia passear no campo coletando plantas, catalogando-as, secando-as e prensando-as, a fim de preparar herbários para amigos. Nos dois anos seguintes, escreveu oito cartas sobre botânica para a sra. Étienne de Lessert, a filha de um amigo íntimo, para instrução de uma filha dela. Nessas *Cartas elementares sobre botânica* (Lettres élémentaires sur la botanique), ele recomenda o estudo de plantas como uma forma de aprender como ver claramente, sem preconceitos ou suposições, e como classificar, sistematizar e entender os milagres da natureza num espírito de humildade. Rousseau pensa que tal estudo susta as ansiedades do eu cobiçoso, enquanto a apreciação dos belos dons da natureza acalma e agrada à alma. Na Primeira Carta ele escreve: "Estou convencido de que em qualquer estádio o estudo da natureza reduz o gosto por divertimentos frívolos, reprime os tumultos da paixão e proporciona ao espírito um salutar alimento, suprindo-o com o assunto que é sumamente digno de sua ocupação."

Na Sétima Carta, embora advertindo que a importância da botânica não deve ser exagerada, observa que "é um estudo de pura curiosidade, destituído de utilidade real exceto a que um ser humano pensante e sensível pode extrair da observação da natureza e das maravilhas do universo". Não se pense, porém, que esse foi o seu modo de denegrir o estudo botânico. A pureza, a própria inutilidade do interesse é, para Rousseau, a sua mais alta recomendação, uma vez que, onde quer que surjam questões de uso, o homem desfigura a natureza ou explorando-a ou convertendo-a em algo que ela não é — simplesmente para satisfazer-se — em vez de abrir sua mente para as maravilhas do mundo natural.

Por volta de 1776, Rousseau havia em parte renunciado às suas expedições botânicas e à preparação de plantas, achando exagerado o esforço. Mas a paixão nunca o abandonou: um ano antes de sua morte, foi dominado de novo pela "mania" das plantas, embora desta vez pensando mais sobre os aspectos científicos da pesquisa botânica.

Tanto as *Cartas* como os rascunhos para o dicionário não foram publicados em vida de Rousseau, mas foram incluídos numa edição completa de suas obras publicadas em Genebra em 1782, e traduzidos pela primeira vez para o inglês em 1785. Em 1805, o pintor P. J. Redouté teve acesso a essa documentação e preparou uma requintada edição (*Botanique* de Rousseau), com ilustrações verdadeiramente maravilhosas: foi um enorme sucesso público e constitui uma das mais belas realizações de Redouté.

Fontes: *Dictionnaire des termes d'usage en Botanique* (*OC*, IV)
Lettres élémentaires sur la botanique à Madame de Lessert (*OC*, IV)
DCS, Sétimo Passeio

Leituras sugeridas: Cantor (218); Scott (230)

C

capricho O capricho — tendência para súbitas e imprevisíveis mudanças de atitude e comportamento — é um fenômeno humano bastante comum. Mas Rousseau vê nele a expressão de uma preocupação humana mais profunda e mais importante. Usa adicionalmente "capricho" ou "caprichoso" como um adjetivo para qualificar valores ou códigos de honra.

Nos Livros I e II do *Emílio*, Rousseau insiste em que aqueles que desejam criar os filhos para que sejam saudáveis e felizes devem prestar cuidadosa atenção a se os choros, pedidos e ações de uma criança revelam suas tentativas para compreender seu mundo e agir efetivamente nele o melhor que puder, ou se tudo não passa de expressões de capricho. Acredita ele que a teimosia — em contraste com os esforços praticamente realistas da vontade — com que a criança tenta mandar nos que a cercam e fazer deles seus servidores, obedecendo a todas as suas imperiosas exigências, é uma manifestação, de fato, de capricho. A tendência para a teimosia, para a obstinação, é muito forte em crianças (e em adultos), pensa Rousseau, mas é invariavelmente perniciosa para elas e para os que as rodeiam, se não for eliminada.

A tentativa de uma criança de impor sua vontade tirânica é, sustenta Rousseau, a expressão de medo e de ira em face de uma frustração, o que então a leva a criar um mundo fantástico de figuras adversas ou malignas que aterrorizam a criança e só podem ser controladas por esforços de domínio e imperiosa auto-afirmação. Uma criança é propensa a ver toda e qualquer transação humana como uma questão de controle e descobrirá — sem intenção consciente — quaisquer meios que lhe permitam obter e manter esse controle. O capricho é uma manifestação disso. Os pais ansiosos, preocupados com o que, aparentemente, são manifestações de tédio, infelicidade, insatisfação, correm açodados de um lado para outro com o propósito de a acalmar e a satisfazer. Assim, a criança habitua-se a um mundo que, a uma simples palavra, se coloca a seu serviço. Mas, com igual freqüência, pessoas e coisas não são tão complacentes; neste caso, a criança pensa estar enfrentando uma recusa deliberada, um desejo de a humilhar e derrotar. Falta-lhe qualquer apreensão dos verdadeiros limites do seu poder e uma noção concreta de como o mundo funciona e do modo como as pessoas podem dispor-se a ajudar de um modo confiável e sistemático — através da gentileza e da generosidade, em vez de ordens discricionárias e carrancas.

Crescer com essas crenças e sentimentos não beneficia a criança mais do que beneficia aquelas com quem ela se relaciona agora ou mais tarde, quando se torna um indivíduo adulto.

Pensa Rousseau que uma principal prioridade educativa deve ser impedir a consolidação desses padrões de resposta na criança. É por esse motivo que ele recomenda que, tanto quanto possível, uma criança cresça num ambiente onde não esteja, aparentemente, sendo controlada ou dirigida pela vontade de outros. Deve parecer-lhe que habita um mundo que não é moldado pelas intenções de outros mas que se conduz espontaneamente, "segundo a sua própria vontade". Desse modo, ela perderá a sua propensão para pensar que quando as coisas não são como gostaria, alguma figura contrariante ou negadora é a responsável. Não haverá nada para encorajar essa idéia; o mundo à sua volta não lhe dará esse tipo de atenção. Ao perceber isso, a criança preferirá, acredita Rousseau, adquirir o conhecimento e aprender o que for necessário para efetuar mudanças reais e adequadamente avaliadas em sua situação que a melhorem no sentido em que ela quer. Os amuos resultantes de vontades contrariadas e de caprichos não satisfeitos serão substituídos por uma ação eficiente e concreta.

Esse elemento no programa educativo de Rousseau foi visto como quimérico e perverso. Isolar uma criança do contato com outras vontades humanas é considerado impossível e suscetível de causar-lhe distúrbios psicológicos. De fato, é provável que às propostas práticas de Rousseau falte critério. Mas isso não deve esconder o verdadeiro significado da questão que ele identificou e tentou resolver. É indiscutível que grande dano é feito a uma pessoa, e àquelas com quem estabelece contato, se ela pensar que o relacionamento humano se resume a uma luta pela dominação e o controle. Não é preciso repudiar a preocupação de Rousseau com essa questão, mas pensar em melhores métodos para, em primeiro lugar, eliminar ou impedir que se forme essa crença e todos os sentimentos e conduta que lhe são concomitantes.

É em ligação com esse desejo de domínio e controle — em sua forma plenamente desenvolvida de excessivo AMOR-PRÓPRIO — que Rousseau nos fala de "valores caprichosos" e "códigos de honra caprichosos". Um valor caprichoso (ARTIFICIAL, convencional, fictício) não é, de maneira nenhuma, um valor real, embora se exiba como tal. Na realidade, ele relaciona-se com alguma possessão, atributo ou feito que é considerado respeitável ou distinto porque fornece um modo de reivindicar prestigiosa ascendência sobre outros que, por falta da característica relevante, são identificados como desprezíveis e sem valor. O seu único objetivo é proporcionar um modo de separar os indivíduos dóceis dos rebeldes. O mesmo se aplica aos caprichosos códigos de honra.

Justamente porque tais pseudovalores expressam e estimulam essa determinação de controlar os outros, mantê-los submissos, é que Rousseau lhes faz as mesmas restrições que a essa determinação. Vê em todos esses casos o trabalho da agressão e da animosidade a fim de distorcer as relações e atividades humanas; e sustenta em todas as suas obras que tais disposições não são e não podem ser admiráveis ou benéficas, tanto para os seus possuidores quanto para os que são seus alvos.

Ver também EDUCAÇÃO.

Fonte: *E*. Livros I e II.

Leituras sugeridas: Bloom (163); Carr (165); Dent, cap. 2 (24)

Carta a Christophe de Beaumont, arcebispo de Paris (1763) (Lettre à Christophe de Beaumont) [15] Imediatamente após a publicação do EMÍLIO, Rousseau viu-se em apuros. Sobretudo por causa de suas idéias a respeito de uma "religião natural" e de suas críticas à revelação e à Igreja Católica contidas na PROFISSÃO DE FÉ DO VIGÁRIO SABOIANO, que faz parte do Livro IV, a obra foi denunciada pelo corpo docente da Faculdade de Teologia da Sorbonne em junho de 1762 e um mandado de prisão foi expedido contra o seu autor. Exemplares do livro foram queimados em Paris (e, mais tarde, em Genebra), e Rousseau fugiu da França, permanecendo por algum tempo em Yverdon, antes de ser compelido a abandonar essa localidade e instalar-se em Môtiers, sob a proteção de Frederico da Prússia.

O arcebispo de Paris, Christophe de Beaumont, publicou em agosto desse ano um *mandement*, uma carta pastoral de instrução e orientação para os seus sacerdotes e membros da Igreja explicando em detalhe por que *A profissão de fé* era inaceitável, irreligiosa e sacrílega. Rousseau obteve uma cópia da carta e, exaltado pelos ataques não só às suas idéias mas também à sua sinceridade, decidiu respondê-la. Completada em novembro de 1762 e publicada em março de 1763, a sua *Carta a Christophe de Beaumont* foi banida em Genebra. Desgostoso com mais essa injúria pela cidade que tanto venerara e de que se sentira tão orgulhoso de ser um cidadão, renunciou à sua cidadania em maio desse ano.

A *Carta* de Rousseau constitui um dos seus mais vigorosos escritos. Na primeira parte apresenta um enunciado geral das principais idéias que deram forma a toda a sua obra. Na segunda, critica e refuta as objeções que o arcebispo fez contra os pontos de vista expressos em *A profissão de fé*.

Em todos os seus diversos escritos, declara Rousseau no começo da *Carta*, permaneceu sempre fiel às mesmas opiniões básicas. Ao longo dos anos, as pessoas formaram as mais contraditórias opiniões tanto sobre os seus pontos de vista quanto sobre ele próprio, mas ele nunca mudara — então por que só agora eram tomadas medidas contra ele? Tampouco entendia com que autoridade tais medidas eram tomadas. Um genebrino tem um livro publicado na Holanda — Néaulme foi escolhido como editor (nominal), numa tentativa de evitar problemas de censura. E agora o livro é queimado em Paris, sem julgamento, sem o direito de defesa.

Descreve em linhas gerais algumas dessas "mesmas idéias nas quais sempre baseou seus argumentos". A principal dentre elas é de que o homem é por natureza bom mas corrompido pela sociedade. O homem é criado para estar bem e fazer o bem, mas é interminavelmente pervertido e desviado desse curso (*ver* AMOR DE SI MESMO; AMOR-PRÓPRIO; BONDADE NATURAL). Apenas a doutrina do pecado original (*ver* PECADO (ORIGINAL)) é apresentada contra essa tese. Mas, prossegue Rousseau, os argumentos apresentados em prol dessa doutrina são confusos e indefensáveis. O seu crime consiste, pois, em não ter recorrido a argumentos tão medíocres?

Abordando em seguida as críticas do arcebispo, replica que suas opiniões foram distorcidas ou falseadas; que as objeções são confusas e baseadas em argumentos evasivos. Insiste de novo, tal como fez em *A profissão de fé*, em que precisamos separar a crença cristã da subserviência aos sacerdotes, a uma só Igreja, aos dogmas de um só credo específico. Tal subserviência só tem como resultado a tirania e o sacrifício de sangue no altar de Deus. Mas, sustenta Rousseau, a caridade não é sanguinária hem homicida; não pode ser blasfemo instar pelo apaziguamento, a pureza, a simplicidade, em vez da sede fanática de sangue. (É importante lembrar que a Inquisição ainda estava em ação na Espanha.) Entretanto, se ele estivesse equivocado sobre esses pontos, o que era difícil de acreditar, expusera-os de boa fé e com a mais completa sinceridade. Fazer tal coisa, protesta Rousseau, não é um crime que exija punição.

A *Carta* termina num tom de enaltecimento pessoal. Se existisse na Europa qualquer governo verdadeiramente esclarecido, afirma, estaria erigindo estátuas ao autor do *Emílio*, em vez de ser caçado e perseguido. Esse comentário atraiu o especial desdém de Voltaire, cuja tendência para o humor e para tratar Rousseau com ar de superioridade convertera-se agora em inimizade declarada.

Não há nada de importância na *Carta* que Rousseau não tenha expressado em outras obras com maior profundidade e detalhe. Ela é notável, porém, por sua fluência, seu denso desenvolvimento polêmico e o poder retórico de seus comentários sobre a intolerância religiosa — os quais poderiam muito bem ser mais freqüentemente reafirmados, uma vez que ainda hoje não são amplamente acatados (*ver* RELIGIÃO (CIVIL)).

Leituras sugeridas: Green (8); Grimsley (176); Grimsley (187)

Carta a d'Alembert (1758) (Lettre à M. d'Alembert sur les spectacles) [7] No outono de 1757, o volume VII da ENCICLOPÉDIA incluía um artigo sobre GENEBRA, escrito por Jean d'Alembert, amigo de Rousseau e um dos editores da *Enciclopédia*. Além de narrar a história e descrever aspectos da cidade como a sua constituição e manufaturas, d'Alembert propusera o estabelecimento ali de um teatro. Rousseau viu nisso, provavelmente com fundamento, a influência de Voltaire, que estava vivendo nos arredores de Genebra e tinha recentemente montado espetáculos teatrais em sua residência. Estes tinham sido desencorajados pelo Consistório, a "polícia moral" de Calvino, e Voltaire aproveitara a oportunidade da visita de coleta de dados de d'Alembert à cidade para promover a defesa da sua posição contra essa repressiva censura moral. Rousseau decidiu responder ao artigo de d'Alembert, concentrando-se principalmente na questão do estabelecimento de um teatro, e defendendo os costumes e a moralidade de Genebra e seus cidadãos.

A *Carta* de Rousseau (na qual ele usa pela primeira vez a divisa *Vitam impendere vero* ("Dedicar a vida à verdade") como sua própria) foi publicada em outubro de 1758, tendo o próprio d'Alembert, com amável imparcialidade, atuado como censor e declarado o texto digno de divulgação. A velada acusação de Rousseau contra Diderot, no prefácio, de ter traído a amizade que os unia ao duvidar de sua sinceridade e bondade, marcou o rompimento final entre esses dois homens, embora as relações de Rousseau com d'Alembert continuassem num clima amistoso, ainda que distante. A *Carta* atraiu enorme atenção e mais de quatrocentos artigos e panfletos foram escritos em resposta. A população de Genebra teria ficado satisfeita, de um modo geral, com a polêmica de Rousseau em sua defesa.

A *Carta* começa por comentar a declaração de d'Alembert de que os pastores de Genebra eram socinianos — isto é, que rejeitavam toda a revelação como dispensável para o cristianismo e a doutrina da punição eterna como incompatível com a justiça de Deus. Rousseau contesta que, embora admire a tolerância e eqüidade dos pastores — às quais tais crenças podiam perfeitamente ser propícias —, d'Alembert não tinha o direito de atribuir-lhes tais opiniões e, ao fazê-lo, tinha-os deixado vulneráveis a acusações de heresia.

Abordando depois o assunto principal de sua *Carta*, critica, numa variedade de premissas, a sugestão de d'Alembert de que se funde um teatro. Argumenta que um teatro só pode prosperar se fornecer diversão. E se o fizer, distrai as pessoas do prazer que encontram no cumprimento de seus deveres pessoais e cívicos, e assim enfraquece os hábitos e sentimentos que faz delas a boa gente que são, capazes de sustentar uma comunidade justa e benéfica. O teatro não é um agente de aperfeiçoamento moral; tem que sujeitar-se aos gostos existentes e, de fato, consolidá-os. Não engendra uma paixão real mas sentimentos sucedâneos que diminuem qualquer esforço concreto que as pessoas possam investir em assuntos verdadeiramente importantes.

Numa extensa análise crítica de Molière, sobretudo da peça *O misantropo*, Rousseau objeta principalmente a que o protagonista Alceste, que é bondoso, honesto e amigo dos homens, seja apresentado de forma ridícula, desprezível e atrabiliária. Filinto, o insinuante e cético mundano, por outro lado, é mostrado como superior a Alceste e levando sempre a melhor sobre ele. Rousseau insiste contudo que essa peça é obra de gênio, a melhor peça teatral que se poderia esperar algum dia ver escrita e representada. Mas nela a virtude e a bondade são escarnecidas e por isso é que dificilmente se pode afirmar que o teatro seja capaz de edificar a moral.

Rousseau acredita que um destaque indevido é dado em peças teatrais ao "interesse amoroso" e isso serve de instrumento para as preocupações das mulheres de um modo inaceitável. O que acontecerá, no que se refere aos prazeres e desejos das mulheres, se for estabelecido um teatro? Elas exigirão atavios para enfeitar-se e estarão querendo sempre sair para exibir-se e serem vistas. Uma vez mais, todo o prazer será eliminado das necessárias e benéficas tarefas da família e da comunidade; despesas supérfluas e ociosidade tomarão o seu lugar.

É absurdo sustentar que uma legislação cuidadosa pode prevenir contra todos esses males. Para que tenha qualquer efeito real, a legislação deve garantir obediência, e isso ela só pode fazer se as pessoas entenderem e participarem dos verdadeiros interesses que a legislação se propõe fomentar. Mas, como toda a sua argumentação mostrou, o estabelecimento de um teatro, ir ao teatro, o próprio conteúdo das peças — tudo conspira contra esse sentido de vida comum e lealdade republicana em que a obediência à lei precisa apoiar-se. Ficar sentado e fechado num recinto escuro, como indivíduo isolado, não dá contribuição alguma — na verdade, labora contra — a necessidade central e permanente de pessoas que vivem juntas de sustentar uma comunidade justa e próspera. Como alternativa, Rousseau favoreceria a realização de festejos públicos em que as pessoas se reuniriam ao ar livre para celebrar eventos significativos para elas, como parte de sua herança cívica e cultural.

Apesar de todo o discernimento intuitivo que Rousseau expôs ao escrever a *Carta*, a sua tese contém escassa convicção. É essencial, evidentemente, que aqueles sentimentos que preparam uma sociedade para sustentar-se como justa e humana não sejam negligenciados, mas é difícil acreditar que o teatro, mesmo em Genebra, seja um importante instrumento para a sua dissolução, ou que possa tornar-se um sintoma da decadência desses sentimentos.

Leituras sugeridas: Bloom (205); Polizer (208); Robinson (199)

Carta a Voltaire sobre a Providência (ou *Sobre o otimismo*) (escrita em 1756; publicada em 1759) (Lettre sur la Providence) [5] Pouco depois de Rousseau mudar-se para Montmorency, no começo de 1756, Voltaire enviou-lhe um exemplar do seu *Poema sobre o desastre de Lisboa* (*Poème sur le désastre de Lisbonne*), tratando do significado moral e religioso do terremoto que em novembro de 1755 devastara Lisboa e matara muitas centenas de pessoas. No poema, Voltaire escarnece de uma deidade benevolente que ordena as coisas de tal modo que tudo o que acontece é pelo melhor neste que é o melhor de todos os mundos possíveis. Esse otimismo superficial e cego de Leibniz, Pope e outros impede as pessoas de enxergarem que o destino humano é realmente o de dor, desolação e destruição. Não se pode ver aí nenhum plano providencial ou mão benevolente.

Por uma razão muito clara, Rousseau decidiu escrever uma resposta a Voltaire a respeito das opiniões expressas em seu poema. Essa *Carta* nunca foi escrita com a intenção de ser publicada, mas foram feitas cópias e em 1759 uma edição foi impressa, sem autorização de Rousseau, por Formey em Berlim.

Argumenta Rousseau que muito do mal existente no mundo é de nossa própria autoria. Além disso, boa parte desse mal evita um mal maior, ou pode ter, em última instância, boas conseqüências. Nem sempre nos é dado perceber o plano total. Em nenhum dos eventos que provocaram o escárnio de Voltaire a respeito da deidade há razões suficientes para o desespero. Nenhuma sutileza metafísica pode levá-lo, a ele, Rousseau, a duvidar do seu profundo sentimento de providência benéfica. Os que fazem a avaliação dos bens e males a que está sujeita a vida humana esquecem-se, afirma ele, de colocar no lado positivo o doce e suave sentimento da existência. Prestam atenção somente aos acontecimentos que ocorrem na vida de uma pessoa e esquecem o valor supremo da própria vida.

Concorda em que não se deveria dizer propriamente que "tudo é bom". Antes, o que deveríamos dizer é que tudo é bom para o todo. Além disso, se, como Deus promete, os homens gozarão de vida eterna, os lucros e perdas só de sessenta anos não podem ser a medida decisiva de Sua bondade e beneficência. Num comentário pessoal, Rousseau afirma ser muito estranho imaginar Voltaire, que vive cercado de conforto, reconhecendo o mal à sua volta, ao passo que ele, Rousseau, que vive na pobreza e obscuridade, só enxerga uma ordem providencial e as bênçãos de Deus.

Em meio a esses argumentos um tanto triviais lança um ataque à intolerância e selvageria religiosas (*ver* RELIGIÃO CIVIL; PROFISSÃO DE FÉ DO VIGÁRIO SABOIANO, A). A pertinência dessa linha de pensamento (embora inteiramente lógica) — à qual Rousseau voltaria repetidas vezes — para o poema de Voltaire é algo duvidosa. Voltaire não deu uma resposta direta a essa *Carta*; não parece que se tenha sentido ofendido por ela — o rompimento final entre os dois teria outras causas. A Rousseau, entretanto, era agradável pensar que o *Cândido* (1759) de Voltaire representava a sua ponderada resposta às teses que ele expusera.

Sem dúvida, Rousseau já estava meditando sobre as idéias para *Profissão de fé*, no qual se encontrará a sua melhor exposição sobre a natureza da providência de Deus, quando escreveu essa *Carta*. Mas a *Carta*, em si, pouco acrescenta à nossa compreensão ou apreciação de suas opiniões ulteriores.

Leituras sugeridas: Goldbery (186); Grimsley (187); Leigh (338)

Carta sobre a música francesa (1753) (Lettre sur la musique française) *ver* MÚSICA, TEXTOS SOBRE.

Cartas a Malesherbes (escritas em 1762; publicadas em 1779) (Lettres à Malesherbes) [10] Rousseau tinha completado o manuscrito de *Emílio* em 1761 e, graças aos bons ofícios da sra. de Luxemburgo, a obra seria impressa em Paris por Duchesne (embora sob o nome de um editor holandês, Néaulme, na esperança de evitar problemas de censura). Rousseau estava preocupado com a morosidade do processo de impressão e suspeitava de interferência dos jesuítas (ele também estava muito doente nessa época). Finalmente, foi contatado o censor, Malesherbes: este fez investigações no interesse de Rousseau, tranqüilizando-o da maneira mais obsequiosa. Isso foi o começo de um duradouro relacionamento amistoso entre os dois homens, apesar das grandes diferenças em suas posições e dos perigos a que Malesherbes estava exposto por seu apoio a Rousseau (*ver* EMÍLIO).

Comovido pela generosidade de Malesherbes, Rousseau escreveu-lhe quatro cartas autobiográficas em janeiro de 1762, nas quais se propôs a explicar sua conduta e alguns dos principais acontecimentos de sua vida. Aí pode ser vista, talvez, a primeira expressão do impulso de revelação pessoal que assumiria o primeiro plano nos quinze anos seguintes, que encontrou seu mais pleno desenvolvimento em AS CONFISSÕES, mas se manifestaria também em obras como ROUSSEAU JUIZ DE JEAN-JACQUES: DIÁLOGOS e os DEVANEIOS DE UM CAMINHANTE SOLITÁRIO. As principais obras teóricas de Rousseau estavam por essa altura acabadas e, pela maior parte do resto de sua vida, tudo o que escreveu foi dedicado à auto-articulação e autodefesa.

Essas cartas não se destinavam à publicação. Elas vieram a lume, porém, em 1779, quando foram incluídas, sem autorização e de um modo inteiramente inadequado, como notas para o poema de J.-A. Roucher, *Les mois* (Roucher tentara sem êxito conseguir a sua publicação no *Journal de Paris*).

Na Primeira Carta, Rousseau defende-se contra a acusação de que é um misantropo que busca a notoriedade simulando amor ao país e à solidão. Tais acusações tinham sido feitas contra ele quando decidiu deixar Paris em 1756 e instalar-se em Montmorency. De fato, diz ele, é verdadeira a aversão que sente pela hipocrisia e a falsidade que sempre encontrara entre as pessoas nas cidades. Seu insaciável espírito de liberdade e seu desejo de franca expressão pessoal só encontram oportunidade de manifestar-se plenamente no sereno e tolerante ambiente do campo.

A Segunda Carta narra alguns eventos de sua vida, incluindo pela primeira vez a história de sua "iluminação" a caminho de Vincennes e da miríade de idéias que se acumularam em seu espírito nesse momento (*ver* DISCURSO SOBRE AS CIÊNCIAS E AS ARTES; CONFISSÕES, AS). Em particular, ele menciona a BONDADE NATURAL do homem e as obras em que se baseou nessa que foi uma de suas idéias primordiais. A Terceira Carta refere-se ao seu atual estado de espírito. Começou realmente a viver e a desfrutar de verdadeira felicidade, diz ele, quando se mudou para l'Ermitage em 1756. Tinha sido aí capaz de entregar-se a simples prazeres, como caminhar, brincar com seu cachorro e seu gato, desfrutar plenamente de sua própria natureza preguiçosa e sonhadora. Em tal ambiente, chegou a sentir a presença dominante de um infinito e benevolente criador. Após dias entregues à contemplação e aos prazeres simples, volta ao seu lar tranqüilo num espírito de perfeito contentamento.

A Quarta Carta resume como ele devia, em seu entender, ser interpretado. Revelou os seus verdadeiros sentimentos e agora pode ser visto pelo que é. Argumenta-se contra ele que, sendo solitário, é inútil aos homens. Mas sua obra estabelece um exemplo: seu desejo é beneficiar todos os homens, não apenas um punhado deles, e detestaria ser envolvido em intrigas e rixas sectárias. Acima de tudo, abomina a injustiça e a desumanidade; trata todas as pessoas como iguais. Ele tem, de fato, uma vida exemplar — ou assim declara.

Leitura sugerida: Grimsley (176)

Cartas a Sofia *Ver* CARTAS MORAIS.

Cartas da montanha (1764) (Lettres écrites de la montagne) [17] Em junho de 1762, as autoridades genebrinas tinham seguido o exemplo das de Paris, banindo e queimando o *Emílio* (e juntando-lhe, como medida extra, exemplares de *O contrato social*). Rousseau ficou assombrado. Acreditara ele, por mais contraditório que isso pudesse ser, que essa última obra, pelo menos, seria bem recebida em Genebra, porquanto pensava estar enunciando e defendendo nela os princípios que informavam a constituição genebrina. Isso foi o começo de seu rompimento final com sua cidade natal. A sua CARTA A CHRISTOPHE DE BEAUMONT de 1763, na qual defendeu as idéias de EMÍLIO — sobretudo as expressas na PROFISSÃO DE FÉ DO VIGÁRIO SABOIANO —, foi geralmente bem recebida pelo clero protestante de Genebra. Entretanto, essa *Carta* foi igualmente banida sob pressão do *résident* (cônsul) francês e em maio do mesmo ano Rousseau, desgostoso, renunciou à sua cidadania genebrina.

Poucas semanas mais tarde, alguns cidadãos genebrinos entregaram um abaixo-assinado aos síndicos (*ver* GENEBRA), protestando contra a indignidade do tratamento que Rousseau recebera. Em parte, eles estavam usando o seu caso como uma oportunidade para reabrir antigos conflitos entre o corpo principal dos cidadãos e o patriciado *de facto* que ocupava as posições-chave no Pequeno Conselho e outros órgãos governamentais. Rousseau tentou manter-se afastado das lutas políticas mas, em setembro de 1763, foi alvo de um ataque direto. Jean-Robert Tronchin, o procurador-geral de Genebra, escreveu anonimamente cinco *Lettres écrites de la campagne* (Cartas do campo) em defesa das medidas que o Pequeno Conselho adotara contra Rousseau. Tronchin foi aplaudido como tendo salvo Genebra de conspiração e sublevação.

Rousseau decidiu escrever uma réplica às cartas de Tronchin. Usando informações sobre a constituição e a história política de Genebra que seus amigos tinham coligido para ele, não tardou em completar sua resposta combativa, as *Cartas da montanha*. Publicadas em dezembro de 1764, causaram considerável alvoroço. Quer em resposta a essas *Cartas* (na quinta das quais ele é denunciado), quer porque o detestava agora profundamente, Voltaire aproveitou a oportunidade para publicar (também anonimamente) um breve panfleto, *Le sentiment des citoyens* (O sentimento dos cidadãos), no qual expôs ao grande público o fato de que Rousseau tinha abandonado seus filhos. Rousseau sofreu um terrível abalo; sua longa descida para a loucura pode, talvez, ser datada dessa época.

As autoridades genebrinas uniram-se na condenação das *Cartas da montanha*. Mesmo aqueles que desejavam continuar atacando a ascendência e os excessivos poderes do Pequeno Conselho consideraram-nas perigosas demais para ser usadas em apoio de sua causa. E mesmo viver onde ele vivia, em Môntiers, no principado de Neuchâtel, não era seguro para Rousseau. Lentamente, a maré de opinião voltou-se contra ele e, uma vez mais, via-se forçado a fugir, desta vez para a Inglaterra.

Eram nove cartas no total. A primeira parte ocupa-se com uma defesa geral das idéias de Rousseau e um ataque às medidas tomadas contra ele; a segunda está mais interessada na história e no estado presente da vida política genebrina, e em sua deserção dos verdadeiros princípios constitucionais.

Na Primeira Carta, Rousseau diz que, como qualquer homem, ele pode cometer erros no que escreve. Mas não deveria então ser corrigido em debate aberto, em vez de ser condenado, suas obras banidas? Não se pode afirmar que ele tenha qualquer intenção perniciosa. Na PROFISSÃO DE FÉ DO VIGÁRIO SABOIANO, ele atacou unicamente as religiões cruéis e fanáticas, não expressando quaisquer sentimentos ou atitudes não-religiosas. Pelo contrário, falou a favor da moderação, da benevolência, da tolerância — o que dificilmente poderia qualificá-lo como escritor sedicioso ou pernicioso. Se existe alguma questão de doutrina religiosa em que tenha errado, diz ele na Segunda Carta, então Deus seria o seu juiz. Na medida em que é uma questão de ter desrespeitado as leis do Estado, então o caso está todo a seu favor, visto que, ao atacá-lo a ele e às suas obras, o Estado genebrino e sua Igreja desertaram de seus declarados princípios de liberdade e tolerância. E não pode realmente ser argumentado que ele escreve como um ateu, diz na Terceira Carta. É verdade que tachou os milagres de inacreditáveis e desnecessários para a religião cristã, mas não é menos verdadeiro para ele que Deus revelou melhor o seu poder e bondade na lei e ordem da natureza do que em qualquer intervenção milagrosa específica.

As três cartas seguintes dedicam-se principalmente a criticar a propriedade das medidas adotadas contra ele. Como pode ser acusado de maquinações secretas contra o Estado quando publicou o *Emílio* abertamente, em seu próprio nome? E, além disso, foi condenado sem devido processo legal, nenhuma acusação foi publicamente apresentada, nem se lhe concedeu uma audiência onde pudesse defender-se. Em todos os casos, prossegue, os vários funcionários e órgãos governamentais e jurídicos excederam os limites de seus poderes. Muitos delitos piores têm passado despercebidos; por que somente a sua obra foi escolhida? É evidente, conclui ele, que a influência francesa foi quem lhe causou todos esses dissabores. É particularmente estranho que suas idéias em *O contrato social* sejam atacadas, pois fez ele outra coisa nessa obra senão exaltar Genebra como exemplo perante a Europa inteira? Se fosse absurdamente verdade que suas idéias atacam os alicerces de todos os governos, como se explica que somente Genebra retaliasse? Como ele não é o único a propor esse gênero de idéias, por que motivo só ele foi alvo de uma censura específica?

A segunda parte começa com a Sétima Carta. Nesta, e nas últimas duas cartas, Rousseau argumenta que as mudanças graduais na estrutura política genebrina levaram à usurpação da soberania pelos conselhos governantes, pelo que a liberdade se viu sacrificada. Ataca em detalhe os vários abusos que se infiltraram no sistema político, afirmando que os cidadãos foram privados de seus direitos fundamentais — impedidos não só de participar em atos legislativos mas também de protestar contra propostas legislativas. O que resultou, diz Rousseau, foi um Estado dividido contra si mesmo; a burguesia e os conselhos estão agora em oposição, quando os últimos deviam ser os servidores da vontade da primeira.

Em quase todos os pontos era possível sentir-se que Rousseau tem a melhor e mais brilhante argumentação — não que isso lhe tenha sido de qualquer proveito. A obra é um impecável exercício de defesa polêmica, mas seu interesse geral é limitado: os pontos que aborda, os argumentos que aduz, todos estão condicionados pelo propósito especial daquilo que estava escrevendo. E não há pontos de significação teórica nas *Cartas* que não tenham sido discutidos em outras obras, livres das exigências do conflito.

Leituras sugeridas: Green (8); Spink (277)

Cartas morais (ou *Cartas a Sophie*) (escritas em 1757-58; publicadas em 1861) (Lettres morales) [6] No começo de 1756, Rousseau deixa Paris para ir viver em Montmorency, numa casa de campo chamada l'Ermitage que lhe foi emprestada pela sra. d'Épinay. Enquanto dava longos passeios pelos bosques das cercanias, era dominado por poderosas fantasias eróticas que, no devido tempo, ganharam forma como o enredo de seu romance JÚLIA, OU A NOVA HELOÍSA. Pouco depois de ter começado a esboçar as primeiras cartas do seu romance epistolar, eis que ingressou em sua vida a quase encarnação de sua sonhada heroína, Júlia. Era Sophie d'Houdetot, cunhada da sra. d'Épinay, por quem Rousseau se apaixonou perdidamente (*ver As confissões*, Livro IX). Rousseau escreveu as *Cartas morais* para a edificação de Sophie durante os meses de inverno de 1757-58. Essas seis breves cartas não foram publicadas em sua vida — e não está esclarecido, de qualquer forma, se ele pretendia publicá-las; algumas vieram a lume em 1861, as restantes em 1888.

Nas *Cartas*, Rousseau dispõe-se a oferecer a Sophie os benefícios de seu maduro entendimento da natureza e das fontes da virtude, e do modo de vida que melhor conduz à posse e exercício da virtude. Ao descrever a ocasião para o seu empreendimento, ele explica que, em seus passeios com Sophie, esta lhe solicitou freqüentemente orientação moral. Ele dedica-se então a essa tarefa com toda a sinceridade e espera que ela seja benéfica, visto que Sophie tem todas as vantagens e oportunidades para viver uma vida virtuosa. O objetivo da vida humana, prossegue Rousseau, é a FELICIDADE, mas ninguém pode concordar sobre como a encontrar. Sábios e filósofos travam intermináveis disputas a esse respeito. Aqueles que vivem em cidades empobrecem outros; todos os caminhos da vida apresentam obstáculos. Somente em seu próprio coração pode uma pessoa encontrar o que necessita para ser feliz; a sabedoria e a cultura modernas não fornecem qualquer pista.

Esse mesmo ataque desfechado contra a confusão e a vacuidade da razão e da filosofia prossegue na Terceira Carta. Tudo do que podemos estar certos é que somos, é que existimos. Não podemos avançar pela razão além desse ponto; devemos, isso sim, confiar nos sentimentos, nos nossos mais profundos e claros pensamentos.

Esses sentimentos revelam que existe em nós o amor à virtude e à ordem. Em cada um de nós existe uma voz interior que, se escutada com humildade e solicitude, nos levará a agir bem e a sentirmo-nos bem. Suas sugestões são apropriadas para as necessidades de nossas almas e induzem-nos a fazer o que é excelente e louvável. Esse princípio interior de CONSCIÊNCIA leva-nos a amar a justiça e a seguir a verdade, superando todos os preconceitos. Esse sentimento íntimo precede a razão e é um melhor guia para a vida. Na Sexta Carta, Rousseau oferece conselhos sobre o modo como podemos preparar-nos para ouvir essa voz e seguir sua orientação. Devemos aprender a dispensar o mundo, a ser independentes sem tédio. Devemos reservar um tempo para sair ao campo, em busca de quietude e solidão, e fazer simples e boas obras para aqueles que nos cercam — os pobres, os oprimidos. O grande perigo a ser enfrentado pelas pessoas na posição de Sophie é a ociosidade, o que as leva a procurar diversões e luxo. Estas coisas cegam e ensurdecem a alma, e tornam-nos indiferentes aos estímulos de humanidade.

Há pouco nessas cartas, que são realmente mais um curioso presente de enamorado do que obras de séria intenção, que Rousseau não discutisse e expusesse em outros escritos — em especial, na PROFISSÃO DE FÉ DO VIGÁRIO SABOIANO — em maior profundidade e detalhe.

Leitura sugerida: Grimsley (187)

cidadão Rousseau explica a sua noção de "cidadão", um dos seus temas essenciais a respeito da posição das pessoas como membros de uma sociedade civil, em *CS*, Livro I, cap. 6, 175. Da formação de uma sociedade civil, diz ele: "...é chamada por seus membros de *Estado* quando passiva, *soberano* quando ativa e *potência* quando comparada com outras semelhantes. Quanto aos que nela estão associados, recebem eles, coletivamente, o nome de *povo* e chamam-se, em particular, *cidadãos*, enquanto partícipes da autoridade soberana, e *súditos*, enquanto submetidos às leis do Estado (*OC*, III, 361-62).

São quatro os principais pontos a assinalar no tocante à cidadania. Primeiro, ser um cidadão é possuir um certo *status* ou posição no Estado. É ter certos direitos e qualificações (assim como deveres e responsabilidades) conferidos à pessoa pelas leis positivas do Estado, para cujo tranqüilo gozo está dirigida toda a força do corpo político. Segundo, para a cidadania propriamente dita, conforme a entende Rousseau, um direito ocupa uma posição central: é o de participação na formação ou ratificação de legislação soberana (*ver* CORPO SOBERANO). Um indivíduo não é cidadão se for o recipiente passivo da direção legislativa de outros, mesmo que esses outros estejam sinceramente agindo em seu benefício. Goza ainda menos de cidadania se for subjugado pela força ou um poder inescapável; isso é servidão. Um cidadão é, antes, alguém que se encontra em pé de igualdade e desempenha um papel igual a par de todas as outras pessoas (igualmente cidadãos) na formulação de regras gerais comuns e competentes por meio das quais todos organizarão suas vidas no Estado (*ver* AUTORIDADE).

Terceiro, a aquisição do *status* de cidadão introduz nas pessoas, diz Rousseau, uma "mudança moral", a qual se reflete nos atos de indivíduos que estavam até então apenas "naturalmente" relacionados. Ao atuar como cidadão, uma pessoa está exercendo não meramente sua força e energia naturais, mas também seus títulos e direitos; e tem justificação moral e civil para as suas ações, sendo protegido, se necessário, na execução das mesmas. Tais ações não expressam somente desejo; elas consubstanciam projetos racionalmente justificados, tendo atrás de si o peso da razão legítima. Quarto, Rousseau sustenta que em qualquer estado justo e bem ordenado o *status* de cidadão é desfrutado de modo precisamente idêntico por todos os membros do Estado, sem exceção; e esse é o mais importante *status* de que qualquer indivíduo pode gozar. Uma pessoa pode ocupar outras posições no Estado, mas nenhuma delas lhe dá o direito de anular os títulos de cidadania de outrem. Com efeito, todas essas outras posições são autorizadas por, e seus ocupantes responsáveis perante, cidadãos em sua capacidade de membros do corpo soberano. Assim, alguns são governantes e alguns são governados, mas aqueles que ocupam tais posições de importância só o fazem pela decisão de todos atuando em sua capacidade de cidadãos.

É essa absoluta e irrevogável qualidade de membros da mais alta posição na sociedade contida na noção rousseaniana de cidadania que fez dos títulos de *citoyen* e *citoyenne* termos tão importantes na retórica da Revolução Francesa. Essa importância derivou menos do fato de todas as classes sociais terem sido eliminadas quanto de todas as pessoas serem memb da primeira classe, a de membros constitutivos do corpo soberano e como tal não sub nados a ninguém.

A Revolução Francesa passou por muitos episódios perversos e malignos que a o nome de *citoyen*, gritado de forma tão altissonante nessa época. Em todo haver algo dissimuladamente agressivo na peremptória insistência sob observância de tudo o que é devido a uma pessoa em sua qualidade de cidadão. O próprio Rousseau anteviu que a liberdade conquistada com excessiva facilidade pode gerar insolência e converter-se em outra forma de tirania. Mas nada disso existe na noção rousseaniana de cidadania. Como é um título compartilhado igualmente por todos, não requer servidão nem autoriza dominação. É somente na base dessa igualdade que a posição de cidadania pode ser verdadeiramente estabelecida. Pois se a igualdade for eliminada, dominação e subordinação devem tomar o seu lugar; e tal situação impede o reconhecimento humano e moral recíproco entre pessoas.

Assim, embora o nome de cidadão esteja exposto a desmandos, a idéia nele contida — a de que é uma parte inalienável da dignidade humana que todo e qualquer membro de um Estado deve ter assegurada, cuja negação é uma iniqüidade moral fundamental — permanece até hoje significativa e influente.

Fontes: *DEP*
E, Livro V
CS, Livros I-III

Leituras sugeridas: Gildin (123); Jimack (168); Mason (134); Masters, caps. 2 e 6 (69); Shklar, caps. 1 e 5 (36)

ciência *Ver* DISCURSO SOBRE AS CIÊNCIAS E AS ARTES; RAZÃO.

civilização Na primeira obra de sua maturidade, o DISCURSO SOBRE AS CIÊNCIAS E AS ARTES, escrito em 1749-50 após a "iluminação" em seu caminho para visitar Diderot em Vincennes, Rousseau revela-se um crítico, inclusive um inimigo, da civilização. Por civilização entende ele, de um modo não muito bem definido, o crescimento das artes e das letras; a introdução de maneiras e formas de vestir refinadas, costumes sociais elaborados; o desenvolvimento de grandes cidades como centros onde muita gente desfruta de ócio e, por conseguinte, das diversões pessoais e sociais que isso possibilita e exige. Em sua crítica da civilização, ele ataca depois o crescimento da fé irrefletida no poder da RAZÃO, em seu emprego tecnológico e em seu (suposto) campo de ação para resolver os assuntos humanos; e questiona a conveniência do PROGRESSO, que ele vê como uma questão ligada à crescente secularização da sociedade e sua organização em princípios mercantis.

Rousseau critica todos esses aspectos da vida moderna. Argumenta que o refinamento das artes e das letras é fruto da ociosidade e serve não só como diversão para preencher o tempo vazio — o qual poderia ser mais bem empregado — mas também como veículo por meio do qual as pessoas buscam a promoção pessoal e esforçam-se por exibir seu talento e agudeza de espírito em detrimento de outras, destruindo freqüentemente, com o tempo, crenças e costumes que eram centrais para a sua segurança e compreensão do significado de suas vidas. Elaborados costumes sociais também são criados com o objetivo de estabelecer uma base para odiosas distinções entre pessoas — como sofisticadas, elegantes e perfeitas, ou como grosseiras, canhestras e estúpidas. Tais códigos encorajam a afetação e adoção de um modo de vida que afasta uma pessoa do que seria de real benefício para ela ria e para os que a rodeiam (*ver* ALIENAÇÃO).

usseau reserva algumas de suas mais severas críticas para a vida em grandes cidades. endem da terra para sua manutenção e, no entanto, suas populações desprezam os habitantes do campo e não fazem outra coisa senão empobrecê-los. Nas cidades, as pessoas não se conhecem intimamente umas às outras; muitas de suas ações são encobertas e elas escondem-se atrás de máscaras. O consumo conspícuo (*ver* LUXO) e a competição por ascendência prestigiosa são a tônica da vida social urbana, levando as pessoas a corromperem-se e a regozijarem-se com o mal que infligem a outras. A moralidade sexual nas cidades está pervertida, não só por questões de ostentação mas porque a vida social está, em geral, desordenada e turbulenta, e tal comportamento não infringe as relações estabelecidas — uma vez que não há nenhuma — e, portanto, não atrai a censura que merece. Não menos importante, aqueles que vivem em cidades estão longe dos simples e puros prazeres do campo, onde a paz da natureza pode revigorar até a mais exausta alma.

Reconhecendo, como parte do "triunfo" da civilização, uma crescente confiança no ilimitado poder e alcance da razão, Rousseau sustenta que, pelo contrário, há muitas áreas da vida onde a razão é, na melhor das hipóteses, importante e, na pior, destrutiva. As pessoas não são primordialmente motivadas por convicções deduzidas de maneira racional, argumenta ele, mas por paixão e desejo; é inútil, portanto, tentar governá-las e dirigi-las por apelos à razão, por mais convincentemente apresentados que sejam. De um modo mais específico, a convicção religiosa é principalmente uma questão de fé, amor e sentimento intuitivo. As tentativas de provar princípios religiosos por meio de argumentos racionais sempre fracassam, conduzindo a intermináveis conflitos e culminando em ceticismo incapacitador e vacuidade. E através do malogro em dirigir os sentimentos e lealdades das pessoas no sentido de dedicarem seus novos poderes científicos e técnicos a fins realmente benéficos, ao bem geral, a engenhosa aplicação dos avanços científicos a negócios práticos encaminhou-se mais para o desenvolvimento do comércio do luxo do que para a melhoria de comodidades básicas.

Perto do final do *Segundo discurso* (o DISCURSO SOBRE A ORIGEM DA DESIGUALDADE), Rousseau pronuncia uma denúncia abrangente do "homem civilizado":

> O homem civilizado... sempre ativo, cansa-se, agita-se, atormenta-se sem cessar para encontrar ocupações ainda mais trabalhosas; trabalha até à morte, corre no seu encalço para colocar-se em situações de viver ou renunciar à vida a fim de adquirir a imortalidade; corteja os grandes, que odeia, e os ricos, que despreza; nada poupa para obter a honra de servi-los; jacta-se orgulhosamente de sua própria baixeza e da proteção deles, e orgulha-se de sua escravidão, refere-se com desprezo àqueles que não gozam a honra de partilhá-la... existe uma espécie de homens que dão valor aos olhos do resto do mundo e se sentem satisfeitos consigo mesmos mais pelo testemunho de outrem do que pelo seu próprio... perguntando sempre aos outros o que somos e não ousando jamais interrogarmo-nos a nós mesmos sobre esse assunto, em meio a tanta filosofia, humanidade, polidez e máximas sublimes, só temos um exterior enganador e frívolo, honra sem virtude, razão sem sabedoria e prazer sem felicidade (*DI* 104; *OC* III, 192-93).

O homem "civilizado" é assim o virtual epítome de tudo o que Rousseau vê como corrupto, maligno e perdido.

Foi quando, tendo recebido um exemplar do *Segundo discurso*, Voltaire escreveu a Rousseau agradecendo-lhe por seu ensaio contra a raça humana que, após o ler, quase o convenceu a tentar de novo andar de quatro. O famoso comentário de Voltaire expõe uma das reações mais comuns às críticas de Rousseau da civilização, a saber, que ele está advogando um retorno à natureza primitiva, uma retirada para as florestas, e conclamandonos a despojar-nos urgentemente de todos os hábitos sociais, a fim de voltarmos a ser como os animais. Apesar dos freqüentes desmentidos de Rousseau de que tivesse tal coisa em mente, essa impressão ainda é muito comum (*ver* BOM SELVAGEM).

De fato, ele pensava que a vida social era inevitável para os seres humanos e, na verdade, essencial ao desenvolvimento da humanidade plena; não tinha dúvida de que se *podia* torná-la criativa e cada vez mais abrangente. Sua crítica era, antes, àqueles perversos desenvolvimentos da vida social que produzem efeitos diametralmente opostos. Fica muito claro, mesmo no *Primeiro discurso* (sobre *as ciências e as artes*), que existem aqueles — Rousseau menciona Bacon, Descartes, Newton e Sócrates, entre outros — cujo gênio e descobertas enobreceram verdadeiramente a raça humana e nos possibilitaram uma vida mais fecunda. Sua queixa é contra aqueles que usam o estudo cultivado para seu engrandecimento pessoal e contra sociedades em que tal pseudo-saber é considerado uma notável façanha. Nada existe aí que encoraje um retorno dos humanos à coleta de bolota.

Outras críticas mais pessoais foram feitas contra Rousseau por seus ataques à civilização. Quando, pouco depois da conclusão do *Segundo discurso*, deixou Paris e foi viver num chalé na floresta de Montmorency, muitos dos seus antigos companheiros, principalmente Diderot e Grimm, viram isso como um gesto de fingimento pessoal pelo qual esperava obter aquela celebridade e distinção que passava por desprezar. Mas, por essa altura, as diferenças entre as atitudes básicas de Rousseau e as dessas figuras de proa do ILUMINISMO estavam ficando cada vez mais profundas. Rousseau passara a sentir que eles tinham uma abordagem superficial e complacente em relação a muitas questões, e não podia acreditar mais que os seus interesses e preocupações fossem reconhecidos ou entendidos por eles.

Fontes: *DD*
DCA
Émile et Sophie

Leituras sugeridas: Horowitz, cap. 2 (27); Shklar, caps. 1-2 (36)

compaixão (piedade) No DISCURSO SOBRE A ORIGEM DA DESIGUALDADE, Rousseau afirma que além do AMOR DE SI MESMO existe um outro "princípio anterior à razão", o qual excita em nós "uma natural repugnância de ver sofrer dor ou morte qualquer outro ser sensível, e especialmente um que seja da nossa própria espécie" (*DD* 41; *OC* III, 126). É da "combinação e acordo" desses dois princípios, prossegue ele, que derivam "todas as regras do direito natural", as quais parecem, embora erroneamente, necessitar de um fundamento na razão. Rousseau pouco mais diz no *Discurso* acerca da base, natureza e funções dessa repugnância, que é uma disposição para a compaixão, ou piedade, mas afirma que esse sentimento tem o potencial para combater os males causados pelo excessivo AMOR-PRÓPRIO. Entretanto, é uma disposição que se extingue com bastante facilidade no homem civilizado (*ver DD* 66-69; *OC* III, 153-57). Sublinha, porém, que a compaixão é um sentimento natural e que, antes do uso da razão ou força da lei ou do exercício da virtude consciente, ela tem o poder de nos induzir à prática de atos de generosidade, clemência e gentileza — os quais nos são todos agradáveis.

Rousseau volta ao tema no Livro IV do *Emílio*, onde a compaixão se destaca como o fator mais fundamental em que ele espera alicerçar a possibilidade e realidade de relações criativas, cooperativas e benévolas entre pessoas, numa escala individual e social. Encontramos na compaixão a base para uma forma de relações humanas alternativa daquela que é estabelecida pelas preocupações combativas, competitivas e agressivas suscitadas pelo petulante AMOR-PRÓPRIO. Através da influência da piedade, as pessoas podem chegar a sentir um recíproco interesse benevolente e a querer viver juntas, apoiando-se mutuamente. A sociedade humana poderia ser uma ajuda e uma bênção em vez da praga e fonte de sofrimento que, na avaliação de Rousseau, é tão freqüentemente.

Ampliar o interesse compassivo é um modo de adquirir consciência e sensibilidade para o estado de espírito de outrem e, portanto, de ser induzido a estabelecer relações de mútua compreensão e aceitação; é muito diferente do modo caracterizado pelo desejo de ascendência sobre outros que o amor-próprio acarreta. A preocupação compassiva ingressa no mesmo território que o amor-próprio, ou seja, inclui um percurso pelo qual os seres humanos se enfrentam com a mais difícil e complexa das questões — a de encontrar uma base segura para si mesmos na vida, sentimentos e preocupações de outras pessoas. Nenhuma questão é mais decisiva para as perspectivas de vida do indivíduo. Se puder ser resolvida de modo satisfatório, as perspectivas para uma vida gratificante, construtiva e feliz são incomensuravelmente ampliadas e enriquecidas, tanto para o indivíduo quanto para os que entram em contato com ele. É através do estabelecimento da piedade, acredita Rousseau, que essa resolução satisfatória pode ser alcançada.

Embora, na opinião de Rousseau, a capacidade de interesse compassivo pelo sofrimento dos outros seja inata, isso não significa que essa capacidade se desenvolverá, ou que a disposição para a compaixão dominará as atitudes e respostas habituais de uma pessoa a outras, sem orientação e cultivo. Assim, argumenta ele, é importante, se quisermos que a compaixão se converta numa reação habitual, que uma pessoa adquira primeiro experiência de outros em situações onde o seu próprio bem não está em risco, onde não é provável que venham a querer aproveitar-se dela, onde não venha a sentir-se "humilhada". Só então terá adquirido a segurança e a confiança de que necessita a fim de escutar e agir de acordo com os impulsos de piedade, e não os ignorar ou silenciar por medo de alguma perda ou exploração.

Segundo Rousseau, numa resposta compassiva a pessoa "identifica-se" com a que sofre e é objeto de preocupação. O seu uso desse termo levou alguns críticos a dizerem que o sentimento de piedade anula a distinção entre pessoas e, assim, não estabelece qualquer relacionamento real entre indivíduos distintos — o que Rousseau pretende, pelo contrário, que seja o caso. Isso é um equívoco. O que ele quer dizer é que, movida pela piedade, uma pessoa ajuda o sofredor com a mesma espontaneidade e prontidão com que busca *aliviar-se* de sua própria dor. A disposição para prestar ajuda imediata não tem a mediação de pensamentos de reciprocidade ou recompensa. Somente nesse sentido, uma pessoa assume o sofrimento de outrem como se fosse o seu próprio; não existe perda da percepção de que a pessoa está separada do outro eu. De fato, Rousseau diz que uma razão por que ajudar uma pessoa que está sofrendo não é sentida, com freqüência, como uma imposição reside no fato de que sua relativa fraqueza nos proporciona um agudo senso de nosso próprio vigor e bem-estar, que sentimos prazer em expressar. Isso dificilmente teria o menor sentido se ocorresse qualquer amálgama autêntico do eu e do outro.

Um aspecto adicional dessa elementar preocupação compassiva reveste-se de especial significação para Rousseau. Em primeiro lugar, a atenção do sofredor está absorta em seu próprio padecimento; não presta especial atenção nem manifesta interesse primordial por quem o ajuda. Desse modo, a necessidade de "fazer boa figura" aos olhos agradecidos do sofredor está eliminada; falta oportunidade para a combativa auto-afirmação de amor-próprio.

É claro, os problemas não se restringem a esse nível primário.

É natural, prossegue Rousseau, que a pessoa ajudada sinta gratidão por quem a ajudou. Desde que a ajuda seja prestada espontaneamente, sem qualquer intenção oculta de forçar uma dívida de gratidão ou impor subserviência — como acontece com bastante freqüência — há lugar para uma igualmente espontânea e irrestrita expressão de amistosa gratidão. Neste caso, quem ajuda está sendo apreciado, de fato, pelo outro; está sendo feita uma avaliação do seu valor e significação para esse outro. E o veredicto será que ele é bom e gentil, que representa uma ajuda e não uma ameaça, um apoio e não um ataque. Assim, a pessoa compassiva aprende não só que tem o poder de agir com eficácia em relação a outras, mas que possui valor e significação para elas e é objeto de sua consideração e respeito. Quem sofre também aprende que está sendo respeitado e alvo de apreço. Assim como seu sofrimento está sendo suavizado, também está livre para responder a quem o ajuda de modo que lhe pareça apropriado. Seu estado debilitado não foi usado, de maneira nenhuma, para o humilhar ou anular. Pelo contrário, foi recuperado como uma pessoa intata cujas atitudes e reações são dotadas de peso e valor.

Rousseau enfatiza que se se quiser que esse relacionamento de múltiplos níveis de solicitude e respeito recíprocos seja sustentado, é essencial que os papéis sejam invertidos de tempos em tempos. As circunstâncias ocasionarão normalmente isso de uma forma natural, mas, se isso não ocorrer, a inversão de papéis deve ser agenciada; caso contrário, a reação compassiva de quem ajuda será perturbada, por exemplo, pela idéia de que ele está imune ao quinhão de sofrimento e fraqueza que é comum a todo o ser humano, ou de que a fragilidade dos outros revela a inferioridade deles. Tais crenças falsas, ilusórias, distanciarão quem ajuda das demais pessoas e torná-la-ão insensível às necessidades delas — ou, pior ainda, farão com que se vanglorie de sua própria e admirada posição. Por outro lado, aquele que é sempre ajudado e nunca lhe foi permitido prestar ajuda pode ser propenso a sentir que é impotente e nada existe nele para impor a boa opinião dos outros a seu respeito. Rousseau nunca se mostra tão ingênuo como para supor que tais padrões de desvelo recíproco florescerão sem obstáculos. Estava preocupado, sobretudo, com as distorções e deformações que eles podem sofrer.

Se as posições são invertidas, pois, e os gestos de ajuda e respostas de gratidão podem ser realizados sem impedimento, estabelecer-se-á lentamente um firme e duradouro vínculo de estima e confiança mútuas. Cada pessoa sentirá que tem poder real para ser construtiva no seu trato com os outros, e é apreciada e respeitada por isso; e cada uma sentirá que é tratada com carinho e sua resposta agradecida é apreciada por quem cuidou dela. A necessidade de cada pessoa de significar algo para uma outra — de fato, a necessidade inerente no amor-próprio, em sua forma não-distorcida — é satisfeita através de tal relacionamento. Assim, no argumento definitivo de Rousseau, não é que as relações estabelecidas através da compaixão desloquem as estabelecidas através do amor-próprio; trata-se, antes, de que as primeiras fornecem o único modo efetivo por meio do qual pode ser satisfeita a necessidade de reconhecimento e respeito que o amor-próprio exige. Somente quando essa necessidade se torna excessiva é que os sentimentos de piedade constituirão uma *alternativa* para as inflamadas paixões do amor-próprio. Só num relacionamento entre iguais, onde cada um valoriza e estima o outro e cada um sente seu próprio valor e poder, é possível ser encontrado o verdadeiro reconhecimento humano.

Rousseau desenvolve o seu argumento num quadro de referência muito restrito — a saber, em termos de um relacionamento estabelecido entre dois indivíduos. Entretanto, tal relacionamento pode facilmente ser aplicado numa escala mais ampla — com efeito, pode envolver quaisquer pessoas ou grupos, desde que exista o potencial para reconhecer um sentimento de causa comum e de situação humana comum. Assim, pensa ele, encontramos a raiz da regra de ouro, "Faz aos outros o que gostarias que os outros te fizessem" — não em princípios racionais criados pelo intelecto, mas em sentimentos que emanam do coração. Além disso, tais sentimentos fornecem uma base para o compromisso com a JUSTIÇA: o desejo de que todos recebam o que lhes é devido como indefectíveis portadores de dignidade e honra.

A extensibilidade desses sentimentos de benévola atenção não é, porém, indefinida, na opinião de Rousseau; ou, melhor dizendo, quanto mais eles se estendem para além de amigos e companheiros, mais suscetíveis são de ser silenciados ou desviados por outros fatores intrusivos. Essa é uma das razões pelas quais pensa que, se queremos ter uma sociedade em que haja verdadeiro cuidado e compromisso com o bem-estar de todos, por todos, então essa sociedade deve ser pequena e as pessoas devem estar aptas a sentir seu destino comum e a compartilhar de um sentimento de herança comum. É possível que Rousseau subestimasse a capacidade humana para ampliar o horizonte de interesses de modo a incorporar o destino daqueles com quem nada temos de comum além de sermos humanos e sentirmos dor. Por outro lado, não precisamos ser cínicos para apreciar que em muitos gestos de ajuda, especialmente os governamentais, há mais do que um razoável grau de atenção à vantagem nacional, assim como uma pronta disposição para encontrar razões que justifiquem a aplicação da mais rigorosa discriminação ao distribuir-se até mesmo o pouco que é dado. E, num plano mais intelectual, ainda ninguém foi capaz de oferecer um convincente argumento racional a favor da justiça universal para todos, sem distinções de qualquer espécie. Para Rousseau, basear a sua tese na extensibilidade dos sentimentos talvez não seja, portanto, tão injudicioso.

Rousseau examina a compaixão e seus fenômenos afins com uma firmeza de propósito, um controle de detalhe e uma sutileza sem sofismas que fazem de seu argumento um *tour de force*. Sua compreensão intuitiva da natureza íntima da compaixão é central para um entendimento da sua posição sobre muitas questões a respeito do indivíduo, da sociedade e do Estado. O próprio Rousseau considerava o *Emílio* a sua obra mais profunda: uma razão para compartilhar desse ponto de vista é o seu tratamento dessa questão.

Fontes: *DD*
E, Livro IV

Leituras sugeridas: Bloom (163); Charvet, cap. 3 (23); Dent, cap. 4 (24); Grimsley, caps. 3-5 (26); Masters, cap. 3 (69); Orwin (274); Shklar, cap. 2 (36)

comparação Rousseau desenvolve a noção de comparação de duas maneiras distintas em seus escritos, e é importante manter a distinção. No primeiro uso, fazer comparações é visto como algo que os seres humanos realizam inevitavelmente e serve a fins necessários e desejáveis. No outro uso, vê a preocupação com o estabelecimento de comparações como algo corrupto e destrutivo.

Nas avaliações dos argumentos de Rousseau, supõe-se freqüentemente que toda a formulação de comparações se enquadra nessa segunda espécie. Os comentadores assinalam que ele também sustenta ser inevitável traçar comparações e, assim, concluem que ele pensa ou que os humanos estão condenados à corrupção se se associarem e começarem fazendo comparações entre eles e os outros — como fatalmente farão — ou então que a única maneira pela qual os humanos podem manter-se intatos é retirando-se da sociedade. Entretanto, essa conclusão não procede, devido a uma concepção errônea sobre o significado de fazer comparações. A determinação desses comentadores em chegar a essa conclusão específica é parte do seu interesse geral em apresentar Rousseau como aquele que sustenta a existência de um conflito radical entre a natureza e a sociedade, entre o homem natural e o social; e ele, então, ora é elogiado ora é criticado por nutrir esse ponto de vista. De fato, Rousseau não adotou uma posição tão simplista.

Voltando à primeira noção de comparação: um dos nossos propósitos ao coligir a informação pertinente que nos habilitará a atuar com eficácia no mundo é realizar comparações precisas entre nós próprios e outras coisas, e entre essas outras coisas (objetos, pessoas, animais). Assim, é essencial, se quisermos deslocar um objeto pesado, que se compare a nossa força contra o peso a ser levantado. É útil saber, quando se necessita de um conselho, que uma pessoa é mais esclarecida do que uma outra. O que estamos fazendo quando reunimos tal informação é simplesmente equiparmo-nos para viver num mundo corretamente entendido. É inevitável que queiramos assegurar-nos de informações essenciais.

No DISCURSO SOBRE A ORIGEM DA DESIGUALDADE (77-78; *OC* III, 165-6), logo depois de apresentar os pontos acima, Rousseau parte para um outro aspecto que serve de transição para a segunda espécie de comparação que ele considera. Os humanos notam que podem exceder em astúcia e vencer em habilidade os animais, mesmo os maiores e mais ferozes, e concluem que a sua espécie é "da mais elevada ordem" — ou seja, a "mais vantajosamente organizada de todas" (*DD* 47; *OC* III, 135). Isso, diz ele, dá origem à "primeira emoção de orgulho", de prazer e satisfação pessoal por essa excelência genérica em poder e habilidade. Neste caso, o conhecimento nascido da realização de comparações não é usado para fins práticos mas como a base para uma avaliação do próprio valor. E é esse gênero de exercício de busca de comparações que é central para o segundo tipo de comparação, aquele que Rousseau censura.

Aqui, as comparações são feitas a fim de uma pessoa demonstrar para si mesma que, de uma forma ou de outra, é melhor do que outras pessoas. A base para traçar essas distinções não precisa ser o mérito real, mas qualquer diferença pessoal que habilite uma pessoa ou grupo a comparar-se favoravelmente com outras ou outros, enquanto que desfruta, ao mesmo tempo, do despeito deles. Mas um mérito real pode igualmente ser utilizado para esse fim. Por exemplo, é meritório ajudar os necessitados. Mas isso pode ser feito de tal maneira que deixe claro que o verdadeiro propósito do ato é a ostentação, o desejo de atrair a admiração para benefício próprio, fazendo com que os outros, por comparação, pareçam mesquinhos e insignificantes. Quando pseudoméritos ditados pelo CAPRICHO estão envolvidos, o ponto é ainda mais óbvio. Nenhum mérito pessoal é mostrado por se usar roupas que ostentam uma determinada grife, ou por comparecer a um determinado espetáculo de gala: tudo o que se está demonstrando é o desejo de que se façam comparações favoráveis à pessoa e em detrimento de outras.

Encontrar, até inventar, tais comparações para tais fins é uma expressão da obsessão com a superioridade e com o estabelecimento da inferioridade de outros que resulta do excessivo AMOR-PRÓPRIO. Aversão e desprezo por outros são expostos nessas práticas e essa é a razão pela qual Rousseau as critica. Mas a fim de evitar essa forma perversa de fazer comparações não tem cabimento deixar de fazer comparações de qualquer espécie, ou retirar-se de situações onde possam estabelecer-se comparações — ou seja, retirar-se da sociedade. O que importa, para Rousseau, é o objetivo com que a comparação é feita — e, em alguns casos, o objetivo é inteiramente útil e bom.

Um exemplo final deve esclarecer completamente a questão. No *Emílio*, Rousseau imagina o herói vencendo a corrida, assim revelando superioridade. Ele sustenta ser inteiramente lícito que *Emílio* se tenha em alta conta por causa da sua façanha mas, depois, passa a explicar cuidadosamente o caráter exato dessa auto-estima favorável: "Ele não diz precisamente para si mesmo, 'Regozijo-me porque eles me aprovam', mas, antes, 'Regozijo-me porque aprovam que o que eu fiz é bom. Regozijo-me porque as pessoas que me respeitam respeitam-se a si mesmas. Na medida em que elas julgam tão judiciosamente, é uma excelente coisa obter o seu apreço'" (*E* IV, 339; *OC* IV, 670-71). Fica claro no que precede que Rousseau não está excluindo a realização de comparações nem a prática de basear juízos de aprovação pessoal em tais comparações. O que ele exclui é o desvirtuamento das comparações, usando-as para fins de autopromoção à custa de outros.

Fontes: *DD*

E, Livro IV

Leituras sugeridas: Charvet, cap. 3 (23); Dent, cap. 3 (24); Veblen (301)

composição musical [23] A primeira grande paixão de Rousseau foi a música, e a maior parte de sua produção criativa na década de 1740 e começo da de 1750 foi na área da composição musical e dos escritos sobre música (*ver* MÚSICA, TEXTOS SOBRE).

Embora recebesse algumas lições de Le Maître em 1729, Rousseau foi quase inteiramente autodidata, como profissional e como compositor. Em seus primeiros dias, certamente se excedeu; deixou-nos um divertido relato de um episódio de juvenil arrogância quando um chorrilho de absurdos que escreveu para apresentação em Lausanne, sob sua direção pessoal, foi salvo do completo fiasco por apenas uma boa melodia (*As confissões*, Livro IV). Ele tinha claramente algum talento musical genuíno, ainda que limitado, com base no qual talvez pudesse ganhar a vida como compositor e professor — sobretudo depois do seu grande sucesso com a ópera *O adivinho da aldeia* (Le devin du village), em 1752. Mas embora de tempos em tempos, durante o resto de sua vida, compusesse pequenas peças — sobretudo cantatas, canções e baladas —, a composição musical continuou sendo para ele apenas uma diversão.

Os seus primeiros esforços foram no campo da ópera, combinando o canto solo, coros, recitativo, declamação, interlúdios, balés etc. No final da década de 1730, quando estava ainda vivendo com a sra. de Warens, teria composto, ao que parece, uma tragédia lírica,

Iphis et Anaxarette, mas teve o bom senso de jogá-la no fogo (sobrevive parte do libreto mas nada da música). O tema (inspirado em Ovídio) refere-se ao amor de Ífis, um alto funcionário da corte do rei Ortulo, por Anaxarete, filha de Ortulo. De acordo com o padrão clássico, apesar do seu amor por Ífis, ela é prometida em casamento a Filoxis, um príncipe estrangeiro. A obra interrompe-se no ponto em que estão sendo realizados os preparativos para os indesejáveis esponsais.

A composição seguinte de Rousseau nesse gênero é uma obra curiosa, *A descoberta do novo mundo* (La découverte du nouveau monde), da qual, uma vez mais, temos o texto mas não a música. Foi completada quando ele era preceptor dos filhos de Mably em Lyon, em 1740 ou 1741. É um drama alegórico no qual as potências européias invadem as Antilhas mas reconciliam-se com os índios nativos e vivem juntos em paz sob o domínio da rainha Isabel da Espanha. É possível, ainda que com dificuldade, ver nisso o germe de seu interesse ulterior no choque entre a civilização e a simplicidade nativa.

Em 1743, Rousseau começou a trabalhar numa nova ópera, *As musas galantes* (Les muses galantes), tendo por modelo, em suas linhas gerais, *Les Indes galantes* (1735), de Rameau, mas o progresso foi interrompido por sua saída para Veneza. Assim que regressou a Paris, retomou o trabalho, de modo que música e libreto foram completados no começo de 1745. Parte da música foi executada na casa de La Pouplinière e a ópera seria apresentada na íntegra perante M. de Bonneval, mestre dos entretenimentos do rei, e uma platéia que incluía Richelieu e Rameau. Rameau declarou que a obra tinha algumas partes excelentes — não de autoria de Rousseau — e algumas partes enfadonhas — de autoria de Rousseau. Não surpreende que tais comentários nada tenham feito para estabelecer sentimentos cordiais entre eles; e alguns anos mais tarde os dois envolver-se-iam numa discussão pública.

Richelieu, por outro lado, entusiasmou-se com a obra e tentou obter sua montagem em Versalhes. Mas nem aí nem no Ópera, onde foi ensaiada, chegou a ser levada ao público. (Uma vez mais, o libreto sobrevive, mas a maior parte da música perdeu-se.) Richelieu recomendou então a Rousseau que efetuasse uma adaptação abreviada da obra conjunta de Rameau e Voltaire, *Les fêtes de Ramire*, para ser levada à cena diante do rei. Rousseau desincumbiu-se da tarefa, que não agradou nada a Rameau (embora Voltaire parecesse bastante satisfeito), e a obra foi representada em Versalhes em dezembro de 1745. (O texto é muito curto; a música não sobreviveu.) A pequena ópera ocupa-se de Fátima, uma princesa que definha na prisão, tendo sua casa real sido conquistada. Ramiro, o filho do conquistador Alfonso e homem não brutal, apaixonou-se por ela. Vênus, como de costume, conquista Marte, e Ramiro depõe suas armas diante dos encantos de Fátima. O império do amor triunfa da fúria da guerra.

Enquanto que nenhum desses primeiros trabalhos de Rousseau importa grande coisa, sua obra seguinte, o seu único e glorioso triunfo musical, deu-lhe direito a uma honrosa menção na história da música. Em abril de 1752, ele foi hospedar-se em Passy com o seu amigo François Mussard. Enquanto aí esteve, escreveu em poucas semanas a letra e música de *O adivinho da aldeia*, completando a ópera em Paris no início de maio. Duclos, o historiador régio, proporcionou a aceitação da obra pelo Ópera, onde foi ensaiada em fins de junho. O mestre dos entretenimentos do rei, M. de Cury, solicitou que ela fosse encenada na corte e, em 18 de outubro, foi representada em Fontainebleau perante Luís XV e madame Pompadour. Foi um tremendo sucesso e Rousseau foi convocado à presença do rei a fim de receber uma pensão régia. Ele, porém, voltou para Paris pretextando doença (e, mais tarde, sentimentos republicanos). *O adivinho da aldeia* foi depois montada no Ópera e publicada em 1753. Permaneceu no repertório durante, pelo menos, 50 anos. Madame Pompadour em pessoa fez o papel de Colin numa montagem particular da ópera em sua residência de campo em Bellevue, em março de 1753.

Collette, a heroína, é uma pastora cujo amante, Colin, um pastor, a abandonou, trocando-a pela senhora do solar. Ela busca a ajuda do adivinho da aldeia, a quem pede que faça Colin pensar que ela está apaixonada por outro homem. Colin fica intensamente ciumento, dá-se conta de que é realmente a ela que ama e volta para os braços de Collette. Ficam juntos e vivem felizes para sempre. A música é encantadora — delicada, simples, melodiosa — e destituída dos elaborados artifícios e ornamentos que, na opinião de Rousseau, tornavam boa parte da música francesa pomposa e sem vida. Embora seja uma peça leve, ainda é montada de tempos em tempos, e foi gravada. (Uma adaptação de *O adivinho da aldeia* foi produzida em Londres em 1770 por Charles Burney com o título de *The Cunning Man*.)

Tanto no DISCURSO SOBRE AS CIÊNCIAS E AS ARTES (1750) quanto na *Carta sobre a música francesa* (1753), Rousseau estava desenvolvendo idéias sobre questões sociais e políticas que o colocavam em conflito com a "alta cultura" e as maneiras de Paris e da corte. Ele parece ter resolvido que não podia manter a crença em seu verdadeiro gênio se continuasse participando dessa vida e, em 1755-56, voltou as costas à capital e à possibilidade de uma carreira musical. Embora não renunciasse completamente à composição, limitava agora a sua produção à pequena escala, escrevendo principalmente motetos, toadas e canções. Em 1774 começou uma outra ópera, *Daphnis et Chloé*, mas não a completou.

Produziu apenas mais duas peças musicais dignas de nota. O texto do seu breve monodrama, *Pigmalião*, é simples. Nessa "cena lírica" o escultor consome-se, vazio de inspiração. Lança-se aos pés de sua estátua de Galatéia e começa trabalhando nela. Mas a estátua parece estar viva; ele derrama todo o seu coração e amor por ela e, com efeito, ela ganha vida. Rousseau escreveu essa peça em Môntiers em 1762; oito anos depois foi apresentada em Lyon, com música de seu amigo Coignet, como parte das celebrações que assinalaram o regresso de Rousseau a Paris do "exílio" em Monquin. Foi mais tarde montada no Ópera de Paris. Alguns viram nela uma remota precursora de *Pierrot lunaire*, o ciclo de canções de Schoenberg.

A segunda e substancial realização musical foi uma coleção de cerca de uma centena de canções, baladas e poemas que Rousseau tinha musicado (algumas com mais de uma música), freqüentemente a pedido de amigos. Compostas em sua maioria na década de 1770, essas peças foram reunidas após a sua morte e publicadas em 1781 sob o título de *Les consolations des misères de ma vie, ou Recueil d'airs, romances et duos de Jean-Jacques Rousseau* (As consolações das desditas de minha vida, ou Coletânea de toadas, romanzas e duos de J.-J. Rousseau). O título foi do editor, embora baseado numa nota deixada por Rousseau numa de suas canções.

Finalmente, uma curiosidade musical. Uma melodia que Rousseau escreveu para um dos interlúdios de *O adivinho da aldeia*, que passou a ser conhecida como "O sonho de Rousseau", foi largamente usada como música para hinos religiosos. Aparece no Livro de Hinos Metodista, onde é uma variante para "Lo, He comes with clouds descending" (Vede, eis que Ele chega com as nuvens que baixam), e em *The Scottish Psalter* (1929), onde as palavras, "Lord, a little band and lowly", devem ser cantadas para essa melodia. Uma adaptação desta foi usada por Weber em sua música incidental para *Turandot*; e esta, por sua vez, foi usada por Hindemith como a base para o segundo movimento de sua *Metamorfoses sinfônicas* sobre temas por Carl Maria von Weber.

Leituras sugeridas: Blom (191); Cucuel (192); Jansen (194); Pougin (198); Strauss (200)

Confissões, As (escritas c.1764-76; publicadas em 1782/1789) (Les confessions) [18] Em fins de 1761, o editor usual de Rousseau, Marc-Michel Rey, instou com ele para que escrevesse a sua autobiografia. No começo, a idéia não o entusiasmou mas, no entanto, rascunhou algumas notas a seu próprio respeito nessa época e, a intervalos, durante os dois anos seguintes. (É discutível se esses fragmentos datam todos dessa época; foram reunidos sob o título de *Mon portrait* (*OC* I).) É claro que a sugestão de Rey tinha tocado uma corda sensível, e Rousseau começou a reunir cópias de cartas e outros itens de informação de modo que pudesse iniciar o trabalho sério sobre o projeto que iria converter-se em *As confissões.*

É difícil saber qual era o seu padrão de trabalho. Começava a escrever o manuscrito e depois deixava-o por largos períodos; algumas partes passavam por várias versões, enquanto outras quase não eram revistas. Segundo parece, tinha feito um sério começo em fins de 1764, e continuaria trabalhando intermitentemente na Parte I (que nos leva até 1741-42, quando ele foi para Paris) durante sua estada na Inglaterra, tendo-a mais ou menos completado ao tempo de seu regresso à França e de sua estada em Trye, na primavera de 1767.

A Parte II (cobrindo os anos de 1742-65) foi iniciada em Monquin em 1769 e concluída em junho de 1770, quando Rousseau tinha retornado pela última vez a Paris. Tinha inicialmente planejado uma terceira parte, levando a narrativa até 1770, mas essa idéia foi abandonada — em parte, sem dúvida, porque as suas leituras a amigos das primeiras duas partes tinham sido banidas, sob pressão daqueles que temiam ser prejudicados pela história de Rousseau. Tanto a Parte I (Livros I-VI) quanto a Parte II (Livros VII-XII) não foram publicadas em vida do autor; para começar, tiveram edições separadas, em 1782 e 1789, respectivamente, e a primeira edição completa de *As confissões*, como hoje a conhecemos, só veio a lume em 1796.

É freqüentemente levantada a questão da exatidão da narrativa de Rousseau: no tocante às meras questões de fato, onde estas podem ser verificadas, ele foi comprovadamente fiel, de um modo geral; mas em alguns pontos — por exemplo, quanto tempo transcorreu antes de ter abjurado o protestantismo quando estava em Turim (descrito no Livro II) — cometeu erros, provavelmente por motivos emocionais. Entretanto, a exatidão dificilmente constitui um critério relevante quando se passa ao exame de suas auto-avaliações, interpretações significativas, julgamentos sobre os motivos de outras pessoas. Podemos perceber a espécie de sentido que ele estava tentando dar à sua vida e ao seu próprio eu. Podemos pensar que algumas de suas interpretações são feitas com o propósito de proporcionar algum conforto pessoal ao autor ou de enganar a si mesmo. Mas todos esses assuntos requerem um julgamento, e não somos necessariamente imparciais o bastante ou não estamos bem colocados o bastante para formular uma avaliação definitiva. Muito poucas pessoas tentaram fazer o que Rousseau fez com a mesma franqueza e o mesmo desassombro; e esses poucos não tiveram nem uma sombra do êxito que ele logrou.

O livro abre com uma orgulhosa e desafiadora declaração:

> Tomo uma resolução de que jamais houve exemplo e que não terá imitador. Quero mostrar aos meus semelhantes um homem em toda a verdade de sua natureza, e esse homem serei eu...
>
> Que a trombeta do Juízo Final soe quando bem entender, eu virei, com este livro na mão, apresentar-me diante do Juiz Supremo... Reúne ao redor de Ti a inumerável multidão de meus semelhantes, que eles escutem as minhas confissões, que deplorem as minhas indignidades, que enrubesçam diante das minhas fraquezas. Que cada um deles, por sua vez, com a mesma sinceridade, ponha a nu o coração diante do Teu trono e depois que um só te diga, se o ousar: "Fui melhor do que esse homem." (Livro I, 17; *OC* I, 5) [*As confissões*, Ediouro, p. 13, trad. Wilson Lousada].

Rousseau passa então a descrever, freqüentemente com ternura, por vezes com espírito, ocasionalmente com alarmante franqueza, os principais acontecimentos dos primeiros 29 anos de sua vida, até, deixando para trás os cenários de sua infância, tentar firmar-se como homem de letras em Paris, em 1741-42. Conta, por exemplo, como ele e seu pai — um órfão, o outro privado de sua esposa — ficavam lendo até ao romper do dia; e como o pai, contando histórias a respeito da mãe de Jean-Jacques, acabava debulhado em lágrimas. Em passagens de considerável beleza, evoca os prazeres do campo e as alegrias da amizade juvenil vivenciadas quando residiu com seu primo em Bossey. Mas também descreve, sem rodeios, o prazer erótico que lhe causavam as surras da srta. Lambercier, que fixaram nele para o resto da vida suas propensões sexuais. (Ela era a irmã do pastor com quem ele e seu primo estavam vivendo.) E numa passagem de mais sombrio vigor narra como foi falsamente acusado de quebrar os dentes de um pente, e como o seu ressentimento por essa injusta acusação o tornou desconfiado, furtivo e manhoso. Esse incidente aparentemente trivial, mais do que qualquer precocidade sexual, constituiu a verdadeira perda de inocência de Rousseau. Esse mesmo ressentimento, que insiste em sublinhar não ser intrínseco nele mas imposto pelos maus-tratos que sofreu de outros, aprofundou-se durante o seu aprendizado com o gravador Ducommun, uma posição que Rousseau dramaticamente abandonou quando, ao encontrar as portas de Genebra fechadas para ele, afastou-se da cidade em março de 1728.

No Livro II, Rousseau prepara o leitor, com deliberada maestria artística, para o seu primeiro encontro com a sra. de Warens. Detalhes da hora, o cenário, são todos reunidos para imprimir a essa ocasião decisiva um apropriado impacto dramático. Fala dos seus dias em Turim, não disfarçando as práticas sodomíticas dos outros neófitos seus companheiros e as diversas aventuras que teve enquanto ali esteve. Durante esses mesmos poucos meses, encontrá-lo-emos prostrado diante da sra. Basile (com quem esteve hospedado por algum tempo) em muda adoração, mas também expondo-se a mulheres insuspeitosas na cidade. Um dos episódios mais significativos de sua história moral ocorreu em Turim. Quando faleceu a condessa de Vercellis, foi realizado um inventário de seus bens. Faltava uma fita de seda; Rousseau tinha-a apanhado mas, quando indagado, mentiu e acusou do roubo uma camareira, Marion. Por que mentiu? Vergonha, constrangimento? Aceitemos ou não suas alegações e desculpas num esforço de auto-absolvição, é impossível não ficar impressionado pela intensidade com que relembra esse episódio, os sentimentos que despertou e as discussões torturantes, desesperadas, que travou consigo mesmo sobre a sua conduta (Livro II).

Muitas partes da narrativa estão dedicadas às descrições de Rousseau de seus prazeres em caminhadas ociosas, não pressionadas por tempo ou negócios. Sua prosa em tais momentos possui verdadeira beleza e impregna as cenas que ele retrata de doçura e deleite. A mesma alegria, e também o aguçado humor, estão presentes em sua descrição do dia de puro prazer passado em piquenique num pomar de cerejeiras e em jogos semi-amorosos com as senhoritas Galley e de Graffenried (Livro IV). Muito menos abundante em prazer desimpedido é a sua iniciação sexual pelas mãos da sra. de Warens em 1733; os estranhos sentimentos incestuosos que isso provocou são transmitidos numa prosa veemente e eficazmente convincente. Em contraste com isso está o prazer sem entraves que saboreou com a sra. de Larnage (uma animada companheira de jornada numa das excursões de Rousseau), quando ele simulou — pelas mais ridículas razões — ser um inglês, um "Mr. Dudding". O leitor compartilha do prazer recordado de Rousseau nesse episódio, e talvez deseje também que ele tivesse desfrutado de melhor sorte a esse respeito.

Um aspecto de *As confissões* sobre o qual os comentadores acusam sistematicamente Rousseau de falsificação é a sua descoberta da usurpação (como ele a interpreta) do seu lugar na casa da sra. de Warens por Wintzenried (Livro VI). É evidente que há grande azedume e consternação em suas recordações sobre isso, e é provável que modificasse algumas das lembranças a fim de tornar a perda mais tolerável e de reter um certo sentido de vontade pessoal quanto tentou retomar um viável rumo de vida para si mesmo. A Parte I conclui com Rousseau abandonando a sra. de Warens, finalmente, de um modo quase lépido e fagueiro, a fim de abrir seu caminho no grande turbilhão social de Paris.

Embora alguns trechos da Parte I fossem revistos e reescritos durante períodos em que Rousseau estava sofrendo de grande angústia mental e de falsas crenças paranóicas, isso quase não se percebe no texto, que é marcado por extraordinária clareza e por desenvoltura e simplicidade de expressão. A Parte II, por outro lado, nunca foi adequadamente revista, pelo que sua prosa é mais tosca e mais prolixa. Em muitos apartes, fala das ameaças e trevas que o cercam, e — prorrompendo com freqüência em vociferantes exclamações sobre a sua confiante inocência de outrora — tende a ver sinistras e tortuosas conspirações subjacentes em relações passadas com aqueles que julgava serem seus amigos. Quase toda esta Parte é dedicada à análise e explicação de intrigas e maquinações que vê dirigidas contra ele, e a leveza de toque tão impressionante na Parte I está largamente ausente.

No restante da Parte II, a narrativa acompanha as atividades de Rousseau durante os anos de 1742 a 1765. Ouvimo-lo falar de suas tentativas para estabelecer-se como compositor e teórico musical; de seu triunfo com a ópera *O adivinho da aldeia*, e de sua recusa em receber uma pensão do rei — "Estava libertando-me da dependência que ela me teria imposto" (Livro VIII). Descreve o seu período em Veneza como secretário do embaixador francês quando, apesar de muitas provocações concretas, ele parece ter-se conduzido, por essa vez, de forma judiciosa; e o Livro VIII inclui o relato de um outro e desastroso encontro sexual.

Na descrição de sua estada em l'Ermitage em 1756-57 (Livro IX) lembra os intensos sentimentos e sonhos que precederam sua redação de *A nova Heloísa*. Mas muitas de suas recordações estão eivadas de dúvidas e suspeitas. É particularmente a sua paixão por Sophie d'Houdetot que ele vê como fatídica — "Como este foi o primeiro e o único amor de toda a minha vida e como suas conseqüências o tornarão para sempre memorável e terrível para dele recordar-me, que me seja permitido entrar aqui n'alguns detalhes" (Livro IX, 408; *OC* I, 438-39) [p.289 da trad., *op. cit.*]. Ele estava convencido de que os mexericos e o escândalo a respeito de sua ligação vinham se avolumando e não era coincidência que sua amizade com a sra. d'Épinay, Diderot e Grimm sofreu um dano irreversível nesse período.

Quando verdadeiros desastres acometiam Rousseau, como os que se seguiram à publicação de *Emílio* e *O contrato social*, ele descreve-os de uma forma bastante sóbria e sincera. Como ocorre freqüentemente com aqueles que sofrem de mórbidas suspeitas, uma autêntica dificuldade serve para devolvê-lo ao mundo real e, por algum tempo, recupera uma noção clara e estável de si mesmo e de sua situação. Mas essa nitidez mental não persistiu. O Livro XII começa com estas palavras:

> 1762. Aqui começa a tenebrosa teia na qual, há oito anos, me acho enredado sem que, de modo nenhum, me seja possível abrir uma fresta na pavorosa obscuridade. No abismo de males em que estou submerso, sinto os golpes que me são dirigidos; distingo o instrumento porém não posso ver a mão que o dirige, nem os meios de que se utiliza. O opróbrio e as desgraças caem sobre mim... (Livro XII, 544; *OC* I, 589) [p. 384 da trad., *op. cit.*].

Contudo, ainda há momentos de repouso e deleite: sente óbvio prazer, por exemplo, nos poucos dias que passou dedicado à botânica e ao ócio na ilha de St.-Pierre do lago Bienne, pouco antes de ir para a Inglaterra com Hume em 1766, onde iria sofrer alguns dos seus dias mais tenebrosos de perturbação mental. A Parte II conclui quando ele começa a ficar enredado nessas teias de intrigas, como ele as percebia. (De que natureza eram elas está descrito, em suas linhas gerais, na seção "Vida e Obra de Rousseau", no início deste *Dicionário*.)

Como auto-retrato, como história de uma vida, como narrativa de eventos e sentimentos, *As confissões* são uma obra profundamente emocionante — com efeito, é geralmente considerada uma obra-prima. Talvez o seu aspecto mais singular seja a sua poderosa evocação do drama da existência humana. Rousseau é freqüentemente citado como um dos instigadores do Romantismo; este termo, porém, é de uma significação tão difusa que fica difícil avaliar tal opinião. Embora nos fale dos muitos acontecimentos públicos de sua vida, não é sua posição como figura na história política, social e intelectual que ele trata como de suprema importância, mas o significado e o valor desses eventos como episódios em seu destino emocional e moral. À parte as passagens de obsessiva preocupação consigo mesmo, quando Rousseau escreve com a mente conturbada, *As confissões* não são nem enfadonhamente ensimesmadas nem a descrição histórica de um caso. Pelo contrário, sentimos aí a extraordinária força da presença de um outro ser vivo; testemunhamos a celebração do milagre da existência.

Leituras sugeridas: Ellis (172); France (173); Grimsley (176); Hartle (178); Williams (184)

consciência Em nenhum de seus escritos Rousseau nos dá uma completa e sistemática explicação da natureza e funções da consciência, embora não haja dúvida de que a considerou um elemento muito importante na constituição moral e espiritual do homem. (Ele formula a maior parte de suas considerações mais significativas a respeito da consciência em PROFISSÃO DE FÉ DO VIGÁRIO SABOIANO, incluído no Livro IV do *Emílio*.)

Rousseau não vê a consciência como a fonte exclusiva de compreensão moral e motivação moral em seres humanos. Pensa que os sentimentos de COMPAIXÃO, por exemplo, podem dirigir-nos para a generosidade, a clemência e a justiça, sem recurso à orientação da consciência (ver *E* IV, 235; *OC* IV, 522-23); curiosamente, é bem provável que esses sentimentos tenham a mesma raiz em nossa natureza que a consciência, na opinião de Rousseau. Ele dá uma definição não muito precisa de consciência no meio do credo do Vigário: "Há nas profundezas das almas... um princípio inato de justiça e de virtude, de acordo com o qual, apesar de nossas próprias máximas, julgamos as nossas ações e as dos outros como boas ou más. É a esse princípio que dou o nome de *consciência*" (*E* IV, 289; *OC* IV, 598).

Em primeiro lugar, Rousseau tenta provar que existe em todos nós a capacidade para admirar e sentir prazer em atos de justiça, de bondade e de beleza moral, mesmo quando nós próprios nada temos a ganhar com eles nem estamos envolvidos com qualquer das partes em questão. Exceto quando a intromissão do interesse pessoal mascara ou silencia esses sentimentos, não há um homem que não se sinta comovido por tais atos, ou ultrajado pela crueldade e iniqüidade. Essa mesma capacidade de apreço desinteressado pela justiça e o bem é encontrada em todas as idades e lugares. Portanto, não pode ser simplesmente o produto de experiência; deve ser uma capacidade inata, mesmo que se requeira experiência e maturidade para despertá-la.

Rousseau indaga depois o que a presença dessa capacidade revela sobre nós, e em que base funciona. A consciência é para a alma, diz ele, o que o instinto é para o corpo; é o verdadeiro guia do homem. Como se explica isso?

É um elemento da fé de Rousseau — algo não tanto conhecido e racionalmente demonstrável quanto profundamente sentido e digno de crença — que Deus por seu poder, bondade e amor ordenou providencialmente o homem e o universo. É verdade que o homem goza de LIBERDADE para escolher o bem ou o mal; mas se escolhe o bem, pode estar certo de que o bem que deseja fazer estará de acordo com a boa ordem que Deus criou nele e em suas relações com o mundo, e de que não será o perdedor por fazer o que é bom. Portanto, é opinião de Rousseau que a "voz" da consciência é uma expressão, uma percepção, das exigências dessa própria ordem interior do homem, a qual constitui sua verdadeira necessidade e seu verdadeiro bem, e o orienta para agir bem de acordo com os desígnios providenciais de Deus para todos os seres humanos. A voz da consciência não é uma revelação direta, pessoal, da vontade de Deus para qualquer indivíduo em particular. É, antes, o eco na alma de cada um da harmonia que existe nas profundezas da personalidade humana e que, se for ouvido, inspirará o homem a proceder, por suas próprias ações, de acordo com o labor amoroso de Deus.

> O homem bom ordena-se em relação ao todo, e o mau ordena o todo em relação a si mesmo. Este último faz de si mesmo o centro de todas as coisas; o primeiro mede-se e mantém-se na circunferência. Portanto, está ordenado em relação ao centro comum, que é Deus, e em relação a todos os círculos concêntricos, que são as criaturas (*E* IV, 292; *OC* IV, 602).

Rousseau não subestima as dificuldades para se ter a certeza de que o que uma pessoa está ouvindo são as instruções do seu próprio ser intato, de acordo com os bons desígnios de Deus para todos. O clamor das paixões pode abafar essa "pequena e calma voz" ou pode, talvez, ser confundido com ela. Mas permanece convencido de que as instruções da consciência são acessíveis se a pessoa se abrir com sinceridade e humildade para os ditames de sua alma. Pode não ser tão fácil para nós compartilhar de sua confiança a tal respeito, não só porque podemos duvidar de que exista um Deus mas porque também é possível duvidar de que o conhecimento de Seus desígnios providenciais para nós seja exeqüível desse modo.

Rousseau expressa a sua própria confiança nestes termos: "Tenho apenas que consultar-me acerca do que quero fazer. Tudo o que sinto ser bom é bom; tudo o que sinto ser mau é mau" (*E* IV, 286; *OC* IV, 594). É talvez ousado dizê-lo mas requer uma certa perversidade ler isso — o que de fato tem sido feito — como a afirmação por Rousseau de que ele é o criador e o árbitro do bem e do mal em sua própria pessoa e está, pois, acima da obediência a qualquer lei moral. O que ele está dizendo, de fato, é que, no sentido mais essencial, não pertence a si mesmo; que o caráter do seu próprio destino e dever está impresso em sua própria constituição — tudo o que lhe resta fazer é reconhecer isso e optar livremente por seguir os seus ditames.

É agora possível ver como acontece que os sentimentos engendrados por compaixão e as instigações da consciência têm, em última instância, uma raiz comum para Rousseau: em ambos os casos, é a nossa própria constituição instruindo-nos para obedecer à nossa própria natureza e ao bem que está sendo expressado. No caso da consciência, são os requisitos da nossa própria natureza como um elemento no desígnio de Deus que estão ficando manifestos, ao passo que no caso da compaixão é apenas uma parte do todo. Mas ambos derivam da boa ordem que contribui para a harmonia entre o bem próprio de cada indivíduo, os bons atos de cada indivíduo e a promoção do bem de outros.

A convicção de Rousseau de que essa harmonia confere suprema inteligibilidade à ação moral encontra sua mais veemente expressão na seguinte exclamação:

> Consciência, consciência! Instinto divino, voz imortal e celestial, guia seguro do ser que é ignorante e limitado mas inteligente e livre; juiz infalível do bem e do mal que torna o homem semelhante a Deus; és tu que fazes a excelência de sua natureza e a moralidade de suas ações. Sem ti, nada sinto em mim que me eleve acima dos animais, além do triste privilégio de me conduzir de erro em erro, com a ajuda de um entendimento sem regra e de uma razão sem princípio! (*E* IV, 290; *OC* IV, 600-1).

Rousseau diz virtualmente as mesmas palavras em suas CARTAS MORAIS a Sophie d'Houdetot (Quinta Carta), a qual discorre também sobre a natureza e o papel da consciência.

Num ponto do *Profissão de fé*, diz ele: "Se a divindade não existe, somente o homem perverso é que raciocina, e o homem bom não passa de um néscio" (*E* IV, 292; *OC* IV, 602). Nesta nossa era mais secular, talvez seja esse o nosso temor — do qual a explicação de Rousseau do significado da consciência não nos possa, em última instância, livrar.

Fontes: *E*, Livro IV
Cartas morais

Leituras sugeridas: Blum (21); Dent, cap. 7 (24); Grimsley (187); Horowitz, cap. 6 (27); Masters, cap. 2 (69)

Considerações sobre o governo da Polônia (Considérations sur le gouvernement de Pologne) (escrito em 1770-71; publicado em 1782) [19] Trabalhando a partir de informação sobre as condições, estruturas sociais e procedimentos políticos vigentes à época, as quais lhe foram fornecidas pelo conde Wielhorski, Rousseau propõe nessa obra muitas maneiras de conservar, fortalecer e enriquecer a integridade social e política da Polônia. Suas sugestões abrangem matérias tais como educação, as classes sociais, a composição e os procedimentos dos órgãos legislativos e administrativos, o exército e a posição do rei.

A Polônia era governada desde 1764 por um rei eleito sob pressão russa e parecia agora que o seu destino era ser irremediavelmente absorvida pela Rússia. Em 1768, entretanto, um grupo de poderosos latifundiários começou resistindo à dominação russa e estabeleceu uma confederação, a Confederação de Bar, da qual Wielhorski era um representante. A influência da Confederação aumentou constantemente. Em 1769, convocou membros de todas as partes da Polônia para uma assembléia, que encarregou Wielhorski de procurar Rousseau, entre outros pensadores franceses, a fim de que apresentassem propostas de modificação da Constituição polonesa de tal modo que a Polônia pudesse reter sua integridade e independência contra a anexação estrangeira. As sugestões de Rousseau não foram acatadas, de modo que não podemos saber se teriam sido eficazes. A Confederação não sobreviveu e em 1795 a Polônia tinha deixado de existir como uma só nação, dividida que foi entre a Rússia, a Prússia e outras potências — um destino que voltaria a sofrer em ocasiões subseqüentes.

Muitos consideraram o ensaio de Rousseau outra tentativa (*ver* CÓRSEGA) para desempenhar o papel de LEGISLADOR. É claro, porém, que não era esse o seu interesse. De fato, são os costumes, predileções, gostos e preconceitos (na acepção de Burke) do povo polonês que lhe conferem um sentimento de povo distinto, com características únicas, que aspira à manutenção de uma identidade comum e independência nacional. Rousseau atribui importância decisiva aos costumes e gostos idiossincrásicos; a idéia dominante que impregna a sua argumentação é a necessidade de ampliar e intensificar essas idiossincrasias, para que penetrem nos corações de todos os poloneses e façam do amor ao seu país e da lealdade à manutenção da sua nação a mais preciosa de suas preocupações. Seus comentários, por vezes, tocam as raias do rapsódico:

> Todo o verdadeiro republicano ingeriu amor ao seu país, ou seja, amor à lei e à liberdade, juntamente com o leite materno. Esse amor é toda a sua existência, nada vê senão a sua pátria, somente para ela vive; quando está solitário, ele não é nada; quando deixa de ter uma pátria, deixa de existir e se não está morto, está pior do que morto (*GP*, cap. 4, "Educação"; *OC* III, 966).

Rousseau enfatiza — ou, como alguns dirão, superenfatiza de forma alarmante — a lealdade pública e o amor à "pátria" por três razões. Primeiro, sem esses sentimentos, um país é vulnerável à influência e invasão estrangeiras, levando à privação e à opressão das pessoas por outros que não se interessam pelo distinto modo de vida delas. Segundo, sem esses sentimentos, as pessoas colocarão seus interesses particulares, ou os seus próprios e os de apenas algumas outras, acima dos interesses do resto da sociedade, em relação a quem serão indiferentes ou a quem tratarão de explorar. Numa tal situação, as pessoas pertencem a uma sociedade comum somente no nome. Se o amor ao país não for uma preocupação primordial, então o destino de muitos — possivelmente de todos, no caso de invasão estrangeira — será ficarem efetivamente escravizados, deserdados, sem raízes.

Essas considerações levam a uma terceira e mais positiva linha de pensamento em Rousseau. Afirma ele que o amor ao país é uma condição necessária à manutenção e gozo de liberdade comum e lei eqüânime para todos, sem distinção. E somente se todos, sem distinção, sentirem uma preocupação dominante por sua pátria, não tolerarão meramente mas vão positivamente querer instituições sociais e constitucionais que assegurem que as necessidades e o bem de todas as pessoas, vistas como suas companheiras numa causa comum, serão respeitados e honrados. Pois a privação ou o dano causado a qualquer polonês será prejudicial a todos, visto que o bem-estar dessa pessoa é uma preocupação coletiva. Quando o sentimento de identidade comum não é onipotente, o destino de tal pessoa pode separar-se do destino do resto, e ela deixa então de ser considerada um membro constitutivo da sociedade.

São essas idéias que estruturam o exame de Rousseau como um todo. As emendas por ele sugeridas nas práticas educacionais, nos sistemas de distinção por bom aproveitamento acadêmico, na composição dos órgãos legislativos e administrativos etc. são feitas com essas questões em mente. Propõe, por exemplo, que os pagamentos por serviço público sejam minimizados, uma vez que o dinheiro fomenta o interesse particular e cria uma sociedade em que qualquer coisa ou qualquer pessoa é meramente um objeto suscetível de compra. Em seu lugar, diz ele, as pessoas deviam ser recompensadas com produtos, e pelo trabalho feito em seu benefício. A corvéia tomaria o lugar dos impostos.

Rousseau reconhece que numa sociedade como a Polônia, com uma hierarquia social estabelecida desde longa data e profundamente enraizada, onde o sistema vigente santifica a opressão, exigirá algum tempo a introdução de leis que garantam igual liberdade e proteção para todos. Não só as classes nobres são contrárias à obtenção do *status* de cidadão pelos servos, mas os próprios servos — brutalizados ao longo dos séculos — verão na remoção dos padrões conhecidos de autoridade e controle somente uma oportunidade de destruição anárquica. A lei *per se*, sem os sentimentos apropriados para sustentá-la, nada pode fazer. Rousseau recomenda apenas um processo muito gradual de alforria, acompanhado de educação intensiva, a fim de preparar os servos para o seu novo papel de mantenedores da "lei da liberdade".

Rousseau nunca compromete a sua opinião de que subsiste uma "lei da natureza, essa sacrossanta e imprescritível lei que fala ao coração e à razão do homem", que não consente na restrição da autoridade legislativa "nem permite que as leis sejam obrigatórias para quem não as aprovou através do seu voto pessoal". Entretanto,

> a liberdade é um alimento fácil de comer mas difícil de digerir; os estômagos têm de ser muito fortes para suportá-lo... Libertar a plebe da Polônia seria um grande e meritório empreendimento, mas ousado, perigoso e que não deve ser levianamente tentado... Mas seja o que for que aconteça, lembrai-vos de que os vossos servos são homens como vós e possuem em si mesmos a capacidade para vir a ser tudo o que vós sois (*GP*, cap. 6; *OC* III, 947; *ver* AUTORIDADE).

Para os poloneses, Rousseau vê as grandes dimensões do país e a vasta dispersão da população como duas das maiores dificuldades no processo de estabelecimentos de uma poderosa identidade nacional e de amor ao país. Esses fatores dificultam qualquer idéia de destino e lealdade comuns a uni-los. Para resolver essa dificuldade, ele advoga o princípio da federação, como estava sendo desenvolvido na época pelos membros da Confederação de Bar. A federação habilitará as pessoas a manter um forte e palpável sentimento de vida comum em suas localidades, ao mesmo tempo que coordenam seus objetivos para proteção comum sob uma constituição central: "Essa forma federativa de ação, embora possa ter surgido por acidente, impressiona-me como obra-prima política" (*GP*, cap. 9, 218; *OC* III, 998). Ele reconhece as pressões para a desintegração que estão presentes em qualquer associação confederativa, mas acredita ser possível fazê-la funcionar sem a converter numa ditadura centralizada nem a desintegrar.

Embora Rousseau acredite que, para uma lei ser essencialmente legítima, todos os que vivem sob a sua égide devem concordar com ela, reconhece que isso não é viável na Polônia. O progresso legislativo é aí dificultado em muitas áreas da administração pública pelo fato de que um único membro do legislativo pode exercer o direito de veto — o que freqüentemente acontece. Assim, tendo examinado como as leis são promulgadas na Polônia (cap. 9), propõe algumas emendas que, no começo, parecem contrariar o espírito dos seus princípios declarados: ele propõe, *inter alia*, restringir o direito de veto.

Embora possa surpreender, essa proposta talvez não seja de todo incompatível com a visão de Rousseau. Ele estabelece uma distinção *grosso modo* (que também será encontrada em *O contrato social*) entre "leis fundamentais", as quais definem os próprios termos de associação que estabelecem o corpo político; "atos ordinários" de legislação, que dizem respeito à prosperidade e boa conduta do Estado; e "meros atos de administração". Em relação às primeiras, é requerida a unanimidade, de modo que uma única voz discordante seria suficiente para impedir a promulgação de uma lei. Entretanto, nenhuma pessoa dissentiria questões caprichosas ou egoístas. Com efeito, aquele que discorda deve mostrar uma grave causa perante um tribunal de cidadãos eminentes, que ou o condenarão à morte por paralisar a vontade pública da nação, ou o recompensarão com honrarias públicas vitalícias. Embora os meios sejam implacáveis, o ponto é bastante convincente: Rousseau está tentando garantir que aqueles que discordam o façam totalmente na base da preocupação com o bem-estar comum; e que são suas preocupações públicas ou sociais, não alguma esperança de vantagem individual, o que os faz retirar-se. Pois o que está em jogo são os termos e condições que estabelecerão a mesma posição social para todos.

No que se refere aos atos legislativos ordinários, podem ser exigidas maiorias de três quartos ou de dois terços, dependendo da gravidade da questão. Somente a respeito de questões pouco relevantes bastará um maioria simples. Pode-se objetar que Rousseau não estabelece um procedimento para determinar a gravidade das questões. Ele poderia muito bem responder a isso que, se nenhum consenso pode ser conseguido sobre um ponto tão simples, então a possibilidade de empreender legislação com qualquer grau de gravidade é tão tênue que torna insignificantes as perspectivas de sobrevivência do Estado — ou de sua criação.

Atento como se mostra aqui às exigências da prática política, Rousseau está considerando, ao mesmo tempo, a funcionalidade da obtenção do consentimento das pessoas a fim de atingir o mais alto nível possível de anuência voluntária. Algumas de suas idéias podem muito bem ser inviáveis ou mal concebidas; mas Rousseau revela nesse ensaio o sentido inerente a suas teorizações políticas mais abstratas e o potencial para a aplicação exeqüível das mesmas.

Leituras sugeridas: Barnard (151); Cohler (152); Dent, cap. 6 (24); Masters, cap. 8 (69)

contrato Rousseau emprega a idéia de contrato em dois contextos. O primeiro, menos significativo, ocorre no primeiro encontro de Emílio com a idéia de troca contratual como base para regular e coordenar a atividade humana. No episódio dos feijões tirados da terra, narrado no Livro II do *Emílio*, ele apresenta a base primitiva para a propriedade (o direito do primeiro ocupante pelo trabalho): o hortelão Robert tem o direito, por meio do seu trabalho, a usar um canto da horta. A isso acrescenta Rousseau uma "clara, distinta e simples" idéia de troca, mediante a qual Emílio pode ter e reter alguma propriedade e bens na condição de que o mesmo seja permitido a Robert. Um simples contrato é assim estabelecido entre eles. Rousseau apresenta isso como uma robusta e efetiva base — a qual funciona à luz do interesse claro e do reconhecimento realista das necessidades práticas da situação — de acordo com a qual a cooperação e a acomodação entre pessoas podem ser obtidas. Insiste em que as obrigações contratuais não devem ser vistas como imposições; se o fossem, a tentativa de evadi-las só encorajaria a fraude e a impostura. Cumpre vê-las, antes, como os termos óbvios por meio dos quais muitas pessoas, cada uma com os seus interesses próprios, podem alcançar uma razoável e proveitosa acomodação com as demais.

Depois, Rousseau generaliza na base dessa "lição" para argumentar que a troca material é um componente fundamental em — e fundamento para — toda a associação humana, e deve ser entendida como um dos elementos básicos de qualquer sociedade. Ninguém, afirma ele, pode ou deve esperar receber gratuitamente bens e serviços de outrem, muito menos como se isso fosse seu direito. Cada um deve dotar-se, se puder, com qualificações e recursos para tornar-se útil e valioso a outros, pelo menos ao nível de possuir algum "produto" que possa oferecer em troca de outros:

> As idéias de relações sociais formam-se pouco a pouco na mente de uma pessoa, mesmo antes que ela possa realmente ser um membro ativo da sociedade. Emílio percebe que, a fim de possuir instrumentos para seu uso, deverá contar, além disso, com instrumentos para uso de outros homens com quem possa obter em troca as coisas que lhe são necessárias e estão em poder deles (*E* III, 193; *OC* IV, 467).

Essencialmente, Rousseau diz: "Um homem e um cidadão, quem quer que seja, não tem outra propriedade a pôr na sociedade a não ser ele próprio" (*E* III, 195; *OC* IV, 469). Esse é o inevitável contexto de nossos tratos com outros, e a troca é a forma fundamental que essa interação adota.

Não se segue daí que as relações contratuais sejam a única forma de intercurso entre pessoas em sociedade; não é esse, obviamente, o caráter das relações amorosas ou dos vínculos familiares. Mas precisamos considerar se o elo que reúne várias pessoas num corpo *civil* é de caráter contratual. Isso leva ao segundo contexto em que Rousseau emprega a noção de contrato, a saber, na interpretação do caráter básico do vínculo que une as pessoas como súditos comuns de um corpo de leis.

O próprio fato de o título da mais famosa obra de teoria política de Rousseau ser o CONTRATO SOCIAL deveria sugerir-nos que ele viu como sendo de caráter basicamente contratual a união humana consubstanciada numa ordem civil. Assim, os termos básicos do contrato (ou compacto) social pelo qual a associação civil é instituída resumem-se ao seguinte: "Cada um de nós põe em comum sua pessoa e todo o seu poder sob a direção suprema da vontade geral e recebemos, em nossa capacidade coletiva, cada membro como parte indivisível do todo" (*CS*, cap. 6, 175; *OC* III, 361). Ele chama a isso um "ato de associação".

Há aqui reflexos claros dos mais explícitos e detalhados relatos das mútuas promessas e iniciativas que se encontram, supostamente, na raiz da instituição e obrigação civil exposta por Hobbes e Locke (no *Leviatã* e no *Segundo tratado sobre o governo civil*, respectivamente). Isso serviu de pretexto para a crítica de Rousseau por Marx de que, apesar de ter afirmado que não havia "transferido para o estado de natureza idéias que foram adquiridas em sociedade" (*DD* 45; *OC* III, 132), utiliza, não obstante, o quadro de idéias que é próprio não do homem como tal mas somente do homem burguês (Marx, *Introdução a uma crítica de economia política*). Mas a ausência de detalhe explícito em Rousseau não é provavelmente acidental; nem viu realmente o elo de união entre pessoas como membros de uma única associação civil como de caráter contratual.

Dois pontos parecem ser centrais na idéia de um contrato civil. Primeiro, que a obrigação é gerada através de um ato voluntário como o de prometer (ou dando sinais adequados de que tal ato foi ou será executado). E, segundo, que antes do contrato cada contratante possui certa propriedade e direitos que negociará (em parte ou no todo) a fim de garantir melhor a sua posse (numa forma alterada) deles e, possivelmente, algumas vantagens adicionais. Em ambos esses aspectos, contratar postula uma relação entre pessoas mediante a qual cada uma é independente da outra e incumbe-se de acomodar e cooperar com essa outra somente para vantagem pessoal, entendida em termos de promoção do seu bem ainda como pessoa independente, embora uma precise negociar com a outra.

É claro, entretanto, que Rousseau não encara isso como uma característica própria de pessoas unidas em sociedade civil. Em sua opinião, a vantagem pessoal, entendida em termos de promoção do bem de uma pessoa distinta e não relacionada, é e deve ser transcendida em alguns aspectos importantes para que uma comunidade justa e proveitosa seja o resultado. As pessoas devem, em seu entender, passar a ver-se (não exclusivamente, mas predominantemente) como membros ativos da ordem política, como CIDADÃOS, não como indivíduos privados cujos principais interesses estão à margem ou em conflito com o bem-estar comum. A capacidade e a disposição para compartilhar da promoção e manutenção de uma valiosa vida comum é condição prévia da formação de uma associação civil, e é ainda mais sustentada por ela (ver especialmente *CS* II, cap. 7, a respeito do LEGISLADOR).

Rousseau sustentou de modo consistente que se as pessoas em sociedade conservam um sentido dominante de que suas próprias vantagens se encontram à margem da manutenção da lei e da eqüidade para todos, elas, no mínimo, ressentir-se-ão constantemente do que percebem como nada mais do que imposições em benefício de outros por quem não têm a menor consideração, mas sem os quais não podem passar. E isso não tardará, pensa Rousseau, em redundar na perversão da lei para vantagem pessoal ou de uma facção, ou na evasão da lei, ou na dissolução da associação civil. A própria disposição para respeitar os termos de uma promessa mútua — que nenhum poder ou lei pode impor *per se* — expressa uma disposição para honrar e respeitar aqueles a quem se fez a promessa. E isso mostra, pelo menos, uma disposição para reconhecer a significação humana da outra pessoa, e para incorporar isso como relevante para os interesses pessoais de cada um. Rousseau expressa plenamente esses pontos num capítulo de *O contrato social* omitido da versão final, normalmente conhecido como "A sociedade geral da raça humana" (ver, em especial, p.

158-59; *OC* III, 284-85); o DISCURSO SOBRE ECONOMIA POLÍTICA também aborda essas questões em grande profundidade.

Se vemos, pois, as relações contratuais desse modo, não podemos dizer que Rousseau sustente que a base para uma sociedade justa e humana seja contratual. Talvez seja possível dizer que o "ato de associação" é, nos termos de Hegel a respeito do casamento, "um contrato que transcende o ponto de vista do contrato" (Hegel, *Filosofia do direito*, seção 163), mas isso pode ser desvirtuar as palavras sem um bom propósito. Embora possa parecer paradoxal dizê-lo, *O contrato social* não tem realmente qualquer teoria contratual. Tudo o que Rousseau usa da idéia de contrato é a noção de que a filiação numa associação civil deve ser vista como voluntária; ninguém se filia e obedece à associação por motivos que nada tenham a ver com a promoção do seu próprio bem. Mas dizer que toda a pessoa deve ter uma boa razão para a filiação e a obediência não é dizer que a associação e seus termos foram instituídos por um contrato feito por essas razões, e que ela existe através da manutenção das relações contratuais entre seus membros. Em vez de supor-se que ele foi uma espécie de teórico do "contrato social", deveríamos assinalar a visão de Rousseau do Estado bom no seguinte: "Não pode haver patriotismo sem liberdade, liberdade sem virtude, virtude sem cidadãos; criem cidadãos e terão tudo do que necessitam; sem eles, não terão mais do que escravos aviltados, dos governantes do Estado para baixo" (*DEP* 135; *OC* III, 259).

Fontes: *DD*, especialmente Parte 2
DEP
E, Livro III
CS, Livros I-II

Leituras sugeridas: Crocker (117); Gildin (123); Levine (128); Masters, caps. 6, 7 (69); Noone (140); Rosenfeld (145)

Contrato social, O (1762) (Du contrat social) [14] No início da década de 1750, após a publicação do *Discurso sobre as ciências e as artes* e quando estava servindo como secretário do embaixador francês em Veneza, Rousseau concebeu o projeto de escrever um livro de teoria política que seria intitulado "Instituições Políticas". Mas embora o seu artigo sobre economia política (1755) para a *Enciclopédia* mostre algo de como suas idéias estavam se desenvolvendo, o seu projeto não avançaria muito na época em que se mudou para Montmorency, em 1756. A sua conclusão era um de seus objetivos quando se instalou no Ermitage, mas foi desviado de tal propósito por outros trabalhos (principalmente *A nova Heloísa* e *Emílio*). Por volta de 1758-59, resolveu abandonar o projeto e reunir alguns excertos para fazer uma obra mais concisa. Essa obra mais concisa é *O contrato social*.

Dada essa complexa gênese, não é surpreendente que haja numerosas minutas de diferentes seções — em particular, um extenso manuscrito inicial, usualmente chamado de MS Genebra, o qual abrange cerca de metade da versão final, assim como algumas interessantes passagens que Rousseau acabaria por omitir. (Uma delas, cuja intenção era a de que figurasse como o cap. 2 do Livro I, "A sociedade geral da raça humana", está sendo normalmente incluída nas edições modernas de *O contrato social*.) A organização de cada um dos livros nessa versão mais antiga é algo mais compacta e mais clara. Rousseau dá títulos a cada um deles — Livro I: A idéia básica de um corpo civil; Livro II: O estabelecimento de leis; Livro III: A instituição de governo (não existe Livro IV nesta minuta). E no livro V do *Emílio* Rousseau oferece um resumo de muitas das principais idéias de *O contrato social* (*E* V, 458-67; *OC* IV, 836-49), com a intenção expressa de ser parte da educação política de Emílio, mas também para fornecer uma síntese da obra maior.

O contrato social foi concluído em 1761 e publicado (não sem dificuldades de distribuição) em abril de 1762. Embora este ensaio se tornasse subseqüentemente a mais famosa e mais lida obra de Rousseau, foi de fato o *Emílio*, publicado algumas semanas mais tarde, o que provocou a censura e a condenação do autor. Ambos os livros foram queimados em Genebra, mas *O contrato social* foi considerado na época a obra menos significativa. Hume pensava que o alto apreço em que Rousseau tinha essa obra era ridículo; em sua opinião, *A nova Heloísa* era incomparavelmente a melhor obra.

O contrato social é hoje considerado a sua maior realização e um dos textos clássicos de teoria política. O Livro I ocupa-se principalmente da identificação da base correta para uma sociedade civil e de algumas das principais características dessa sociedade. O Livro II trata da natureza e funções, assim como das condições necessárias para o estabelecimento de um corpo soberano efetivo para uma sociedade civil. No Livro III, Rousseau discute o governo, seu lugar no estado, formas de governo, seus poderes e limites. O Livro IV trata de questões subseqüentes referentes à forma e organização de uma sociedade justa, analisando em detalhe a organização política romana e a religião civil.

No início do Livro I, o propósito de Rousseau é descobrir se pode existir, "na ordem civil, alguma regra de administração legítima e segura". "O homem nasce livre e por toda a parte encontra-se a ferros" — mas, pergunta, é legítima essa mudança na situação do homem? Nem o direito paterno, nem o direito do mais forte — que ele nega, de fato, criar qualquer direito — podem justificar a escravização de homens. A ESCRAVATURA é, na verdade, absolutamente contrária à natureza e aos direitos do homem: "Renunciar à liberdade é renunciar à qualidade de homem, aos direitos da humanidade e até aos próprios deveres... Tal renúncia é incompatível com a natureza do homem" (*ver* LIBERDADE). Até mesmo o direito de uma maioria para comandar as ações de todos deve provir da concordância unânime de todos para o estabelecimento dessa "lei do voto majoritário" (*ver* CONVENÇÃO).

Tendo assim desbravado o terreno, Rousseau passa a abordar a questão de como deve ser instituída a autoridade legítima. Averigua o que torna a associação humana necessária aos homens e conclui que é a carência material e a fraqueza. Eles devem, pois, "agregar" suas forças para que possam atuar em harmonia. Mas como pode cada homem empenhar sua "força e liberdade" na causa comum sem "prejudicar os seus próprios interesses e negligenciar os cuidados que deve a si mesmo?" O problema está em "encontrar uma forma de associação que defenda e proteja a pessoa e os bens de cada associado com toda a força comum, e pela qual cada um, unindo-se a todos, só obedece contudo a si mesmo, permanecendo assim tão livre quanto antes" (*CS* I, cap. 6, 174; *OC* III, 360) (p. 38 da trad., *op. cit.*).

O "contrato social" fornece a solução para esse problema. Nele, cada membro transfere toda a sua força e direitos "à comunidade toda", e "põe em comum sua pessoa e todo o seu poder sob a direção suprema da vontade geral" (*ver* VONTADE GERAL). Por esse ato, cria-se um "corpo moral e coletivo" que pode ser chamado uma cidade ou república. Cada membro é imediatamente um cidadão, enquanto partícipe da autoridade soberana, e um súdito, enquanto submetido às leis do estado (*ver* CIDADÃO; DEMOCRACIA).

O CORPO SOBERANO no Estado, a autoridade suprema, é "totalmente formado pelos particulares que compõem" o Estado. Todo o adulto membro dessa associação é indivisivelmente um membro do corpo soberano. Rousseau admite que indivíduos retenham interesses particulares, ou privados, independentemente de seus interesses como cidadãos. Mas todo o contrato seria vazio se eles não fossem compelidos a obedecer à vontade geral dos cidadãos como soberanos. Ao serem assim compelidos, eles são forçados a ser livres, estando dependentes não da proteção ou favor de indivíduos, mas tão-só das leis gerais aplicáveis a todos por igual. A adoção dos direitos e deveres de cidadania protege melhor uma pessoa em si mesma e em suas posses, como um ser que desfruta do apoio da força comum em seu todo.

No Livro II, Rousseau esclarece o caráter da vontade geral e as condições em que ela pode surgir e fazer prevalecer sua devida autoridade. Primeiro, ele argumenta que a soberania é inalienável e indivisível, mas também deve confinar-se a convenções gerais, não "onerando mais um cidadão do que a outro". O que não é regido por essas convenções gerais ou leis (*ver* LEI) permanece sob o critério do próprio indivíduo: "Todo homem pode dispor plenamente do que lhe foi deixado, por essas convenções, de seus bens e de sua liberdade."

Como promulgar leis que tendam para a justiça e a igualdade para todos, sem distinção, e estejam adequadamente interessadas na preservação e no bem-estar gerais? A resposta é que cada membro deve colocar os interesses comuns de que compartilha com todos acima dos seus próprios interesses privados, que ele poderia explorar sem levar em conta ou em detrimento de outros (*ver* VONTADE PARTICULAR). Cada pessoa deve ser transformada "em parte de um todo maior do qual ela recebe, de certa maneira, sua vida e ser", pelo que a sua identidade primária passa a ser a de um membro, um cidadão, entre outros da mesma espécie, não a de um "completo e solitário todo" (*ver* DESNATURAÇÃO). Essa "transformação" é parcialmente obra de um LEGISLADOR que, invocando autoridade divina, engendra nas pessoas um senso dominante de vida e destino comuns. Mas requer, igualmente, a feliz coincidência de muitos fatores a fim de preparar um agregado de pessoas para viver e funcionar como uma só pessoa, com vistas ao bem comum de todas.

> Qual o povo, pois, que está apto para submeter-se à legislação? Aquele que, encontrando-se já ligado por qualquer laço de origem, interesse ou convenção, ainda não sofreu o verdadeiro jugo da lei... aquele de que cada membro pode ser conhecido por todos e no qual não se está de modo algum forçado a sobrecarregar um homem com um fardo mais pesado do que possa suportar (*CS* II, cap. 10, 203; *OC* III, 390) (p. 71 da trad., *op. cit.*).

Neste ponto, Rousseau menciona a CÓRSEGA como um país onde uma boa legislação ainda pode ser introduzida.

No Livro III, dedica-se à função e várias formas de GOVERNO, fazendo uma clara distinção entre o poder legislativo, que pertence exclusivamente ao corpo soberano, e o poder executivo ou administrativo, que pertence ao governo. O governo é um serviço ou função que, aos olhos de Rousseau, é totalmente derivativo em seu poder e atividades do corpo soberano: "Não passa, de modo algum, de uma comissão, de um emprego, no qual, como simples funcionário do soberano, exercem em seu nome o poder de que ele os fez depositários." Tal função é requerida para cuidar da administração cotidiana dos negócios do Estado, e para aplicar as leis a determinadas pessoas ou casos. O corpo soberano, preocupando-se unicamente, como lhe compete, com questões de ordem geral, não pode adequadamente (ou eficientemente) decidir em tais matérias.

Rousseau sublinha que o estabelecimento do serviço governamental introduz pressões no sentido da desigualdade e da escravização no Estado (*ver* VONTADE CORPORATIVA). Formula algumas regras gerais sobre o melhor método para sustar a usurpação do poder soberano por servidores governamentais, embora deixando-os ainda com os recursos que requerem para desempenhar a contento as tarefas necessárias. Mas não existe uma só forma de governo a adotar que satisfaça plenamente essa preocupação e, ao mesmo tempo, sirva de modo adequado às necessidades materiais, geográficas e outras de um povo. Examina brevemente algumas conhecidas formas "puras" de governo — democrática, aristocrática e monárquica —, assim como certas formas mistas, mas em todos os casos se observam notáveis inconvenientes, assim como vantagens. Insiste, sobretudo, em que a autoridade soberana não deve ser usurpada nem contornada, e escarnece dos hábitos e fraquezas que levam os homens a reunir-se a contragosto como um povo e a promulgar as leis por sua vontade geral. "O povo em assembléia, dir-me-ão, é uma simples quimera. Poderá sê-lo hoje, mas há dois mil anos não o era. Mudou a natureza do homem?" (*CS* III, cap. 3, 236; *OC* III, 425; *ver* REPRESENTAÇÃO). Cita a república romana como exemplo de um grande Estado, no qual, embora houvesse 400.000 cidadãos, "poucas semanas se passavam sem que o povo romano estivesse em assembléia, e até por várias vezes". Em contrapartida: "O povo inglês pensa ser livre e muito se engana, pois só o é durante a eleição dos membros do Parlamento; uma vez estes eleitos, ele é escravo, não é nada" (*CS* III, cap. 15, 240: *OC* III, 430) (p. 114 da trad., *op. cit.*).

Rousseau consome vários capítulos do Livro IV discutindo os elementos e funções dos vários corpos de autoridades na organização política romana (*ver* ROMA). Descreve "os métodos de dar e contar opiniões na assembléia do povo" como um meio de determinar a vontade geral. Mas como garantir que leis justas sejam aprovadas e que a obediência a elas seja voluntária e salvaguardada? Neste ponto, ele introduz a religião civil (*ver* RELIGIÃO (CIVIL)) como reforço da lei e geradora de um dos grandes vínculos de unidade em sociedade. Os dogmas da religião civil "devem ser simples, em pequeno número, enunciados com precisão, sem explicações ou comentários... [São eles] a existência da Divindade poderosa, inteligente, benfazeja, previdente e provisora... a santidade do contrato social e das leis", e a proibição da intolerância (*CS* IV, cap. 8, 276; *OC* III, 468) (p. 150 da trad., *op. cit.*). Quem não aceitar, de fato, se não de coração, esses dogmas, deve ser banido, não como ímpio, mas como um "ser anti-social, incapaz de sentir verdadeiro amor pelas leis e a justiça".

A importância de *O contrato social* reside em sua tentativa de articular a base legítima da autoridade política no domínio das pessoas sobre si mesmas e em sua descrição da maneira como as pessoas ratificam seus próprios termos e condições para associação através dos atos da vontade geral. Há uma controvérsia contínua em torno da interpretação de muitos pontos, especialmente sobre se Rousseau, embora professando estar preocupado com a liberdade e a dignidade do indivíduo, não faz dele, de fato, um escravo da comunidade toda. Mas em sua afirmação absoluta dos direitos iguais de todos os cidadãos, de seu *status* como membros, todos eles, do corpo soberano, *O contrato social* continua sendo uma obra de importância radical.

Leituras sugeridas: Althusser (110); Cranston (116); Crocker (117); Dent, cap. 5 (24); Lemos (68); Levine (128); McManners (133); Masters, caps. 6-8 (69); Noone (140); Shklar, cap. 5 (36)

convenção O capítulo 5 do Livro I do CONTRATO SOCIAL é intitulado: "De como é sempre preciso remontar a uma convenção anterior." Nesse começo de sua argumentação, Rousseau está considerando principalmente, e atacando, as explicações sobre as origens da associação civil — a base da autoridade e da obrigação políticas — das quais discorda. Acredita ter derrubado os modelos patriarcais de autoridade (cap. 2) e de poder como base do direito (cap. 3), e está disposto a desenvolver a sua própria explicação positiva dessas matérias (cap. 6). No cap. 5, que forma uma transição entre essas fases do seu argumento, Rousseau preocupa-se em identificar o nível fundamental em que se origina a obrigação civil, em contraste com a mera subjugação ou escravização. Argumenta ele, em primeiro lugar, que mesmo se estivesse errado ao refutar que a força superior ou a conquista estabelece um direito à obediência, o único direito que poderia estabelecer seria sobre indivíduos subjugados como indivíduos, não o de um chefe sobre um povo.

Pois para haver "um povo" — uma associação, não a mera agregação, de pessoas — para ser governado, ou para governar-se, tem que haver "um ato" pelo qual indivíduos dispersos tornam-se "um povo", que pode dar-se a um rei ou conquistador, ou serem suscetíveis de autogoverno. Um povo é um corpo que pode empenhar-se em deliberações públicas pelas quais o que se decide é, de algum modo, uma norma ou ordem para todos, indistintamente. Tom, Dick e Harry podem ordenar a mesma coisa, ou ser ordenados para fazer a mesma coisa. Mas a menos que haja algum processo pelo qual as decisões ou ações de Tom, Dick e Harry são integradas e combinadas, essas ordens não são ordens de um corpo, ou sobre um corpo, de pessoas. E se tal integração ou combinação existe, então, se apropriado, o que qualquer um deles ordena, ou é ordenado que faça, pode ser a voz de todos eles ou aplicar-se indistintamente a todos eles.

Essa formação de um corpo ou grupo, de um povo como entidade coletiva dotada de integridade em virtude do estabelecimento de regras ou práticas comuns a todos, depende, insiste Rousseau, de acordo e instituição, de convenção. A mera alusão a duas pessoas como, digamos, "os terríveis gêmeos", não faz delas uma entidade coletiva. Nem uma ou outra pode atuar em nome de "os terríveis gêmeos" por sua própria e exclusiva decisão. Para que qualquer ato seja atribuível a essa fonte, tem que ser realizada alguma forma de integração ordenada dos desígnios e desejos de ambas as pessoas. Rousseau não considera, é claro, por que espécie de convenção poderia ser instituída uma unidade coletiva como "os terríveis gêmeos"; a sua preocupação está voltada, sobretudo, para apurar o modo como pode ser estabelecida uma associação civil que forme uma pessoa jurídica (*ver* CONTRATO).

No cap. 5 de *O contrato social*, Rousseau pergunta por que razão deveria haver qualquer obrigação, por parte de uma minoria, de aderir à decisão de uma maioria: "A lei da pluralidade de sufrágios é, ela própria, a instituição de uma convenção e pressupõe unanimidade, ao menos por uma vez" (ou seja, a unanimidade na adesão, por cada um de nós, à lei da pluralidade de sufrágios). Estamos tão habituados à idéia do direito estabelecido por uma pluralidade de sufrágios que somos propensos a passar por alto o seu ponto crucial neste caso. Mas considere-se o seguinte caso. Enquanto passeava, cruzo-me com três pessoas que tentam trocar a roda de um carro. Ao verem-me, dizem: "Por uma maioria de três a um, foi decidido que você deve ajudar-nos." Posso ter razão para ajudá-los por uma questão de delicadeza; mas esse "voto da maioria" é, se não inteiramente espúrio, por certo não é de molde a criar qualquer obrigação para mim. E isso deve-se ao fato de eu não ser um membro, com eles, do mesmo corpo. Essa filiação é que exige o estabelecimento de uma convenção, depois da qual poderia, talvez, incorrer em obrigações, em virtude de decisões majoritárias.

A insistência de Rousseau de que isso é uma matéria de convenção é simultaneamente crítica e construtiva. Do ponto de vista crítico, é uma afirmação da sua crença fundamental de que ninguém está obrigado, por natureza ou nascimento, à obediência e obrigação para com outrem, mas goza, como seu direito básico, de independência e de responsabilidade por seus atos perante ninguém (exceto seus pais — um dever que cessa a partir do momento em que deixa de precisar deles, mas que, se prosseguir, também será mantido por uma convenção (*CS*, cap. 2)). Do ponto de vista construtivo, Rousseau acredita que se entendermos por que cada pessoa tem razão para estabelecer uma união convencional com outras de modo a constituir um só corpo político, entenderemos a base apropriada e a constituição de tais corpos e teremos, portanto, uma resposta para as questões centrais da teoria e da prática políticas no que se refere à AUTORIDADE e obediência (*ver* CORPO SOBERANO).

Ver também ARTIFICIAL.

Fontes: *E*, Livro V
CS, Livro I

Leitura sugerida: Masters, cap. 6 (69)

corpo soberano Rousseau não atribui qualquer significado especial à noção de corpo soberano; usa-a na acepção corrente de detentor da autoridade suprema e final no Estado. O que é característica é a sua descrição da *composição* e natureza do corpo soberano e seus poderes.

É, talvez, a mais famosa doutrina política de Rousseau que o corpo soberano será composto de todos os adultos que constituem essa associação civil para a qual isso é a suprema autoridade. Ao ser e atuar como membro do corpo soberano, cada pessoa atinge o *status* e caráter de CIDADÃO, o que é um *status* e caráter diferente daqueles de que goza como indivíduo separado e particular (*ver* VONTADE PARTICULAR). Portanto, só quando assume um certo "caráter" específico é que cada indivíduo passa a incluir um membro do corpo soberano — o qual não é mera agregação de indivíduos em suas particularidades. Ao ser membro do corpo soberano, cada indivíduo deve considerar somente o interesse comum de que compartilha com outros indivíduos iguais a ele; deve considerar-se, e julgar e decidir, somente como "um componente do povo".

A declaração da vontade soberana em legislação é por meio da VONTADE GERAL, que é a única que legitima a LEI. Como súdito, cada indivíduo está subordinado a uma lei em cuja elaboração participou como membro do corpo soberano. Na opinião de Rousseau, nenhuma outra base da lei pode ser legítima. A lei que é proclamada por apenas alguns poucos num estado impõe servidão àqueles que são compelidos a sujeitar-se-lhe e não lhes estabelece nenhuma obrigação de obediência.

Nenhuma garantia precisa ser dada pelo corpo soberano ao súdito, porque "o soberano, sendo formado tão-só pelos particulares que o compõem, não visa nem pode visar o interesse contrário ao deles" (*CS* I, cap. 7, 176: *OC* III, 363) — sendo esse interesse "a sua preservação comum e o bem-estar geral" (*CS* IV, cap. 1, 247; *OC* III, 437). Mas o interesse comum, que é o interesse que cada pessoa tem como cidadão, não é o único interesse que cada pessoa nutre: o seu interesse particular "pode falar-lhe de um modo muito diferente". Portanto, para que os atos do corpo soberano não caiam no "vazio", ele deve ter à sua disposição suficiente poder a fim de impor obediência a quem quer que tente colocar seu interesse privado acima do interesse público. O indivíduo é compelido por isso a obedecer à vontade geral e, assim, é "forçado a ser livre" (*CS* I, cap. 7, 177; *OC* III, 364: *ver* LIBERDADE).

O poder soberano não é, porém, ilimitado — porque, na avaliação de Rousseau, não é o caso de todos os aspectos das ações e bens de uma pessoa influírem de modo decisivo sobre a preservação comum e o bem-estar geral. Assim: "Cada um aliena de seu poder, de seus bens e da própria liberdade... tão-só aquela parcela de tudo isso cujo uso interessa à comunidade" (*CS* II, cap. 4, 186; *OC* III, 373). Quando Rousseau acrescenta ser "preciso convir, também, em que só o soberano pode julgar o que é importante", o que ele quer dizer é isto: se ficar a critério não de todo o corpo soberano mas de um indivíduo ou subgrupo no Estado isentar seus poderes, bens etc. do controle da comunidade, então o resto estaria desse modo, com efeito, subjugado à vontade desse indivíduo ou subgrupo, e sofreria um abuso tirânico por parte deles. Na medida em que a parcela de vida que não está regida por lei assim permanece apenas a critério do corpo soberano, talvez seja verdade, no fim de contas, que o poder soberano é, de uma certa maneira, ilimitado.

Rousseau argumenta (*CS* II, cap. 1, 182; *OC* III, 368) que o corpo soberano não pode ser alienado — ou seja, os poderes e direitos de que todo o corpo de pessoas goza em sua capacidade como cidadãos não podem ser transferidos para uma pessoa ou subgrupo. Pois não "incumbe a qualquer vontade consentir em qualquer coisa que não seja para o bem do ser que quer", e esse acordo entre a vontade geral (como vontade soberana) e qualquer outra vontade não pode ser "duradouro e constante". Talvez mais tendenciosamente, Rousseau afirma que a soberania é "indivisível":

> A soberania é indivisível pela mesma razão por que é inalienável, pois a vontade ou é geral ou não é; ou é do corpo do povo, ou somente de uma parte. No primeiro caso, essa vontade declarada é um ato de soberania e faz lei; no segundo, não passa de uma vontade particular ou de um ato de magistratura, quando muito, um decreto (*CS* II, cap. 2, 183; *OC* III, 369) (p. 50 da trad., *op. cit.*).

Além disso, ele investe depois contra aqueles que dividem a soberania "de acordo com o seu objeto": por exemplo, em poder legislativo e poder executivo, ou em administração interna e negociação externa. Não se trata, em absoluto, de "partes" da autoridade soberana mas unicamente de "emanações" dela. Mas é possível argumentar que pode existir num Estado uma separação de autoridade, poderes e funções entre vários corpos distintos — habitualmente, Legislativo, Executivo e Judiciário — que funcionam harmoniosamente por equilíbrio e mútuas concessões, sempre que suas respectivas funções colidem. E certamente não precisa haver uma única "assembléia do povo" que tenha o poder exclusivo de ação soberana (comparar com *CS* III, cap. 12, 236; *OC* III, 425). É precisamente tal separação de poderes que parece impedir o abuso da autoridade soberana que pode ocorrer quando o exercício dessa autoridade está concentrado num único corpo (por maior que seja). Continua sendo verdade, formalmente, que deve existir, se e quando há conflito de pretensões, uma só resolução definitiva. Mas não se segue, materialmente, que deva existir um único corpo que declare tal resolução.

Para criar e manter as condições nas quais os indivíduos são capazes de atuar com êxito como membros de um corpo soberano — isto é, ser capaz tanto de efetivamente identificar e desejar o que possibilita sua preservação comum e seu bem-estar geral — precisa-se, na opinião de Rousseau, da atenção e do cuidado mais diligentes.

O crescimento e preservação do "espírito social" deve ser de interesse central em qualquer Estado no qual uma vontade propriamente geral se defina e possua seu adequado domínio. A função do LEGISLADOR na formação de "um povo" é, ao mesmo tempo, a sua função de criar um corpo legislativo soberano, corretamente constituído e efetivo que, por assim dizer, "chamará a si" a vontade do povo (*ver CS* II, cap. 4, 187; *OC* III, 373; e *CS* II, cap. 7, 194; *OC* III, 381-4).

Finalmente: Rousseau também examina "Estados soberanos", referindo-se a Estados nos quais existem corpos soberanos legislando para os membros desses Estados, mas para os quais não existe nenhum poder ou autoridade soberana comum sobre suas relações mútuas.

Fontes: *DEP*

CS Livros I, II

Leituras sugeridas: Derathé (311); Gildin (123); Hinsley (335); de Jouvenel (337); Masters, cap. 7 (69); Rosenfeld (145); Shklar (146)

correspondência Rousseau foi um copioso missivista durante a maior parte de seus anos maduros, e um grande número de suas cartas sobreviveu. Elas abrangem um amplo espectro. Temos, em primeiro lugar, obras de substancial significação filosófica, política ou apologética que, como artifício puramente estilístico, Rousseau vaza em forma de cartas mas com sua publicação em mente. Tais "cartas" incluem a CARTA A CHRISTOPHE DE BEAUMONT (publicada em 1763), endereçada ao arcebispo de Paris em resposta à sua condenação do *Emílio*, e as CARTAS DA MONTANHA (publicadas em 1764), compostas em resposta geral à condenação daquela obra e de *O contrato social* pelas autoridades de Genebra, e em resposta específica a J.-R. Tronchin, procurador-geral da cidade. Poderíamos incluir também nessa categoria alguns dos primeiros poemas de Rousseau, apresentados como "epístolas", como no caso da *Epístola a M. Parisot* de 1741-42 (*ver* POESIA E PROSA VARIADA).

Em segundo lugar, estão as cartas em que Rousseau faz importantes declarações sobre suas idéias ou sobre si mesmo; embora não se destinassem à publicação, é evidente que ele estava realizando uma forma de declaração pública através delas. Muitas dessas cartas circularam em cópias manuscritas com ou sem conhecimento dos seus destinatários, e algumas foram publicadas em vida de Rousseau sem sua autorização. Estão nessa categoria as CARTAS A MALESHERBES (escritas em 1762); a CARTA A VOLTAIRE SOBRE A PROVIDÊNCIA (escrita em 1756); e as suas *Cartas elementares sobre a botânica* (escritas de 1771 em diante; *ver* BOTÂNICA).

Pode-se identificar uma terceira categoria de cartas, a qual incluiria as CARTAS MORAIS, escritas para Sophie d'Houdetot em 1757-58 e a "Carta a Franquières", de 1769, escrita por Rousseau em resposta a algum problema ou assunto específico entre ele e o destinatário, onde ele explica em detalhe algumas de suas idéias ou atitudes. Virtualmente todas as edições de suas obras incluem algumas dessas cartas como parte essencial de sua produção intelectual, se bem que ele próprio não as visse provavelmente a essa luz.

Quanto ao resto, a correspondência de Rousseau cobre toda a gama de interesses que influíram em sua vida. Há muitas cartas para os seus editores, cartas para admiradores (alguns importunos), amigos, crianças; cartas de notícias, de condolências, de conversa ociosa. As relações de Rousseau com a sra. d'Épinay estavam num ponto crítico e, num período de vinte e quatro horas, cartas de mágoa, queixa, súplica e reconciliação voaram de um lado para o outro entre eles, quando Rousseau sofria uma de suas crises de ansiedade e suspeita (*C* IX, 419-21; *OC* I, 450-3).

Colhe-se, em muitos aspectos, uma impressão mais nítida e fiel da vida e personalidade de Rousseau desses escritos sem artifícios do que das obras cuidadosamente trabalhadas de auto-revelação a que dedicou grande parte de seus últimos quinze anos. Apóia-se extensamente em suas cartas na preparação de *As confissões*, e podemos, por vezes, obter um quadro mais exato de sua situação e estado mental através delas do que na própria obra. Em seu folheto *A Concise Account of the Controversy between Hume and Rousseau* (o *Exposé Succint*, publicado primeiro em francês em 1766 e depois em inglês no ano seguinte), Hume expõe muito claramente os supostos motivos de queixa que Rousseau tem contra ele. E, ao fazê-lo, reproduz um certo número de cartas de Rousseau, incluindo uma que é um dos mais deploráveis e constrangedores documentos, de muitas páginas, sobre o distúrbio mental de Rousseau. Inclui o inesquecível comentário — expressando, por certo, o nadir do estado paranóico — de que havia "certa aparência de coisas no todo" que não era de seu agrado. Não pode haver a menor dúvida de que Hume era inocente de todas as acusações que Rousseau fez contra ele, de que tinha sido escarnecido e humilhado por aquele. A predisposição de Rousseau para a paranóia só pode ter sido exacerbada pelo fato de que era um estranho num país estrangeiro, sem conhecimento da língua, cercado de homens corteses e refinados, e alvo da zombaria de alguns — de Horace Walpole, por exemplo, que forjou uma carta para ele, dando a entender que viera do rei da Prússia. Finalmente, pode ser assinalado que o romance JÚLIA, OU A NOVA HELOÍSA (publicado em 1761), que conheceu um imenso sucesso, está vazado na forma de cartas entre os protagonistas.

Foram produzidas duas substanciais edições de suas cartas, uma coordenada por T. Dufour e P.-P. Plan, a outra por R.A. Leigh — que é uma das maiores realizações da erudição moderna.

Fontes: Dufour e Plan (orgs.), *Correspondance générale*;
Hendel, *Citizen of Geneva*;
Hume, *Concise Account* (336);
Leigh (org.), *Correspondance complète*

Córsega, Projeto de constituição para a (escrito em 1764-65; publicado em 1861) (Projet de constitution pour la Corse) [16] No final do Livro 2, cap. 10, de *O contrato social*, concluindo o seu exame do gênero de pessoas que estariam prontas e equipadas para receber boas leis, Rousseau diz: "Ainda existe na Europa um país apto à legislação: a ilha da Córsega. O valor e a constância com que esse bravo povo reconquistou e defende a liberdade bem mereceriam que algum homem sábio lhe ensinasse a conservá-la" (*CS* II, cap. 10, 203; *OC* III, 391).

Em 1734-35, o povo da Córsega tinha-se rebelado contra a exploração de que era vítima por parte dos governantes genoveses. A primeira rebelião foi suprimida em 1748, mas quatro anos depois os combates recomeçaram sob a liderança de Pasquale Paoli. Pareceu, por algum tempo, que os rebeldes tinham alguma probabilidade de sucesso. O conflito prolongou-se e só em 1764 Rousseau foi procurado por um representante de Paoli, Matteo Buttafoco, com vistas à preparação de um novo sistema de legislação e governo para a Córsega. Embora Rousseau se interessasse pela tarefa, foi assediado por outras solicitações e por problemas pessoais; a obra nunca foi concluída e o fragmento que possuímos, deixado entre seus papéis inéditos à data de sua morte, só veio a ser impresso em 1861.

O *Projeto de constituição para a Córsega* de Rousseau não é tão interessante ou tão bem executado quanto o seu ensaio comparável sobre a Polônia (*ver* CONSIDERAÇÕES SOBRE O GOVERNO DA POLÔNIA). O principal interesse desse fragmento sobrevivente está nas providências de ordem econômica que Rousseau advoga para a Córsega, embora essas idéias estejam inteiramente subordinadas aos objetivos políticos e sociais que, na opinião dele, a Córsega deveria tentar realizar.

Rousseau considera que a Córsega está em grave desordem econômica, com grande parte de sua estrutura social em ruínas, principalmente por causa dos muitos anos de guerra. Pensa, entretanto, que, ao invés daqueles que experimentaram os encantos de mais abundante prosperidade, os corsos estarão aptos a converter seu infortúnio em vantagem. Sua experiência de pobreza e de escassez de tudo fará com que se mostrem mais dispostos a adotar um sistema econômico e produtivo de um gênero básico, não orientado para o luxo — o qual redundará em benefício de toda a comunidade. A agricultura terá prioridade absoluta e o papel do agricultor será o mais respeitado e valorizado em sociedade. Isso acarretará três resultados desejáveis. Em primeiro lugar, tornará a Córsega materialmente independente de outras nações, pelo que não ficará sujeita aos controles e exigências que a dependência do comércio externo impõe. Em segundo lugar, reduzirá a dependência monetária, a qual só fomenta interesses particulares. Em vez disso, o povo usará o sistema de trocas, de modo que os produtos das diferentes partes da ilha possam ser largamente distribuídos e todos os habitantes tenham acesso ao que estiver disponível.

Em terceiro lugar, Rousseau pensa que uma população predominantemente rural, como a da Córsega, distribuída de maneira relativamente uniforme, fornecerá a melhor base para se conseguir uma perfeita igualdade para todos — que seria o princípio fundamental da constituição. O governo democrático também seria o adequado, porquanto seria transparente e direto em suas funções, e barato de manter e administrar por pessoas bem conhecidas por sua probidade e capacidade.

À estrutura social desordenada também pode ser dado um uso construtivo, na opinião de Rousseau, na medida em que o substancial desaparecimento da nobreza corsa, provocado pelos genoveses, significa que grandes diferenças hierárquicas não estão agora estorvando o caminho da igualdade civil. A repulsa geral que poderia associar-se à abolição de hierarquias pode ser imputada aos genoveses, e a nova legislação tirará partido dessas circunstâncias, fazendo da dignificação de todos a marca da derrubada do opressor.

Rousseau examina, embora de um modo menos convincente do que no ensaio sobre a Polônia, a necessidade de cultivar o caráter e os costumes nacionais, e de inspirar as pessoas para uma fidelidade inquebrantável ao país e lealdade para com seus concidadãos. Tece comentários interessantes sobre a vaidade e o orgulho como fontes de inspiração para as pessoas, mas pouco diz sobre o modo como tais sentimentos podem ser usados para fins construtivos no estabelecimento de uma Córsega democrática. O serviço público seria a base para conceder distinções de mérito, mas fornece poucas orientações sobre como um tal sistema poderia ser concretizado, ou sobre como proceder para que as pessoas possam ser levadas a aceitá-lo.

É difícil conjeturar como Rousseau poderia ter desenvolvido o argumento do *Projeto*. Pode, talvez, ser considerado com maior utilidade um complemento do seu mais inspirado ensaio sobre a Polônia.

Fonte: Projeto de constituição para a Córsega [16]

Leituras sugeridas: Cohler (152); Shklar, cap. 1 (36)

D

democracia Para entender as opiniões de Rousseau sobre democracia, é essencial distinguir entre formas democráticas de soberania e formas democráticas de GOVERNO, tal como ele o faz. Além disso, o significado preciso a ser atribuído ao termo "democracia" — num certo sentido, "governo pelo povo comum" — não está claro. Mas em vez de tentar determinar se Rousseau era ou não precisamente um "democrata", vejamos o que ele diz sobre o "governo pelo povo comum".

No tipo de Estado que Rousseau descreve no CONTRATO SOCIAL, todo e qualquer membro será uma parte "indivisível" do CORPO SOBERANO. Se uma pessoa qualquer for separada das demais, ela deixa de estar na obrigação de obedecer à vontade soberana, ou à LEI, mas passa a ser meramente forçada a submeter-se-lhe. Embora não esteja exatamente claro o que implica ser uma parte indivisível do corpo soberano, tudo indica a existência de dois fatores primários. Em primeiro lugar, a pessoa e os bens de todo e qualquer membro seriam protegidos e sustentados pelo trabalho de todos. Em segundo lugar — e, neste contexto, o mais importante —, cada membro deve ter assegurado o direito de participação nas deliberações e determinações soberanas através das quais são estabelecidas as leis do Estado. Mas Rousseau não vê como decorrência disso que seja exigido o consentimento unânime para que um ato seja investido de autoridade soberana. Pois admite que pessoas possam ser legitimamente forçadas a obedecer à lei que não aprovaram; desse modo, diz ele, essas pessoas serão "forçadas a ser livres" (*ver* AUTORIDADE; LIBERDADE; VONTADE GERAL). Isso, entretanto, é uma questão notoriamente controversa no entendimento de Rousseau. Seria seguro afirmar que ele pensa que, idealmente, o acordo unânime, bem ponderado, acabaria fatalmente por aparecer; seria esse o caminho de eleição para legitimar a autorização da lei no Estado.

Assim, as leis fundamentais aplicáveis em qualquer Estado requerem, para sua legitimidade, a autorização de todos os membros do Estado. É em sua qualidade de CIDADÃOS que os membros estão dotados de poderes e autoridade para dar essa autorização sem a qual são forçados à servidão. Na medida em que a posição de uma pessoa como cidadão está assegurada desse modo, certas matérias devem ser isentas de determinação por decisões de maioria. Por exemplo, poderia ser por decisões de maioria que certas minorias se vissem privadas de direitos civis; mas tais decisões violam as condições de sua própria legitimidade. A proteção do *status* civil é condição prévia para a autoridade de decisões majoritárias e não pode, portanto, ser objeto de tais decisões (*ver* CONVENÇÃO).

A questão é complicada pelo fato de que Rousseau também sustenta que, por mais cuidadosamente que suas determinações sejam tomadas, as pessoas podem ser incapazes de concordar nos termos e condições para sua associação que assegurem uma posição civil correta para todos sem exceção. Isso pode acontecer não através da intenção corrupta de algum partido de perverter o curso da legislação (*ver* VONTADE CORPORATIVA) mas, antes, por causa da ignorância ou ausência de interesses apropriados das pessoas. Em tal caso, é requerida a orientação de um LEGISLADOR e embora, no final, as pessoas assumam sua própria soberania, a introdução original de leis apropriadas para elas não ficou a cargo delas.

Nas matérias de governo, Rousseau adota uma posição muito diferente. Em sua análise, o governo é uma função secundária ou derivada do Estado, permitida pela autoridade soberana, encarregada da administração da lei e da determinação daquelas questões práticas cotidianas, relativas ao bem da comunidade, que não violem matérias de direito fundamental. Rousseau sustenta não existir uma só forma de governo apropriada para todos os lugares, tempos e povos, embora existam princípios gerais relativos a questões tais como a dispersão de população, a natureza da terra e o desenvolvimento econômico, que permitem a formulação de juízos ponderados em certas situações.

No Livro II de *O contrato social*, ele deixa claro que o "governo democrático" não é necessariamente a melhor forma de governo para todas as comunidades:

> Aquele que faz a lei sabe, melhor do que ninguém, como deve ser ela posta em execução e interpretada. Parece, pois, que não se poderia ter uma constituição melhor do que aquela em que o poder executivo estivesse jungido ao legislativo. No entanto... não será bom que aquele que faz as leis as execute nem que o corpo do povo desvie sua atenção dos desígnios gerais para emprestá-la aos objetivos particulares... o abuso da lei pelo governo é mal menor do que a corrupção do legislador, conseqüência infalível dos desígnios particulares (*CS* III, cap. 4, 216; *OC* III, 404) [p. 89-90 da tradução, *op. cit.*].

Seu pensamento, neste particular, é que determinadas pessoas ou grupos são necessariamente destacados para a execução das leis, e que será muito difícil, se não impossível, que tais pessoas ou grupos não procurem obter vantagens pessoais em decorrência do exercício dessa função. E se a distinção entre legislação e execução for confundida, é muito provável que a imparcialidade necessária para legitimar a legislação se perca. É claro que Rousseau está pensando aqui em um governo democrático participativo, que envolva todos os cidadãos em atos de administração. Ele formula muitas outras objeções a um tal arranjo: há tempo insuficiente para as pessoas se reunirem em assembléia; não podem reunir-se num só lugar; os assuntos a tratar devem ser mantidos num nível muito simples, e assim por diante. Por essas razões, e outras mais, Rousseau escreve: "Se existisse um povo de deuses, o seu governo seria democrático. Um governo tão perfeito não é para homens." Monarquia, aristocracia ou formas mistas podem ser disposições governamentais muito melhores do que a democracia — embora também essas estejam repletas de dificuldades.

Pode ser sugerido que algumas dessas dificuldades também estão presentes na formação e nas ações de um corpo soberano, conforme descrito por Rousseau. De fato, o seu ponto de vista era o de que se, em primeiro lugar, a tarefa primordial do corpo soberano — ou seja, a formulação e ratificação da lei fundamental — tivesse sido bem realizada, não haveria necessidade de reuniões constantes para se rever e reavaliar. Mas as distinções que Rousseau está fazendo entre funções soberanas e executivas não se ajustam muito exatamente à estrutura e operações reais de qualquer Estado existente; e sempre que nos deparamos com procedimentos supostamente democráticos, eles são todos de caráter representativo (*ver* REPRESENTAÇÃO), embora ocorram teoricamente contra um *background* de fundamental prestígio civil. Entretanto, o estabelecimento desse poder civil não resulta da espécie de ação soberana que Rousseau considera, mas do trabalho de poucos; poder-se-ia dizer que esses poucos funcionam, de fato, como legisladores, na acepção de Rousseau, e assim falam por todo o povo, mesmo quando todo o povo não tem oportunidade de falar por si mesmo.

Quer Rousseau seja visto como democrata ou não, o que está claro é a natureza complexa de sua explicação do papel da vontade do corpo todo de pessoas comuns nas funções do Estado.

Fonte: *CS*, Livros I-III

Leituras sugeridas: Cohen (115); Crocker (117); Jones (124); Levine (128); Noone (140); Ritter (144); Talmon (74); Weirich (148)

dependência Rousseau distingue entre dois tipos de dependência, um dos quais é inevitável e benigno, o outro desnecessário e destrutivo (confrontar seus pensamentos sobre COMPARAÇÃO, a esse respeito). É essencial estabelecer essa distinção, pois se pensarmos que toda a dependência é exclusivamente do segundo tipo, ficará parecendo que ele acredita que só pela completa retirada de todos os contatos sociais pode uma pessoa ter qualquer chance de preservar-se intata e bem; e parecerá, portanto, que as tentativas de Rousseau para estabelecer uma forma satisfatória de comunidade humana, tal como descrita em *O contrato social*, ou estão viciadas desde o começo ou abrangem somente um difícil e instável compromisso entre a corrupção induzida por associação social e dependência e a independência intata do indivíduo separado.

Primeiro, o tipo inevitável e benigno de dependência. Os seres humanos não são, no entender de Rousseau, auto-suficientes. Necessitam de outras pessoas de muitas maneiras e por muitas razões: para suprimento material e segurança; para relações emocionais, amizade e amor; por motivos de seu desenvolvimento pessoal e auto-realização. Embora num dado ponto (*E* IV, 221; *OC* IV, 503) ele dê a entender que a "insuficiência" é uma "enfermidade", prossegue então para dizer: "Não concebo como alguém que não necessita de nada possa amar alguma coisa. Não concebo como alguém que não ama nada possa ser feliz." E isto é certamente verdadeiro.

Rousseau seria o primeiro a concordar que as nossas várias necessidades em relação aos outros abrem a porta para a possibilidade de toda a sorte de deformação e corrupção em nossos relacionamentos. Podemos, por exemplo, ficar ressentidos por necessitarmos de uma outra pessoa e tentar controlá-la. Podemos temer que a nossa necessidade dela a leve a tentar nos controlar. Assim, esses tipos necessários de dependência convertem-se em tipos desnecessários e perversos. Devemos assegurar-nos, portanto, de que a nossa confiança material em outros, por exemplo, em vez de converter-se em exploração e servidão, continuará sendo o que é — uma oportunidade para o esforço de colaboração com vistas à recompensa e satisfação mútuas (*ver* COMPAIXÃO). Também uma pessoa apaixonada é extremamente dependente do favor e da boa opinião daquele a quem ama — uma outra situação que possibilita todas as espécies de dominação por uma parte ou outra. Exige muito cuidado garantir que o amor resulte num relacionamento de mútuo respeito e carinhosa solicitude: quando isso ocorre, "todo o valor da vida" será encontrado nessa "felicidade" (*E* V, 419; *OC* IV, 782). Seria absurdo sugerir que a dependência desse genêro deveria ser eliminada da experiência humana.

Entretanto, o fato de que necessitamos de outros fornece a ocasião para que surja o segundo tipo de dependência. Falando de crianças, Rousseau descreve precisamente a transição do benigno para o destrutivo:

> A natureza supre [a fraqueza das crianças] com o amor e a dedicação dos pais e das mães: mas essa dedicação pode ter seus excessos, seus defeitos, seu abuso... Ao dar [à criança] mais necessidades do que ela tem, não lhe aliviam sua fraqueza, aumentam-na. E aumentam-na ainda mais quando exigem dela o que a natureza não exigia, submetendo à vontade deles o pouco de forças que ela tem para servir sua própria vontade, transformando em escravidão, de uma parte ou de outra, a dependência recíproca em que sua fraqueza a mantém e a dedicação deles os mantém... é necessário que ela sinta a sua fraqueza e não que a sofra; é necessário que dependa e não que obedeça; é necessário que peça e não que ordene (*E* II, 84-5; *OC* IV, 310-11).

O que Rousseau está dizendo aqui é que a necessidade em mão única ou a necessidade mútua podem tornar-se, tanto uma quanto outra, ocasiões para o estabelecimento de relações de controle. Em particular, tais relações propiciam um lugar em que as exigências ditadas pelo AMOR-PRÓPRIO podem facilmente assumir uma forma imperiosa e agressiva. A exigência do amor-próprio de que encontremos uma base segura para nosso relacionamento com outros já é uma forma de dependência, a necessidade de que outros nos reconheçam e respeitem como seres significantes. Mas quando há também fraqueza e vulnerabilidade numa relação, a expressão dessa necessidade pode ser facilmente distorcida, de modo que somente controlar os outros e forçá-los à servidão parecerá satisfazer a necessidade de reconhecimento e prestígio.

O que é pior ainda, as relações de domínio e subjugação que o amor-próprio pode exigir acabarão impregnando a sociedade como um todo, de modo que até o amo pode tornar-se dependente dos seus escravos para prova da verdadeira substância do seu ser. Assim Rousseau escreve: "[Emílio] compadece-se desses infelizes reis, escravos de todos os que lhes obedecem... Compadecer-se-ia até do inimigo que lhe causasse dano, pois veria seu infortúnio em sua própria perversidade. Diria em seu íntimo: 'Ao ceder à necessidade de me ferir, esse homem tornou o seu destino dependente de mim'" (*E* IV, 244; *OC* IV, 536).

Essa forma de dependência, onde o valor e o significado pessoais são medidos em termos da servidão e nulidade de outros, é redondamente condenada por Rousseau. Mas não é necessário que a dependência humana assuma esse caráter. Portanto, não é necessário que, para evitá-la, prescindamos de outros — se, de fato, pudéssemos sobreviver em semelhante situação. A ocasião para mútua solicitude, para colaboração e para expansão pessoal que podemos, e devemos, encontrar em nossa necessidade uns dos outros não é uma limitação mas, pelo contrário, uma oportunidade de crescimento.

Fonte: *E*, Livro I, II

Leituras sugeridas: Charvet, cap. 3 (23); Levin (91); Winch (102)

desigualdade *Ver* DISCURSO SOBRE A ORIGEM DA DESIGUALDADE; IGUALDADE.

desnaturação O homem civil não é mais do que uma unidade fracionária dependente do denominador e cujo valor está em sua relação com o todo, que é o corpo social. As boas instituições sociais são aquelas que melhor sabem desnaturar o homem, tirar dele a sua existência absoluta para dar-lhe uma relativa e transportar o *eu* para a unidade comum; de modo que cada indivíduo não se creia mais ser um mas parte integrante da unidade e somente se sinta dentro do todo. Um cidadão de Roma não era Caio nem Lúcio; era um romano. (*E* I, 39-40: *OC* IV, 249)
Nesta passagem do *Emílio*, no *Discurso sobre economia política* e em *O contrato social* (ver, especialmente, o Livro II, cap. 7), Rousseau expressa uma idéia que muitos críticos viram como central para a sua teoria social e política e como uma das mais suspeitas.

Para que o pensamento de Rousseau faça sentido precisamos supor, neste caso, uma sociedade ou Estado em que existam papéis sociais claramente definidos, aos quais estão vinculadas responsabilidades e compromissos para efetuar certas tarefas com vistas à manutenção e ao bem da sociedade como um todo. Os indivíduos são criados (talvez desde que nascem) com o objetivo de vir a assumir esses papéis, e com pouca ou nenhuma idéia de que pudessem ter propósitos, desejos ou direitos daqueles a que estão ligados como detentores de papéis. Ficam totalmente absorvidos por (e identificados com) seus respectivos papéis sociais, e não possuem qualquer senso de si mesmos nem base para a auto-estima ou a ação pessoal fora dos critérios ou possibilidades delineados por seus papéis. Quando essa identificação é completa, eles perdem qualquer idéia de si mesmos como eus particulares e independentes; concebem-se tão-só como seres "servos do Estado", "cidadãos" — como "romanos", no exemplo dado por Rousseau. A imagem que fazem de si mesmos deriva da posição que ocupam no corpo social. É por isso que estão "desnaturados"; perderam, ou nunca adquiriram, seu ser "natural" como criaturas que vivem e atuam inteiramente para si próprias.

Como Rousseau acredita que realizar a desnaturação é conveniente para "boas instituições sociais", parece razoável atribuir-lhe a opinião de que qualquer sociedade que funcione de forma eficaz estará organizada nesses moldes. Isso alarma a maioria dos seus críticos, que dão valor à independência e autonomia do indivíduo e o consideram diminuído ou abolido pelo processo de desnaturação. Com efeito, em *O contrato social*, ele parece subscrever precisamente esse ponto de vista:

> Aquele que ousa empreender a instituição de um povo deve sentir-se com capacidade para, por assim dizer, mudar a natureza humana, transformar cada indivíduo, que por si mesmo é um todo perfeito e solitário, dentro de um todo maior, do qual esse indivíduo, de certo modo, recebe sua vida e seu ser... Em uma palavra, é preciso que destitua o homem de suas próprias forças para lhe dar outras que lhe sejam estranhas e das quais não possa fazer uso sem socorro alheio (*CS* II, cap. 7, 194; *OC* III, 381) [p. 63 da tradução, *op. cit.*].

Como sempre acontece com Rousseau, as questões são mais complicadas do que parecem, não porque ele seja equívoco ou indeciso, mas porque não vê as questões em termos de rígidas polaridades — como a desnaturada "formiga" humana contra o indivíduo independente e auto-suficiente. É verdade que, ao ver as relações dos homens com a sociedade do seu tempo do modo que ele as vê, Rousseau pensa que essa escolha — entre serem bons para si mesmos e serem bons para outros — tem que ser feita (e acredita que, em seus dias, a primeira alternativa é quase sempre a preferida). Mas não é verdade que pense ser isso inevitável. O que ele pensa mostrar no EMÍLIO é que o "duplo objetivo" de ser para nós próprios e ser para outros pode ser alcançado, e de um modo que não deixa o indivíduo "flutuando sempre entre as suas inclinações e os seus deveres", nem homem nem cidadão. Com efeito, seria deveras surpreendente se Rousseau não pensasse ser tal objetivo atingível, pois nesse caso os seus interesses em *O contrato social* tornar-se-iam praticamente ininteligíveis — que é precisamente o que alguns críticos disseram sobre essa e outras obras.

O que é, pois, que diferencia a noção de Rousseau de cidadania (*ver* CIDADÃO) em *O contrato social* da concepção de cidadania romana que envolve, diz ele, a desnaturação do homem? Embora Rousseau pense ser essencial que cada um se identifique com o seu papel como cidadão, e considere seus deveres e responsabilidades nesse papel como supremos, é óbvio que ser um cidadão não absorve todo o tempo, ser e ação de uma pessoa; de fato, o seu papel como cidadão pretende assegurar-lhe a proteção de sua pessoa e bens, em vez de retirá-la e fazer dele apenas um dente da engrenagem social.

Quando Rousseau sublinha a necessidade de transformar cada indivíduo numa parte de um todo maior, o diz com a intenção de que as pessoas superem sua preocupação com interesses estreitos, egoístas, particulares, que as colocam em conflito e competição com outras. Pois enquanto isso continuar sendo a concepção delas de interesse pessoal, nenhuma associação social apropriada pode ser estabelecida, muito menos perdurar, em termos justos e estáveis. As pessoas têm que passar não só a ver mas a sentir que o bem de outrem e o seu bem próprio estão intimamente vinculados, de modo que nunca poderá parecer-lhes realmente desejável lucrar ou progredir à custa de outros. Se adquirirem esse estado de espírito, nunca mais se verão como totalmente separados ou em conflito com os outros; num certo grau, terão assumido o bem e as necessidades dos outros como parte do seu próprio e ampliado sentimento de bem pessoal (*ver* CONTRATO). Isso é perfeitamente conhecido em relações de família ou de amizade, e Rousseau pensa que tais relações deveriam ser ampliadas — embora numa forma atenuada — à totalidade do corpo social; mas não está sugerindo a abolição do eu individual. Ao conceber o vínculo entre pessoas em sociedade como uma relação de amizade ampliada, ele está aqui, como em tantas outras ocasiões, seguindo principalmente o exemplo de Platão na *República*. Com efeito, ele refere-se à *República* quando apresenta a idéia de desnaturação no *Emílio*: "Quando se quer remeter para o país das quimeras, aponta-se a instituição de Platão: se Licurgo tivesse posto a sua apenas por escrito, considerá-la-ia muito mais quimérica. Platão não faz mais do que purificar o coração do homem; Licurgo desnaturou-o" (I, 40; *OC* IV, 250; ver também *E*, V, 362-63; *OC* IV, 699-700).

Não há qualquer sugestão nos escritos de Rousseau de que, no melhor Estado, as pessoas perderam totalmente sua existência particular e adquiriram, em seu lugar, um *eu comum*, cujas características são inteiramente derivadas do lugar que elas ocupam na comunidade. Quando amplia suas relações sociais e civis à comunidade em geral e, assim, nutre um desejo de manter a vida e integridade de sua sociedade, o indivíduo assume as preocupações e interesses de outros. Mas o fato de toda a sua existência já não estar exclusivamente concentrada nele próprio não significa que tenha se tornado desnaturado; faz parte do nosso próprio bem querer aos outros, necessitar deles, cuidar deles e compartilhar de suas preocupações e interesses.

Fontes: *DEP*
E, Livro I
CS, Livro II

Leituras sugeridas: Horowitz, cap. 8 (27); Shklar, caps. 1, 5 (36)

Deus *Ver* PROFISSÃO DE FÉ DO VIGÁRIO SABOIANO, A; RELIGIÃO (CIVIL).

Devaneios de um caminhante solitário, Os (escrito em 1776-8; editado em 1780) (Les rêveries du promeneur solitaire) [21] Esta obra, a última de Rousseau (que ficou inacabada com sua morte), está dividida em dez breves seções intituladas *Promenades*, ou Passeios. Dentro desse quadro, Rousseau oferece uma coleção de variadas reflexões e opiniões; avaliações sobre si mesmo, sua vida, o mundo e os problemas dos homens; e quaisquer outros pensamentos que lhe acudam ao espírito. Talvez seja o mais sensível e comovente de todos os seus escritos — embora ele possa ainda assinalar com feroz precisão a crueldade dos homens e as iniqüidades cometidas contra ele.

No Primeiro Passeio, diz que é vítima de uma trama que o colocou à margem da humanidade; mas, não mais torturado por esperanças de que tudo correria à medida dos seus desejos, sente-se agora calmo e sereno. O Segundo Passeio descreve uma de suas perambulações nos arredores de Paris, e revela o seu prazer diante das flores e de outros fenômenos naturais. Relata o acidente em que foi derrubado e ferido por um cão, quando voltava para casa. Boatos de que ele tinha sido morto circularam com indecente rapidez — assim, como se pode esperar que as opiniões das pessoas sobre ele e sua vida sejam regidas pela verdade? Deve, diz ele, aprender a suportar o seu sofrimento em silêncio.

O Terceiro Passeio volta aos acontecimentos de seu passado. Sublinha como, aos 40 anos de idade, passou por uma conversão da alma e renunciou às pompas mundanas, dedicando-se a expressar e a viver de acordo com uma nova visão moral de justiça e igualdade humanas. Está falando em particular da "iluminação" que experimentou a caminho de Vincennes, em 1749 (descrita nas CARTAS A MALESHERBES e nas CONFISSÕES), cujas conseqüências foram, em sua opinião, dirigir tanto sua obra quanto o resto de sua vida. Fala de como as idéias em seu PROFISSÃO DE FÉ DO VIGÁRIO SABOIANO lhe proporcionaram consolo e resignação, salvando-o do desespero durante os seus mais sombrios infortúnios (especialmente depois de 1762, com o banimento de *Emílio* e a perseguição pessoal que o empurraram, por algum tempo, para as raias da loucura).

O Quarto Passeio volta a contar o episódio da fita roubada (também descrito em *As confissões*, Livro II). Isso ainda lhe remorde a consciência, embora fosse a vergonha, insiste ele, e não uma deliberada maldade o que o forçou a mentir sobre essa e outras trivialidades. Recrimina-se por sua necessidade de preservar a dignidade e considera se, e em que medida, merece usar a sua divisa, *Vitam impendere vero* ("Dedicar a vida à verdade"). (*Ver* CARTA A D'ALEMBERT.) No Quinto Passeio, inteiramente diferente no tom e na substância, recorda o solitário prazer que sentiu deixando correr à deriva seu barco no lago Bienne, durante sua breve estada na ilha de St.-Pierre, em 1759. Caiu em transe, diz ele, no qual não tinha consciência de nada, exceto de sua própria existência; ficou inteiramente absorto num devaneio semi-hipnótico que o encheu de inexprimível contentamento (*ver* NATUREZA). Expressou um prazer semelhante no devaneio e na abstração ociosa em seu Sétimo Passeio, onde se alonga também acerca de sua paixão por plantas e de seu deleite no mundo natural. Nem tudo, sublinha ele, deve ser traduzido em matéria de utilidade prática, de lucros e perdas; a alegria simples, com o interesse material em suspenso, é um fim em si e uma das possibilidades de redenção da vida. As flores, acima de tudo, têm o poder de gerar tal alegria (*ver* BOTÂNICA).

No Sexto Passeio, Rousseau oferece uma penetrante análise dos motivos pelos quais as pessoas fazem o bem. Por um lado, há os movimentos espontâneos de amor e generosidade de uma pessoa, e o seu prazer no trato com outras; por outro lado, as cadeias de dever e obrigação, que matam esses sentimentos naturais e que, ao imporem a obediência, nada mais fazem senão provocar ressentimento e indignação. Mal se acabou de praticar uma boa ação, diz Rousseau, e já é esperado que a pessoa a faça de novo. A liberdade é eliminada e as pressões dos pedidos insistentes substituem os impulsos imediatos e espontâneos do amor. Ele próprio nunca se ajustou à sociedade porque não pode suportar ter os movimentos livres de sua alma restringidos pelo dever, e as boas ações extraídas dele pelas imposições da obrigação.

Essa sutil peça de análise psicológica sobre as fontes da moralidade e da bondade reflete idéias que encontram expressão mais completa no *Emílio*. Talvez a cólera do próprio Rousseau por não lhe ser consentido dar plena liberdade a seus sentimentos íntimos é que o faça vivenciar a existência e as necessidades de outros como uma imposição agressiva sobre ele. Sentindo-se constantemente indesejável e desrespeitado, apesar de seus protestos de que sente amor por todas as pessoas, era propenso a invejar qualquer coisa feita em benefício de outros.

No Oitavo Passeio, Rousseau retorna pela última vez aos estragos que o AMOR-PRÓPRIO pode infligir. Ao tornar uma pessoa dependente de outras, expõe-na ao constante tormento do desdém e indiferença delas. A única solução para essa falta de respeito pelo juízo que a pessoa faz de si mesma é afastar-se do convívio humano, confiar em sua auto-suficiência, o que a tornará imune aos choques do relacionamento humano. Já não sente que a solicitude e o respeito recíprocos entre ele próprio e os outros sejam uma real possibilidade. Mas tal afastamento é apenas para resgatar o que possa do naufrágio da esperança; não é para realizar o que seja melhor para o homem.

Esse mesmo motivo de reconciliação com esperanças frustradas, e de valorização das possibilidades residuais de paz, reaparece no Nono Passeio. A felicidade não está ao nosso alcance, diz ele; no seu lugar devemos procurar obter a paz de espírito. Fala de seus próprios filhos, a quem abandonou, mas insiste em que adora proporcionar prazer a crianças. Ele descobre nisso uma alegria simples, em contraste com o tormento e o esforço envolvidos em procurar a opulência e prazeres exclusivos. Não pode suportar as expressões de mau humor que pessoas mimadas e contrariadas ostentam quando não obtêm o que pensam ser seus legítimos prazeres. As relações entre os homens deveriam ser governadas pelos sentimentos de humanidade, não de ganância e privilégios que o dinheiro estabelece.

No inacabado Décimo Passeio, a mente de Rousseau volta-se para a sua vida com a sra. de Warens, e para as mágoas que o constrangem pela perda da felicidade de que gozou na companhia dela. Fala de suas tentativas para recompensá-la quando, assim espera, abrir caminho no mundo. Os *Devaneios* interrompem-se nesse ponto — não se esclarece até que ponto estava perto da morte quando parou de escrever esse último Passeio. Deixou Paris em fins de maio de 1778 para viver em Ermenonville, onde faleceu em 2 de julho.

Reflexões sobre auto-suficiência individual e associação humana, e os lucros e perdas ligados a cada, repetem-se constantemente nesses Passeios. Apesar de ser uma coleção de divagações aparentemente sem endereço certo, elas revelam, consciente e inconscientemente, muitas das preocupações que configuraram a vida adulta de Rousseau e seus escritos.

Leituras sugeridas: Gossman (175); Gourevitch (174); Green (8); Grimsley (176); Williams (184)

Diálogos *Ver* ROUSSEAU JUIZ DE JEAN-JACQUES.

direitos Em lugar nenhum Rousseau dá uma explicação exata do que considera ser um direito, nem uma descrição dos direitos que acredita as pessoas terem (seja em estado natural ou em estado civil) e por que os têm. No entanto, o seu pensamento sobre indivíduos e sociedade está impregnado da idéia de direitos (*ver* JUSTIÇA).

Pode-se entender que os direitos de uma pessoa cobrem aquelas áreas de sua vida em que ela tem que ser protegida, ou ajudada, por motivos que não dependem ou derivam do arbítrio ou favor de outros. Poder-se-ia extrapolar daí três espécies de direitos. Primeiro, os direitos à liberdade, os quais exigem que um indivíduo não seja tolhido por instruções ou submetido ao controle de outrem; os direitos à tolerância, os quais exigem que ele não seja prejudicado, molestado ou magoado de maneira nenhuma; e os direitos ao "bem-estar", os quais exigem que certas oportunidades, bens ou vantagens sejam acessíveis ao indivíduo. Rousseau identifica direitos que se enquadram em todas essas categorias.

Assim, sustenta ele que todas as pessoas têm um direito "natural" a prover à sua própria preservação e a fazê-lo por aqueles meios que considerar os melhores, de acordo com o seu próprio discernimento e livre da interferência ou controle de outros (*CS* I, cap. 2, 166; *OC* III, 352). O primeiro comentário a ser feito a esse respeito é que, ao chamar "natural" a esse direito, Rousseau está estabelecendo dois pontos: que a posse desse direito é intrínseca à própria existência de toda e qualquer pessoa, e que essa posse não deriva de se pertencer à sociedade — é um direito pré-social. Pode ser objetado que quando e onde os homens não se encontram em relações sociais, a noção de direito não tem aplicação. Tal noção só faz sentido no contexto da regulação do comportamento de uma pessoa para com uma outra. Mas o segundo ponto de Rousseau, ao qualificar esse direito de "natural", é que não é inerente na condição e circunstâncias inatas do homem estar subordinado a outros, estar ligado em deferência ou subordinação a outros. Reivindicar um tal "direito natural" é afirmar a comum e igual independência de todos — uma reivindicação compreensível contra a suposição de que todos nascemos numa relação automática de autoridade e obediência.

Esse direito de prover a própria preservação é aquele a que Rousseau atribui mais importância em *O contrato social*, onde é mais ou menos equiparado àquela "liberdade" que, diz ele, é inerente à natureza do homem (*ver* LIBERDADE). Também pensa, porém, que as pessoas também desfrutam de outros direitos naturais quando formam os seus primeiros vínculos sociais com outros. Sobretudo, em nossas relações mútuas, cada um de nós necessitará e quererá ser reconhecido como um ser significante cuja vida e desejos valem como a vida e os desejos de um ser humano; cuja vida e desejos não são unicamente levados em conta por questões de conveniência para outros — por exemplo, porque lhes estamos sendo agradáveis, ou porque estamos associados a seus projetos, ou porque somos da cor ou da classe "certa". Assim, ser reconhecido é ser distinguido como pessoa, como entidade moralmente significante. A forma que tal reconhecimento assume é a corroboração por outros de que somos detentores de direitos, pessoas cujas preferências devem ser consultadas em qualquer matéria que nos afete, ou cujo dano determina um limite ao que é moralmente permissível em relação a nós.

Assim, embora Rousseau não dê uma explicação sistemática daqueles direitos atinentes à situação humana em transações mútuas, ele indica alguns dos modos em que podemos ser desconsiderados ou rebaixados em nosso trato com outros.

É nesse reconhecimento da situação moral igual de todos que Rousseau baseia os seus argumentos acerca dos direitos de que os cidadãos (*ver* CIDADÃO) devem gozar em qualquer sociedade civil legítima. Nenhuma sociedade pode ser justa e ter o legítimo domínio de uma pessoa se, de qualquer forma, a essa pessoa for atribuída uma posição inferior à de qualquer outra pessoa (salvo se por seu próprio e racional consentimento), ou se a todas as pessoas for negada sua competente posição humana. Isso envolverá, por exemplo, a participação do cidadão nas deliberações e determinações soberanas, e igual proteção pela força pública da pessoa e dos bens de cada indivíduo. O Estado civil, na opinião de Rousseau, consolida e garante amplamente esses direitos morais de sociedade que são mais precariamente desfrutados quando precisamos confiar apenas em nossos próprios recursos a fim de obtê-los de outros. Assim, no tocante à propriedade: "Impõe-se distinguir entre a liberdade natural, que só conhece limites nas forças do indivíduo, e a liberdade civil, que se limita pela vontade geral, e, mais, distinguir a posse, que não é senão o efeito da força ou o direito do primeiro ocupante, da propriedade, que só pode fundar-se num título positivo" (*CS* I, cap. 8, 178; *OC* III, 365) (p.42-43 da trad., *op. cit.*). Aqui a distinção entre o "direito natural" do primeiro ocupante (que decorre do direito de prover à sua própria preservação) distingue-se do título civil de posse, ou de propriedade, o qual se baseia no direito positivo.

Quando em agosto de 1789 a Assembléia Nacional redigiu a sua Declaração dos Direitos do Homem e do Cidadão, muitos de seus pontos articularam, com exemplar precisão, questões centrais no pensamento de Rousseau (apesar de ele nunca as ter formulado completamente). E ainda que se tivesse com certeza revoltado em face do mau uso da Declaração que viria a ocorrer mais tarde, não teria com toda a probabilidade discordado dela.

A originalidade de Rousseau em fazer uso da idéia de direitos em teoria política reside em sua insistência na igualdade absoluta do direito entre todas as pessoas, e em sua relutância em apoiar quaisquer combinações sociais ou civis que diminuíssem tal igualdade. Com efeito, é à proteção e à celebração da dignidade moral de todos e de cada um que, em seu entender, deve dedicar-se o esforço principal da arte de governar. A posse da plena humanidade na própria pessoa de cada um em concordância com outras em idêntica situação não é, para Rousseau, o meio para se alcançar algum maior objetivo social ou civil mas é, em si mesmo, o fim para o qual a sociedade civil deve existir.

Fontes: *DD*
CS, Livros I, II

Leituras sugeridas: Macdonald (340); Masters, caps. 4, 6, 7 (69); Strauss (346); Wasserstrom (348)

Discurso sobre a origem da desigualdade (Discours sur l'origine et les fondements de l'inégalité parmi les hommes) (1755) [2] Em conjunto com o DISCURSO SOBRE ECONOMIA POLÍTICA E O CONTRATO SOCIAL, o *Discurso sobre a origem da desigualdade* constitui a principal declaração das idéias políticas e sociais de Rousseau.

O *Segundo discurso*, como é freqüentemente chamado, foi escrito, tal como o *Primeiro discurso* (o DISCURSO SOBRE AS CIÊNCIAS E AS ARTES), em resposta a um concurso de ensaios sobre um tema estipulado pela Academia de Dijon. Quando a pergunta — "Qual é a origem da desigualdade entre os homens, e é ela autorizada pelo direto natural?" — foi divulgada em 1753, Rousseau entregou-se imediatamente ao trabalho, considerando o tópico sumamente compatível com os seus recém-adquiridos *insights* sobre a estrutura da sociedade e a posição dos homens e suas perspectivas de felicidade no seio dela (*ver* IGUALDADE). Em junho de 1754, quando o principal texto foi concluído, Rousseau viajou a Genebra a fim de reclamar seus direitos como cidadão (tendo abandonado o catolicismo). Enquanto ali ficou, escreveu uma longa dedicatória "à república de Genebra" para o *Segundo discurso*. O seu ensaio não ganhou o prêmio mas, quando foi publicado em junho de 1755, suscitou considerável celeuma e serviu para consolidar a reputação de Rousseau como um dos mais originais pensadores políticos e críticos sociais. Embora a obra atraísse muito comentário escrito, ele não respondeu — como fez no caso do *Primeiro discurso* —, com uma única exceção: a *Carta ao Sr. Philopolis*.

A dedicatória do *Segundo discurso* é um elogio a sua cidade natal: aclama-a como uma cidade-estado em que o homem pode desfrutar dos mais perfeitos benefícios de uma sociedade justa, tolerante e próspera; aí, liberdade, ordem, paz e felicidade combinam-se de um modo quase milagroso, e é com honra e gratidão que ele se sente no direito de reivindicar seu direito de nascimento e, uma vez mais, chamar-se um cidadão. Esse retrato sumamente idealizado não era fiel aos fatos, nem sua boa opinião sobre Genebra sobreviveu por muito tempo depois que exemplares do *Emílio* e de *O contrato social* foram aí queimados em praça pública em 1762. Em 1763, após a ação deflagrada contra ele pelas autoridades, Rousseau renunciou à sua cidadania mas, provavelmente, ficou sempre nele a mágoa e a consternação pelo rumo que os acontecimentos tinham tomado. Num certo nível, seu amor pela cidade era sincero; em termos menos generosos, ele tinha a necessidade genuína de fazer de Genebra um objeto de amor a seus próprios olhos e de reivindicar sua respeitável integração nesse objeto idealizado.

No prefácio, que vem a seguir, Rousseau abre a tese propriamente dita anunciando que sua tarefa envolve separar todos os acréscimos e modificações que o homem adquiriu através da vida em sociedade, a fim de apurar o que é original em sua natureza:

> Como a estátua de Glauco, que o tempo, o mar e as intempéries tinham desfigurado tanto... a alma humana, alterada no seio da sociedade por milhares de causas sempre renovadas... mudou, por assim dizer, de aparência a ponto de tornar-se quase irreconhecível. Em lugar de um ser agindo sempre por princípios certos e invariáveis... não se encontra senão o contraste disforme entre a paixão que se crê racional e o entendimento delirante (*DD* 38; *OC* III, 122.) [p.233 da trad., *op. cit.*].

Embora não subestime a dificuldade de revelar o homem natural na "tentativa de determinar a lei que ele recebeu ou aquela que melhor convém à sua constituição" (*DD* 41;

OC III, 125) [p. 236 da trad. *op. cit.*], Rousseau acredita que encontramos nos homens "dois princípios anteriores à razão, um dos quais interessa profundamente ao nosso bem-estar e à nossa conservação, e o outro nos inspira uma repugnância natural por ver perecer ou sofrer qualquer ser sensível e principalmente os nossos semelhantes" (*DD* 41; *OC* III, 125) [p. 236-37 da trad., *op. cit.*]. Esses "princípios" são o AMOR DE SI MESMO e a compaixão (PIEDADE), e são desses impulsos inatos — não de máximas baseadas na razão — que os deveres do homem para consigo e para com os outros derivam. Mas o que realmente encontramos na sociedade é "a violência dos poderosos e a opressão dos fracos; o espírito se revolta contra a dureza de uns ou é levado a deplorar a cegueira dos outros" (*DD* 42; *OC* III, 127) [p. 237 da trad., *op. cit.*].

Esses comentários preambulares estabelecem os termos do ensaio todo — o contraste entre o homem natural e o homem artificial ou social, e entre a compaixão e a bondade próprias do primeiro e a crueldade e malevolência demonstradas pelo segundo. Como, pergunta Rousseau, o primeiro foi deslocado ou sufocado? Em particular, como se situa a desigualdade humana em relação àquela lei mais bem adaptada à constituição original do homem? Rousseau distingue duas espécies de desigualdade: natural ou física, a qual consiste numa "diferença de idade, saúde, vigor físico, e as qualidades do espírito ou da alma"; e moral ou política (também, ARTIFICIAL ou convencional), consistindo "nos vários privilégios de que gozam alguns em prejuízo de outros, como o serem mais ricos, mais poderosos e homenageados do que estes, ou ainda por fazerem-se obedecer por eles" (*DD* 44; *OC* III, 131) [p. 241 da trad., *op. cit.*]. A sua pergunta resume-se, pois, no seguinte: Como tais desigualdades convencionais acabaram sendo estabelecidas e são agora legitimadas e justificadas?

Na Parte 1, Rousseau descreve o que considera ser o caráter, disposições e capacidades que são originais no homem, bem como o seu ambiente natural. O homem natural, em primeiro lugar, só é motivado pela preocupação com a sua própria preservação, sem muita previsão nem conhecimento consciente de si mesmo. Não sendo propenso à combatividade, o homem natural tende a sentir medo do estranho ou desconhecido. Mantém-se no que é familiar e seguro e, depois de prover às suas necessidades imediatas, por pouco mais se interessa e passa a maior parte do seu tempo adormecido. Embora possua alguma capacidade para regular o impulso imediato do apetite (*ver* LIBERDADE), para aprender novas artes e para adaptar o seu comportamento com vistas à utilização mais proveitosa de seu ambiente (*ver* PERFECTIBILIDADE), no começo ele tem poucas ocasiões para usar esses poderes. "Sua alma, que nada agita, entrega-se unicamente ao sentimento da existência atual sem qualquer idéia do futuro, ainda que próximo, e seus projetos, limitados como suas vistas, dificilmente se estendem até ao fim do dia" (*DD* 56; *OC* III, 144) [p. 251 da trad., *op. cit.*].

Prosseguindo em sua reflexão sobre o abismo entre o homem primitivo, absorto e guiado por suas sensações e quase nada diferente dos animais, e o homem civilizado, que tem conhecimentos e usa conceitos, Rousseau trata brevemente (*DD* 58-63; *OC* III, 146-51) [p. 253-255 da trad., *op. cit.*] do desenvolvimento da linguagem (*ver* ORIGEM DAS LÍNGUAS). Voltando à sua primeira tese, sublinha a separação e independência do homem original em seu ambiente natural. Na medida em que existe qualquer contato entre humanos, é sempre efêmero e inconseqüente; nenhuma das paixões e necessidades que unem as pessoas penetrou na alma do homem primitivo. Pode haver alguma violência nesses encontros, mas há também compaixão natural:

> Numa palavra, cada homem, olhando o seu semelhante quase como se estivesse vendo animais de diferentes espécies, poderia apossar-se da presa de um outro mais fraco ou abandonar a sua para um mais forte e, no entanto, considerar esses atos de violência meras ocorrências naturais, sem a menor emoção de insolência ou despeito, ou qualquer outro sentimento além do júbilo ou pesar pelo sucesso ou fracasso (*DD* 66n; *OC* III, 219 n. 15).

Quaisquer diferenças de vigor natural ou mental dificilmente seriam consideradas numa situação como essa: mudanças radicais devem ter acontecido nas circunstâncias humanas para tornar essas diferenças significativas e, mais do que isso, para acabarem sendo substituídas por desigualdades artificiais. O que foram essas mudanças?

Na Parte 2, Rousseau passa a tratar da história da queda do homem, pela qual ele perde a sua integridade e simplicidade primitiva e torna-se alheado de si mesmo e cruel para com os outros (*ver* ALIENAÇÃO). Circunstâncias inclementes e o aumento em números levaram as pessoas a associar-se e a adquirir artes e aptidões ditadas pela previsão de necessidades futuras. Gradualmente, essas associações tornaram-se mais estáveis e duradouras, e desse fenômeno emerge a transformação do homem. Rousseau descreve duas situações específicas que levam as pessoas a contar com outras, a necessitar de outras, de novas maneiras. Primeiro, a sexualidade: esta deixa de ser um impulso que comanda um breve acasalamento para tornar-se uma reclamação ciumenta e exclusiva que coloca pessoas em competição para obter favores. Segundo, entretenimentos compartilhados, que o ócio possibilita, como o canto e a dança. "Cada um começou a olhar os outros e a desejar ser ele próprio olhado, passando assim a estima pública a ter um preço. Aquele que cantava ou dançava melhor, o mais belo, o mais forte, o mais astuto ou o mais eloqüente, passou a ser o mais considerado, e foi esse o primeiro passo tanto para a desigualdade quanto para o vício; dessas primeiras preferências nasceram, de um lado, a vaidade e o desprezo, e, de outro, a vergonha e a inveja" (*DD* 81; *OC* III, 169-170) [p. 269 da trad., *op. cit.*]. Cada um reivindicou seu direito à consideração; "toda a afronta voluntária tornou-se um ultraje porque, junto com o mal que resultava da injúria ao ofendido, este nela via desprezo por sua pessoa". Foram esses os primeiros germes do AMOR-PRÓPRIO, que passa a dominar agora as relações entre os homens.

Novas mudanças materiais ampliaram a influência dessas alterações na percepção dos seres humanos de si mesmos e dos outros. A metalurgia e a agricultura, diz Rousseau, dilataram os poderes e necessidades do homem; a propriedade e o direito de posse começaram a ser importantes. A posse não era meramente uma questão de ficar mais bem equipado para satisfazer a necessidade natural; converteu-se na expressão de poder, superioridade e distinção pela qual os homens poderiam impor com maior eficácia aquela deferência que tinham passado a exigir. "A ambição devoradora, o ardor de elevar sua fortuna relativa, menos por verdadeira necessidade do que para colocar-se acima dos outros, inspira a todos os homens uma ignóbil tendência a prejudicarem-se mutuamente, uma secreta inveja" (*DD* 87; *OC* III, 175) [p.273 da trad., *op. cit.*]. Em pouco tempo, conflito, exploração e competição tornaram insuportável a coexistência social.

Rousseau considera então um "estratagema" usado pelos ricos e poderosos contra os pobres e os fracos. Enfatizando o horror e o ônus da desordem, os ricos propuseram o estabelecimento da máquina de governo, da lei e da sanção a fim de estabilizar a situação e garantir a todos alguma proteção. É claro, o efeito foi conceder novos poderes aos ricos e impor novos entraves aos pobres. "Tal foi, ou pode ter sido, a origem da sociedade e das leis... que destruíram irremediavelmente a liberdade natural, fixaram para sempre a lei da propriedade e da desigualdade, fizeram de uma usurpação sagaz um direito irrevogável e, para lucro de alguns ambiciosos, daí por diante sujeitaram todo o gênero humano ao trabalho, à servidão e à miséria" (*DD* 89; *OC* III, 178) [p.275-76 da trad., *op. cit.*]. Partindo dessa base, Rousseau passa então a criticar virtualmente todas as formas de governo institucionalizadas como não sendo outra coisa senão a codificação de poder, riqueza e dominação. Longe de terem qualquer pretensão legítima à obediência, não passam de tiranias em que uns poucos lucram com a abjeção e a opressão de muitos.

Seria um erro, entretanto, acreditar que esses poucos lucram realmente em conseqüência de tais arranjos (assim como, evidentemente, que os muitos não ganham). Os poucos — ricos, nobres, poderosos e reverenciados — sofrem de um "permanente frenesi" para distinguir-se, o que significa que vivem unicamente "baseando-se no testemunho de outras pessoas" e dão valor àquilo de que desfrutam "somente na medida em que os outros não as possuem" (*DD* 104, 101; *OC* III, 193, 189) (*ver* CIVILIZAÇÃO). No fim, o homem rico deixa de pertencer-se; passou a estar totalmente dependente da consciência de sua própria existência pelo julgamento dos outros. Rousseau considera francamente ocioso apurar se essas desigualdades de riqueza, posição e poder são autorizadas pela "lei natural", mas conclui: "É manifestamente contra a lei da natureza, seja qual for a maneira como a definamos, uma criança mandar num velho, um imbecil conduzir um sábio, ou um punhado de pessoas regurgitar supérfluos enquanto à multidão faminta faltam as necessidades básicas da vida" (*DD* 105; *OC* III, 194) [p.288 da trad., *op. cit.*].

Há poucas denúncias tão vigorosas da sociedade quanto o *Segundo discurso*: ele demonstra toda a amplitude e penetração da análise de Rousseau. Entretanto, como indicador de suas opiniões sociais e políticas em seu todo, é enganador sob certos aspectos. O seu argumento baseia-se num contraste algo rígido e absoluto entre o homem natural — isolado, tranqüilo, inocente — por um lado, e o homem civilizado — social, alienado, entregue ao controle dos outros, pervertido, maligno — por outro. Impressionados, talvez, pela força e amplitude do argumento, os leitores são propensos a ver todas as suas obras afins como se funcionassem na mesma base. Isso é, por vezes, objeto de admiração: Rousseau, diz-se, diagnosticou o mal-estar do homem em sociedade com um vigor sem paralelo. Mas, com maior freqüência, é alvo de críticas: não só teria exagerado além do razoável mas também caíra em incoerência, pois se é esse o modo como analisa a situação, não pode haver integração harmoniosa e construtiva dos homens na sociedade. Entretanto, é isso precisamente o que Rousseau descreve, sobretudo em *O contrato social*: aí, os homens encontram, efetivamente, modos de interação que são criativos e revigorantes, em vez de destrutivos e debilitantes. O *Segundo discurso* não deve ser aceito como definitivo sobre esses pontos: é possível que Rousseau tivesse deixado de considerar que os contrastes ali traçados eram absolutos e intransponíveis.

Leituras sugeridas: Allers (78); Crocker (81); Hamilton (85); Havens (89); Lovejoy (92); MacAdam (93); Meek (96); Plattner (99); Wokler (105)

Discurso sobre as ciências e as artes (1750) (Un discours sur les sciences et les arts)

[1] Este, o *Primeiro discurso*, foi o primeiro ensaio substancial de Rousseau sobre temas sociais e políticos, e sua primeira obra importante da maturidade. Conta Rousseau, em AS CONFISSÕES e em suas CARTAS A MALESHERBES, que em agosto de 1749 estava a caminho de Vincennes, onde Diderot se encontrava então preso por sedição, quando viu anunciado no *Mercure de France* um concurso de ensaios sobre um tema escolhido pela Academia de Dijon: "O restabelecimento das Ciências e das Artes terá contribuído para aprimorar os costumes?" Ele foi imediatamente dominado por um tal turbilhão de idéias e por visões tão intensas que, por alguns momentos, não pôde continuar viagem. Em meia hora, seu futuro destino, como escritor e como homem, estava demarcado. Em sua "iluminação", ele parece ter perscrutado o próprio âmago da infelicidade humana; ter entendido que suas causas residem na corrupção que a vida social inflige ao homem, ao mesmo tempo que reconhecia as injustiças e sofrimentos que produz. A maior parte da importante obra de Rousseau foi prefigurada nesse extraordinário momento.

O *Primeiro discurso* foi o produto imediato do seu novo fervor, assim como foi a sua resposta — um retumbante "Não" — à pergunta da Academia; ele conquistou o prêmio do concurso. Publicado em julho de 1750, o ensaio atraiu grande atenção e propiciou a Rousseau considerável celebridade. Surgiram muitas respostas ao *Discurso*, a muitas das quais respondeu, por vezes explicando ou ampliando o seu argumento (coligidas em *OC* III e incluindo a *Lettre à M. l'Abbé Raynal*, *Réponse à Stanislas*, *Lettre à M. Grimm* e *Dernière réponse à Bordes*). (O prefácio que Rousseau escreveu para a sua peça *Narcisse* (*ver* TEATRO) também é importante nesse contexto; fornece uma defesa do fato de ter escrito para o teatro, apesar de ter feito nome como crítico de artes refinadas, tais como a dramaturgia.)

Na Parte 1 do *Primeiro discurso*, Rousseau procura mostrar que as artes e as ciências floresceram freqüentemente em sociedades que se encontram num estado de decadência e enfraquecimento moral; e que, inversamente, onde existe vigor moral e honra na sociedade é freqüente haver pouca erudição. Com efeito, homens sábios viram essa conexão antes dele:

> Sócrates começou em Atenas, e Catão, o Velho, continuou em Roma a deblaterar contra esses gregos artificiosos e sutis que seduziam a virtude e destruíam a coragem dos seus concidadãos. Mas continuaram a prevalecer as ciências, as artes e a dialética; Roma encheu-se de filósofos e de oradores, descuidou-se da disciplina militar, desprezou-se a agricultura, os homens formaram seitas e esqueceu-se a pátria. Às sagradas palavras de liberdade, desinteresse e obediência às leis, sucederam os nomes de Epicuro, Zenão e Arcesilaos (*DCA* 11; *OC* III, 14).

Assim, o que ele vê como a substância do vigor moral são a lealdade para com a pátria, a coragem para a sua defesa e a aplicação a vocações úteis; e em seus escritos ulteriores, ele tem coisas mais sutis e penetrantes a dizer sobre esses assuntos.

Apontar, como Rousseau afirma ter feito, uma conjunção de vigor moral com indiferença ao saber superior, e de declínio moral com o apreço à erudição, não é ainda mostrar qualquer verdadeira conexão causal entre esses fenômenos. Mas na Parte 2 decide estabelecer isso e determinar a natureza dessa conexão, cuja explicação ele vê na ociosidade. Nas sociedades "avançadas", algumas pessoas são desobrigadas da necessidade permanente de trabalhar a fim de se sustentar e de prover ao sustento de seus semelhantes, e é da ociosidade delas que emerge um interesse na especulação e no refinamento do saber. Como meras diversões, tais ocupações são inúteis, até nocivas, uma vez que desviam as pessoas de fazer algo em benefício de outrem. Mas ainda mais do que isso. Não tendo bastante trabalho real para ocupá-las, as pessoas ficam obcecadas com a necessidade de exibir-se, de expor realizações e méritos que impressionem outros. Assim, a investigação e o estudo são empreendidos, não por amor à verdade, benéfico e edificante, mas para adquirir celebridade e granjear aplausos. "A questão não está mais em se um homem é honesto, mas se é inteligente. Não perguntamos se um livro é proveitoso, mas se está bem escrito. As recompensas são prodigalizadas ao engenho e fica sem glórias a virtude. Há mil prêmios para os belos discursos, nenhum para as belas ações" (*DCA* 22; *OC* III, 25). Embora Rousseau não lhe dê aqui esse nome, ele está, de fato, descrevendo em linhas gerais a natureza do AMOR-PRÓPRIO e seus efeitos sobre as atividades e relações das pessoas. Neste *Primeiro discurso*, diz pouco a respeito de como e por que o "furor de singularidade" chegou a ser uma preocupação tão forte nas vidas das pessoas. Os seus pensamentos sobre amor-próprio seriam aprofundados mais tarde; mas já o vemos aqui mencionando questões de teoria social e política que são fundamentais para todo o seu trabalho.

Rousseau não deseja repudiar obras de verdadeiros gênios, como as de Bacon, Descartes e Newton. Tais homens, insiste ele, não tinham, porém, necessidade das elaboradas instituições eruditas, não eram animados pelo desejo de reputação no lugar da preocupação com a verdade; nem são modelos adequados para emulação por pessoas de terceira categoria que seria melhor, para elas próprias e para os outros, que se dedicassem a algum comércio útil em vez de se deixarem seduzir pela ambição de realizações de bom-tom, que nunca poderão dominar e que são, de qualquer modo, desprovidas de significação, exceto como atributos de exibicionismo pessoal.

> Quanto a nós, homens comuns, a quem o céu não concedeu talentos tão grandes e que não fomos por ele destinados a tamanha glória, permanecemos na obscuridade. Não corramos atrás de uma reputação que nos escaparia e que, na situação atual das coisas, jamais nos devolveria o seu preço, ainda que tivéssemos todos os títulos para obtê-la. De que serve procurar a nossa felicidade na opinião de outrem, se podemos encontrá-la em nós mesmos? Deixemos a outros o cuidado de instruir os povos sobre os seus deveres e limitemo-nos a bem cumprir os nossos; não temos necessidades de saber mais (*DCA* 11; *OC* III, 14).

Embora escrito com certo discernimento quase instintivo, este ensaio, a sua primeira peça de trabalho sério, não está entre o melhor de Rousseau. É importante, porém, pela introdução de noções e motivos que iriam tornar-se alguns dos seus mais característicos temas. A celebração da "virtude republicana", do amor à pátria, de servir o seu semelhante; a aversão ao luxo, à ostentação e ao exibicionismo; o desejo do homem de obter reputação e odiosa distinção, e a perversão de atividades para servir esse gênero de objetivo — são outras tantas noções que Rousseau continuaria elaborando e figurariam de maneira destacada em suas obras ulteriores, mais profundas.

Não se pense que Rousseau favorece a redução das pessoas a um estado de ignorância e estupidez. As espécies de virtude humana que ele louva requerem um adequado entendimento das relações humanas e das necessidades da sociedade. A hostilidade dele é contra a elaboração da investigação erudita de molde a convertê-la numa arte refinada que só serve para satisfazer a vaidade dos seus praticantes. Talvez não estivesse totalmente errado ao vislumbrar isso como o destino que pode estar reservado, mais dia menos dia, ao trabalho acadêmico.

Leituras sugeridas: Benda (79); Gourevitch (84); Hamilton (86); Havens (88); Mason (95); Veblen (301)

Discurso sobre economia política (1755) (Un discours sur l'économie politique) [3] Por vezes conhecido como o "terceiro discurso" (a seguir ao *Discurso sobre as ciências e as artes* (1750) e ao *Discurso sobre a origem da desigualdade* (1755)), esta obra apareceu primeiro como um artigo no volume V da *Enciclopédia* de Diderot e d'Alembert, publicado em novembro de 1755. Em 1758, foi impresso como "discurso" separado e, embora não seja um discurso na acepção em que os outros dois o são, é esse o nome pelo qual é hoje em dia conhecido.

Rousseau provavelmente começou a trabalhar no artigo em 1754 e, em certos aspectos, ele representa um enunciado intermediário de algumas das idéias que vinha elaborando para o seu projetado "Instituições Políticas" ("Institutions Politiques"), cujo produto final seria *O contrato social*. Embora não sejam tratadas tão completamente quanto nessa obra mais recente, é dado grande desenvolvimento neste *Discurso* à idéia de uma VONTADE GERAL e à argumentação em torno da necessidade de instilar VIRTUDE nos cidadão. Por outro lado, é dada muito maior atenção à propriedade, à criação de impostos e aos gastos públicos etc. do que em *O contrato social*.

Apesar de conter alguns dos mais contundentes enunciados de Rousseau, este *Discurso* tende a receber menos atenção do que os seus outros escritos políticos. Começa por distinguir governo e autoridade paternos de governo e autoridade civis. Os primeiros dependem de relações e inclinações naturais; os segundos, em contrapartida, só podem ser fundamentados na CONVENÇÃO, uma vez que no Estado todos os membros são naturalmente iguais e seu principal magistrado não tem nenhum interesse natural na felicidade dos indivíduos que compõem o Estado. Rousseau insiste em que uma clara distinção precisa ser feita entre autoridade e governo no Estado. Toda a autoridade é derivada da vontade geral, "a qual tende sempre para a preservação e o bem-estar do todo e de cada uma de suas partes, é a fonte das leis [e] constitui... a regra do que é justo e injusto (*DEP* 121; *OC* III, 245-6). Governo, ou magistratura, é um poder delegado: "os magistrados pertencem ao povo". (*DEP* 123; *OC* III, 247); e em todas as suas funções os governantes devem observar a vontade geral ou as leis.

> Como se explica que todos devam obedecer e, no entanto, ninguém assuma o comando, que todos devam servir e, no entanto, ninguém tenha amos ou senhores, que ninguém perca uma parte de sua liberdade, salvo a que possa ser prejudicial a outrem? Essas maravilhas são obra da lei. Só à lei o homem deve justiça e liberdade. É esse salutar órgão da vontade que estabelece, em direito civil, a igualdade natural entre homens... É somente com essa voz que os governantes políticos devem falar quando ordenam (*DEP* 124; *OC* III, 248).

Segue-se, portanto, que não só os governantes devem agir de acordo com a lei, mas também que a sua primeira obrigação é garantir a observância da lei. Assim, os cidadãos precisam ser educados de tal modo que amem seu país e respeitem suas leis, para que suas próprias disposições os façam aceitar o jugo do dever público: "Portanto, forme homens se os tiver sob suas ordens; se quiser que obedeçam às leis, faça-os ter amor às leis; e então só precisarão conhecer qual é o seu dever para cumpri-las" (*DEP* 127; *OC* III, 251-52).

Um "reino da virtude", que harmonize as vontades particulares com a vontade geral, é necessário para que haja um Estado justo e próspero. Além disso, tal virtude será essencial para que, em primeiro lugar, a vontade geral seja clara e precisamente estabelecida e a autoridade não seja usurpada por uma "sociedade parcial" ou facção. A lealdade patriótica é o sentimento que unirá os cidadãos numa causa comum; o país em que se nasceu fornece o único foco adequado e efetivo para aquelas ligações que transcendem o mais estreito egoísmo, mas são demasiado fracas para abranger indiscriminadamente toda a humanidade (*ver* NACIONALISMO).

É quando discute o fracasso em instilar um sentimento de patriotismo nos cidadãos que Rousseau alcança o auge da eloqüência em sua denúncia dos abusos do governo:

> Desejamos que os homens sejam virtuosos? Então comecemos por fazê-los amar seu país; mas como poderão amá-lo, se o seu país não for para eles mais do que é para os estrangeiros?... Não se imagine que um homem pode quebrar ou perder um braço sem que a dor seja transmitida à sua cabeça; que a vontade geral consinta que um membro do Estado, seja quem for, fira ou destrua um outro, não é mais verossímil do que os dedos de um homem, em seu perfeito juízo, arrancarem deliberadamente seus próprios olhos. A segurança dos indivíduos está tão intimamente ligada à confederação pública que... [esta última] seria legitimamente dissolvida se no Estado se deixasse perecer um único cidadão que poderia ter sido salvo, ou se fosse erroneamente confinado em prisão (*DEP* 131; *OC* III, 255-56).

Tais comentários deveriam liquidar com a crítica comum de que, para Rousseau, os direitos e interesses de indivíduos são sacrificados ao bem comum do Estado. E, com efeito, ele passa a comentar que o aforismo "É bom que um se sacrifique pelo bem de todos" é "uma das mais execráveis regras que a tirania inventou até hoje, a maior falsidade que pode ser proposta".

O restante do *Discurso* dedica-se, em sua maior parte, a questões tais como a tributação e outros modos de obter receita pública. Rousseau preocupa-se que os encargos fiscais do governo sejam mantidos tão baixos quanto possíveis, compatíveis com a realização de seus objetivos próprios; e que esses encargos sejam tão eqüitativos quanto possível e possa ser comprovado que o são, pois, caso contrário, as diferenças entre ricos e pobres serão agravadas e, com efeito, a convenção fundamental será dissolvida pela indigência imposta aos pobres e aos esbulhados.

Neste *Discurso*, Rousseau articula muitos dos temas centrais do seu pensamento político — por vezes com uma clareza e um vigor nem sempre presentes em suas considerações mais abstratas e analíticas.

Leituras sugeridas: Peled (97); Shklar, cap. 5 (36)

dominação Tal como Rousseau a entende, dominação é uma expressão do desejo agressivo de controlar outros, que são percebidos como, de algum modo, uma ameaça à nossa integridade e aceitação como seres humanos. Acredita ele que as relações de dominação e servidão, das espécies manifestas ou encobertas, são endêmicas na sociedade e estão incrustadas em estruturas sociais e legais estabelecidas. O domínio é ambicionado como um fim em si. Numa relação dominante, o desejo de adquirir significação aos olhos dos outros controlando-os e sujeitando-os encontra expressão satisfatória. Acredita Rousseau que ser levado pelo desejo de dominação é prejudicial tanto para a pessoa dominante quanto para as suas "vítimas". Portanto, ele pode querer indagar por que razão esse desejo e os seus efeitos são tão difundidos e poderosos quanto supõe que sejam.

Muitos críticos sustentam que Rousseau viu o surgimento do impulso de dominação como inevitável, concomitante de pessoas que estabelecem relações mútuas. "O primeiro relance de olhos que [Emílio] dirige a seus colegas leva-o a comparar-se com eles. E o primeiro sentimento suscitado nele por essa comparação é o desejo de estar na primeira posição" (*E* IV, 235; *OC* IV, 523). Transferindo o sentimento de Emílio para a cena mais vasta — todos desejam essa primeira posição, mas somente um pode ocupá-la. A competição pelo domínio é, portanto, o resultado que parece inevitável. Mas, em primeiro lugar, quais são as provas que Rousseau apresenta para corroborar esse ponto de vista? Em segundo lugar, como essa pretensão é compatível com sua insistência em que o homem é "naturalmente bom" (*ver* BONDADE NATURAL)? Pois se qualquer contato humano gera competição e agressão, as pessoas já possuem certamente essas tendências. Em terceiro lugar, como pode Rousseau, ao mesmo tempo que sustenta esse ponto de vista, acreditar na possibilidade de vir algum dia a ser estabelecida qualquer sociedade humana justa e digna — como, em *O contrato social*, ele claramente pensa que pode ser?

Rousseau tem, de fato, uma resposta efetiva para essas indagações. Nos primeiros dois livros do *Emílio*, ele explica como as frustrações que toda e qualquer criança é passível de sofrer tendem a provocar uma resposta irada em que a criança se percebe como sendo contrariada pela malevolência dos outros, em vez de se dar conta de que isso é simplesmente o destino inevitável dos humanos. Induzida por sua percepção errônea, ela defronta-se com a necessidade de esquivar-se ou de levar a melhor sobre esses opositores. Essa convicção da verdade dessa representação pode ser fortalecida, sustenta Rousseau, se os pais fizerem constantemente exigências à criança e lhe impuserem a obediência. Isso converte-se prontamente num padrão nas expectativas da criança, em seu relacionamento com o mundo que a cerca:

> Ao nascer, uma criança chora; sua primeira infância passa-a chorando. Ora a embalam e aconchegam para que se acalme; ora a ameaçam e lhe batem para que se cale. Ora fazemos o que lhe agrada, ora exigimos dela o que nos agrada; ou nos submetemos aos seus caprichos, ou submetemo-la aos nossos. Não há meio-termo; ela deve dar ordens ou recebê-las. Assim, as suas primeiras idéias são as de dominação ou de servidão. Antes de saber falar, ordena; antes de poder agir, obedece (*E* I, 48; *OC* IV, 261.) [p. 50 do original francês, *op. cit.*].

Rousseau dá-nos uma precisa e detalhada descrição da gênese e do caráter desse tipo de relacionamento. Que uma criança reaja com ira à frustração e desapontamento não é, em si mesmo, nem bom nem mau: é simplesmente característico da constituição afetiva humana.

Se significa alguma coisa, é o próprio desejo da criança de firmar-se na vida e reclamar o que necessita para a sua existência. O que pode ser prejudicial é o (freqüentemente inconsciente) estímulo e consolidação dessa resposta como o modo primário de enfrentar e contender com o mundo. Pois tornar-se-á então habitual para a criança (e para o adulto que a criança virá a ser) ver toda a transação humana como uma questão de mandar e servir, dominação e obediência. E isso é intrinsecamente equivocado (e doloroso), assim como ineficaz — as pessoas não toleram receber ordens a torto e a direito. Essa consolidação é obra dos adultos que cercam a criança; não há implicação de que a criança esteja predisposta a ser ruim.

À luz dessa explicação, torna-se claro por que o desejo de dominar impregna tanto as relações e instituições humanas. A própria intensidade e primitivismo da situação geradora desse desejo deixará, se não for resolvida com êxito, um resíduo no caráter da maioria das pessoas. Os desejos, a própria presença dos outros serão vistos como um obstáculo, uma imposição, uma intrusão perversa, e parecerá que a única forma de os conter e controlar é pela dominação. Mas é claramente desnecessário e, de fato, raramente apropriado perceber os encontros humanos nesses termos. As pessoas podem confiar e confiam, favorecem e apóiam-se mutuamente e, assim procedendo, enriquecem de um modo criativo tanto suas próprias vidas quanto as dos outros. É através do sentimento de COMPAIXÃO, pensa Rousseau, que podemos aprender esse melhor modo de viver e de conviver com os outros.

Assim, a "primeira posição" que Emílio busca para si não precisa ser uma que ele ocupe exclusivamente à custa de outros. Requer apenas que ele próprio não seja forçado a ficar numa posição inferior ou a submeter-se, mas, antes, que ocupe, lado a lado com aqueles com que se encontra em situação de mútuo respeito, a mais alta posição na sociedade — a de um ser humano com dignidade moral — e como tal seja honrado. Essa "primeira classe" — que não signfica o *status* de "figurão" mas a posição mais estimável na sociedade — é aquela que, na sociedade civil, todos os seus membros ocupam como cidadãos (ver CIDADÃO).

Ver também ALIENAÇÃO; AMOR-PRÓPRIO; CIVILIZAÇÃO.

Fontes: *DD*, especialmente Parte 2
E, Livros I, II, IV

Leituras sugeridas: Charvet, cap. 3 (23); Dent, cap. 2 (24); Fromm (333); Harding (334); Kontos (261); Veblen (301)

Du contrat social *Ver* CONTRATO SOCIAL, O.

E

economia política *Ver* DISCURSO SOBRE ECONOMIA POLÍTICA.

educação Em 1740, principalmente através dos bons préstimos da sra. de Warens, foi oferecido a Rousseau o cargo de preceptor dos dois filhos de Jean Bonnet de Mably, um nobre e chefe de polícia de Lyon. Segundo todos os depoimentos, Rousseau não era muito bem-sucedido como preceptor; faltava-lhe a necessária paciência e a capacidade para conquistar a confiança dos seus (reconhecidamente difíceis) pupilos (*ver As confissões*, Livro VI). Por mútuo acordo, renunciou ao emprego um ano depois, voltando por algum tempo a morar (pesarosamente) com a sra. de Warens, antes de ir para Paris em 1742.

Desse período na casa de Mably sobrevivem, porém, duas breves peças que escreveu sobre educação. São obras pequenas, de conteúdo substancialmente idêntico, embora a mais extensa, *Memória apresentada a M. de Mably*, contenha uma passagem sobre os sentimentos e ambições do próprio Rousseau que falta no *Projeto para a educação de M. de Sainte-Marie* (Projet pour l'éducation de M. de Sainte-Marie). Nelas Rousseau sustenta que a educação deve aspirar não só a instilar o saber mas a formar o coração, o espírito e a capacidade de julgamento. A aquisição de bons hábitos e disposições deve ter prioridade sobre o conhecimento abstrato. De um modo geral, a criança é mais bem ensinada através de fábulas e histórias do que através de argumentos abstrusos. Deve ser conduzida pelo seu interesse, não forçada por lições secas e obedientes que despertam desagrado e resistência. Ela deve ser ensinada de tal maneira que a habilite a ser feliz; e isso, afirma Rousseau, consegue-se melhor aprendendo a moderar as paixões, em vez de se lhes ceder.

Ignoramos o que Mably fez, se é que fez alguma coisa, com essas duas versões de essencialmente o mesmo ensaio. Não publicados em vida de Rousseau, vieram a lume pela primeira vez em 1782 (e numa versão posterior em 1884).

A pretensão de Rousseau de ser um teórico da educação de primeira classe não deriva dessas primeiras obras, mas da mais importante obra de sua maturidade, *Emílio, ou Da educação*. Não está claro por que motivo ele decidiu escrever uma tão extensa obra sobre o assunto (diria mais tarde que era mais um tratado metafísico sobre a bondade humana do que um tratado sobre educação). Embora pareça não ter tido tal projeto em mente quando se mudou pela primeira vez para Montmorency em 1756, foi aí que concebeu e escreveu o *Emílio*. Foi sugerido que só quando muitas de suas distintas amigas lhe solicitaram conselhos e orientação é que ele decidiu tentar formular suas opiniões mais sistematicamente. Mas embora possa ter sido essa a ocasião, a obra é inspirada em preocupações maiores e inclui uma discussão central para o entendimento do seu pensamento maduro.

A tônica da abordagem educacional favorecida por Rousseau é a idéia de "educação negativa". Ele quis dizer com isso que se evite controlar, dirigir, admoestar ou forçar a criança a todo o instante. Devemos, pelo contrário, perceber que existe um curso naturalmente saudável e ordenado no desenvolvimento do corpo, raciocínio e sentimentos de uma criança, e o papel do educador consiste em respeitar a integridade desse desenvolvimento, em dar espaço e oportunidade para que ele ocorra em seu modo e tempo adequados, e em ajustar as lições da criança de forma que sua atenção seja atraída direta e imediatamente em conformidade com o seu nível corrente de interesses e aptidões. Com esse procedimento, a criança quase não se apercebe de que está recebendo instrução. Pensa que é tudo diversão e que está sendo ajudada a fazer o que seus poderes e inclinações nascentes a teriam, de qualquer modo, estimulado a fazer.

Chega um momento em que, embora fosse bom que tal instrução continuasse, ela não pode continuar sendo levada a efeito através desse simples método. No final da adolescência e início da idade adulta, a relação professor-aluno precisa ser restabelecida numa base voluntária. Mas, por essa época, os principais objetivos educacionais (negativos) já terão sido alcançados. Assim, é preferível concentrarmo-nos na descrição do que está contido nesses objetivos.

Num primeiro e incompleto rascunho do *Emílio* (MS Favre), Rousseau divide em quatro os estágios de desenvolvimento do homem; a idade da natureza (até os 12 anos); a idade da razão (inteligência) (12-15); a idade da energia, força vital (15-20); a idade da sabedoria (20-25). Embora não aderisse a um tão esquemático padrão na obra final, ele serve, no entanto, como útil quadro de referência.

Na idade da natureza, a característica primária da criança é a sua extrema fraqueza e vulnerabilidade. Ela nasce indefesa, num mundo que não compreende, e está dependente para todas as suas necessidades e sua própria sobrevivência da ajuda daqueles que a rodeiam. Duas coisas são essenciais à boa educação nesse período, na opinião de Rousseau. Primeiro, o tratamento apropriado da zanga de uma criança e de suas tentativas de controle imperioso, que são o avesso de sua impotência e medo. Ela deve ser preservada da crença de que ordem e obediência, dominação e subserviência são os termos em que os seres humanos se relacionam mutuamente e de que o mundo é submetido a controle. Segundo, não deve ser fisicamente constrangida (desde que sua segurança esteja assegurada) por ameaças ou exigências. Pois ela verá nisso apenas tentativas para contrariá-la que provocarão ressentimento e a induzirão à combatividade, à evasão e ao fingimento. Uma criança é naturalmente inclinada ao movimento, à ação; deve ser-lhe dada liberdade para viver, respirar, sentir livremente a sua própria energia, e descobrir por si mesma, lidando com o mundo material, o alcance e os limites de seus poderes. Gradualmente, adquirirá a experiência em primeira mão de como funciona o mundo, e aprenderá como ele pode ser usado vantajosamente, trabalhando *com* ele, em vez de tentar submetê-lo ao seu comando. O meio ambiente previsível, ordenado, em que Rousseau insiste, ajudará o progresso da criança nesse rumo, assim como acalmará seus temores e a constelação de outros sentimentos, sobretudo a sua convicção de que o mundo está perversamente decidido a contrariá-lo.

Por volta dos 12 anos de idade, uma criança terá adquirido a competência e a aptidão físicas básicas para enfrentar efetivamente o seu meio ambiente imediato. Inicia-se então um período em que existe alguma energia mental livre, por assim dizer, não dedicada exclusivamente à resolução de questões práticas. É a época de ampliar sua compreensão para além do que é imediato e local, para que aprenda algumas verdades e leis gerais acerca do céus e da terra. A melhor maneira de fazer isso, sustenta Rousseau, não é pela aprendizagem livresca nem a instrução passiva. O bom educador deve, antes, criar ocasiões em que, a partir das exigências de uma situação prática, alguma lição mais ampla possa ser aprendida ou aplicada, para benefício imediato. Assim, simulando ter-se perdido durante um passeio, o professor pode fazer com que o aluno aprenda a respeito de marcos divisórios, ângulos de direção e o significado do ângulo e do comprimento de sombras. Desse modo, ele é introduzido na cartografia, geometria, aritmética e ciências gerais. Mas a questão aqui não é que o aluno aprenda muitos fatos e teorias. Em vez de apoiar-se na aprendizagem abstrata, ele adquirirá habilidades de aplicação geral, habilitando-o a filtrar, avaliar e dar um sentido ao que acontece à sua volta.

O começo da idade da "força" — do sentimento vívido, elétrico, da energia apaixonada — ocorre entre os 15 e 16 anos. (As idades que Rousseau cita não importam: é a articulação das diferentes fases de desenvolvimento que é significativa.) Agora adolescente, o jovem sente os alvores da paixão, um interesse absorvente em tudo o que o cerca, sobretudo no modo como o vêem, se o amam ou não. Rousseau chama a isso o "segundo nascimento" da criança: primeiro o seu nascimento para a espécie, o segundo para o seu sexo. Essas mudanças púberes têm, para Rousseau, uma origem especificamente sexual que faz das questões de amor e sexo uma preocupação obsessiva.

Esse caudaloso surto de intensos sentimentos em relação aos outros acarreta grandes problemas para o educador. Argumenta Rousseau que, em primeiro lugar, o fluxo de interesse sexual deve ser controlado; é preferível que o adolescente comece por relacionar-se com outros como amigos, companheiros ou concidadãos do que como parceiros sexuais em intimidade erótica. A finalidade do educador deve ser habilitá-lo a encontrar uma sólida base em que se sinta confiante, seguro, respeitado e capaz de sentir-se senhor de si sem ter que recorrer à agressividade ou ao servilismo excessivos. A natureza dota o educador com paixões, especificamente a COMPAIXÃO, a qual também está presente no adolescente nessa época e que o educador pode usar para promover esse desenvolvimento mais criativo em suas relações.

O esquema descrito no MS Favre acaba neste ponto, mas pela obra concluída vemos como Rousseau pensa que a educação, que passa a envolver agora um amplo componente de autodidatismo, deveria continuar na "idade da sabedoria". O aluno, agora um jovem adulto, aprende sobre leis, sociedade, governo, e também a cortejar e obter uma parceira conjugal. Ele tornou-se, finalmente, um membro plenamente qualificado, senhor de si e de seus atos, da sociedade adulta e cidadão de um Estado; através de sua própria virtude e conduta, o bem-estar da sociedade tem sua continuidade assegurada. É em relação a essas matérias que Emílio e o seu preceptor devem renegociar as bases do seu relacionamento: Jean-Jacques pode continuar como tutor e guia de Emílio somente com a permissão deste último. Nesses estágios finais da educação, o preceptor usa uma abordagem mais teórica — quando trata de lei e governo, por exemplo — mas a experiência concreta ainda é enfatizada.

Emílio é incentivado a viajar para que não só possua meros conhecimentos sobre outras situações, outras organizações políticas, outras formas de governo, mas as compreenda; e, como durante seus namoros, ele está propenso a destruir-se através de paixão incontrolável, o seu preceptor, por vezes, encenará os encontros ou intervirá para evitar situações delicadas.

Todas essas propostas educacionais — ora intrigantes, ora divertidas, em seus detalhes — conspiram para servir o propósito dominante de Rousseau: habilitar o ser humano a crescer como um todo, intato, na posse de seus próprios poderes e possibilidades criativos, que ele usará para seu benefício pessoal e de outros. E, dado que ele é tão crítico das deformações e sofrimentos que a sociedade ordinariamente inflige às pessoas, Rousseau é obrigado a mostrar o que uma pessoa seria se, fiel à sua natureza, fosse criada de acordo com os princípios por ele descritos no *Emílio*. Do começo ao fim, o programa educacional está a serviço desse propósito superior.

De um modo geral, sustenta-se que as idéias de Rousseau foram influentes e, em grande parte, benéficas. Que as crianças devem desfrutar de liberdade para poder avaliar por experiência própria seus próprios poderes; que a instrução deve ser orientada de acordo com o nível delas e de modo a mobilizar seus interesses; que tarefas diferentes são apropriadas para diferentes idades; que habilidades e competências são mais valiosas e mais duradouras do que o conhecimento adquirido de cor, sem ser assimilado — tudo isso seria hoje considerado fruto do senso comum. Rousseau não teria ficado feliz, porém, com a tendência de uma certa educação centrada na criança que permite a esta pensar que pode fazer tudo o que seus impulsos lhe ditem, pois ele acredita que o CAPRICHO, admitido como lei, seria inimigo de um crescimento bem-sucedido.

Fontes: *E*, especialmente os Livros I-III;
MS Favre *Project pour l'éducation de M. de Sainte-Marie*

Leituras sugeridas: Carr (165); Dent (166); Jimack (169); Meyer (171)

Emílio e Sofia (Émile et Sophie) (1781) [13] Foi provavelmente em fins de 1762 que Rousseau começou a escrever uma seqüência para o Livro V do EMÍLIO, a respeito de Emílio e de sua recente esposa Sofia, quando iniciaram sua vida conjugal. Embora voltasse ao material de tempos em tempos durante muitos anos, pouco progresso ele fez. Ganha a forma de duas cartas (a segunda incompleta; ambas publicadas a título póstumo em 1781), supostamente endereçadas por EMÍLIO ao seu antigo preceptor, guia e amigo, Jean-Jacques (isto é, o próprio Rousseau), e narrando tudo o que lhe tem acontecido desde que se separaram.

O subtítulo, *Os solitários* (Les solitaires), fornece algumas pistas para o conteúdo da obra: A vida de Emílio e Sofia juntos não é um ininterrupto idílio amoroso. Apesar das constantes advertências de Jean-Jacques sobre os perigos da vida citadina, Emílio e sua mulher mudam-se para Paris, sobretudo para distrair Sofia da mágoa que sofre pela perda da filha deles e de seus pais. O casal tornou-se profundamente desavindo. Sofia é infiel, Emílio não pode controlar sua dor e desespero. Todos os esforços de reconciliação provam ser infrutíferos; toda a confiança se dissipou e há sofrimento demais em ambos os lados para que o casal possa continuar vivendo unido. Emílio decide abandonar Sofia e deixar a França, em busca de sua chance de ser feliz como alma errante.

Na segunda carta, conta como embarcou para a Itália mas no caminho o navio foi atacado por piratas e ele foi vendido como escravo. É tratado brutalmente mas, por fim, suscitou uma onda de resistência entre os seus companheiros de escravidão e persuade o senhor de que todos trabalhariam melhor se fossem tratados de forma condigna. Emílio foi encarregado de tomar as medidas adequadas e saiu-se tão bem da incumbência que foi feito escravo do dei da Argélia. A carta interrompe-se no ponto em que, ao que parece, Emílio (à semelhança de José no Egito) está prestes a tornar-se o valioso assessor de um poderoso rei.

Escritas com vigor e discernimento, as cartas são de cativante leitura, mas é duvidoso que acrescentem muito às principais idéias do *Emílio*. Alguns críticos viram nelas o reconhecimento por Rousseau de que até mesmo o seu produto mais cuidadosamente modelado, o naturalmente bom Emílio, está destinado ao fracasso: os seres humanos nunca podem ser felizes, nunca podem conservar intata a sua bondade, por mais bem ensinados que sejam. Outros argumentaram que Rousseau pretende mostrar que existe uma lição que Emílio ainda tinha que aprender: como é sofrer desesperadamente. Somente depois de ser purificado por esse fogo ele saberia o que é ser plenamente humano. Talvez essas duas cartas mereçam ocupar um lugar mais central na avaliação das idéias de Rousseau.

Leitura sugerida: Shklar, Apêndice (36)

Emílio, ou Da educação (1762) (Émile, ou De l'éducation) [11] Rousseau iniciou o *Emílio*, a sua maior obra, provavelmente no começo de 1759, quando estava vivendo em Mont-Louis, perto de Montmorency. Foi sugerido que o seu interesse em aconselhar algumas de suas distintas amigas acerca da criação de seus filhos é que o induziu a formular as suas idéias sobre educação em forma de livro. Mas, apesar do seu subtítulo, *Emílio* não está exclusivamente, nem mesmo principalmente, interessado em técnicas e objetivos pedagógicos. Com efeito, o que Rousseau fez foi pegar a questão da educação infantil e colocá-la no contexto da vida considerada a longo prazo; sua preocupação era com os meios pelos quais uma pessoa poderia chegar a viver a melhor vida para si mesma como ser independente e como ser vivendo com outros em sociedade e no Estado. São essas as questões de suma importância no *Emílio* (para o "programa" educacional de Rousseau, *ver* EDUCAÇÃO).

O seu desenvolvimento foi rápido e a obra estava mais ou menos pronta para publicação em julho de 1761. (Sobrevive um rascunho anterior, o MS Favre, de cerca de um terço da versão final.) A marechala de Luxemburgo, com quem Rousseau mantinha uma estreita amizade, parece ter considerado inadequado para a tarefa o editor usual do autor, Marc-Michel Rey, e por motivos de censura providenciou para que a impressão da obra fosse feita sob o nome de um editor holandês, Néaulme (embora a maior parte da impressão fosse efetuada em Paris). Rousseau ficou preocupado com a morosidade da impressão e alimentou mórbidas suspeitas de que a obra estava sendo sabotada pelos jesuítas. O diretor de publicações, Malesherbes, surpreendemente simpático à obra e a Rousseau, investigou a situação e conseguiu tranqüilizá-lo. Comovido com esse gesto amistoso, Rousseau dirigiu a Malesherbes quatro cartas autobiográficas (CARTAS A MALESHERBES) em janeiro de 1762. Finalmente, *Emílio* veio a lume em maio desse ano, um mês depois da publicação de *O contrato social* (impresso por Rey).

Mas foi mais o *Emílio*, e não *O contrato social*, a causa de boa parte dos aborrecimentos de Rousseau com as autoridades religiosas, que consideraram uma extensa seção do Livro IV, A PROFISSÃO DE FÉ DO VIGÁRIO SABOIANO, inaceitável em virtude das idéias de religião natural e dos ataques à Igreja Católica nele contidos. Em 7 de junho de 1762, o livro foi denunciado pela Faculdade de Teologia da Sorbonne e mais tarde, nesse mesmo dia, o *parlement* de Paris ordenou a prisão de Rousseau. Exemplares do livro foram publicamente queimados. Avisado de que seria detido, Rousseau fugiu para Yverdon, na Suíça, na tarde de 9 de junho. Mas as coisas não ficaram por aí. Uma semana depois, o *Emílio* e *O contrato social* (publicado em abril do mesmo ano) foram queimados em Genebra e, sob pressão das autoridades genebrinas, Rousseau foi solicitado a deixar Yverdon, encontrando finalmente guarida em Môtiers, onde gozou da proteção de Frederico da Prússia. Depois, em agosto, o arcebispo de Paris, Christophe de Beaumont, divulgou uma carta pastoral de censura e orientação a respeito do *Emílio*, detalhando por que a obra era herética e, portanto, intolerável. Em seu devido tempo, Rousseau escreveu uma vigorosa resposta, a sua CARTA A CHRISTOPHE DE BEAUMONT (publicada em 1763), na qual defendeu suas idéias e ações com grande clareza. Tal foi o impacto imediato da publicação do *Emílio*; a longo prazo, moldaria o resto da vida de Rousseau, convertendo-o num fugitivo caçado e apátrida.

O *Emílio* contém muitas das mais importantes idéias de Rousseau. Talvez por causa de seu considerável tamanho e porque pode parecer difuso e exageradamente detalhado, não tem sido tão largamente estudado ou apreciado quanto outras obras de Rousseau sobre temas afins — o que tem um efeito deletério sobre a compreensão de seu pensamento como um todo. Pois no *Emílio* encontramos o que não se acha em seus outros escritos: uma discussão completa do modo como um indivíduo pode encontrar, ou obter, um lugar para si na sociedade sem sofrer ALIENAÇÃO ou a corrupção e sofrimento pessoais que isso envolve. Sem uma apreciação das idéias de Rousseau sobre esse ponto, é impossível interpretar corretamente seus interesses em suas outras obras políticas e sociais: elas parecerão descrever o conflito entre as necessidades e o bem do indivíduo e as exigências que lhe são impostas pela existência social e civil como um conflito que Rousseau nunca resolveu com êxito. Entretanto, no *Emílio*, encontrar-se-á um cuidadoso tratamento dessa questão que projeta muita luz esclarecedora sobre suas outras obras.

O *Emílio* descreve o desenvolvimento de um indivíduo típico, Emílio, sob a orientação do seu preceptor, Jean-Jacques (o próprio Rousseau). As capacidades e disposições de Emílio desenvolvem-se e desdobram-se gradualmente — do mais recuado período da infância, através da puberdade e da adolescência, até à maturidade e à assunção plena de seu lugar na sociedade como adulto independente, dotado de livre-arbítrio. Cada um dos cinco livros cobre um período de anos em que, pensa Rousseau, ocorrem juntos certos grupos significativos de fenômenos. Os Livros I e II englobam, *grosso modo,* do nascimento aos 12 anos; o Livro III, dos 12 aos 15; o Livro IV, dos 15 aos 20; e o Livro V, dos 20 aos 25 anos. Nenhum peso especial dever ser atribuído a essa cronologia, nem ao fato de Rousseau tratar essas questões na forma de uma narrativa estruturada em seqüência contínua. Embora ele sublinhe a importância de fazer coisas em épocas determinadas e numa ordem específica, está primordialmente interessado em explicar o que é apropriado e bom para os numerosos aspectos da natureza e do potencial do homem — como indivíduo competente cuidando dos seus próprios interesses, como amigo, como membro da sociedade, como amante, como cidadão etc.

Fundamental em toda a obra de Rousseau é a sua convicção de que os seres humanos possuem uma natureza intata que, se lhe for permitida liberdade adequada para o desenvolvimento, poderá torná-los úteis, felizes e bons, para si próprios e para outros. Na frase de abertura do livro, ele declara: "Tudo está bem ao sair das mãos do Autor das coisas, tudo degenera ao cair nas mãos do homem" (*E* I, 37; *OC* IV, 245). Uma explicação e uma defesa dessa afirmação básica — que o homem é por natureza bom mas corrompido pela sociedade (*ver* BONDADE NATURAL) — constitui, em essência, todo o argumento do *Emílio* (o qual é reiterado em obras subseqüentes).

O objetivo de uma boa educação, de um projeto de vida que habilitará uma pessoa a manter-se na posse de seus poderes e a expressá-los plenamente em todos os aspectos de sua vida, é conservar a fé na integridade da natureza. A disposição adequada à natureza individual é o AMOR DE SI MESMO, uma preocupação inata em preservar a própria existência e em ter uma vida fecunda. Mas, para começar, o amor de si mesmo não é uma preocupação consciente, não é orientado por um conhecimento do que é benéfico ou pernicioso; e pode ser desviado do seu objetivo apropriado por acontecimentos que poderão ocorrer à criança fraca e vulnerável.

Inicialmente, a criança pequena necessita sobretudo de alimento, proteção e oportunidades para flexionar seus membros em crescimento, para começar a desfrutar do seu poder de existência. Entretanto, mesmo nesse período, as coisas podem correr mal. Uma criança chora; as lágrimas são as suas primeiras palavras — elas atraem a atenção, trazem alívio e ajuda. Ela não tem outra maneira de chamar alguém para que lhe preste assistência, mas se isso acontecer com excessiva solicitude e facilidade, a criança acabará por acreditar que lhe basta fazer beicinho para que o mundo se curve a seu serviço. Então, se o alívio não vier logo, ela ficará enfurecida; pensará que foi desobedecida, rejeitada, contrariada. Sua "birra" revela a sua representação de um mundo que erroneamente a repudia e a despreza. Começará a sentir que toda a transação humana é uma batalha de vontades pelo domínio e o mando — ou então o servilismo e a contestação serão o desfecho. Rousseau pensa que essa representação agressiva das relações humanas deve ser evitada a todo o custo. Se sofrer mentira, uma criança tornar-se-á alternadamente prepotente e servil, tirânica e submissa, e esses padrões, perpetuados na idade adulta e na sociedade, significam a queda do homem.

Rousseau recomenda, sobretudo, que a criança seja desviada desse caminho em seu relacionamento com os outros. Caso contrário, "a idéia de poder supremo e dominação... excitada menos por suas necessidades do que pelos nossos serviços", será implantada e "começarão surgindo efeitos morais cuja causa imediata não está na natureza" (*E* I, 66; *OC* IV, 287). Esse é o modo como a natureza começa a ser corrompida, não necessariamente através de ações mal-intencionadas, por obra do homem. Para impedir essa corrupção, Rousseau sugere que até a idade de 15 anos Emílio seja isolado do contato com as vontades de outros humanos e, por conseguinte, de qualquer tendência para o conflito combativo. Ele devia, pelo contrário, concentrar todas as suas energias para aprender a avaliar os reais limites de seus poderes e capacidades interagindo com o que o rodeia, aprendendo gradualmente competências práticas que o habilitem a cuidar de si mesmo como criatura viva situada no mundo. Mando e obediência, dever e obrigação, devem ser excluídos do âmbito de sua experiência. Idéias morais e relações sociais, que envolvem negociar com outros para se obter uma base que permita apreciar seus interesses, devem permanecer ainda em estado jacente neste ponto.

Mas isso é menos da metade do que faz uma pessoa inteira — e agora Emílio ingressa no estágio seguinte. Se as coisas não fossem mais além, não teríamos "completado o homem" (*E* III, 203; *OC* IV, 481). "Emílio não é um selvagem relegado ao deserto. Ele é um selvagem feito para habitar cidades. Tem que saber como encontrar nelas tudo o que lhe é necessário" (*E* III, 205; *OC* IV, 483-84). Deve começar agora a considerar-se em relação aos outros.

Rousseau pensa ser o início da puberdade, com a torrente de sentimentos e desejos em relação aos outros e a preocupação em cair nas boas graças de uma mulher que isso envolve, o que faz com que o relacionamento de Emílio com os outros seja agora de suma importância. Rousseau tem a certeza, porém, de que esse primeiro surto de interesse sexual deve ser refreado, ou então as rivalidades, ciúmes e intrigas dominarão as primeiras tentativas de Emílio de encontrar para si um lugar na vida de uma outra pessoa (*E* IV, 214; *OC* IV, 494). O seu interesse ativado em outras pessoas, especialmente no modo como elas o vêem, deve ser canalizado para outras metas. Tendo a imaginação de Emílio sido atraída para outras pessoas, deve orientar-se no sentido de cuidar delas com desvelo e afeição em suas fraquezas, através da COMPAIXÃO. Assim, encontrará um apoio nos assuntos de outros sem necessidade de rivalidade ou de competição por precedência. Em vez disso, pode aprender a apreciar e respeitar os outros que, por seu turno, o verão com olhos de gratidão e estima. As exigências do AMOR-PRÓPRIO, que orienta uma pessoa de modo a assegurar-lhe que é bem-vista e respeitada nos assuntos humanos, serão satisfeitas através das espécies de relacionamento que a compaixão estabelece. O seu amor-próprio não precisa, portanto, assumir um caráter exacerbado e inflamado em razão do qual pensaria que estava recebendo o que merecia somente se adquirisse ascendência sobre outros ou reivindicasse um lugar de odiosa distinção em relação a eles.

Emílio reingressou assim no mundo humano e envolveu-se uma vez mais na importante questão de enfrentar a vontade e os sentimentos dos outros, que estava latente em seus primeiros anos. Mas em lugar desse encontro ser estruturado pelo medo, a agressividade e a competição, é vazado em moldes de respeito, confiança e cooperação mútuos. Desse modo, Emílio obtém um lugar na sociedade humana que é benéfico e criativo para si próprio, assim como para aqueles com quem se relaciona. O encontro humano não é um conflito que redunda inexoravelmente em triunfo ou derrota, no qual todas as partes são desfiguradas por uma perversidade que destrói tanto uma parte quanto as que se lhe "opõem". Constitui, antes, um fórum em que cada participante mais amplamente possui e expressa os seus poderes naturais e pode alcançar a plenitude de sua humanidade.

Não há nisso deserção ou distorção da natureza. É próprio da natureza humana viver, trabalhar e participar com os outros de muitas maneiras e em muitas bases. O ponto essencial é que tais relações devem continuar beneficiando cada indivíduo, na medida em que o habilitam a agir construtiva e criativamente com e a favor de outras pessoas. Conflito e competição podem ser características comuns do intercurso humano, mas não são inevitáveis nem próprios da natureza. A "ordem moral", em razão da qual as pessoas estão mutuamente vinculadas por responsabilidade e direitos, não é inevitavelmente uma deserção ou distorção da natureza. Isso desmente aqueles que afirmam que, para Rousseau, toda a conexão social envolve os seres humanos numa perda de integridade pessoal e os mergulha numa cisão da personalidade e em conflito agressivo com outros.

Em uma de suas mais primorosas passagens, ele elabora essas questões no Livro IV do *Emílio* com precisão e domínio da matéria.

No Livro V, Rousseau volta à questão do desejo de Emílio de uma companheira íntima. Ele usa a apresentação da noiva destinada a Emílio, Sofia, como a oportunidade para discorrer sobre o caráter, disposições e educação das MULHERES. Quando passa a amar Sofia, está mais exposto ainda aos perigos da perda de autodomínio e de rendição ao controle de outros do que quando buscava um lugar para si na sociedade, de um modo geral. Rousseau insiste em que Emílio deve reter sempre sua integridade moral e pessoal; só procedendo assim ele merecerá e conservará o amor de Sofia. Esta não pode apreciar alguém que se torne um joguete dos seus sentimentos; ela foi feita para amar homens, não macacos (*E* V, 404; *OC* IV, 761).

Se o amor deles se consumar em casamento e família, então, como chefe de uma casa, Emílio converter-se-á em membro de um Estado. Rousseau pensa ser essencial que ele aprenda sobre a natureza e a base da ordem civil, pelo que inclui o que é, em substância, um breve sumário das principais idéias do CONTRATO SOCIAL (*E* V, 458-67; *OC* IV, 836-49). Finalmente, após um período de viagens que Emílio empreende a fim de tornar-se mais familiarizado com os assuntos dos homens e de testar a resistência de seu amor, a sua educação está completa. Considerou as suas "relações físicas com outros seres", as suas "relações morais com outros homens" e as suas "relações civis com seus concidadãos", e é agora um adulto e alguém que é senhor de si mesmo (*E* V, 455; *OC* IV, 833). É um ser competente, racional, afetuoso e sensível (*E* III, 203; *OC* IV, 481), plenamente constituído "como homem e como parte integrante de sua espécie" (*E* IV, 220; *OC* IV, 501).

Leituras sugeridas: Bloom (163); Charvet, cap. 3 (23); Dent, caps. 2-4 (24); Horowitz, cap. 8 (27); Jimack (167); Jimack (168)

Enciclopédia (1751-65) (Encyclopédie ou Dictionnaire raisonné des sciences, des arts et des métiers) Rousseau colaborou com cerca de duzentos artigos sobre música para a *Enciclopédia* de Diderot e d'Alembert, e com um extenso artigo sobre economia política (DISCURSO SOBRE ECONOMIA POLÍTICA). Para os volumes suplementares, o próprio *Dicionário de música* de Rousseau, baseado nesses primeiros artigos (*ver* MÚSICA, TEXTOS SOBRE), foi usado para muitos verbetes adicionais e alternativos.

A *Enciclopédia* derivou de uma proposta para traduzir, adaptar e ampliar a *Cyclopaedia*, ou *Universal Dictionary of Arts and Sciences*, de Chambers, que tinha sido originalmente publicado na Escócia em 1728. Essa robusta peça de oportunismo comercial não tardou em converter-se num empreendimento muito mais impressionante e importante. Após uma ou duas inciativas frustradas, Denis Diderot assumiu a direção e, com a principal assistência de Jean d'Alembert, concebeu a idéia de criar uma enciclopédia qua abrangesse todos os aspectos do esforço e da realização humanos, mostrando o progresso do homem no recém-liberado ambiente da razão universal e do ILUMINISMO. Mas até a concepção original de Diderot não foi igual à forma final da obra. No prospecto de 1750 foram anunciados oito volumes de texto e dois de pranchas e foram oferecidas assinaturas. No final, foram produzidos dezessete volumes de texto (o último em 1765) e onze de pranchas (o último em 1772), os quais só alguns anos depois seriam seguidos de quatro volumes suplementares de texto e um de pranchas.

Foi, e continua sendo, uma realização assombrosa, um monumento àquela mesma indústria que o seu conteúdo celebra. Arte, música, arquitetura; matemática, geometria, cartografia; agricultura, metalurgia, mineiração; ciência econômica, administração pública, direito — não existe uma área de investigação, engenho ou trabalho humanos que não tenha sido coberta. Centenas contribuíram para os vários volumes, mas foi o prodigioso labor que Diderot dedicou ao empreendimento que forneceu a unidade de propósito, a "filosofia". Observa-se do começo ao fim a confiança de que os homens são, ou podem vir em breve a ser, senhores de seu próprio destino; de que possuem o conhecimento e as qualificações necessárias para moldar o mundo e a sociedade de acordo com suas conveniências e vantagens. O poder da razão, em todas as suas formas, libertou as pessoas da estúpida herança material e moral do passado, e qualificou-as para entender e agir em nome de seus próprios interesses e dos interesses de todos num mundo do qual têm agora o domínio. Como a consubstanciação da confiança no progresso, a *Enciclopédia* não foi universalmente bem recebida pelos poderes civis e religiosos. Foram feitas várias tentativas de supressão, mas o clima era a seu favor e havia um grande número de pessoas influentes preparadas para apoiar a obra e impedir que o prosseguimento de sua publicação fosse bloqueado.

Os verbetes de Rousseau sobre música constituem uma pequena nota de pé de página para a mudança por que passava a cultura musical da França setecentista; e o artigo sobre economia política é uma parte importante de sua produção sobre temas políticos e morais. Mas, inevitavelmente, muitos desses artigos não têm hoje mais do que um interesse histórico.

Fontes: Não existe nenhuma edição moderna completa; há uma seleção em dois volumes editada por Alain Pons (Paris, 1986).

Leituras sugeridas: Darnton (242); Hubert (256); Lough (263); Martin (272); Oliver (197); Proust (326)

Ensaio sobre a origem das línguas (Essai sur l'origine des langues) [8] *Ver* ORIGEM DAS LÍNGUAS.

escravatura Rousseau dedica o cap. 4 do Livro I de *O contrato social* a uma análise da escravatura; mas também usa a idéia de escravatura com assiduidade em todas as suas obras numa acepção algo metafórica.

Ele critica invariavelmente a escravatura em todas as suas formas. Ataca como destituída de fundamento e ridícula a opinião de Grotius de que um indivíduo pode alienar sua liberdade a um senhor e tornar-se a "ferramenta viva" deste último. Alienar, diz Rousseau, é dar ou vender. Se um homem vende sua liberdade em troca, por exemplo, de sua subsistência, como ganhará a sua subsistência, uma vez que o seu senhor garante o que possui unicamente pelo trabalho do seu escravo? Rousseau aplica isso ao caso de um povo escravizado a um rei: "Os súditos dão, pois, a sua pessoa sob a condição de que o rei tome também os seus bens?" Por outro lado, "afirmar que um homem se dá gratuitamente constitui uma afirmação absurda e inconcebível; tal ato é ilegítimo e nulo, tão-só porque aquele que o pratica não se encontra no completo domínio de seus sentidos" (*CS* I, cap. 4, 169; *OC* III, 356) (p.32-33 da trad., *op. cit.*).

A escravatura é "incompatível com a natureza do homem", uma vez que reduz uma pessoa a uma coisa e impede a existência de quaisquer relações morais entre senhor e escravo, possibilitando apenas uma relação unilateral de absoluta disposição à vontade. É próprio do homem atuar e ser reconhecido como agente moral, detentor de consciência moral, cuja vida e ser exigem o reconhecimento como investidos de significação moral. A escravização anula inteiramente essa característica num homem. Como quer, pois, que um senhor se situe a respeito dos seus escravos, não pode ser na base de direito de um lado e obrigação do outro (*ver* DOMINAÇÃO). Tampouco a vitória na guerra, prossegue Rousseau, confere ao vencedor o direito de escravizar. Na GUERRA, as pessoas defrontam-se entre si como defensoras de seus próprios países, e quando as hostilidades cessam, cada uma retoma o seu caráter e posição como legítimo agente moral. A guerra "não dá ao conquistador o direito de massacrar os povos conquistados"; e, portanto, não pode dar-lhe o direito de escravizá-los, uma vez que, como derrotados, não servem já como defensores de sua nação.

Extrapolando essas — por certo, inteiramente convincentes — idéias, ele prossegue então para afirmar que qualquer autoridade legítima sobre os homens deve depender de uma convenção que reconheça a semelhança de caráter e posição moral de todas as pessoas. Caso contrário, algumas pessoas estarão sob esse poder, não sob a égide de qualquer obrigação justificável de obediência a ele, mas simplesmente por se verem compelidas a obedecer (*ver* VONTADE GERAL).

É a este respeito que o amplo uso por Rousseau da idéia de escravatura entra em jogo. Ele está propenso a considerar qualquer relação humana em que é negado a uma pessoa um pleno e igual reconhecimento como ser humano, investido de direitos e *status* moral, como uma relação em que essa pessoa está "escravizada" por aquelas que lhe negam esse reconhecimento. Tais relações de subordinação e ignomínia podem ter muitas origens e formas. Algumas se originam de desigualdades econômicas: os pobres tornam-se tão dependentes da graça e dos favores dos ricos para sua subsistência que a continuação de sua sobrevivência passa a estar à disposição dos ricos. Depois, as desigualdades em hierarquia, honras e distinção que o AMOR-PRÓPRIO exige e sustenta requerem também que a muitos seja negado qualquer reconhecimento ou posição na sociedade ou no Estado. Sua plena humanidade não lhes é concedida:

> O homem civilizado... corteja os homens no poder, a quem detesta, e os ricos, a quem despreza; nada o detém para ter a honra de servi-los; não se envergonha por ufanar-se de sua própria mesquinhez e da proteção que recebe deles; e, orgulhoso de sua escravidão, fala com desdém daqueles que não têm a honra de participar nela (*DD* 104; *OC* III, 192).

Aqueles que são instigados por (excessivo) amor-próprio escolhem uma forma de escravização que se traduz na participação num relacionamento em que a significação e o acatamento só são concedidos àqueles que adquirem ascendência e odiosa superioridade. Entretanto, eles compram assim para si próprios uma condição social e espiritual que é miserável e degradante.

Rousseau também usa a idéia de escravatura ao falar de autodomínio sobre as paixões e desejos irracionais. Assim, quando Emílio se apaixona pela primeira vez, é atormentado pelo ciúme e pelo medo de desagradar à sua amada:

> Um novo inimigo está surgindo que não aprendemos a conquistar e do qual não posso vos salvar... Esse inimigo sois vós próprios... Estáveis unicamente preso à condição humana e agora estais preso a todas as ligações que vos destes. Ao aprender a desejar, fizestes-vos escravo dos vossos desejos (*E* V, 443; *OC* IV, 815-16).

Comparar com *CS* I, cap. 8, 178 (*OC* III, 365), onde Rousseau fala de "o mero impulso de apetite" como "escravatura".

Fontes: *DD*, Parte 2
E, Livro V
CS, Livro I

Leituras sugeridas: Masters, cap. 6 (69); Shklar, caps. 3, 4 (36)

Escritos sobre botânica [22] *Ver* BOTÂNICA.

Escritos sobre o abade de Saint-Pierre (Écrits sur l'Abbé de Saint-Pierre) (escritos em 1756-58; publicados em 1761-82) [4] Quando, em abril de 1756, Rousseau deixou Paris e foi viver no l'Ermitage, em Montmorency, a casa de campo colocada à sua disposição pela sra. d'Épinay, estava no limiar do período mais criativo de sua vida. Um de seus projetos era selecionar excertos das volumosas obras, tanto publicadas quanto inéditas, do abade de Saint-Pierre, que escrevera extensamente sobre sociedade, governo, moralidade e outros tópicos. Foi por sugestão da sra. Dupin, de quem ele fora secretário durante a década de 1740 e cujo salão o abade freqüentara assiduamente, que Rousseau empreendeu esse trabalho.

O progresso foi lento. À parte alguns fragmentos heterogêneos, tudo o que resultou do seu labor foram duas peças curtas, o *Projeto de paz perpétua* (Extrait du projet de paix perpétuelle) e *Polissinodia* (Polysynodie), derivadas das obras publicadas do abade, às quais Rousseau acrescentou os seus próprios comentários (os *Pareceres*). O *Projeto* foi publicado em março de 1761, mas a *Polissinodia* e os *Pareceres* (Jugements) só vieram a lume após sua morte, na edição completa de suas obras publicada por Moultou e Du Peyrou a partir de 1782. Uma outra peça inédita que teve origem idêntica à dessas duas consta de alguns pensamentos sobre a GUERRA.

Essas peças, de apenas limitado interesse, não fazem parte dos mais importantes escritos sociais e políticos de Rousseau. Os excertos do *Projeto*, que mostram a participação de Rousseau, tanto quanto a do abade, tratam do objetivo de estabelecimento de uma Europa confederada, unida por interesses comuns na paz e estabilidade, e governada por uma assembléia central, embora retendo cada país seus costumes locais. Em seu *Parecer*, Rousseau declara que o projeto do abade é nobre e louvável, mas critica-o na medida em que não leva na devida conta a ambição dos príncipes e o desejo destes de aumentar seu poderio. O abade é otimista e simplista demais ao supor que os Estados, tal como os indivíduos, serão efetivamente dirigidos, quando seus interesses a longo prazo estão em jogo, por previsões racionais. O desejo de glória, fama e prestígio é demasiado forte para ser controlado por considerações racionais sobre a conveniência da paz e da estabilidade. Embora pareça que a Europa está agora caminhando para a realização da visão do abade, Rousseau estava seguramente certo ao supor que suas idéias não eram aplicáveis à época.

A *Polissinodia* trata de uma tentativa no sentido de moderar e regular os poderes absolutos dos governantes mediante a dispersão de numerosas funções de governo entre diferentes conselhos, de modo a evitar a concentração de poder nas mãos de uma só pessoa ou órgão. Embora Rousseau simpatize com esse objetivo, não está convencido da operacionalidade das propostas do abade, pois no seu entender os conselhos terão seus próprios interesses setoriais, que podem promover de um modo não menos nocivo para o bem-estar de toda a comunidade do que ocorre freqüentemente no caso, digamos, de uma monarquia. O abade volta a mostrar-se superconfiante, na opinião de Rousseau, em sua suposição de que os seres humanos podem ser governados por normas racionais; se não houver um compromisso geral com a virtude e a lealdade públicas, nenhuma forma de governo, por mais cuidadosamente equilibrada que seja, estará livre de abusos.

Embora a *Polissinodia* possa, concebivelmente, ter dado a Rousseau margem para reflexão mais profunda, é claro que ele não aderia totalmente às idéias aí veiculadas; sua atenção podia muito bem estar concentrada no desenvolvimento de suas próprias idéias sobre temas similares — *O contrato social*, por exemplo, é fruto do mesmo período.

Leituras sugeridas: Carter (219); Perkins (226); Waltz (231)

estado (civil) Rousseau não dá em lugar nenhum qualquer definição ampla dos fatores que dão a uma associação humana o direito de ser propriamente considerada um Estado, ou associação civil e política. Não obstante, pode ser conjeturado que ele sustentou existir um Estado quando um certo número de pessoas está submetido a um conjunto comum de regras (leis) para governo de sua conduta, regras essas que são promulgadas por alguma autoridade centralizada e suprema, e cuja observância será imposta, se necessário, por força de sanções ou penalidades. Sendo esse o caso, deve ser essencial considerar, a respeito de qualquer Estado, como se originam essas regras comuns, quem as formula, como terão adequada autoridade sobre os indivíduos, por que é legítima a sua imposição etc. Todas essas questões, e outras mais, preocupam Rousseau quando considera o caráter da sociedade civil, especialmente em *O contrato social*. É razoável, portanto, inferir que, em sua opinião, essas questões são fundamentais para os principais aspectos de uma associação humana que se converte num estado civil.

No tocante à legitimidade dessas regras comuns, Rousseau cita a sua noção de VONTADE GERAL; a respeito da exigência dessas regras de serem obedecidas por todos sem exceção, ele analisa as noções de AUTORIDADE e de CORPO SOBERANO. Estudar os fundamentos e a natureza do estado civil é estudar a teoria política de Rousseau na íntegra. Mas um aspecto da questão merece aqui especial atenção.

O Livro I, cap. 8, de *O contrato social* intitula-se "Do estado civil". O que Rousseau argumenta aí é que somente em virtude de se tornarem membros de uma (justa e bem constituída) associação civil e de se identificarem com o papel de CIDADÃOS é que os seres humanos adquirem toda a gama de poderes e capacidades que lhes são próprias e completam sua plena humanidade. Ao tornar-se um cidadão, a pessoa reconhece-se portadora de certos direitos e títulos, sendo-lhe devida uma certa estima e respeito por parte de seus concidadãos.

Sabe igualmente que deve responsabilidades e deveres da mesma natureza. Assim é que em suas próprias ações e omissões, e em suas expectativas e exigências em relação aos outros, um cidadão não está meramente expressando seus sentimentos e desejos, mas agindo a partir de uma compreensão moral do significado de suas próprias necessidades e bem, assim como do caráter de seu relacionamento com outros. O caráter de sua autocompreensão e a base de suas ações e propósitos foram transformados pela assunção da *persona* de cidadão:

> A passagem do estado de natureza para o estado civil determina no homem uma mudança muito notável, substituindo na sua conduta o instinto pela justiça e dando às suas ações a moralidade que lhes faltava antes. É só então que, tomando a voz do dever o lugar do impulso físico, e o direito o lugar do apetite, o homem, até aí levando em consideração apenas a sua pessoa, vê-se forçado a agir baseando-se em outros princípios e a consultar a razão antes de ouvir as suas inclinações. (*CS* I, cap. 8, 178; *OC* III, 365) (p.42 da trad., *op. cit.*)

Em virtude dessa mudança, "suas faculdades se exercem e se desenvolvem, suas idéias se alargam, seus sentimentos se nobilitam, toda sua alma se eleva a tal ponto que... deveria sem cessar bendizer o instante feliz que dela o arrancou para sempre e fez, de um animal estúpido e limitado, um ser inteligente e um homem".

Poderia parecer que Rousseau está seguindo aqui a orientação de Aristóteles, argumentando que o homem é, por natureza, um "animal político", ou seja, uma criatura que só pode alcançar e gozar a plenitude de possibilidade verdadeiramente humanas se viver e for membro de um *polis*, uma associação civil adequadamente ordenada e regulada. O que ele está afirmando — e é uma afirmação que, manifestamente, não mantém em outras partes — é que somente no e em decorrência do caráter que uma pessoa investiu como membro de uma associação *civil* ela adquire as idéias, capacidades e disposições que a habilitam a transcender o instinto e a agir como ser moralmente consciente e consciencioso. Isso, além de ser falso, não é o que Rousseau sustenta, por exemplo, no Livro IV do EMÍLIO. Existe, de fato, uma certa crueza e excessiva simplificação em alguns dos argumentos de *O contrato social* que denuncia o fato de Rousseau ter formulado suas principais idéias *antes* de empreender a mais penetrante análise que apresenta no *Emílio*. Ele continua expondo em *O contrato social* alguns dos indefensáveis contrastes que prejudicam, por exemplo, o *Discurso sobre a desigualdade*, mas que ele transcende na maioria de suas obras maduras. No estilo, conteúdo e composição, *O contrato social* está mais perto dos seus primeiros ensaios de teoria social e política.

No *Emílio*, Rousseau argumenta que uma criança ingressa na "ordem moral" primeiro através de encontros pessoais com os outros mediados por COMPAIXÃO ou por AMOR-PRÓPRIO. É em virtude de relações estabelecidas através desses sentimentos que ela adquire primeiro e começa a usar a idéia de eu e de outros, como portadores de vínculos e responsabilidades morais (*ver* MORALIDADE). Não há aí qualquer sugestão de que é somente na ordem civil e a partir dela que tais idéias podem ser derivadas; com efeito, ele argumenta no *Emílio* que só entenderemos o caráter que uma ordem civil justa e legítima deve assumir se reconhecermos que ela deve incorporar e consolidar as relações morais que têm sua origem e significado em outros modos (anteriores) de compromisso humano. Embora a adoção do caráter de cidadão efetue muitas mudanças importantes na autocompreensão e modos de possível ação de uma pessoa, não nos permitiríamos supor que todas essas idéias morais e modos de ação foram derivados apenas do fato de terem um lugar na ordem civil.

Fontes: *DD*, Parte 2
E, Livros IV, V
CS, Livros I, II

Leituras sugeridas: Horowitz, cap. 5 (27); Masters, caps. 4, 7 (69); Melzer (136); Shklar, caps. 1, 5 (36)

estado de natureza A maioria dos filósofos políticos descreve uma condição pré-civil (e, por vezes, pré-social) do homem a que dão o nome de "estado de natureza". Das muitas razões para se recorrer a tal idéia, uma é o desejo de apresentar as disposições civis e políticas como tendo um propósito, especialmente o de corrigir inconvenientes ou limitações que as pessoas sofreram nesse estado de natureza. Uma outra razão consiste no desejo de argumentar que as disposições políticas devem satisfazer certas condições — por exemplo, a de respeitar e proteger certos direitos de que (supostamente) desfrutam os indivíduos no estado de natureza. Não há consenso de opinião entre filósofos políticos sobre em que consiste esse estado, sobre que características possuem as pessoas que nele vivem, nem sobre quais poderiam ter sido as circunstâncias de vida nesse estado. Eles nem sequer concordam sobre se realmente existiu alguma vez esse estado, ou se o recurso a tal idéia é um mero artifício explicativo ou interpretativo.

Ao fazer um significativo uso da idéia de um estado de natureza, especialmente no DISCURSO SOBRE A ORIGEM DA DESIGUALDADE, Rousseau diverge com firmeza das opiniões de alguns de seus predecessores, particularmente Hobbes, sobre o caráter desse estado. Com efeito, ele queixa-se de que

> os filósofos... sentiram todos as necessidades de voltar até ao estado de natureza mas nenhum deles chegou até lá... Enfim, todos, falando incessantemente de necessidades, avidez, opressão, desejos e orgulho, transferiram para o estado de natureza idéias que tinham adquirido em sociedade; falavam do homem selvagem mas descreviam o homem civil (*DD*, 45; *OC* III, 132) (p. 241-2 da trad., *op. cit.*).

Quais eram, pois, as opiniões de Rousseau nessa matéria?

Em primeiro lugar, considera o estado de natureza uma condição totalmente pré-social do homem, refletida não só nas características do seu meio ambiente mas também, de um modo bem mais significativo, no caráter do próprio homem (*ver* BOM SELVAGEM). Esse meio ambiente inclui a natureza selvática, da qual os humanos são largamente dependentes para alimento, abrigo e segurança. Rousseau sugere que aqueles que chegaram aos ásperos climas setentrionais, ou neles nasceram, são impelidos a abandonar mais rapidamente o estado de natureza do que os que vivem onde o clima é temperado e o alimento naturalmente abundante. São as agruras da vida que forçam as pessoas a juntar-se às outras em alguma forma de sociedade ou vida coletiva, a fim de suprir as necessidades materiais que assegurem a sobrevivência (*ver* ORIGEM DAS LÍNGUAS).

O homem no estado de natureza é motivado pelo AMOR DE SI MESMO, mas também é suscetível de piedade (*ver* COMPAIXÃO). Tem capacidade para a PERFECTIBILIDADE e para o exercício do livre-arbítrio (*ver* LIBERDADE) — mas tais potencialidades podem manter-se subdesenvolvidas e não exercidas a menos que mudanças ambientais requeiram que ele as empregue para vantagem pessoal. (Rousseau sugere, por vezes, que quando essas duas últimas adquirem evidência, isso é sinal de que o homem já está então afastando-se do seu estado primitivo, natural.) Sendo um estranho a todo o intercurso social, o homem em seu estado natural está desprovido de todas aquelas preocupações, atitudes e paixões que dependem do seu reconhecimento da existência de outros e de sua posição em alguma relação com eles (com exceção da piedade, que é suscitada tanto pelo sofrimento de animais quanto de seres humanos). O homem no estado natural não é agressivo e combativo; antes, é temeroso e pacífico (*ver* GUERRA). Se houvesse uma disputa entre duas pessoas em estado de natureza sobre, digamos, algum alimento, então cada uma "considerará esses atos de violência meras ocorrências naturais, sem o menor sentimento de insolência ou despeito, ou qualquer outro sentimento que não seja o de júbilo ou mágoa em face do êxito ou do fracasso" (*DD* 66, n. 2; *OC* III, 219-20, n. 15).

Do caráter do homem em seu estado natural, o "selvagem", Rousseau escreve: "Sua alma, que nada agita, entrega-se unicamente ao sentimento da existência atual sem qualquer idéia de futuro, ainda que próximo, e seus projetos, limitados como suas vistas, dificilmente se estendem até ao fim do dia" (*DD* 56; *OC* III, 144) (p. 251 da trad., *op. cit.*). Descreve o homem natural como "carregando o seu eu, por assim dizer, perpetuamente consigo, total e inteiro, à semelhança do caracol carregando sua casa" (*DD*, 48: *OC* III, 136). E ainda:

> [Os homens no estado de natureza] não mantiveram nenhuma espécie de intercurso recíproco e eram, por conseguinte, estranhos à vaidade, deferência, estima e desdém; não tinham a menor idéia de "meu" e "teu", nem uma verdadeira noção de justiça; consideravam toda a violência de que eram alvo mais como um agravo que poderia ser facilmente reparado do que como um crime que devia ser punido; e nunca pensavam em vingar-se (*DD* 69; *OC* III, 157).

A descrição por Rousseau da condição natural e caráter do homem, em sua inocência, simplicidade e serenidade, exerce uma poderosa influência na imaginação de muitas pessoas. Mas que boas razões tem ele para fazer semelhante descrição? Não sustenta que seja obrigado a empreender investigações históricas ou antropológicas para determinar que provas poderiam existir para suas afirmações; é evidente que seus pontos de vista devem ser considerados "meros raciocínios hipotéticos e condicionais, mais apropriados a esclarecer a natureza das coisas do que a mostrar a verdadeira origem delas (*DD* 45; *OC* III, 133) (p. 242 da trad., *op. cit.*). Mas, em sua opinião, a sua é a melhor descrição do que hoje achamos ser verdade acerca das características dos homens em sociedade. Como não faz, porém, nenhuma tentativa séria para eliminar, ou mesmo considerar, hipóteses alternativas, a aceitação dos seus pontos de vista deve depender, não da sua descrição do estado de natureza tomado isoladamente, mas com base na irrefutabilidade e força persuasiva de toda a sua teoria social.

Rousseau concorda em que o homem no estado de natureza, em suas características mais "puras", pouco difere dos animais. Desprovido de linguagem, previsão, aptidões e aplicações práticas, leva sua vida ao sabor do impulso e com escasso propósito consciente. Essa imagem do homem dá origem à idéia de que, segundo Rousseau, ou ele permanece nessa condição natural, inocente, livre e feliz, mas pouco humana, ou então adquire características humanas mas deixa a natureza para trás e torna-se mau, escravizado e infeliz. Mas, embora haja vestígios dessa idéia no *Discurso sobre a origem da desigualdade*, ela não representa a opinião madura de Rousseau. Pois embora os processos de socialização freqüentemente corrompam e pervertam, de fato, os seres humanos, mesmo quando estão adquirindo suas capacidades e atributos propriamente humanos, é possível, em sua opinião, que o desenvolvimento humano permaneça fiel aos poderes e disposições do homem, mesmo quando as suas circunstâncias originais já ficaram para trás (*ver* BONDADE NATURAL).

Quando Rousseau traça o contraste entre os estados "natural" e "civilizado" do homem, ele está, de fato, contrastando esses poderes e disposições de homens que não envolvem relações com outros com aqueles que as têm, assim mostrando quanto nos seres humanos depende e deriva do intercurso com outros. Fazer essa distinção é importante para Rousseau, inclusive porque ele acredita que, desde que possamos determinar o que é que em nós deriva do caráter de nossas relações com outros, poderemos, em princípio, mudar-nos a nós mesmos através da mudança da natureza de nossas relações com outros, em todos os níveis — individual, social e civil. E fazer essa distinção de maneira nenhuma implica que as relações sociais do homem não são uma parte integrante e característica de sua natureza, tanto quanto são aqueles de seus poderes e disposições que conduzem à sua sobrevivência e bem-estar como se fosse uma criatura totalmente independente, separada e auto-suficiente.

Fontes: *DD*
E, Livros, I, II

Leituras sugeridas: Aldridge (77); Dent, cap. 3 (24); De Jouvenel (83); Lovejoy (92); Masters, cap. 3 (69); Plattner (99)

F

felicidade Embora Rosseau não dê em nenhum lugar qualquer definição de felicidade nem a discuta de algum modo sistemático, ele volta repetidamente, ao longo de seus escritos, ao assunto da natureza e fontes da felicidade humana.

Ele não duvida de que todo ser humano quer ser feliz. O AMOR DE SI MESMO, embora explicado principalmente em termos de desejo de autopreservação e automanutenção, também está na raiz da preocupação de todos em ser felizes. Não se segue, porém, que todos queiram a felicidade mais do que qualquer outra coisa, que queiram maximizar sua felicidade ou que a fruição de felicidade é o maior bem ou é o motivo subjacente em todas as demais atividades. Assim, por exemplo, o homem social ou civilizado, na opinião de Rousseau, quer poder e distinção pessoal, mais do que quer felicidade — e não apenas porque está equivocado a respeito das *fontes* de sua felicidade. Também um homem bom, obedecendo à sua consciência, quererá comportar-se com justiça, mais do que desejará fazer-se feliz, se isso envolver o cometimento de injustiças. É claro, se ele conserva a fé em sua consciência, estará contente consigo mesmo; mas a fruição desse contentamento consigo mesmo não é o motivo para a sua ação. Além disso, mesmo que o estar contente consigo mesmo seja a "satisfação suprema", Rousseau sabe muito bem que isso não falseia a conhecida verdade de que, com freqüência, os malvados e perversos prosperam e os bons e equânimes consomem-se. A felicidade humana envolve mais do que o conforto de uma límpida consciência (*ver E* IV, 281-3; OC IV, 587-90).

Na opinião de Rousseau, faz parte do plano providencial de Deus que aqueles que são justos e virtuosos também desfrutarão da felicidade, nem que seja apenas na sobrevivência da alma após a morte. O seu ponto principal é que não existe um conflito insuperável entre dever e interesse — não apenas porque observar o dever é o caminho mais seguro para o favorecimento do interesse pessoal, mas porque Deus ordenou a natureza humana de tal modo que as exigências da consciência (ou dever) e as necessidades de bem individual harmonizar-se-ão. Rousseau pensa que essa mesma coincidência entre as exigências de justiça e o próprio bem do indivíduo pode ser obtida no Estado ideal. Pois em tal Estado os princípios de justo reconhecimento dos direitos de todos são aqueles através dos quais o próprio indivíduo recebe o reconhecimento e o respeito como portador da dignidade humana. Assim, o bem do indivíduo será promovido mas é duvidoso que isso produza, de fato, uma coincidência entre justiça e felicidade, porquanto mais é exigido para a felicidade do que apenas isso.

No Livro V do EMÍLIO, Rousseau sugere que o amor íntimo e recíproco proporciona a felicidade que confere à vida todo o seu valor (*ver* AMOR). Dada a quantidade de tempo e atenção que as pessoas dedicam à tentativa de assegurar-se disso, poderia parecer que a opinião é amplamente compartilhada. No que se refere à sua própria vida, porém, talvez com uma certa resignação ou sentimento de derrota, Rousseau voltou-se cada vez mais para os prazeres que descobriu em seu enlevo na natureza e nas alegrias simples de jogos e folguedos com crianças e camponeses. Ele diz, no final, que a felicidade está para além de nós, e que é preferível arranjar-se com o contentamento, a paz de espírito, a tranqüilidade interior ou exterior. Não está inteiramente claro que distinção ele está fazendo aqui: talvez tenha em mente as ansiosas aspirações que podem colorir as tentativas de uma pessoa de obter a felicidade para si e que lhe abrem o caminho para a dor e o desapontamento, deixando-a por vezes ainda pior do que estava. É difícil não captar um traço de azedume pessoal nessa doutrina de acomodamento com a imobilidade interior e a satisfação com o pouco que se consiga (*ver* DEVANEIOS DE UM CAMINHANTE SOLITÁRIO).

Em Rousseau, não encontramos a noção de felicidade posta em extensivo e sistemático uso em teoria moral e social (como vemos, por exemplo, nos pensadores utilitaristas); nem encontramos qualquer meditação muito profunda sobre as fontes e o caráter da felicidade temporal. O que em sua teoria social tem precedência são os direitos e a dignidade do indivíduo, não a promoção da felicidade geral.

Fontes: *E*, Livros IV, V
DCS, Segundo, Terceiro, Quinto, Sétimo e Décimo Passeios

Leituras sugeridas:Grimsley (187); Grimsley (249)

filosofia No DISCURSO SOBRE AS CIÊNCIAS E AS ARTES, Rousseau cita Descartes, a par de Bacon e Newton, como um dos grandes "mestres da humanidade", um "gênio sublime" (*DCA* 25; *OC* III, 29). E fica evidente nos seus demais escritos que, mesmo discordando freqüentemente de seus pontos de vista, nutre particular admiração por outros grandes escritores filosóficos, como Platão, Montaigne e Hobbes. Entretanto, de um modo geral, evidenciou desprezo pela filosofia e os filósofos — se bem que, possivelmente, só porque achava que quem professava a disciplina ou ostentava esse nome tinha-a pervertido, deturpando o seu caráter próprio.

Suas queixas contra a filosofia, como ele acreditava ser comumente praticada, eram muitas. A filosofia suscita dúvidas, interrogações e problemas intermináveis e assim, longe de promover e expor a verdade, usualmente gera confusão, erro e incerteza. Em muitos casos, argumenta Rousseau, esse é o intuito deliberado daqueles que se intitulam filósofos, e que estão mais ansiosos por obter fama e aplausos por sua perspicácia e imaginação especulativa do que por acelerar a investigação. Seu objetivo é mostrarem-se mais argutos, mais hábeis, mais sutis do que outros, sem considerar se seus pontos de vista estão ou não bem fudamentados. O AMOR-PRÓPRIO deforma a investigação filosófica, da mesma maneira que deforma qualquer outra espécie de atividade social humana. Os sofismas e cavilações dos filósofos levam freqüentemente a um ceticismo incapacitador, destruindo a necessária e constante confiança das pessoas comuns e nada oferecendo para substituí-la. As crenças sociais e as convicções religiosas estão todas sujeitas à crítica corrosiva, e nada resta para servir de nutriente à vida.

Tampouco se pode confiar ou ter respeito pelos filósofos em matéria de conduta moral. Sedentos de distinção e bem-versados nas artes da sofística e da casuística, encontrarão sempre uma centena de razões para não ajudar os necessitados ou aliviar o sofrimento de outros. Em vez de a filosofia ampliar-lhes a mente ou o espírito de solidariedade, concentra a alma do filósofo mais estreitamente dentro dele próprio e dota-o com intermináveis meios de racionalização a fim de desculpar sua indiferença e insensibilidade. Também nesse caso, os sentimentos simples e pouco exigentes das pessoas é que são os guias mais seguros para a vida — por mais que toda essa ausência de refinamento atraia o desdém do erudito e sutil pensador.

Pode ser que o desdém do próprio Rousseau em relação aos filósofos tenha-se originado em seu constrangimento na presença dos *philosophes*, os intelectuais parisienses que, com seu espírito ágil e contundente capacidade de argumentação, freqüentemente o faziam sentir-se obtuso e tolo. Mas alguns dos pontos que ele assinala a respeito de filosofia e filosóficos são poderosos e convincentes, e não são aplicáveis apenas à sua época.

Fonte: *DCA*

Leituras sugeridas: Grimsley, cap. 1; Conclusão (26); Masters, cap. 2 (69); Shklar, cap. 3 (36)

G

Genebra Rousseau nasceu cidadão de Genebra. Embora, levado por problemas pessoais e uma juvenil ânsia de aventura, a deixasse em 1728 e, por sua conversão ao catolicismo, perdesse seus títulos como cidadão, os vínculos de Rousseau com a sua cidade natal permaneceram fortes tanto em seus sentimentos quanto em sua imaginação. Em 1754, numa época em que já granjeara considerável eminência, decidiu voltar, renunciar ao catolicismo, reclamar sua cidadania e reingressar na fé protestante. Escreveu um extenso elogio a Genebra como o melhor de todos os lugares para se nascer e juntou-o como dedicatória ao prefácio para o DISCURSO SOBRE A ORIGEM DA DESIGUALDADE. Se bem que o seu propósito fosse, em parte, facilitar o caminho para reclamar de volta a sua cidadania genebrina, é claro que ele também deu voz a sentimentos genuínos e a necessidades de Rousseau — por mais imprópria que Genebra possa ter sido como objeto desses sentimentos. Essa paixão leal de um filho pródigo foi mantida por Rousseau durante quase uma década.

Num artigo sobre Genebra (publicado em 1757) escrito para a ENCICLOPÉDIA, d'Alembert recomendou a introdução das artes cênicas na cidade como um estímulo à sua cultura. Assumindo — para irritação e repulsa de muitos dos membros menos ostensivamente presunçosos da cidade — o papel de mentor, protetor e prosélito da glória e do espírito de Genebra, Rousseau escreveu a CARTA A D'ALEMBERT (1758), defendendo a pureza da moral genebrina e a excelência dos costumes da cidade contra o que acreditava que seria a influência corruptora e deletéria de um teatro e de tudo o que ele traria consigo.

Rousseau continuou alardeando seu *status* de cidadão de Genebra — com efeito, "o cidadão" tornou-se uma forma comum de referência a ele. A CARTA A CHRISTOPHE DE BEAUMONT, escrita em sua defesa assim como em defesa de EMÍLIO após sua condenação em 1762, é prefaciada com uma longa enumeração de todos os muitos títulos e honrarias do arcebispo — em relação aos quais Rousseau apresenta a sua própria e orgulhosa condição de cidadão de Genebra, como se isso fosse tudo o que precisava ser dito acerca de sua dignidade e *status*.

Essa reivindicação não agradou, nem tranqüilizou, as autoridades genebrinas. Não só tinham banido, e queimado, *O contrato social* e o *Emílio* em junho de 1762, seguindo o exemplo das autoridades eclesiásticas parisienses, como também interditaram a *Carta* quando foi divulgada em 1763. Desgostoso com tudo isso, Rousseau renunciou à sua cidadania em maio desse ano, tornando-se literalmente, assim como metaforicamente, um apátrida. As coisas não ficaram por aí. Rousseau tinha desde há muito relações conturbadas com o procurador-geral genebrino, J.-R. Tronchin, que publicou em setembro de 1763 uma defesa anônima das ações promovidas por vários conselhos genebrinos contra Rousseau sob o título de *Cartas do campo* (Lettres écrites de la campagne). Em parte, essas cartas foram escritas com a intenção geral de defender as autoridades genebrinas contra certos radicais que andavam acusando-as de iníquas e corruptas. Adotando Rousseau como inspiração e guia, esses grupos radicais usavam o mau tratamento de que ele tinha sido alvo para favorecer seus próprios objetivos. Rousseau escreveu extensamente, em sua defesa, as CARTAS DA MONTANHA, que não só detalharam as injustiças que ele sofrera mas também criticaram as ações do governo de Genebra em muitas questões. Trabalhando com base em informações que lhe eram fornecidas por amigos, Rousseau expôs abusos comuns, usurpação de poderes e uma série de atos impróprios e ilegítimos. Isso em nada contribuiu, é claro, para aplacar os seus inimigos. Tornou-se alvo de novos ataques mas pareceu, por algum tempo, como se a causa radical estivesse prestes a triunfar.

Apesar das solicitações de seus amigos, Rousseau evitou qualquer novo envolvimento e dezoito meses depois abandonou por completo essa parte da Europa. Nunca mais voltou a visitar Genebra, embora conservasse estreitos vínculos com certas pessoas aí residentes, sobretudo as duas que editariam sua obra após sua morte, P. Moultou e P. A. Du Peyrou. Por altura de sua morte, as tempestades de vinte anos antes tinham amainado e Rousseau foi reivindicado de bom grado por sua cidade natal como um dos seus grandes filhos.

A título de comparar a realidade e a imagem que Rousseau apresentava de Genebra em seus escritos, é aconselhável apresentar alguns dados materiais. A população era de cerca de 25.000 habitantes, dos quais apenas uns 1.500 — os cidadãos e os burgueses (habitantes de um burgo) — gozavam de direitos políticos. Os demais eram chamados *nativos* (nascidos na cidade, mas não cidadãos ou burgueses) e *habitantes* (residentes alienígenas). Esses 1.500 eleitores reuniam-se anualmente como o corpo soberano denominado *Conseil Général* (Conselho Geral) ou *Assemblée du Peuple* (Assembléia do Povo). Embora lhe fosse negado o direito de iniciar legislação (de acordo com a Mediação de 1738 que pôs fim à insurreição civil dessa época, que Rousseau tinha presenciado), esse corpo podia eleger quatro altos funcionários do Estado, os síndicos, e tinha o direito de representação ou protesto — em teoria, pelo menos — contra propostas legislativas.

Havia três conselhos executivos — o *Grand Conseil* (de 200 membros), o *Petit Conseil* (de 25 membros) e o *Conseil des Soixante* (Conselho dos Sessenta) — que repartiam entre si um complexo conjunto de responsabilidades na condução dos negócios do Estado. Apesar de dispositivos constitucionais para impedir isso, o Pequeno Conselho assumiu gradualmente cada vez maiores poderes, chamando a si não apenas um papel executivo mas também soberano. Além disso, ser membro desse conselho assumiu um caráter patrício, assim subvertendo ainda mais a autoridade soberana do Conselho Geral. Foi o Pequeno Conselho, em particular, quem iniciou os ataques contra Rousseau e a quem ele, por seu turno, atacou como um poder usurpador e ilegítimo. O fato de que, sob os termos da Mediação, a legislação não era iniciada pelo Conselho Geral mas conjuntamente pelo Grande Conselho e pelo Pequeno Conselho adicionou mais combustível para alimentar os protestos de usurpação. Com efeito, até o direito de protesto por membros do Conselho Geral foi alvo de ataques — uma questão em relação à qual Rousseau se manifestou em franco desacordo em suas *Cartas da montanha*.

O outro aspecto importante da vida genebrina é a sua herança calvinista. Em 1541, na esperança de criar uma comunidade protestante ideal, Calvino elaborou uma constituição para Genebra. Esta incluía uma elite clerical e acadêmica que tinha tanta influência sobre os costumes e a cultura da cidade quanto as instituições políticas que também eram parte integrante dessa constituição. Em especial, Calvino estabeleceu uma forma de "polícia moral" conhecida como o Consistório, cuja preocupação era promover a virtude pessoal mediante a punição e exposição dos transgressores. Embora se travasse considerável debate em torno da questão de se apurar até que ponto seria intensa essa ética calvinista na obra de Rousseau, não há dúvida de que seu espírito e sentimentos, e suas crenças sobre o modo como um Estado devia ser ordenado a fim de estabelecer a virtude pública e a decência privada foram muito influenciados por esse *ethos*.

Leituras sugeridas: Cranston, vol. I (17); Green (8); Miller (18); Palmer (182); Spink (277)

governo O termo "governo" refere-se tanto à tarefa ou função de governar quanto ao corpo que executa essas funções. Rousseau dedica a maior parte do Livro III de O CONTRATO SOCIAL a uma análise das tarefas e cargos do governo, assim como às diferentes formas que o corpo governamental pode assumir:

> Que será, pois, o governo? É um corpo intermediário estabelecido entre os súditos e o soberano para suas mútuas correspondências, encarregado da execução das leis e da manutenção da liberdade, tanto civil quanto política. Os membros desse corpo chamam-se magistrados ou *reis*, isto é, *governantes*, e o corpo em seu todo recebe o nome de *príncipe* (*CS* III, cap. 1, 208-9; *OC* III, 396).

Os mais importantes pontos relativos à concepção de Rousseau de governo são os que se seguem. Primeiro, trata-se de um corpo executivo, não legislativo. Os atos de legislação são a província da autoridade suprema do Estado, o CORPO SOBERANO (*ver* AUTORIDADE; VONTADE GERAL). O governo é "pura e simplesmente uma comissão... na qual, como meros funcionários do soberano, os governantes exercem em seu nome o poder de que ele os fez depositários, e que pode limitar, modificar e retomar quando lhe aprouver" (*CS* III, cap. 1, 209; *OC* III, 396). Daí deriva o segundo ponto: que o governo atua com poder e autoridade delegada, subordinada à autoridade do soberano (de todo o povo atuando em sua capacidade de cidadãos).

Rousseau pensa que um Estado necessita de um cargo como o de governante por numerosas razões. Todos os atos de legislação são de caráter geral: eles estipulam o que qualquer cidadão tem ou não tem que fazer. Mas haverá épocas e lugares nos quais essas leis gerais têm de ser aplicadas a determinadas pessoas. Isso não é uma função própria da autoridade soberana, que mais não seja porque não se pode confiar em que ela atuaria imparcialmente, com justiça, em casos envolvendo os interesses de determinados indivíduos. Além disso, seria totalmente impraticável e certamente ineficaz reunir todo o corpo de cidadãos para deliberar e decidir sobre as muitas questões cotidianas de administração e gerenciamento civis.

Rousseau tem plena consciência de que ao separar as funções legislativas soberanas das funções executivas e administrativas governamentais subordinadas, ele está se manifestando não só contra a terminologia predominante do seu tempo, mas também contra idéias comuns. Em sua opinião, o funcionamento dos corpos legislativo e executivo é embaraçado por séria confusão: é essencial uma clara diferenciação conceitual entre os dois, se se pretender que as fontes de autoridade legítima no Estado sejam identificadas e explicadas. Rousseau está por demais familiarizado com a situação em que o poder legislativo se encontra nas mãos de apenas um punhado de pessoas — em teoria, servidores da vontade soberana de todo o corpo de cidadãos — que, por motivos pessoais, tornam confusas as distinções que Rousseau procurou traçar.

O terceiro ponto central para a idéia rousseauniana de governo é que não existe uma única forma para ser adotada pelo corpo de governo que seja igualmente apropriada às necessidades de todos os Estados e nações. Diferenças em dimensões físicas, em população, em dispersão, em geografia — tudo influi sobre que forma de corpo executivo será a mais apta para executar e aplicar do modo mais satisfatório a vontade soberana do povo, e para administrar os negócios do Estado. Embora a autoridade soberana seja democraticamente constituída, de certo modo, na explicação de Rousseau, não obstante, ainda que se reconheça que, aparentemente, ele tinha em vista o governo democrático participante direto (*ver* DEMOCRACIA), seria um erro pensar que favorece automaticamente o governo democrático. Ele estabelece algumas regras gerais que visam determinar a melhor forma de governo a adotar em qualquer caso particular mas, ao mesmo tempo, admite a existência de muitas exceções e que nenhuma forma "pura" — democrática, aristocrática ou monárquica — possa ser a melhor. Se Rousseau tem uma preferência é por uma aristocracia eletiva — na realidade, não muito dessemelhante da democracia representativa comum do Ocidente no final do século XX, embora sem a mesma distinção entre função legislativa e executiva (ver *CS* III, cap. 15, 240; *OC* III, 429).

O quarto ponto de importante significação diz respeito à presença do governo no Estado como o *locus* de uma vontade setorial ou faccional distinta da vontade geral de todos os cidadãos e da vontade particular dos indivíduos (*ver* VONTADE CORPORATIVA). Rousseau está ciente de que um corpo de pessoas, investido de poderes especiais, estará apto a enxergar uma vantagem especial em sua própria manutenção e progresso, o que lhe propiciará ampliar seus poderes e reivindicações à custa do bem comum. Sustar a tendência de crescimento e usurpação desse interesse setorial é essencial: a existência de tais setores poderosos é que representa a maior ameaça à justiça e à autoridade legítima, e acarreta a subversão da vontade geral. Rousseau não propõe nenhum procedimento infalível, à prova de riscos, para impedir que isso ocorra; nem poderia existir um. Do que ele continua convencido é de que isso constitui um abuso de poder e redunda, com efeito, na "dissolução" do Estado:

> A dissolução do Estado pode dar-se... quando o príncipe não mais administra o Estado de acordo com as leis e usurpa o poder soberano... o grande Estado se dissolve e um outro se forma dentro dele, composto unicamente de membros do governo, o qual, em relação ao resto do povo, não passa de senhor e tirano. Desse modo, no momento em que o governo usurpa a soberania, rompe-se o pacto social e todos os simples cidadãos recuperam de direito sua liberdade natural e são forçados, mas não obrigados, a obedecer (*CS* III, cap. 10, 233; *OC* III, 422).

É lamentável que Rousseau nunca tenha deixado totalmente claro quem julgará que tal usurpação ocorreu, exceto uma assembléia de todo o povo julgando como cidadãos comuns sem distinção. Nos Estados modernos onde tal coisa não pode acontecer, essa vibrante afirmação dos inalienáveis direitos soberanos do povo carece de uma clara e efetiva aplicação.

Fontes: *DEP*
GP, caps. 6-9
CS, Livro III e *passim*

Leituras sugeridas: Gildin (123); De Jouvenel (66); Lemos (68); Masters, cap. 7 (69); Noone (140)

guerra Rousseau nunca escreveu sistematicamente sobre guerra. Entretanto, a partir de 1756, redigiu numerosas notas sobre temas tais como o caráter da guerra e as relações entre indivíduos na guerra, sobretudo depois da leitura do *Projeto de paz perpétua* do abade de Saint-Pierre (*ver* ESCRITOS SOBRE O ABADE DE SAINT-PIERRE). Nenhuma dessas notas foi publicada em sua vida, embora algumas tenham sobrevivido, incluindo um substancial fragmento normalmente conhecido como L'état de guerre ("O estado de guerra"; desconhecida a data precisa; *OC* III, 1899-1904, originando-se provavelmente a partir de 1757; e um certo número de apontamentos breves, *OC* III, 613-16). Há também alguns comentários sobre esses tópicos em *O contrato social* (por exemplo, *CS* I, cap. 4, 171; *OC* III, 356-7) e em outros textos. Parece provável que os dois citados fragmentos pertençam ao mesmo escrito.

Rousseau considera, em primeiro lugar, se o ESTADO DE NATUREZA deve ser visto como um estado de guerra, como era tão famosamente sustentado por Hobbes (*Leviatã*, Parte I, cap. 13). Rousseau nega isso, baseado em duas premissas. Primeiro, sustenta que o homem é naturalmente pacífico e temeroso; ao mais leve sinal de perigo, seu primeiro impulso é o de fugir, não o de enfrentar e lutar. Afirma que Hobbes "transferiu para o estado de natureza idéias que foram adquiridas em sociedade, pelo que, ao falar do selvagem, descreveu o homem social" (*ver DD* 45; *OC* III, 132). Mas, ainda que seja verdade que os homens peguem naturalmente em armas contra o perigo, contra outros homens, Rousseau nega que isso importe em guerra entre eles. Mesmo em sociedade "civilizada", onde homens sistematicamente se agridem e causam danos mútuos, isso não significa um estado de guerra. Pois a guerra não é uma condição de conflito entre indivíduos, mas um confronto em que pessoas como representantes de estados travam luta.

Rousseau não está fazendo aqui um mero jogo de palavras vazias. Muito pelo contrário, está iniciando uma profunda análise das bases em que as pessoas se enfrentam mutuamente quando lutando em guerras: "A guerra... não é uma relação homem-homem, mas uma relação Estado-Estado, e os indivíduos só acidentalmente são inimigos, não como homens, nem mesmo como cidadãos, mas como soldados; não como membros de seus países, mas como seus defensores" (*CS* I, cap. 4, 171; *OC* III, 357). Os que se defrontam no campo de batalha são os que têm "*status* de combate" (os soldados), e tal *status* não absorve todos os aspectos de sua humanidade nem abrange todos os membros do Estado que eles representam. Assim que um soldado depõe as armas ou é desarmado, deixa de ser uma ameaça e readquire os seus direitos a não ser molestado, uma vez que já não significa um perigo. Em conseqüência, aqueles que não se encontram na posição de defensores de seus respectivos Estados, aqueles que não têm a intenção de resolver por meio das armas as disputas que possam ocorrer entre Estados adversários — por exemplo, as crianças — não possuem o *status* de combate e, portanto, não podem ser propriamente vistos como tendo perdido qualquer dos seus direitos a um tratamento justo e humano.

Rousseau está argumentando nesta caso segundo a tradição das alegações de "a guerra justa", embora não lhe faça qualquer alusão. Ele está principalmente interessado, isso sim, em contradizer as doutrinas de Grotius, que supôs, ao que parece, não haver limites para os direitos do vencedor em qualquer conflito com o vencido. As idéias de Rousseau podem ser consideradas moralmente sólidas e humanas.

A própria guerra, pensa ele, continuará sendo um aspecto mais ou menos inevitável da experiência humana enquanto a conquista e o poderio superior puderem contribuir para o engrandecimento dos príncipes — o que continuará acontecendo até que se estabeleça uma adequada federação de Estados na qual cada um seja tão dependente dos outros que não possa ser vantajoso para qualquer deles tentar dominar ou conquistar um outro. Em paralelo com o seu argumento em *O contrato social* a respeito da posição do indivíduo sob a égide da lei, Rousseau sustenta que em tal confederação os príncipes estariam trocando o "perigoso poder" de capturar pela força — mas também, é claro, a possibilidade de destituição pela força — pelo direito real à jurisdição e ao controle, e assim lucrariam com tal reestruturação da base de seu poder soberano em relação a outros Estados.

Ver também ESCRAVATURA.

Fontes: *DD*

L'état de guerre

Guerre et état de guerre

CS, Livro I

Leituras sugeridas: Carter (219); Hinsley (221); Hoffman (222); Hoffman (223); Perkins (226); Roosevelt (228); Roosevelt (229); Waltz (231)

I

igualdade O tratamento dado por Rousseau à natureza e importância da igualdade humana tem duas partes: a primeira consiste em sua crítica da desigualdade; a segunda é a sua descrição do que é a igualdade e por que razão ela é importante.

O seu exame dos fundamentos e do caráter da desigualdade encontra-se principalmente no DISCURSO SOBRE A ORIGEM DA DESIGUALDADE, no qual ele distingue duas formas: desigualdade natural e desigualdade convencional. A primeira consiste em diferenças em vigor físico, saúde, agilidade mental etc.; a segunda em diferenças de riqueza, virtude, poder e autoridade. No entender de Rousseau, as primeiras desigualdades são inevitáveis e normalmente benignas ou sem conseqüências; as segundas, por outro lado, são ilegítimas, perniciosas e sem justificação. É a estas últimas que ele dedica a maior parte de suas atenções.

Principalmente porque, quando em associação com outras, as pessoas estão preocupadas em ganhar odiosa ascendência (*ver* AMOR-PRÓPRIO), elas buscam estabelecer e manter tanta desigualdade de muitas espécies diferentes quanto puderem entre elas próprias e as demais, a fim de adquirir um sentimento de superioridade sobre os insignificantes ou desprezíveis outros. Virtualmente, qualquer sinal de diferenciação — como usar um determinado tipo de vestuário, ter certas maneiras — pode ser usado para esse fim, na condição apenas de que a pessoa ou grupo esteja desse modo apto a pensar-se como superior, mais distinto, uma "melhor classe de gente". Riqueza, privilégios, posições sociais, tudo adquire sua significação primordial a partir desse desejo maligno de rebaixar outras pessoas (*ver* COMPARAÇÃO). Esses sinais diferenciadores são estimados como "méritos", muito embora não signifiquem nenhuma qualidade real e funcionem somente como expedientes para conseguir a abjeção de competidores.

Rousseau acredita que essas desigualdades são as principais fontes de infelicidade e corrupção humanas. E até mesmo a pessoa "superior" é prejudicada, afirma ele, uma vez que, dependendo do que faça baseada na boa opinião de outros a fim de preservar qualquer senso de seu próprio valor, essa pessoa perde o seu autodomínio e torna-se um joguete das avaliações dos outros a seu respeito (*ver* ALIENAÇÃO). Rousseau também sustenta que não existe correlação entre desigualdades naturais e convencionais. É uma questão "adequada, talvez, para ser discutida por escravos no julgamento de seus amos", mas "sumamente inconveniente para homens sensatos e livres em busca da verdade" (*DD*, 44; *OC* III, 132) apurar se o vigor do corpo e do espírito, a sabedoria e a virtude se encontram em proporção com o poder ou a riqueza.

Que formas de igualdade Rousseau considera desejáveis e por quê? Em primeiro lugar, deve existir uma igualdade básica de posição e prestígio moral e civil, de modo que ninguém esteja em servidão ou sujeição. É conveniente que ninguém esteja sujeito a ordens arbitrárias, que todos compartilhem de igual autoridade e do direito de conduzir seus próprios assuntos, bem como o de determinar que assuntos são comuns a todos (*ver* CIDADÃO). Mesmo no melhor Estado, pode haver certas diferenças de propriedade e riqueza mas, argumenta ele, nunca se deve permitir que se tornem tão grandes a ponto de fazer com que uma pessoa qualquer fique dependente da vontade e do favor de alguma outra pessoa (específica) para sua sobrevivência e segurança. Pois isso resultará em sua escravização àquela outra pessoa e seu amo também será corrompido ao acreditar que em ter dependentes reside seu próprio mérito e valor. Depois, em segundo lugar, é claro que uma igualdade básica assegurada em provisões materiais, suficiente para eximir cada um da necessidade de bajular outros a fim de obter um meio de vida, é algo que Rousseau pensa ser importante.

Também no melhor Estado haverá certas diferenças em poder e posição: nem todos os membros serão, por exemplo, governantes, com poderes para administrar a lei. Mas tais posições serão estabelecidas com base na autorização comum de todos, agindo em sua igual capacidade soberana como membros da autoridade suprema do Estado: o governo existe como função delegada, mediante a aprovação de todas as pessoas. Além disso, os que ocupam tais posições têm a tarefa de defender e proteger a pessoa e os bens de todos. São (pelo menos em teoria) servidores do bem público, em sua função de governantes do mesmo.

Essas igualdades fundamentais, em posição moral e civil, assim como no acesso a recursos materiais, são valiosas não só pelo que impedem — a saber, a servidão e a penúria (em todos os seus disfarces) —, mas pelo que obtêm, e não apenas para cada indivíduo, mas para todos enquanto comunidade. Somente de pessoas a quem se aprecia e respeita como iguais, argumenta Rousseau, é que alguém pode receber reconhecimento e respeito verdadeiramente significativos, pois estes representam que se é acatado como ser moralmente significativo. O tributo prestado por escravos é um gesto vazio, derivado do medo ou da ameaça. Não confere qualquer honra verdadeira a quem o recebe. Mas aqueles que sabem de sua própria importância, e que são reconhecidos por alguém como tendo importância, podem por um respeito a esse mesmo alguém estabelecê-lo como humano entre os humanos.

Os ricos e os poderosos não devem, portanto, ressentir-se ou indignar-se com a diminuição de seus privilégios, pois os benefícios que estes conferiam eram apenas aparentes. Eles podem obter numa comunidade de iguais aquele respeito que procuravam através da postura ilusória de domínio (*ver* DOMINAÇÃO).

Fontes: *DD*, especialmente a Parte 2
DEP
CS, Livros I e II

Leituras sugeridas: Charvet (331); Nesbit (138); Paul (295); Walzer (347); Williams (349)

Iluminismo O Iluminismo foi um movimento de idéias, um conjunto de mudanças graduais no pensamento religioso, científico, social e político que ocorreram na França no século XVIII.

> O Iluminismo não era conhecido por esse nome no início do século XIX. É uma palavra moderna. Quando os ingleses começaram a precisar de uma palavra para descrever o clima de opinião na era da Enciclopédia, usaram a palavra alemã Aufklärung, prova suficiente de que a noção ainda não tinha chegado às histórias que se conheciam nas escolas. Durante três quartos do século XIX, não se pensou sobre esse período como uma era esclarecida. Na realidade, a maioria considerava-a uma época infamante que terminara numa nêmesis de guilhotina e terror (Chadwick (283)).

Um "clima de opinião" é, notoriamente, um fenômeno vago e mal definido, e sua avaliação pelas pessoas é inevitavelmente subjetiva. Não obstante, Rousseau é tão comumente apontado como figura notável do Iluminismo que o seu lugar nesse "clima de opinião" precisa ser levado em conta. As principais figuras do movimento consideram-se engajadas na tarefa de eliminar mistérios, obscurantismos, o amontoado de tolices acumuladas por idéias e instituições obsoletas que estorvavam o progresso do homem. No lugar delas seria implantado o que era transparente em seu objetivo e funcionamento racional, libertador e progressista. Em particular, seria superado o controle da Igreja — especificamente da Igreja Católica — sobre o ensino, a lei, o governo e as questões dos homens. A razão secular universal, as técnicas e os métodos centrais da ciência natural adquiririam plena soberania no lugar dela; tudo tinha que ser investigado, explicado, submetido ao tribunal da avaliação racional a fim de reivindicar suas credenciais.

Em termos gerais, portanto, o Iluminismo estava comprometido com a investigação aberta, sem entraves, não reprimida por dogmas ou pela autoridade derivada de fontes que não pudessem elas próprias suportar essa investigação. Em princípio, qualquer um estava livre e tinha capacidade para conduzir tais investigações. Ninguém era privilegiado, ninguém era excluído. Os homens doutos e judiciosos da sociedade deviam adquirir suas posições de prestígio não por especial prerrogativa nem por dependência de alguma suposta hierarquia: a carreira deles estava aberta ao talento e só dependia deste. Assim, há um forte elemento igualitário no pensamento iluminista, embora Rousseau fosse extraordinário na apresentação de extensas exigências de IGUALDADE nas esferas social e política. Embora muitas das idéias do movimento fossem subversivas das ordens estabelecidas, foram poucas as outras figuras do Iluminismo que defenderam propostas tão radicais.

A ENCICLOPÉDIA é, provavelmente, o documento mais representativo do Iluminismo. Seus principais editores, Diderot e d'Alembert, e os inúmeros e freqüentemente notáveis colaboradores (por exemplo, Voltaire, Condillac, Holbach, Grimm, Rousseau) — freqüentemente mencionados como *philosophes* — são as figuras destacadas do movimento.

Com exceção do seu extenso ensaio sobre economia política (*ver* DISCURSO SOBRE ECONOMIA POLÍTICA), as contribuições de Rousseau para a *Enciclopédia* foram todas na área da música (*ver* MÚSICA, TEXTOS SOBRE). Mas apressemo-nos em esclarecer que, apesar desse limitado âmbito, ele esteve intimamente envolvido em todo o projeto desde o seu começo. Entretanto, a sua atitude, em relação aos outros *encyclopédistes* e ao clima de idéias que eles estavam criando, sofreu drásticas mudanças. A sua primeira obra madura de teoria social, o DISCURSO SOBRE AS CIÊNCIAS E AS ARTES, já adota uma postura eminentemente crítica em relação às artes e às letras como atividades que nenhuma contribuição proveitosa deram para o bem e a felicidade humanos. Esse ensaio não assinalou de imediato um rompimento com seus amigos: foi visto mais como uma expressão do paradoxo, como uma demonstração do livre jogo de inteligência crítica que os *philosophes* celebravam, do que como um ataque sério contra eles e suas aspirações. Com efeito, o ensaio pode ser interpretado como um apelo para maior dedicação na busca da verdade; como uma declaração de que somente os embusteiros e os charlatães deviam ser criticados, não o empreendimento em si.

Essa acomodação não sobreviveu por muito tempo. Por questões pessoais, mas também por divergências cada vez mais amplas de pontos de vista, o conflito tornou-se gradualmente mais profundo. Rousseau já não acreditava que uma crescente CIVILIZAÇÃO pudesse conduzir a maior satisfação das potencialidades e felicidade humanas; não acreditava que a RAZÃO fosse capaz de provar a existência de Deus e de sustentar a crença religiosa — pelo contrário, só produziria um cinismo e ceticismo incapacitadores. Passou a sentir que as questões humanas e a ordem social dependiam mais da virtude e da lealdade do que do conhecimento e aceitação de princípios racionais de conduta. Nesses e em outros aspectos, Rousseau não só se distanciou da trivial confiança de que tudo podia ser explicado, de que a conduta humana era suscetível de orientação puramente racional, de que toda a mudança significava progresso para um futuro melhor e mais feliz, mas foi hostil a tal confiança. Passou a valorizar cada vez mais um sentimento de mistério, humildade e submissão como fiel aos mais profundos movimentos do coração humano.

Por mais vagos que possam ser tais conflitos entre razão e fé, conhecimento e mistério, intelecto e sentimento, Rousseau estava dando voz, à sua própria maneira, a algumas das mais profundas inquietações sobre o alcance e o poder da ciência em relação à natureza do homem, ao universo e a Deus que se ramificaram durante o século XIX e seriam tratadas por pessoas tão diversas quanto Hegel e Matthew Arnold. O que se apresenta como pensamento "iluminado", mesmo nesses dias, é com freqüência um conjunto de idéias que é dominador, restritivo, redutivo e imperativo, e que, longe de oferecer qualquer apreensão duradoura do que necessitamos a fim de prosperar, simplesmente deixa escapar ou ignora muitas vezes qualquer coisa que não esteja ao seu alcance.

Embora Rousseau não seja, claramente, um representante desse "clima de opinião" predominante — apesar de ser visto freqüentemente como tal — subsistem, é claro, muitos pontos importantes de semelhança. A sua ênfase na dignidade moral própria de todo o indivíduo, levando à sua idéia de que a autoridade civil se encontra nas mãos do "povo" (*ver* AUTORIDADE), é francamente compatível com a elevação do alcance e dos direitos do julgamento individual que está implícito nas investigações intelectuais críticas da *Enciclopédia*. Entretanto, pode ser argumentado que, ao sublinhar assim os direitos inalienáveis dos indivíduos, Rousseau abalou não só as estruturas estabelecidas de autoridade mas também aqueles vínculos de lealdade e fidelidade comuns que ele considerava essenciais para qualquer comunidade justa e criativa. Se virmos a "idade do Iluminismo" como a idade em que a concepção do "indivíduo moderno" atingiu plena maturidade, então as idéias de Rousseau devem ter certamente desempenhado algum papel nisso.

Fontes: DD

Carta a d'Alembert

Leituras sugeridas: Cassirer (239); Darnton (243); Gay (247); Hampson (252); Hazard (254); Kant (288); Keohane (260); Martin (272)

J

Júlia, ou A nova Heloísa (Julie, ou La nouvelle Héloïse) (1761) [9] Em abril de 1756, Rousseau mudou-se, com Thérèse Levasseur e a mãe dela, para l'Ermitage, um chalé na floresta de Montmorency que lhe foi emprestado pela sra. d'Épinay. Foram os seus longos e solitários passeios na floresta que lhe forneceram o cenário para uma extraordinária explosão imaginativa. Enquanto caminhava, tornou-se obcecado com figuras imaginadas cuja aparência, vida e amores o absorveram totalmente (ver *As confissões*, Livro IX). No inverno desse ano, numa febre de êxtase erótico, escreveu a primeira das cartas imaginadas entre Júlia, seu amante Saint-Preux, e sua amiga e prima Clara. Elas iriam formar o alicerce para as primeiras duas partes de seu romance epistolar, *Júlia*. Rousseau parece ter alimentado sentimentos um tanto equívocos a respeito dessa obra, uma vez que envolveu o abandono de sua *persona* de homem de elevados princípios, látego de uma sociedade elegante com cujas frivolidades de amor, galanteios e paixões ilícitas ele nada teria a ver. Não obstante, persistiu no empreendimento, e no verão de 1757 completou a terceira parte do romance e uma parcela da quarta (tal como a concebeu nessa época, a obra era para terminar no final da Parte IV).

Então, realidade e ficção parecem ter-se conjugado em sua vida. Apaixonou-se por Sophie d'Houdetot (cunhada da sra. d'Épinay), a quem conhecera de passagem no ano anterior, e parece ter encontrado nela a personificação de muitos traços da heroína do seu romance, Júlia. Sophie estava morando em Eaubonne, a poucos quilômetros de l'Ermitage, e Rousseau e ela passaram muitos dias caminhando e conversando no que era, pelo menos para Rousseau, um estado de amoroso êxtase. O relacionamento não durou muito: Sophie manteve-se fiel a seu amante, Saint-Lambert, que estivera ausente quando Rousseau a viu pela primeira vez. Não tardaram em chegar aos ouvidos de Saint-Lambert rumores a respeito do caso e embora, no começo, parecesse tolerar a intensa devoção de Rousseau a Sophie, a atmosfera entre eles tornou-se cada vez mais carregada. Rousseau convenceu-se de que as pessoas estavam empenhadas em o difamar e ridicularizar; suas suspeitas recaíram sobre a sra. d'Épinay e seu amante Grimm (então amigo dele). Em dezembro de 1757, as relações tinham-se deteriorado a tal ponto que Rousseau abandonou l'Ermitage e mudou-se para Mont-Louis, nas suas cercanias.

Durante esse período, ia avançando com novos episódios. Uma quinta e logo depois uma sexta partes foram escritas, das quais o intenso erotismo das primeiras quatro está notoriamente ausente. É possível que suas próprias decepções amorosas tenham feito com que ele decidisse recuperar a posição que seus incontrolados sentimentos o tinham levado a abandonar, e que desejasse uma vez mais envergar (através da figura de Wolmar, com quem Júlia se casa) a toga de juiz e legislador dos costumes e moral da sociedade.

A obra estava quase completa no final de 1758, mas extensas revisões e aprimoramentos para publicação significaram que mais dois anos transcorreram antes de vir a lume (tendo sido editada em Londres em dezembro de 1760, em Paris em janeiro de 1761, embora impressa por Rey em Amsterdã). Durante 1760, Rousseau copiou partes do livro para a sra. de Luxemburgo (para quem já o estava lendo), acrescentando algumas páginas extras, *Les Amours de Milord Édouard Bomston*, em que descreve as façanhas de uma figura um tanto secundária do próprio romance que vai buscar em Roma o amor e uma finalidade para a sua vida.

Júlia foi um espantoso sucesso. (Pelo menos 72 edições foram produzidas em francês antes de 1800 e cerca de metade desse número em tradução inglesa). Rousseau desfrutava agora de tremenda popularidade e sua obra era mais avidamente lida do que em qualquer outra época de sua vida. Esses aplausos gerais não iriam, porém, durar muito. Dezoito meses mais tarde era alcançado pelas catástrofes que se seguiram à publicação de EMÍLIO e de O CONTRATO SOCIAL, e obrigado a fugir de Paris para a Suíça, vivendo em virtual exílio nos dez anos seguintes.

O título original do romance de Rousseau era para ser *As cartas de dois amantes, vivendo numa aldeia do sopé dos Alpes*. Por que razão mudou de idéia e preferiu ecoar a história medieval de Heloísa não ficou claro, uma vez que a Júlia de Rousseau dificilmente se compara com a sua predecessora. Os principais protagonistas são Júlia; sua prima Clara; Saint-Preux; originalmente o preceptor de Júlia mas logo seu amante; os pais de Júlia; e, mais tarde, o seu futuro marido, Wolmar. A ação desenvolve-se por meio da troca de cartas entre esses personagens, e inicia-se com uma crise: Saint-Preux confessa o seu amor por Júlia, que nos primeiros instantes se mostra consternada e empalidece mas depois tenta imprudentemente, por contra própria, vencer o ardor do seu apaixonado. Júlia é retratada como uma mulher de intensa seriedade moral, mas a quem a própria intensidade acabará por traí-la. Ela não consegue lidar com esse relacionamento de maneira despreocupada e é insensivelmente atraída para uma intimidade cada vez maior com Saint-Preux enquanto se esforça por convencê-lo a desistir dessa devoção.

O pai de Júlia regressa do exército e menoscaba Saint-Preux como um inoportuno. Júlia despede o jovem mas continuam a corresponder-se e as comunicações entre ambos tornam-se cada vez mais apaixonadas. Saint-Preux volta e ameaça matar-se se Júlia não for sua. Quando toma conhecimento de que está para ser prometida em casamento ao barão de Wolmar, um velho camarada de seu pai, Júlia entrega-se ao seu apaixonado num êxtase de paixão e desespero. Essa ligação ilícita continua por algum tempo, até que uma nova figura entra em cena — um par do reino inglês, Eduard Bomston. Por ciúme, Saint-Preux desafia-o para um duelo; mas este é evitado quando Júlia conta a lorde Eduard o que está ocorrendo e ele oferece generosamente a Júlia e Saint-Preux o uso de uma de suas propriedades. Estende até o convite ao pai de Júlia, mas este declina-o e, num acesso de ira, agride a filha, que aborta o filho de Saint-Preux.

A mãe de Júlia descobre a correspondência ilícita da filha e, embora deplorando que esse amor inigualável jamais possa ser aceito, fica não obstante profundamente chocada e cai mortalmente enferma. Júlia convence-se de que é responsável pela morte da mãe e adoece, por sua vez, vítima de varíola. Saint-Preux parte para Paris na companhia de lorde Eduard; Júlia recupera-se e aceita o compromisso com Wolmar, embora se considere ainda a noiva espiritual de Saint-Preux.

Passam-se alguns anos (estamos agora no início da Parte IV), durante os quais Saint-Preux esteve no mar com a expedição do almirante Anson, na qual se alistou por instigação de Bomston. Clara, nesse meio tempo, casou e enviuvou; e Júlia, agora Júlia de Wolmar, tem dois filhos varões. Embora ela não saiba disso, Wolmar estava ao corrente da ligação amorosa dela antes do casamento e concebe agora a idéia de empregar Saint-Preux como preceptor dos seus rapazes na modelar propriedade de Clarens. Acredita Wolmar que, uma vez que se reencontrem em condições tão alteradas, Júlia e Saint-Preux remirão sua antiga paixão e assim se libertarão do peso de seu passado.

Em sua tentativa de controlar (ou manipular) as vidas deles, Wolmar decide viajar durante uma semana e deixar sozinhos os dois ex-amantes. Júlia e Saint-Preux vão num passeio até o lago Genebra, são surpreendidos por uma tempestade e ficam retidos num lugar onde, dez anos antes, Saint-Preux tinha sofrido extremos de paixão. Júlia resiste às renovadas declarações dele, parecendo ter finalmente deixado para trás toda a sua paixão. Mas, tendo salvo um de seus filhos de afogamento, ela contrai pneumonia e, em seus momentos de agonia, embora entregando sua alma à misericórdia do Todo-Poderoso, confessa que nunca deixou de amar Saint-Preux. Clara, nesse meio tempo, apaixonou-se por Saint-Preux. O romance termina com ela, Saint-Preux e Wolmar vivendo todos juntos na propriedade, unidos em reverente lembrança da finada Júlia, santificada em morte.

Agitados debates foram travados em torno do modo como essa obra de Rousseau devia ser interpretada. Alguns vêem-na como desarticulada, sendo os primeiros quatro livros dedicados à história de uma paixão trágica e ilícita, narrada com grande intensidade, mas com a realidade desses sentimentos negada nos últimos dois livros, nos quais Júlia passa por uma conversão espiritual e, em pureza e fidelidade, dedica sua vida a Deus. Outros vêem esse final prefigurado desde o começo: há o tempo todo a intenção de que reconheçamos que Júlia e Saint-Preux foram desencaminhados por seus sentimentos, e que somente pela purificação e moderação desses sentimentos, em face das exigências do dever e da consciência, é que a vida humana pode ser redimida. Ainda outros vêem Rousseau desenvolvendo, num veículo diferente, muitos dos mesmos temas que o preocuparam em suas obras mais teóricas — temas tais como o indivíduo em relação com a sociedade, a necessidade de abolir o eu separado e de assumir uma identidade tomada da comunidade.

Quaisquer que sejam as controvérsias de interpretação, apesar da linguagem empolada e do artificialismo de estilo, *Júlia* consegue criar uma atmosfera de genuína intensidade erótica e apaixonada. Os leitores de autores tais como Samuel Richardson e Laclos apreciarão *Júlia*.

Leituras sugeridas: Anderson (154); Crocker (155); Ellis (156); Gossman (158); Green (8); Horowitz, cap. 6 (27); Jimack (160); Jones (161); Shklar, caps. 4 e 6 (36); Tanner (162)

justiça Tal como é geralmente entendida, justiça é a entrega a cada pessoa do que lhe é devido como retribuição pelo que ela faz. A questão essencial a determinar é o que se deve a cada uma e por que, e como isso lhe pode ser entregue da melhor maneira.

Rousseau não nos dá em lugar nenhum uma definição geral de justiça, nem enumera as várias coisas que são devidas às pessoas em diferentes contextos ou as razões por que elas são devidas. Mas de seus escritos ressalta uma visão clara do que ele pensava serem os requisitos básicos de justiça para cada um e para todos. Fundamentalmente, sustenta que as regras de justiça emanam de Deus e estão implantadas na CONSCIÊNCIA de cada pessoa, embora possa exigir a criação do direito positivo para garantir a obediência a esses requisitos (*ver* LEI).

Essas regras de justiça básica pedem o seguinte: que ninguém seja prejudicado em sua vida, liberdade, posses ou personalidade moral, seja por deliberada má vontade, ou por negligência ou indiferença. A "personalidade moral", no entender de Rousseau, é a necessidade humana fundamental para cada pessoa de ser reconhecida e respeitada por outros como alguém que importa e que tem valor e dignidade sem depender de ninguém. Isso acarreta que, por exemplo, em qualquer assunto que afete a pessoa, suas opiniões serão ouvidas ou ela ficará mais inteiramente envolvida na resolução da questão — e não apenas por concessão ou arbítrio de outros, mas porque esse é o seu pleno direito como pessoa com a mesma e significativa posição de quaisquer outras. Mesmo que o indivíduo possa estar materialmente em melhor situação, sob domínio paternalista, tal domínio representa uma fundamental degradação e injustiça humana, porquanto faz do indivíduo o inferior de um outro, submetido à orientação ditada por esse outro (não importa se benigna ou não). Assim, não causar dano a alguém em sua "personalidade moral" requer que tais formas de domínio sejam eliminadas (ou não instituídas em primeiro lugar). Cada pessoa deve, antes, ter o direito e a liberdade de contribuir para questões comuns em pé de igualdade com toda e qualquer outra pessoa, e decidir seus próprios assuntos, quando outros não são afetados, de acordo com seus próprios critérios.

Obter justiça para todas e cada pessoa numa sociedade, em todos esses aspectos, é a finalidade primordial da associação civil, do estabelecimento do estado civil. Rousseau pensa que a atuação da VONTADE GERAL é o meio pelo qual a justiça é obtida do modo mais abrangente para todas as pessoas, não só por causa dos princípios que daí resultarão (as leis), mas também por causa da maneira de funcionamento da vontade geral, em que cada pessoa participa como membro competente do CORPO SOBERANO (*ver* AUTORIDADE). A justiça é feita à personalidade moral de cada pessoa predominantemente através de sua posição de igualdade no conjunto com as demais pessoas, como membro legislativo do corpo soberano, no qual ninguém se submete ou está subordinado a outrem, e cada um funciona como indivíduo igualmente respeitado e investido de poder (*ver* LEGISLAÇÃO).

Um dos interesses primordiais de Rousseau é mostrar que não existe conflito básico entre as exigências de justiça e o próprio bem de cada indivíduo. Argumenta ele que é somente respeitando o bem e a dignidade dos outros que um indivíduo pode receber aquele respeito e acatamento de que ele próprio necessita e quer como pessoa entre pessoas. Cometer injustiça para com os outros, degrada-os e subjuga-os. E, assim procedendo, a pessoa injusta também evita receber dos outros a espécie de respeito e desvelo que verdadeiramente a beneficiaria e lhe propiciaria o prestígio humano que deseja.

Rousseau argumenta que cometemos injustiça em relação aos outros, fazendo-os sofrer males fundamentais, não só por atos ativamente nocivos mas também por negligência ou indiferença. Mas ele é suficientemente realista para perceber que a preocupação pela sorte dos outros, que é o único sentimento capaz de motivar sistematicamente as pessoas a zelar pelo bem dos outros, não é indefinidamente extensível. Só no âmbito de sociedades relativamente pequenas, nas quais existe uma comunidade de interesses geralmente sentida, a lealdade e o compromisso mútuos, de que cada pessoa pode esperar beneficiar-se, recebem seu justo reconhecimento. Em grandes sociedades, onde não existe tal unidade de sentimento, Rousseau pensa que a injustiça tornar-se-á, em grande parte, uma palavra vazia. Muitas pessoas serão maltratadas ou ignoradas apenas porque, numa grande sociedade, é impossível para o indivíduo possuir um sentimento tão poderoso de comunidade que os sofrimentos de outrem sejam sentidos (quase) tão penetrantemente quanto os próprios (*ver* COMPAIXÃO). Pode ser verdade que existe uma regra universal, concedida por Deus, exigindo que dispensemos justiça a todos, sem qualquer espécie de distinção. Mas, para que essa regra seja eficaz como instrumento para obter justiça concreta, ela deve funcionar através dos sentimentos e instituições de comunidade relativamente pequenas, independentes e compactas.

Ao articular esses elementos fundamentais do que é devido em justiça a cada pessoa, Rousseau estava propondo a sua concepção de direitos humanos básicos, cuja negação significa a negação da dignidade humana.

Fontes: *DD*, Parte 2
E, Livros IV e V
CS, Livros II e III

Leituras sugeridas: Masters, cap. 6 (69); Perelman (342); Shklar, cap. 5 (36)

L

legislação Rousseau estabelece uma nítida distinção entre atos de legislação e atos administrativos e executivos (ou decretos). Atos de legislação são aqueles que dizem respeito à formulação, autorização e promulgação da LEI. Tais atos são a expressão da VONTADE GERAL e estabelecem os termos e condições básicos da associação civil que vai ser instituída. Rousseau acentua invariavelmente que os atos legislativos devem ser gerais — ou seja, não devem visar indivíduos ou grupos especificados, ou tratar de questões particulares. Isso é porque não se poderia esperar, caso isso acontecesse, que qualquer vontade geral fosse proclamada. Interesses particulares ou setoriais fatalmente se imporiam e certos indivíduos se beneficiariam ou seriam prejudicados injustamente.

Os atos administrativos e executivos constituem função do GOVERNO; podem aplicar-se a determinados indivíduos mas só o fazem de acordo com os termos e regras estabelecidos pela legislação. Não pode haver, pensa Rousseau, uma garantia absoluta de que tais atos não sejam incorretamente desvantajosos para certas pessoas. Para um bom Estado, deve ser uma questão central ao planejar-se uma adequada estrutura institucional tentar coibir tal abuso potencial, ao mesmo tempo que confere às funções do governo, e aos governantes, poderes suficientes para o desempenho eficiente de suas tarefas necessárias.

Essas funções nem sempre estão, na prática, tão claramente diferenciadas quanto podem sê-lo conceitualmente. Isso pode originar confusões sobre as fontes de autoridade e poder na sociedade, o que, pensa Rousseau, deveria ser evitado.

Embora os atos de legislação, como os atos do corpo soberano, devam ser a declaração do conjunto da sociedade como um todo atuando para regulamentar seus assuntos comuns de um modo geral mediante leis fundamentais, Rousseau pensa que o conjunto da sociedade pode estar mal preparado para executar satisfatoriamente essa tarefa. É com a finalidade de resolver esse problema que ele introduz a figura do LEGISLADOR, e é a natureza e função dessa figura, em vez dos pontos abstratos acerca da noção de legislação, que se reveste aqui de especial interesse.

Fontes: GP, caps. 1-5
CS, Livro II

Leitura sugerida: Masters, caps. 7 e 8 (69)

legislador A figura, ou função, do "legislador" na teoria política de Rousseau impressiona muitas pessoas como um dos seus mais curiosos e menos convincentes elementos. Mas ao introduzir essa criatura quase divina, ele estava abordando uma questão central para toda e qualquer teoria política.

Na opinião de Rousseau, a questão mais urgente com que se defronta qualquer futuro estado civil que pretenda constituir-se é a da elaboração das leis fundamentais justas e benéficas que incluam os termos básicos de associação para cada membro dessa instituição (*ver* LEI): "O povo, submetido às leis, deve ser o seu autor; só àqueles que se associam cabe regulamentar as condições da sociedade." (*CS* II, cap. 6, 193; *OC* III, 380.) Se e quando "o povo" instiga e autoriza a lei, todos os seus membros são indistintamente parte integrante do CORPO SOBERANO, e sua vontade legislativa é a VONTADE GERAL.

Mas, tendo estabelecido como as coisas devem ser, Rousseau passa a criar dificuldades para si mesmo:

> Mas como as regulamentarão? Será por um comum acordo, por uma inspiração súbita? O corpo político dispõe de um órgão para enunciar suas vontades? Quem lhe dará a previsão necessária para constituir e publicar antecipadamente os atos relativos a tais vontades? Ou como se manifestaria em caso de urgência? Como uma multidão cega, que freqüentemente não sabe o que deseja porque raramente sabe o que lhe convém, cumpriria por si mesma empresa tão grande e tão difícil quanto um sistema de legislação? O povo por si quer sempre o bem, mas por si nem sempre o encontra. A vontade geral está sempre certa, mas o julgamento que a orienta nem sempre é esclarecido (*CS* II, cap. 6, 193; *OC* III, 380).

É desses e de outros problemas afins que "nasce a necessidade de um legislador".

O legislador é considerado uma pessoa semidivina ou divinamente inspirada, de "uma inteligência superior que vê todas as paixões do homem sem participar de nenhuma delas", cuja "felicidade teria que ser independente de nós e, contudo, quisesse dedicar-se a nós" (todas as citações nesse verbete são extraídas de *CS* II, cap. 7; *OC* III, 381: "Do legislador"). Não é governante nem, estritamente, soberano; pois embora possa propor leis, não está em seu poder autorizá-las nem promulgá-las, e uma vez concluído o seu trabalho, ou se retira ou retorna à condição de cidadão comum. Mas, de um certo modo — por sua inteligência sobre-humana, sua compreensiva imparcialidade, sua extraordinária visão — ele pode não apenas elaborar um corpo adequado de leis fundamentais mas também persuadir a "multidão cega" a exercer sua autoridade soberana mediante a promulgação desse mesmo código. Ele é incapaz de recorrer à força (visto que não tem nenhuma) ou à razão (uma vez que a multidão é "cega"); assim, "deve recorrer a uma autoridade de outra ordem, que possa conduzir sem violência e persuadir sem convencer" (ou seja, sem apresentar razões capazes de oferecer uma completa convicção racional).

Que autoridade é essa? É a autoridade divina, falando em nome de Deus (ou dos deuses) e desse modo fazendo o povo pensar que os mesmos decretos originados por Deus a que está submetida a consciência de cada pessoa também são encontrados nas leis do estado. Mas invocar a autoridade divina é notoriamente o recurso de todo o embusteiro e impostor. O que mostrará que a sabedoria, não invencionices gratuitas, está sendo oferecida?

Rousseau identificou uma questão importante mas parece estar colocando para si próprio um problema de solução impossível. Quando diz que "o povo quer sempre o bem, mas nem sempre o encontra", ele formula a questão de um modo algo enganoso, parecendo sugerir que embora exista, neste caso, um conjunto bem-intencionado de pessoas ansiosas por fazer a coisa certa, por algum motivo são incapazes de realizar essa coisa certa. Cabe ao legislador ajudá-las nisso. Mas se indagarmos por que razão elas são incapazes de realizar a coisa certa, verificamos que essa formulação do problema deturpa a sua verdadeira natureza.

Na opinião de Rousseau, o que torna difícil ser identificada a regra certa (lei) é que as pessoas não vêem nem sentem que o seu próprio bem individual está, e deve estar, vinculado ao bem de todos se se quiser que o resultado seja um Estado social justo e benéfico para qualquer uma delas. Uma multidão, em que cada um esteja meramente preocupado com os seus próprios e isolados problemas, não pode enxergar como o interesse comum é, e deve ser, do seu próprio e máximo interesse. Isso não é tanto porque pretendam distorcer ou subverter a vontade geral a fim de usá-la para sua própria vantagem (de modo que se torne, com efeito, apenas uma vontade setorial em lugar da vontade geral) — embora isso possa acontecer. É muito mais porque ninguém possui qualquer noção do modo como o bem de cada um e o bem de todos se sustentam juntos ou caem juntos. Cada um "acha difícil perceber as vantagens que poderia esperar obter das privações que as leis justas impõem".

Portanto, a tarefa do legislador é, em essência, a de criar um sentimento de lealdade comum, de destino comum, para unir essas pessoas não-relacionadas de modo que o "jugo da felicidade pública" seja sentido por cada uma como condição de sua felicidade pessoal. Pessoas isoladas perdem, ou superam, sua separação num certo grau e participam das necessidades e do bem coletivos como se fossem os seus próprios (*ver* DESNATURAÇÃO). A própria realização desse sentimento de vida comum dá às pessoas a "visão" que requerem para enxergar o bem. Não se trata de um ato cognitivo separado do ato volitivo. A orientação correta da vontade no sentido do bem comum de todos é, ao mesmo tempo, a superação de obstáculos para se entender qual é a coisa certa a fazer.

A opinião de Rousseau é a de que é necessária alguma inspiração ou motivação especial para levar pessoas habituadas a considerar sua vantagem somente do ponto de vista de seres solitários e independentes a ampliarem a sua percepção das exigências que a vida justamente lhes impõe de modo a admitir uma preocupação com o bem comum. É essa inspiração que o legislador tenta fornecer alegando falar em nome de Deus.

Quando Rousseau admite que essa pretensão pode ser fraudulenta, está meramente reconhecendo que nem todos esses recursos podem criar e sustentar um vínculo adequado de união comum. O legislador não pode por si só, sem a ajuda de outras condições facilitadoras (as quais são examinadas em detalhe por Rousseau em *CS* II, caps. 8-10, todas elas relativas à "competência do povo" para receber leis), criar um duradouro espírito social. No máximo, ele pode abrir o caminho para essa possibilidade, levando as pessoas a pensar sobre si mesmas como "um só povo" com um destino comum. Muitos outros fatores contribuirão para a sobrevivência (ou desaparecimento) desse espírito.

Nós estamos agora tão acostumados a viver ao abrigo de leis comuns que esquecemos que foram precisos muitos séculos para que um sentimento de dependência comum, já para não falar de união comum, surgisse na Inglaterra ou na América (na medida em que surgiu, ou sobrevive, de qualquer modo). Guerras civis, por exemplo, ocorreram durante o processo. Rousseau faz suas preocupações parecerem mais problemáticas do que são ao falar como se o "nascimento de uma nação" pudesse ser realizado depois de uma breve gestação. Na verdade, as dores do parto podem levar centenas de anos mas a maior parte do que acontece durante esse tempo é o que Rousseau está descrevendo — ou seja, a formulação e consolidação de um sentimento tal de vida e causa compartilhadas que torna possível que as leis que respeitam cada pessoa, sem distinção, sejam formuladas e aceitas por todos, em vez de serem vistas como uma imposição arbitrária, como materialização de exigências de um bem comum e, como tal, ressentidas ou detestadas porque não se acreditava em semelhante bem.

Em todos os seus escritos políticos, Rousseau sublinha a necessidade de vínculos de sentimento compartilhados se as pessoas pretendem efetivamente preocupar-se com os seus semelhantes. É isso o que o legislador está se esforçando por introduzir. Dada a nossa moderna cautela em face dos nacionalismos agressivos e desenfreados, os quais podem ser favorecidos por essa ênfase — e dos quais Rousseau também estava bem consciente — é por demais fácil esquecer as fábulas e os eventos heróicos que sustentam o sentimento de identidade de um país e levam os cidadãos a fazer coisas por seus semelhantes que a razão por si só seria incapaz de conduzi-los a fazer. O liberalismo é perpetuamente confundido pelas precondições freqüentemente não-racionais que tornam possível e, por vezes, eficaz o apelo à razão em negócios públicos. Rousseau não padece de tal acanhamento (*ver* CONSIDERAÇÕES SOBRE O GOVERNO DA POLÔNIA).

Fontes: GP, caps. 1-5
CS, Livro II

Leituras sugeridas: Dent, cap. 6 (24); Horowitz, cap. 7 (27); Kelly (125); Masters, cap. 8 (69); Matthews (135); Shklar, caps. 4 e 5 (36); Waldmann (147)

lei No Livro 2, cap. 12, do CONTRATO SOCIAL, Rousseau distingue quatro diferentes categorias de lei no que se refere à organização de uma sociedade civil. Ele também usa o termo "lei" numa acepção ampla, ou metafórica, quando fala, por exemplo, das "leis" do coração.

A primeira categoria de leis diz respeito à "ação do corpo completo sobre si mesmo", quando "todo o povo estatui algo para todo o povo". Essas leis políticas, ou fundamentais, "não são, propriamente, mais do que as condições de associação civil. O povo, submetido às leis, deve ser o seu autor. Só àqueles que se associam cabe regulamentar as condições da sociedade" (ambas as citações: *CS* II, cap. 6, 192; *OC* III, 379). Tais leis, como o qualificativo "fundamentais" subentende, são as mais básicas e decisivas para todo o formato e organização da associação civil. É pelos seus termos que a posição básica de cada membro, como CIDADÃO, é determinada; são essas leis que estabelecem os direitos e deveres que cada um terá como membro da associação. E é mediante essas leis que a finalidade primária da associação — defender e proteger a pessoa e os bens de cada membro — será mais diretamente realizada.

Tais leis são atos da VONTADE GERAL, da qual aduzem sua forma e derivam sua autoridade. Tais leis devem revestir-se de um caráter geral, não só ao não denominar pessoas particulares, mas também ao endereçar-se primordialmente a pessoas no que diz respeito a suas características mais amplamente compartilhadas e comuns, por exemplo, a necessidade de segurança e sustento físicos (embora Rousseau admita que as qualificações para membros de diferentes classes de cidadania podem ser especificadas (*CS* II, cap. 6, 192; *OC* III, 379)). Qualquer ato que signifique uma ordem a uma determinada pessoa, ou sobre uma determinada matéria, é um decreto de magistratura, não um ato de soberania (*ver* GOVERNO).

Em segundo lugar, Rousseau identifica uma classe do que designa como "leis civis". Estas salvaguardariam as pessoas contra a dependência de outras pessoas específicas mas as tornariam muito dependentes da associação toda para a proteção e gozo de seus direitos civis. Pois se os indivíduos fossem obrigados a depender de outros específicos para sua segurança ou sustento, então tornar-se-iam, com efeito, escravizados a essas pessoas e ser-lhes-ia negado seu reconhecimento civil. Somente quando as leis gerais da sociedade protegem os indivíduos em seu modo de vida e situação civil é que eles podem ser resgatados de sua servidão a outras pessoas. Como Rousseau freqüentemente afirma, é somente através da manutenção da lei geral que cada pessoa pode desfrutar de liberdade em igualdade de condições com todas as outras.

A terceira classe, as leis penais, sanciona a obediência às primeiras duas classes de lei: as leis penais são "menos uma classe particular de lei do que a sanção em que se ampara todo o resto".

A classe final que Rousseau identifica é, talvez, uma instância da "lei" *lato sensu*. Essas leis são as que moldam o caráter, as atitudes, lealdades e sentimentos das pessoas — isto é, "moralidade... costume... opinião pública", o que, por sua vez, forma as perspectivas e aspirações das pessoas em seus aspectos mais fundamentais. Diz ele que "maneiras e morais" são, de fato, a "pedra angular" de toda a boa e efetiva legislação e do bem-sucedido estabelecimento de uma sociedade justa e feliz. Seu argumento aqui é duplo. Por um lado, sem o cultivo e a manutenção de atitudes de mútua lealdade e fraternidade e de um senso de destino comum, os indivíduos serão capazes de ver nas imposições da lei apenas algo a ser exigido deles, algo que rechaçarão ou a que tentarão eximir-se. Não se aperceberão de que os dispositivos da lei são, de fato, as condições de sua liberdade pessoal, de que são eles que permitem a possibilidade de uma sociedade justa. Por outro lado, tais atitudes são um requisito prévio para a promulgação, em primeiro lugar, de uma lei justa e eqüitativa. Pois onde tal preocupação com o bem-estar comum está ausente, ou é superficial, serão os interesses particulares ou setoriais que encontram expressão na criação de regras para a conduta comum de todos; e, não sendo atos de qualquer vontade propriamente geral, serão unicamente "lei" no nome, não em sua natureza.

Rousseau não está pensando neste ponto em qualquer "polícia moral" censória ou intrusiva (embora pudesse ter em mente o Consistório; (*ver* GENEBRA). Ele está mais preocupado com as condições sociais e psicológicas prévias, contra cujo *background* a lei apropriada pode ser não apenas obedecida mas adotada como o veículo principal através do qual os objetivos centrais da associação civil são realizados. Os cidadãos do século XX provavelmente atribuem menos importância a isso do que Rousseau, até considerando talvez discutível a idéia de regulamentação pela opinião pública. Mas, a ser assim, então a nossa percepção da lei como promotora de objetivos comumente desejáveis também é diminuída.

Finalmente, Rousseau acredita que existe uma lei de justiça para todos implantada por Deus na CONSCIÊNCIA de cada homem (*ver* PROFISSÃO DE FÉ DO VIGÁRIO SABOIANO, A; JUSTIÇA). Se cada pessoa prestasse atenção a essas leis interiormente cognoscíveis, pouca ou nenhuma necessidade haveria de lei civil e sanção. Entretanto, não é esse o caso e "na ausência de sanção natural, as leis da justiça tornam-se vãs para os homens; só facilitam o bem do mau e o mal do justo" (*CS* II, cap. 6, 191; *OC* III, 378). Assim, a lei positiva convencional é requerida "para juntar direitos a deveres e referir a justiça ao seu objeto".

Rousseau está sublinhando aqui que não podemos estar sob uma obrigação moral de nos conduzirmos justamente com outros a menos que tenhamos alguma esperança realista de mutualidade, e que um dos propósitos principais, sobretudo da lei penal mas também da associação civil, é obter isso. Um critério de lei justa para Rousseau é aquele que assegure a justiça mútua; e esse requisito sustenta o funcionamento apropriado da vontade geral no pronunciamento de leis fundamentais.

Fontes: *DD*, Parte 2
E, Livros IV, V
CS, Livros II, III

Leituras sugeridas: Friedrich (121); Gildin (123); Horowitz, cap. 7 (27); Masters, caps. 4 e 6 (69)

Levita de Efraim, O (Le lévite d'Éphraïm) *Ver* POESIA E PROSA VARIADA.

liberdade A noção de liberdade é central para o pensamento social e político de Rousseau. Ao gozo da liberdade ele confere, provavelmente, mais importância do que a qualquer outro aspecto da vida humana. "Renunciar à liberdade", escreve "é renunciar à qualidade de homem, aos direitos da humanidade" (*CS* I, cap. 4, 170; *OC* III, 356). Ele emprega a noção em muitos modos e contextos distintos, que devem ser diferenciados para que o seu pensamento sobre essa complexa matéria seja plenamente entendido.

Em primeiro lugar, vejamos dois exemplos da noção de liberdade de Rousseau que são algo distintos do seu uso em contextos sociais e políticos. Ele afirma no DISCURSO SOBRE A ORIGEM DA DESIGUALDADE que os seres humanos têm uma capacidade (que os distingue dos animais) de frear seus impulsos imediatos ou de iniciar uma ação deliberada, não-impulsiva, em atenção ao bem futuro: "O homem tem alguma participação em suas próprias operações, em seu caráter como agente livre. Um (uma besta) escolhe e recusa por instinto, o outro (o homem) a partir de um ato de livre-arbítrio; logo, a besta não pode desviar-se da regra que lhe foi prescrita, mesmo quando lhe seria vantajoso fazê-lo" (*DD* 53; *OC* III, 141). Num nível de senso comum, é claro que os seres humanos gozam freqüentemente do poder de escolha autodeterminada de ação, habilitando-os a contrariar ou superar os "ditames" da natureza.

Relaciona-se com isso o argumento de Rousseau de que o mal (e o bem) moral é imputável ao homem porque é a fonte autodeterminante de suas próprias ações. Ele não pretende *saber* que o homem é "livre em suas ações e como tal está animado por uma substância imaterial" (*E* IV 280-81; *OC* IV, 587); essa convicção é um dos "artigos de fé" da PROFISSÃO DE FÉ DO VIGÁRIO SABOIANO. Mas sustenta que o mal praticado pelos homens é da exclusiva responsabilidade deles e não pode ser atribuído a Deus ou a Ele imputado à guisa de queixa. Pois ao dar aos homens a liberdade dessa espécie, Deus "inseriu nas ações do homem a moralidade que os enobrece".

Essas duas noções ou esses dois aspectos da liberdade humana são controversos e até problemáticos, mas estão algo à margem do interesse central de Rousseau.

Aproximamo-nos mais dessas preocupações centrais no exemplo seguinte, o terceiro, de liberdade. É lugar-comum dizer que a nossa capacidade e oportunidade para executar os atos pretendidos podem ser dificultadas ou reprimidas por obstáculos externos, falta de recursos ou qualificações inadequadas, por exemplo. Tudo isso limita a nossa liberdade, o nosso campo de ação para fazer o que queremos ou nos agrada, e quando queremos ou nos agrada fazê-lo. Aumentar a liberdade individual nesse sentido é simplesmente reduzir ou eliminar obstáculos, ou ampliar os recursos, conhecimentos e qualificações pertinentes. A essa espécie de liberdade é dado, por vezes, o nome de liberdade "negativa", quando envolve a eliminação de restrições ou limitações (negações da liberdade) e desse modo habilitando uma pessoa a expressar mais amplamente e com maior sucesso os seus desejos e intenções em ações. Num nível superficial, é uma idéia familiar que empregamos freqüentemente quando deploramos a perda de liberdade e exaltamos os benefícios de uma liberdade mais ampla.

É importante, porém, distinguir entre as espécies ou origens de obstáculos externos que podem impedir uma pessoa de fazer o que deseja. No caso que acabamos de considerar, trata-se principalmente de uma questão das agruras e imposições decorrentes de circunstâncias naturais. Assim que incluímos imposições produzidas pela ação (ou inação) direta de outras pessoas — ameaças, ou pobreza, por exemplo — mudamos o caráter das restrições, e a questão da liberdade humana assume novas dimensões. Rousseau estava profundamente interessado, em toda a sua obra da maturidade, nos padrões de controle, comando e poder entre pessoas, e é a esse respeito que ele faz as suas significativas declarações sobre liberdade.

Possivelmente a sua mais famosa observação é: "O homem nasceu livre e por toda a parte encontra-se a ferros" (*CS* I, cap. 1, 165; *OC* III, 351). Que liberdade, e que escravização, ele tem aqui em vista? A liberdade é, em essência, isto. Ninguém, segundo Rousseau, nasce numa situação pela qual está obrigado (*de jure* ou *de facto*) a obedecer a vontade de outrem, pela qual é responsável perante outrem por suas ações. Não é intrínseco à condição humana estar em tal situação, seja moral, civil ou qualquer outra espécie de obediência ou controle o que esteja em questão. (Há uma exceção: o caso de Deus. Mas nenhum homem é Deus e nenhum homem pode reivindicar a autoridade de Deus em seu comando ou controle de outros homens.) Cada um de nós é, portanto, original e exclusivamente responsável por si e para si próprio, diretor soberano de suas próprias ações, sem ter que explicar-se ou responder perante ninguém mais.

Rousseau dramatiza essa concepção de liberdade original ou "natural" com a sua imagem de que as pessoas estão inicialmente isoladas, independentes, não associadas com outras. Mas esse quadro de isolamento primitivo não precisa ser interpretado literalmente: ele pretende apenas deixar claro que hierarquia e subordinação, autoridade e controle são profundamente estranhos aos poderes e direitos originais dos seres humanos. Cada pessoa é seu próprio e único juiz e senhor; não existe nenhum outro juiz ou senhor humano perante quem tenha que apresentar-se e prestar contas.

É a absoluta soberania da própria pessoa na condução de suas ações, sem ter que dar contas delas a quem quer que seja, que é central na afirmação de Rousseau da liberdade natural que caracteriza todos os homens indistintamente. É claro, porém, que alguém pode desfrutar de perfeita liberdade *dessa* espécie, mas sofrer ainda de restrições à sua liberdade de ação em conseqüência de reveses naturais ou da dificuldade (desde que não seja produzida por poder humano ou negligência) em ganhar a vida. São, de fato, as limitações à liberdade desta última espécie as que forçam as pessoas, segundo Rousseau (*CS* I, cap. 6; *OC* III, 360), a juntar-se em associações materiais e civis a fim de, reunindo suas forças e qualificações, superar esses obstáculos. Mas logo que se associam por essa razão, torna-se crucial a questão da retenção de sua própria soberania, de sua liberdade natural.

A menos que haja uma perfeita, mais ou menos espontânea, coincidência nos planos e ações que cada membro propõe para a ação combinada de todos, terá que existir forçosamente alguma transigência mútua ou limitação da vontade individual para se chegar à execução dos planos que a ação concertada requer. Um procedimento (formal ou informal) é requerido para a realização de uma finalidade e de uma estratégia comuns, o qual não pode ser planejado por uma só pessoa não-responsável. Se isso assim fosse, a todos os demais seria negado campo para o exercício de seu próprio julgamento. Teriam renunciado à sua própria liberdade.

A essa ilimitada soberania individual pode chamar-se liberdade "discricionária", indicando assim que o indivíduo desfruta de total arbítrio para atuar ou não. Existe algum modo em que ação coordenada sistemática com outros pode ser realizada sem concessões mútuas ou o desaparecimento da liberdade discricionária? Ou a associação com outros envolve a perda desse tipo de liberdade e sua substituição por um tipo diferente? Ou envolve a perda de todos os tipos de liberdade — se não totalmente, pelo menos em grande medida? As respostas de Rousseau a essas questões são complexas e motivo de controvérsia. O que se segue é uma possível interpretação.

A questão de chegar a um procedimento decisório, de um modo que respeite a liberdade discricionária de todos os que estão sujeitos às regras resultantes da implementação desse procedimento, poderia ser mais bem resolvida assegurando-se que nenhum procedimento decisório tem autoridade sem o consentimento discricionário individual de todos para a sua implementação. Assim, portanto, embora alguém possa ser subseqüentemente solicitado por um outro a fazer algo que não queira fazer, a curto prazo ele próprio teria autorizado esse controle e direção de suas ações. Isso é parte do pensamento de Rousseau, mas não a sua totalidade, dado que, em primeiro lugar, ele insiste em que deve haver limites na "produção" de qualquer procedimento decisório, mesmo que se trate de alguém cujo poder de controle foi autorizado. Nenhuma diretiva pode ser obrigatória se privar uma pessoa de seu direito moral ao respeito ou torná-la indigente.

Mas há um segundo e mais importante ponto. Uma pessoa pode recusar-se a estabelecer um certo procedimento decisório por motivos de interesse privado a cujo respeito é muito enfática. É concebível que ela possa, portanto, ser simplesmente excluída da associação. No entanto, se o problema se repete, não pode haver qualquer perspectiva concreta de estabelecimento de uma associação capaz de ação combinada. Acabar aceitando condições que se aproximam do reconhecimento da pretensão dos interesses particulares de uma pessoa como dominante imporia a submissão a ela de todas as demais pessoas. É essencial, portanto, que cada pessoa traga à discussão de sua discordância de um proposta apenas preocupações de natureza geral que afetem os interesses humanos fundamentais e sejam comuns a todos, não de interesse exclusivo para ela própria. Somente assim o procedimento acabará finalmente por não conter qualquer predisposição favorável a um indivíduo ou grupo, em detrimento ou limitação de outros.

O que isso significa é que as razões para concordância ou discordância de qualquer procedimento não devem expressar a irrestrita soberania individual, o absoluto arbítrio de uma pessoa. Tais razões devem derivar dos interesses comuns de todos, interesses compartilhados com outros como seres humanos que se defrontam com necessidades comuns e provações idênticas. Concordar com ou discordar de termos e condições de associação não constitui, portanto, o exercício de completa liberdade discricionária mas o exercício de uma liberdade que cada pessoa tem enquanto um ser humano entre outros, trabalhando todos para formar uma união comum.

Uma vez que essa liberdade representa a base e o campo para a ação desimpedida própria de alguém que respeita e acata o valor e as qualificações de todas as outras pessoas, indistintamente, poder-se-ia dar-lhe o nome de liberdade "moral". De um certo modo, liberdade "moral" é uma liberdade diminuída, quando comparada à liberdade "discricionária". No exercício de liberdade moral, uma pessoa está subordinada à exigência de acatar e respeitar outras (que, por seu turno, a acatam e respeitam). Tal "obrigação" em relação aos outros não é intrínseca à liberdade discricionária. Se esta última faz alguma exigência, resume-se apenas à de agir com prudente previsão do bem pessoal. Mas Rousseau argumentaria que essa obrigação moral não representa uma diminuição ou negação de alguma coisa valiosa. É, antes, um requisito que facilita e amplia: ao respeitá-lo, uma pessoa assume o seu próprio caráter como o de alguém que dá e recebe respeito de outras pessoas suas iguais (*ver* IGUALDADE).

Tal obrigação moral não autoriza a tirania nem o controle prepotente de outros — o que é mais provável que seja o desfecho se a soberania individual absoluta for considerada a única liberdade pela qual vale a pena lutar, e se qualquer restrição ou diminuição da mesma for sentida como uma permuta relutantemente feita. Somente se reconhecermos que a nossa aceitação da lei moral de reconhecimento da dignidade de outros é a condição pela qual realizamos qualquer liberdade segura ou proveitosa para nós próprios é que, na opinião de Rousseau, lograremos transcender uma estrutura social impregnada de competição pelo domínio sobre outros. Embora reconhecendo que a aceitação dessas condições de liberdade pode parecer um pesado fardo e que suas exigências são excessivamente austeras, Rousseau insiste que se não forem, de fato, aceitas e adotadas, a liberdade alternativa de desregrado arbítrio é ilusória, fazendo de todos outras tantas vítimas da competição pelo domínio e o controle sobre os demais.

Essa noção de liberdade "moral", por vezes chamada "positiva", suscita muitos comentários adversos. Objeta-se que uma condição sujeita a leis e à exigência de se respeitar os outros deve ser aquela em que a liberdade está diminuída, não aquela na qual se obtém uma nova e melhor liberdade; é meramente jogar com palavras e disfarçar uma tentativa (sinistra) de controlar a vida dos outros afirmar-se que a imposição de leis é realmente a condição da verdadeira libertação.

Tais críticas concentram-se geralmente neste comentário que Rousseau faz em *O contrato social* (I, cap. 7, 177; *OC* III, 364): "Aquele que se recusar a obedecer à vontade geral a tanto será constrangido por todo um corpo, o que não significa senão que o forçarão a ser livre." A objeção é que Rousseau disfarça aí técnicas de controle social, de imposição da subserviência, como as condições de liberdade. Mas o seu pensamento é, de fato, que a obediência à VONTADE GERAL não exige mais do que o respeito à posição moral e civil humana igual dos outros; ser solicitado a fazê-lo não é mais do que os deveres de moralidade exigem. Se estes não são aceitos, a competição pela ascendência pessoal sobre os outros é tudo o que resta. Presumivelmente, aqueles que pensam que a obrigação de reconhecer os direitos humanos de outros representa uma restrição à sua própria liberdade pessoal acham que a própria existência de outras pessoas é um estorvo, uma imposição que acarreta uma restrição indesejável. É duvidoso que a lei moral e civil, ao impedir que alguém cometa atos prejudiciais a outros, diminua qualquer liberdade valiosa. Há muitos aspectos da vida pessoal que não envolvem ameaças à posição moral de outros. Nesses aspectos, uma pessoa retém a sua liberdade discricionária — com efeito, o seu uso dessa liberdade está mais bem protegido, argumenta Rousseau, por causa da própria existência de limites. A exposição de Rousseau sobre essas questões muito complexas, as quais não permitem fácil resolução, continuam sendo uma das mais penetrantes e desafiadoras.

Fontes: *DD*, especialmente a Parte I
E, Livro IV
CS, Livros I, II

Leituras sugeridas: Berlin (330); Dent, cap. 5 (24); Fetscher (120); Green (284); Levine (128); Plamenatz (141); Remple (142); Taylor (299); Wokler (149, 150)

língua *Ver* ORIGEM DAS LÍNGUAS.

luxo Em todos os seus escritos do período maduro, Rousseau adotou uma atitude hostil em relação ao luxo. No DISCURSO SOBRE AS CIÊNCIAS E AS ARTES, por exemplo, menciona-o como um dos mais sérios males da crescente civilização.

Ele tem três motivos principais para fundamentar sua aversão ao luxo. Primeiro, é um veículo primordial para a expressão do AMOR-PRÓPRIO em seu caráter excessivo ou distorcido. Posses de luxo nada mais são, principalmente, do que consumo conspícuo, tendo significado para quem é seu possuidor somente na medida em que o habilitam a pensar que é superior a outros que definham na indigência. Expressam um desejo agressivo de rebaixar os outros como inferiores e não conferem nenhum benefício real ao possuidor, cujo mérito pessoal é medido unicamente por sua ascendência sobre os outros. Esses outros, portanto, possuem com efeito a alma dele, visto que depende mais da deferência dos outros do que de seus próprios méritos reais para manter um sentimento de valor pessoal (*ver* ALIENAÇÃO; ARTIFICIAL).

Assim:

> Eu poderia provar que, se temos um punhado de homens ricos e poderosos no pináculo da fortuna e da grandeza, enquanto a multidão rasteja na penúria e na obscuridade, é porque os primeiros apreciam o que possuem somente na medida em que os outros são carentes disso; e porque, sem qualquer mudança em suas condições, deixariam de ser felizes no momento em que as demais pessoas deixassem de ser miseráveis (*DD* 101; *OC* III, 189).

E exprime o mesmo ponto de vista no *Emílio* (IV, 351-54; *OC* IV, 685-91) quando afirma que o que importa às pessoas a respeito do luxo é a sua posse exclusiva; ele só tem significação para elas em função de outros não o possuírem. O homem rico nunca se deleita; antes, ele tem sempre que estar mostrando às outras pessoas o quanto se deleita. E isso é um prazer vazio.

Em segundo lugar, Rousseau argumenta que a produção de artigos de luxo envolve grandes cadeias de trabalho e materiais. Não só tal produção se destina meramente à ostentação, mas implica o meio de subsistência de uma pessoa estar dependente da moda e do capricho, e a sua dependência de outros para os materiais de que precisa e para um mercado onde coloque os seus produtos (ver *E* III, 195-202; *OC* IV, 469-80). O trabalhador envolvido no comércio do luxo pode ser altamente qualificado, mas escravizou-se a propósitos frívolos e vazios, e é incapaz de exercer seus dons a seu próprio critério e de acordo com os seus próprios talentos:

> Vede portanto a que ponto tão brilhantes recursos são pouco sólidos e quanto outros recursos vos são necessários para tirar proveito dos demais. E depois, que será de vós nesse covarde rebaixamento?... joguete mais do que nunca da opinião pública, como vos erguereis acima dos preconceitos, árbitros de vosso destino? Como desprezareis a baixeza e os vícios de que necessitais para subsistir? Dependíeis unicamente das riquezas e agora dependeis dos ricos (*E* III, 197; *OC* III, 472) [p. 216 da edição Bertrand Brasil, 1992, trad. de Sérgio Milliet].

Finalmente, Rousseau argumenta que a indulgência luxuosa e a produção do luxo levam à negligência do que é realmente bom e essencial para a necessidade e o bem-estar humanos. Embora alimento, habitação e vestuário sejam essenciais básicos, que toda a pessoa requer para atender aos gostos aparatosos das cidades, o campo está empobrecido e muita gente ficou privada de suas necessidades básicas. O desejo de superar outros leva as pessoas a desprezar aquilo de que realmente precisam. Ninguém necessita de roupas dispendiosas, comidas exóticas, mas o gosto pelo que é simples e saudável será eliminado. Na morte desse gosto reside também a morte da possibilidade de seres humanos colaborarem de um modo justo e eqüitativo, de tal forma que todos e cada um possam ter suas necessidades comuns satisfeitas pelo trabalho comum para um bem compartilhado. Quando se torna mais importante do que qualquer outra coisa ter precedência, satisfazer as necessidades básicas para uma pessoa, quanto mais para todas, parecerá irrelevante.

As críticas de Rousseau ao luxo adquirem particular significação se as considerarmos contra o pano de fundo do contínuo debate que tinha lugar na França setecentista acerca da possibilidade de reconciliar os interesses privados e o avanço do bem público. Não só o influente Bernard Mandeville, mas também os fisiocratas argumentaram que a avareza e o desejo de vida luxuosa estimularam a atividade econômica e a prosperidade material, e não deveriam ser considerados inimigos do bem de outrem. (Tais idéias encontram mais tarde uma expressão mais refinada e completa nos escritos de Adam Smith.)

Rousseau junta-se a outros, como o abade de Mably e Morellet, ao mostrar que tal idéia é completamente equivocada e perniciosa. A considerada harmonia, ou fertilização mútua, dos interesses materiais privados individuais é, na opinião deles, totalmente implausível. Exemplos de interesses privados que redundam em cooperação efetiva e mutuamente lucrativa constituem a exceção à regra. O amor-próprio exacerbado só encontra proveito na ignomínia do outro — e isso garante que o conflito de interesses será a norma. Mas não só isso: a busca do estreito lucro individual concentra o coração exclusivamente no destino que estiver reservado para a própria pessoa, o que torna impossível a valorização da justiça e igualdade para todos como os princípios fundamentais da sociedade. Também é um erro pensar que a convicção racional quanto ao bem dessas virtudes é suficiente para garantir que sejam promovidas. Quando o amor ao luxo é predominante, o indivíduo nunca aprenderá a sentir que o seu próprio bem está vinculado ao bem-estar de seus semelhantes.

As idéias de Rousseau sobre o luxo, embora representando apenas uma pequena parte de seu pensamento sobre as necessidades e os bens do indivíduo em relação com uma comunidade civil humana, ajustam-se às noções semelhantes de seus predecessores imediatos e de seus contemporâneos sobre o assunto.

Fontes: *DD*, Parte 2
DCA
E Livro IV

Leituras sugeridas: Martin, cap. 9 (272); Shklar, cap. 3 (36)

M

magistrado *Ver* GOVERNO.

moralidade Rousseau desenvolve o conceito de moralidade em duas direções afins. Numa, a direção mais trivial, usa-o para falar geralmente dos princípios, critérios e metas que compreendem os padrões de conduta apropriada de uma pessoa ou de uma sociedade. Mas tratemos primeiro do uso mais incomum do conceito.

No começo do DISCURSO SOBRE A ORIGEM DA DESIGUALDADE, Rousseau distingue duas espécies de desigualdade: a "natural ou física"; e a "moral ou política", a qual "depende de uma espécie de convenção, e que é estabelecida ou, pelo menos, autorizada pelo consentimento dos homens" (*DD* 44; *OC* III, 131). Uma vez que ele se dispõe a criticar sistematicamente as desigualdades dessa segunda espécie, seria o caso de querer indagar como ele pode referir-se-lhes como "morais".

Mas trata-se de um simples mal-entendido. "Moral", neste caso, não significa moralmente bom, justificado ou apropriado. Indica, antes, o caráter e a base da desigualdade, não importa se de uma espécie aceitável ou inaceitável.

A desigualdade é de caráter "moral" quando é articulada e sustentada em termos morais — ou seja, em função das diferenças em prerrogativas, direitos, deveres, responsabilidades, obrigações, que uma pessoa tem em relação a outra. Assim, por exemplo, se sou mais forte do que você, isso é uma desigualdade "natural ou física", não meramente porque se origina em diferenças de herança natural mas porque o caráter da desigualdade é unicamente uma questão de fenômenos físicos: posso deslocar maiores pesos, derrotar você numa luta etc. Por outro lado, se sou o seu pai e você é meu filho, isso (tal como é normalmente entendido) não é apenas um relacionamento físico que tenho com você mas também um relacionamento moral. Tenho certas obrigações em relação a você, e você para comigo; tenho certos direitos para dirigi-lo e controlá-lo, e você tem certas obrigações de obedecer e seguir as minhas orientações. Não só *entendemos* as nossas posições relativas em termos dos direitos e deveres para com os outros, mas também *agimos* em nossas relações recíprocas com base nessas noções.

Para dar um exemplo de um relacionamento "moral" que Rousseau criticaria: um senhor feudal pode arrogar-se o direito de despejar um dos seus servos de sua casa ou terras, e o servo pode sentir-se obrigado a submeter-se a isso. O caráter da transação entre ambos é constituído através desses direitos e obrigações diferenciais. (Neste caso, Rousseau diria provavelmente que o relacionamento "moral" mascara uma relação mais direta de poder. Mas o senhor possui poder superior não apenas fisicamente — de fato, ele pode até ser mais fraco. Mais exatamente, ele só possui esse poder através do consentimento e cooperação de outros que serão os executores de suas ordens, e isso repousa em relações morais.)

Assim, para explicar a sua noção de "desigualdade moral ou política", Rousseau passa a dizer que ela "consiste nos vários privilégios de que gozam alguns em prejuízo de outros, como o de serem mais ricos, mais poderosos e mais homenageados do que estes, ou ainda por fazerem-se obedecer por eles" (*DD* 44; *OC* III, 131).

É num sentido afim que, quando Emílio começa a estabelecer relações com outras pessoas (EMÍLIO, Livro IV), Rousseau diz que "ele começa a sentir o seu ser moral" acima do seu caráter como "ser físico", cuja amplitude e limites já explorou, de acordo com o plano educacional de Rousseau, em seus primeiros anos (*E* IV, 214; *OC* IV, 493; *ver* EDUCAÇÃO). A preocupação de Emílio com o seu "ser moral" é a sua preocupação com a "posição" que ocupará entre os homens; que prestígio, reconhecimento ou direitos lhe seriam conferidos e o que conceder a outros. Num estado de espírito análogo, Rousseau fala sobre o ser "civil" de uma pessoa em função de sua posição como cidadão entre cidadãos (ver *E* V, 455; *OC* IV, 833). E também se poderia falar do ser "colaborador" de uma pessoa, quando funciona como um participante num empreendimento prático conjunto, onde o que importa a respeito dele é como funciona como simples engrenagem da "máquina" toda.

Assumir o "ser moral" — ou seja, a pessoa passar a compreender-se a si mesma e às outras, e suas relações em termos de direitos, obrigações, responsabilidades etc. — é para Rousseau um elemento crucial no desenvolvimento humano. É nessa área que o AMOR-PRÓPRIO e a COMPAIXÃO desempenham seu mais significativo papel, ao fornecerem meios em que podemos encontrar uma base de relacionamento ou entrar em acordo com outras pessoas (para o bem ou o mal nosso e delas). É um erro supor que, para Rousseau, quando uma pessoa assumiu o caráter de um ser "moral", o seu ser "natural" foi abandonado e sua vida é automaticamente distorcida. Na verdade, a distorção ocorre freqüentemente se essas relações morais envolvem controle e dominação; mas as relações de igualdade e mútua colaboração também são relações morais, e Rousseau vê estas como inequivocamente boas e de acordo com a natureza (*ver* BONDADE NATURAL). A única maneira em que a "natureza" é transcendida nas relações morais é quando as pessoas deixam de ser, para si mesmas ou umas para as outras, criaturas simplesmente físicas que se relacionam entre si em termos físicos.

Dessa mesma forma, argumenta Rousseau no CONTRATO SOCIAL (Livro I, cap. 8), ao ingressar no estado civil, ocorre no homem uma "extraordinária mudança", pela qual o instinto é substituído pela justiça e as ações humanas adquirem a moralidade que antes lhes faltava. A "liberdade natural", a qual depende exclusivamente do vigor do indivíduo, é substituída pela "liberdade civil", a qual é limitada pela vontade geral (*ver* LIBERDADE); e a posse, que é o efeito da força ou do direito da ocupação primitiva, é substituída pela PROPRIEDADE, que é o título ou "direito positivo". Rousseau acrescenta que um homem adquire, no estado civil, "liberdade moral, que é a única que o torna verdadeiramente senhor de si mesmo" (*ver* VIRTUDE).

A aquisição do ser moral, ter uma posição na "ordem moral" (*E* IV, 235; *OC*, IV, 522), é primordialmente uma questão de a pessoa reconhecer-se e ser reconhecida como portadora de direitos, deveres e títulos que a preparam para desfrutar de uma certa posição com outros em sociedade (e no Estado). Assim, possuir um ser moral não é questão de se ser virtuoso, excelente ou de alguma outra forma recomendável ou louvável como pessoa. É ter um certo *status* e agir em função da posse desse *status*; a excelência humana é uma questão comparativa e depende de outras premissas.

Em parte porque é desse modo que Rousseau entende o caráter moral de uma pessoa, ele nega sistematicamente a existência de qualquer moralidade nas ações de uma criança. A criança não pode apreender (ou ter uma apreensão adequada de) as idéias de direitos, obrigações ou responsabilidades e, assim, é impossível que ela os desrespeite intencionalmente e atue maldosamente. Só com a "idade da razão" (*E* I, 67; *OC* IV, 288) passamos a ter conhecimento de tais coisas e a maldade consciente pode então ser-nos imputada. Rousseau não nega que uma criança possa causar danos; mas, como ela não pode conhecer o significado moral do que está fazendo, o dano que ela causa não é, por si só, prova de maldade.

Voltando ao uso trivial da noção de moralidade, Rousseau fala freqüentemente da moralidade dos tempos, significando os padrões de comportamento geralmente observados ou apreciados (nominalmente, pelo menos); e, por vezes, de "verdadeira" moralidade, para referir-se àqueles padrões que, em seu entender, são verdadeiramente bons, justos e apropriados. *Lato sensu*, "moralidade" engloba direitos e obrigações mas também virtuosas excelências numa pessoa. Rousseau caracteriza por vezes a "verdadeira" moralidade em termos de conhecidas formas de ação, como servir ao seu país, obsequiar amigos, socorrer os infelizes; outras vezes, em termos de obediência aos ditames da CONSCIÊNCIA; e ainda em termos de uma conduta adequada à condição e circunstâncias do homem — um preceito que, diz ele, se corretamente entendido, abrange todos os outros (*E* V, 445-6; *OC* IV, 819).

Fontes: *DD*
E, Livro IV
CS, Livro I

Leituras sugeridas: Blum (21); Charvet, cap. 3 (23); Dent, cap. 4 (24); Shklar, cap. 2 (36)

mulheres Rousseau examina a natureza, educação, hábitos e posição das mulheres com a maior amplitude no EMÍLIO, onde apresenta, sob o título de "Sofia, ou as Mulheres", essas questões como prelúdio para o fato de Emílio se apaixonar e formar com sua prometida, Sofia, uma união afetiva, sexual e conjugal (*E* V, 357 e ss.; *OC* IV, 692 e ss.).

"Em tudo o que não se relaciona com sexo, a mulher é homem. Tem os mesmos órgãos, as mesmas necessidades, as mesmas faculdades." Entretanto, a diferença sexual de homens e mulheres "tem uma influência moral". O mérito do homem reside em seu poder; tem que ser ativo e forte. As mulheres, "feitas especialmente para agradar ao homem", devem ser passivas e frágeis. Rousseau parece pensar que essas diferenças promanam de diferenças entre o desejo sexual masculino e o feminino, sendo os machos facilmente excitados e ardentes, enquanto o papel da fêmea consiste em resistir ou acomodar-se meramente a esse desejo.

É a respeito não só do caráter do desejo sexual, mas também das conseqüências do intercurso sexual, que o "físico nos conduz sem se aperceber da moral". Para que um homem cuide de seus filhos, sustenta Rousseau, deve estar seguro de que eles sejam seus. "É importante, pois, não só que uma mulher seja fiel, mas que seja julgada fiel por seu marido, pelos que convivem perto dela, por todos." Assim, o que se pensa a respeito de uma mulher não é menos importante do que o que ela realmente é: "A opinião é a sepultura da virtude entre os homens e o seu trono entre mulheres." A educação adequada para a mulher deve, assim pensa Rousseau, levar esses pontos em consideração, e por isso não pode ser análoga à educação apropriada para o homem. As mulheres, diz ele, dependem mais dos homens do que os homens das mulheres. Dos homens derivam as mulheres não só a satisfação do desejo e da afeição, mas também sua situação na vida.

Uma vez que o que se pensa delas é tão central para a situação das mulheres, a sua educação deve ser compatível com isso. O gosto pelo aformoseamento e pelos atavios é natural em moças, e em todas as coisas é uma agradável graciosidade de maneiras e elegância de execução que elas devem empenhar-se por adquirir. Não que Rousseau deseje encorajar a indulgência em requintes artificiais e ostentação; tais afetações derivam da "vaidade vulgar" e nada têm a ver com o verdadeiro refinamento da pessoa. Apesar dessa ênfase no agrado, Rousseau insiste em que as mulheres têm, e devem exercer, um poder de julgamento moral independente, e não são obrigadas a aceitar as noções de justo e de belo dos homens.

> Não rebaixemos tanto o sexo que nos governa e nos honra quando não o aviltamos. Existe uma regra anterior à opinião para a espécie humana como um todo... Essa regra julga o próprio preconceito, e somente na medida em que o respeito do homem concorda com ela, deve esse respeito revestir-se de autoridade para nós... Na medida em que depende da nossa própria consciência e das opiniões de outros, ela tem que aprender a comparar essas duas regras, a harmonizá-las... Converte-se no juiz dos seus juízes; decide quando tem que sujeitar-se a elas e quando deve excluí-las... Nada disso pode ser bem feito sem que ela cultive seu espírito e sua razão (*E* V, 382-3; *OC* IV, 730-1).

As diferentes constituições morais e papéis de mulheres e de homens complementam-se mutuamente e cada uma beneficia-se disso:

> O relacionamento social dos sexos é uma coisa admirável. Essa parceria produz uma pessoa moral, da qual a mulher é o olho e o homem, o braço... na harmonia que reina entre eles, tudo tende para o fim comum; ignoram quem contribui mais. Cada um acompanha os impulsos do outro; cada um obedece ao outro e ambos são senhores (*E* V, 377; *OC* IV, 720).

Mesmo levando em conta os costumes e expectativas muito diferentes do seu tempo (não que limitassem sua imaginação em outras áreas de sua obra), Rousseau atribui às mulheres uma existência peculiarmente derivativa e subserviente em relação aos homens. Mesmo quando descreve as mulheres como detentoras do poder de julgar e possuidoras de entendimento moral independente, ainda assim elas parecem depender mais de uma permissão dos homens do que do seu indiscutível direito de atuar por conta própria. Dificilmente carece de justificativas que Rousseau tenha-se convertido em alvo de muitas críticas feministas correntes. Por outro lado, à medida que se desenvolve a intimidade e a afeição entre Emílio e Sofia, é Sofia quem se representa como a pessoa mais perceptiva, moral e emocionalmente mais estável, de quem Emílio tem algo a aprender. É ele quem se entrega a padrões de sentimento que, se não fossem refreados, destruiriam seu relacionamento, e Sofia é quem é retratada não só como isenta dessas disposições perversas mas como fornecedora de um possível corretivo.

Fonte: *E*, Livro V

Leituras sugeridas: Canovan (217); Graham (220); Lloyd (274); Okin (225); Rapaport (227); Wexler (232)

música, textos sobre [24] Há quatro grupos principais de textos. Primeiro, o *Projeto para uma nova notação musical* (Project concernant de nouveaux signes pour la musique), o qual foi ulteriormente publicado com aditamentos como *Dissertação sobre a música moderna* (Dissertation sur la musique moderne) em 1743. Segundo, os verbetes que escreveu sobre tópicos musicais para a ENCICLOPÉDIA, sob a direção editorial de d'Alembert. Estes ligam-se com o terceiro grupo de trabalhos, as contribuições de Rousseau para a Querelle des Bouffons, a qual inclui a sua *Carta sobre a música francesa* (1753), mas também um certo número de peças menores, algumas escritas em resposta às críticas de Rameau aos seus pontos de vista. (Para o *Ensaio sobre a origem das línguas*, de Rousseau, pertinente a esta fase de sua obra, *ver* ORIGEM DAS LÍNGUAS). Finalmente, há o seu *Dicionário de música* (publicado em 1767), baseado em termos gerais nos artigos que tinha escrito anteriormente para a *Enciclopédia*. (Muitos deles foram, por sua vez, incluídos nos volumes suplementares da *Enciclopédia*.)

Quando, em 1742, Rousseau decidiu finalmente romper com a sra. de Warens e começar vida nova por conta própria em Paris, levou com ele sua peça *Narcisse* (*ver* TEATRO) e o seu *Projeto para uma nova notação musical*. Poucos dias após a sua chegada a Paris, graças a algumas cartas de apresentação de amigos influentes em Lyon, foi convidado a apresentar esse projeto perante a Academia de Ciências, em 22 de agosto. Embora tenha sido ouvido com interesse, o projeto não foi aceito. Entre aqueles que o criticaram — justamente, pensou Rousseau — estava Rameau. (Os dois enfrentar-se-iam mais tarde.)

O *Projeto para uma nova notação musical* pretende substituir a notação musical clássica por um esquema numérico, de modo que em vez de um arranjo ordenado de notas na pauta, há um arranjo linear de números (com pontos acima e abaixo para indicar mudanças de oitava), em conjunto com outros símbolos. Assim, uma seqüência de notas poderia ser: Ut c 1 3 5 1 3 5, com o ponto em cima do segundo 1 indicando que ela e as notas seguintes (mi e sol) estão na oitava acima, até que um ponto embaixo indica reversão ("Ut" é dó, na clave de dó).

O esquema representacional usado em qualquer escrita musical é inteiramente convencional, e Rousseau afirmou que tinha instruído seus alunos com êxito no uso do seu. Mas o seu esquema não é tão claro quanto o mais familiar: o "formato" de uma linha melódica não pode, por exemplo, ser percebido num relance com a mesma facilidade que a notação familiar permite. Em todo o caso, escreveu em defesa da sua ao *Mercure de France*, e reviu e ampliou o projeto original para publicação como sua *Dissertação sobre a música moderna* (1743). Muito poucos exemplares foram, porém, vendidos e o seu esquema nunca vingou.

Nos anos que se seguiram, Rousseau esteve principalmente ocupado com composição e só voltaria a escrever sobre tópicos musicais em 1748-49. Tendo sido solicitado por Diderot a preparar artigos sobre música para inclusão na *Enciclopédia*, acabou escrevendo mais de duzentos, que foram sendo publicados gradualmente, à medida que os volumes da *Enciclopédia* vinham a lume.

A gama de contribuições de Rousseau é impressionante (sobretudo se levarmos em consideração que ele era um autodidata). Cobre tópicos tais como adágio, arpejo, concerto, fuga, tom maior, cantochão, ritmo, semitom e sincopação. Também escreveu sobre melodia e harmonia, a cujo respeito suas idéias iriam tornar-se muito significativas (ver a seguir). Rameau dera à harmonia e às relações harmônicas um lugar central em sua descrição da estrutura e significação da música, vendo na harmonia uma metáfora para a interpretação do universo (comparar com a noção medieval da "harmonia das esferas"). Em seus artigos para a *Enciclopédia*, Rousseau seguiu predominantemente a orientação de Rameau. Mais tarde, porém, como resultado do tempo que passou em Veneza como secretário do embaixador francês (1743-44), quando desenvolveu o gosto pela música italiana, discutiu a prioridade da harmonia sobre a melodia.

Nessa época, a música italiana era muito pouco conhecida na França. A tradição operística francesa estava dominada pelo compositor seiscentista Lully e por Rameau. Em 1752, porém, uma companhia itinerante de ópera da Itália (os Bouffons, como ficaram conhecidos na França) tinha chegado a Paris, encenando espetáculo de ópera-bufa, os quais incluíam obras de Vinci, Scarlatti, Jommelli e, especialmente Pergolesi, cuja *La serva padrona* causou grande impressão em Rousseau. Quando voltaram em 1753, a questão dos méritos comparativos da ópera italiana e da francesa convertera-se numa candente polêmica. Grimm, nessa época ainda um amigo íntimo de Rousseau, abrira o debate com um polêmico panfleto, a *Carta sobre "Omphale"*, no qual criticou *Omphale*, de Destouches, uma ópera na tradição da tragédia lírica francesa. A diatribe de Grimm foi respondida com igual hostilidade e Rousseau acorreu em apoio do amigo. Não tardou para que toda a Paris estivesse dividida. Os adeptos da ópera italiana, que se reuniam perto do camarote da rainha, eram conhecidos como o *coin de la Reine* (a esquina da rainha), e os adeptos da ópera francesa eram os freqüentadores do *coin du Roi* (a esquina do rei). Cartas e panfletos foram publicados em grande número. Em 1753, Rousseau interveio com a sua mais substancial e mais influente contribuição no debate, a *Carta sobre a música francesa*.

Rousseau nela defende a tese da primazia da melodia em toda música bela, expressiva e comovente — a qual, diz ele, deve estar enraizada nos sons e acentos da língua falada de sua nação de origem. A língua italiana é fluente, cheia de ressonância, com acentuação clara. A língua francesa, em contraste, é áspera, superficial, monótona, sem cor nem modulação. Isso torna impossível musicar melodiosamente a língua francesa, razão pela qual os compositores recorrem à harmonia como forma de disfarçar a essencial falta de musicalidade do material à sua disposição. Rousseau conclui: "Os franceses não têm música e não podem ter; ou, se alguma vez tivessem, isso seria muitíssimo pior para eles." (Muitas das idéias contidas nessa *Carta* estabelecem uma relação com o inacabado *Ensaio sobre a origem das línguas*, de Rousseau, o qual foi provavelmente iniciado antes da *Carta*.)

A *Carta* de Rousseau só veio a acirrar os ânimos dos adeptos da música francesa, nada contribuindo para acalmar a polêmica. Tão grande foi a celeuma provocada que Rousseau não teve dúvidas em afirmar que a *Carta* desviou o povo de uma incipiente rebelião causada pela dissolução por Luís XV do *Parlement* de Paris (em cujas mãos o próprio Rousseau viria, a seu tempo, a sofrer). Entre os que se sentiram ofendidos na *Carta* estava Rameau, mencionado como um dos que erroneamente promoviam a harmonia acima da melodia, por ausência de musicalidade. As relações entre Rousseau e Rameau já estavam deterioradas, sobretudo por causa da reação negativa de Rameau a *Les muses galantes*, de Rousseau, embora ainda recentemente, em 1752, Rousseau tivesse elogiado de maneira irrestrita a reconhecidamente atípica e italianizada *Platée*, de Rameau. A obra de Rousseau foi alvo de uma série de ataques cada vez mais acerbos de Rameau mas, embora Rousseau respondesse a alguns deles (como no seu *Examen des deux principes avancés par M. Rameau*), seus interesses estavam rapidamente se distanciando da música para concentrar-se nas importantes teorias sociais e políticas de sua maturidade.

Se bem que, quando se mudou pela primeira vez para Montmorency, em 1756, Rousseau pretendesse dar aos seus artigos da *Enciclopédia* uma forma adequada para o seu planejado *Dicionário de música*, o seu trabalho nesse sentido — envolvendo uma ampla revisão do material mais antigo, assim como a inclusão de muitos verbetes novos — progrediu muito lentamente. Quando finalmente foi publicado em 1767, desfrutou de considerável êxito e proporcionou a Rousseau uma renda permanente durante a última década de sua vida.

Musicar com êxito letras em francês não pode, no fim de contas — como Rousseau sustentava que era — ter sido impossível. Muitas óperas, incluindo a sua própria e sumamente popular *O adivinho da aldeia*, foram escritas nessa língua. Gluck, a quem Rousseau veio a conhecer e admirar na década de 1770, escreveu ocasionalmente para libretos franceses, e acreditou que Rousseau mostrou menos a impossibilidade de música francesa do que a necessidade de lhe serem abertas novas possibilidades. Um dos últimos escritos de Rousseau sobre música foram as suas *Observations sur l'*Alceste *de Gluck*.

Ver também COMPOSIÇÃO MUSICAL.

Leituras sugeridas: Cranston, vol. I, cap. 14 (17); Kisch (195); Oliver (197); Robinson (199); Wokler (204)

N

nacionalismo No capítulo 3 das CONSIDERAÇÕES SOBRE O GOVERNO DA POLÔNIA, Rousseau escreve:

> São as instituições nacionais que modelam o gênio, o caráter, os gostos e maneiras de um povo, que lhe conferem uma individualidade própria; que o inspiram com aquele ardente amor ao país, baseado em hábitos inerradicáveis, que fazem seus membros, enquanto vivem entre outros povos, morrer de tédio, embora cercados de delícias que lhes são negadas em sua própria terra. Lembrem-se do espartano que, empanturrado de prazeres da corte do Grande Rei, foi censurado por sentir falta do seu pão preto. "Ah," disse ele ao sátrapa com um suspiro, "eu conheço os vossos prazeres, mas vós não conheceis os nossos!" Hoje, seja o que for que as pessoas possam dizer, já não existem mais franceses, alemães, espanhóis ou mesmo ingleses; existem somente europeus.

Esta passagem mostra claramente a centralidade da idéia, do sentimento, de nação e país no pensamento político de Rousseau. Seu pensamento tampouco está aí limitado a análises de legislação e administração pública para nações específicas (como a Polônia ou a CÓRSEGA); antes, a idéia de zelo e lealdade nacional, ou patriótica, é fundamental para o seu pensamento sobre a sociedade civil em geral.

Para Rousseau, o principal problema no processo de assegurar qualquer sociedade civil justa reside nos interesses confinados de homens, os quais os tornam indiferentes ou ativamente hostis em relação ao bem-estar de outros, apesar do fato de cada pessoa necessitar da ajuda de outras e não poder sobreviver em completo isolamento. Esses interesses confinados não compreendem meramente um estreito egoísmo que tenta reivindicar tudo para si e nada cederá de bom grado aos outros. Eles incluem também o AMOR-PRÓPRIO, que vê a miséria e ignomínia de outros como um benefício para a pessoa superior, como prova de magnificência desta.

É o ponto de vista de Rousseau que nenhuma sociedade estável e bem-sucedida pode ser obtida se esses sentimentos permanecem inalterados e se a lei serve apenas como um freio ou limite aos seus excessos. De qualquer modo, é improvável que uma lei justa seja criada se tais forem os sentimentos predominantes; toda a pessoa ou todo o grupo lutará pela ascendência e, embora a lei comum seja estabelecida, o mais provável é que ela contenha disposições que servem apenas para beneficiar uns poucos. Além disso, na medida em que a lei exige a acomodação dos interesses de outros, haverá um incentivo para eximir-se aos seus requisitos, que serão vistos como indesejáveis imposições. Ele argumenta, portanto, ser essencial que os horizontes do interesse humano sejam ampliados, para que o bem ou mal dos outros passe a ser sentido pelo indivíduo como parte do seu próprio bem ou mal, exatamente do mesmo modo que a situação de um amigo é uma questão de preocupação pessoal para cada um.

Entretanto, essa ampliação da preocupação não pode, pensa Rousseau, ser indefinida. Não somos suscetíveis de compartilhar da felicidade ou infelicidade de simplesmente qualquer pessoa, por mais distante de nós que esteja no tempo, lugar e situação, meramente em virtude de ser, como nós, um membro da espécie humana. Mas podemos identificar-nos com a sorte daqueles com quem temos algum sentimento de vida, destino, cultura e história comuns; daqueles em cujas fortunas vemos algo de nós próprios, e com cujo bem-estar ou mal-estar o nosso senso de qualidade de vida está vinculado. (Não pode haver, é claro, uma determinação precisa dos limites exteriores de nossa preocupação ampliada.) Assim, na medida em que podemos identificar-nos com outros, vivendo sob a lei comum com eles e fazendo causa comum com eles para a proteção e o bem-estar de todos, não se apresentará como uma extorsão mas como uma concretização daquele curso de vida que desejaríamos para nós próprios.

É o país ou nação que fornece o mais poderoso e irrecusável objeto de lealdade a sentimentos ampliados que serão suficientemente fortes para fornecer uma fonte efetiva de ação a todos os seus membros, sem o que dificilmente uma sociedade existe e muito menos teria qualquer chance de sobrevivência. Patriotismo, ou nacionalismo — não como palavras vazias mas consubstanciadas em gostos, maneiras e costumes que são praticados num lugar entre os membros de um grupo — englobam, para Rousseau, todas aquelas virtudes pelas quais, e só pelas quais, uma sociedade civil pode prosperar e perdurar. Ele argumenta que, a rigor, jogos infantis, festividades e atos públicos de todos os gêneros deveriam ser dirigidos para celebrar e reforçar os sentimentos de vida e destino comuns que cada cidadão deve nutrir como membro, com outros, de uma nação orgulhosa de sua individualidade. Assim, no capítulo 4 das *Considerações*, Rousseau escreve:

> É a educação que deve dar às almas uma formação nacional e orientar as nossas opiniões e gostos de tal modo que sejam patrióticos por inclinação, por paixão, por necessidade. Quando abre os olhos pela primeira vez, um bebê deve ver a sua pátria e até o dia de sua morte não deve ver qualquer outra coisa nunca. Todo o verdadeiro republicano bebeu o amor ao seu país, quer dizer, amor à lei e à liberdade, juntamente com o leite de sua mãe. Esse amor é toda a sua existência; ele nada vê senão sua pátria, vive somente por ela; quando está solitário, nada é; quando deixou de ter uma pátria, deixou de existir; e se não morreu, está pior do que morto (*GP*, cap. 4, 176; *OC* III, 966).

Hoje em dia, tais comentários não são vistos com muito bons olhos. Pensamos apenas em termos de imperialismo, de xenofobia e da selvageria que a exaltação nacionalista produziu. Mas, apesar de tudo, não se pode negar que Rousseau está examinando aí uma questão central de teoria e prática política. Nenhum Estado pode sobreviver por muito tempo se a grande maioria de seus membros não vê nenhum bem em suas leis e práticas para além de serem indesejáveis necessidades geradas pela exigência de acomodar outros. E embora possamos pensar que os agrupamentos nacionais não fornecem o melhor foco para o cultivo de sentimentos de lealdade a um bem comum vivenciado como parte do próprio bem de cada um, ignorar ou denegrir as espécies de lealdade ampliada que ultrapassam os limites estreitos do eu é cortejar a desintegração do Estado.

Fontes: *DEP*
GP
PCC
CS, Livros II-IV

Leituras sugeridas: Barnard (151); Cohler (152); Dent, cap. 6 (24); Kedourie (258); Viroli, cap. 4 (38)

natureza A "natureza" é um dos temas de maior difusão e assiduidade na obra de Rousseau. O homem é "naturalmente" bom; o "estado de natureza" é benigno e tranqüilo; uma educação "natural" é criativa e construtiva; a imersão na "natureza" é saudável e revigorante. Rousseau não está sozinho, é claro, ao fazer do recurso à natureza uma pedra de toque para muito do que é bom, benigno, benéfico, verdadeiro e edificante, em contraste com os males impostos aos homens pelos artifícios e pressões sociais, o trabalho forçado, o comércio — e a própria civilização. Então, como agora, a natureza é amplamente vista como a alternativa salutar que nos aliviará de todos os males e dores de que hoje sofremos por ter desertado do seu seio e ignorado os seus ensinamentos.

Rousseau aplica a idéia de natureza e do que é natural a muitos aspectos da vida. Concebe o caráter do homem como naturalmente intato e criativo (*ver* BONDADE NATURAL); retrata a relação primitiva e inquebrantável do homem com a natureza (*ver* ESTADO DE NATUREZA); baseia o saudável desenvolvimento educacional no respeito pela natureza (*ver* EDUCAÇÃO; EMÍLIO); descreve a relação de Deus com o mundo criado e o envolvimento do homem nele na PROFISSÃO DE FÉ DO VIGÁRIO SABOIANO. No que se refere ao próprio mundo natural, Rousseau estava entre aqueles que instigaram a mudança na sensibilidade do desejo de "domesticar" a natureza, de fazê-la ostentar a marca do plano do homem, para a apreciação do rústico, do simples, do intato e aterrador na natureza, que é característico do Romantismo.

Esse aspecto da sensibilidade de Rousseau é mais visível, talvez, no Sétimo Passeio de *Os devaneios de um caminhante solitário*. Aí escreve sobre uma de suas exposições botânicas:

> Abri caminho até perto das fendas dos rochedos... e cheguei finalmente a um recanto tão profundamente escondido que não penso ter visto alguma vez um local mais agreste e primitivo. Abetos negros estavam entremisturados com gigantescas faias... através das raras brechas nessa muralha escura nada se podia ver além das puras faces rochosas e medonhos precipícios que só me atrevia a olhar estendido de bruços no chão. Das gargantas montanhosas chegava o grito do mocho-orelhudo, da corujinha e da águia, enquanto de tempos em tempos algumas aves mais familiares iluminavam o horror desse lugar solitário (*DCS* Sétimo Passeio, 117; *OC* I, 1070-1).

Toda a panóplia de termos prediletos — "agreste", "selvático", "gigantesco", "assustador", "horror" — que servem para incendiar e expressar a imaginação romântica, encontra emprego nessa passagem. (O episódio termina em anticlímax. Mal Rousseau começara vangloriando-se por ser um novo Colombo quando ouviu um crepitar conhecido: avançando através do mato uns vinte metros do seu silencioso pico, encontrou um moinho em pleno funcionamento.)

A resposta de Rousseau à natureza nem sempre foi dessa espécie sublime. No seu deleite com as plantas (*ver* BOTÂNICA), é o encanto e a suavidade delas que destaca. Argumenta que o estudo de minerais e animais não tarda em levar a pensamentos de "fétidos vapores de minas" ou "cadáveres fedorentos, lívida carne supurada, sangue, repelentes intestinos". Somente a botânica oferece uma alegria contínua, pura e refrescante: "Flores brilhantes, adorno dos prados, sombras frescas, regatos, bosques e verdes sendas, acodem a purificar a minha imaginação de todas essas imagens abomináveis" (*DCS* Sétimo Passeio, 114; *OC* I, 1068).

Para Rousseau, a comunhão com a natureza afasta a pessoa da detestável sociedade de homens competitivos, e liberta-a para alegrar-se abertamente num mundo que expõe seus segredos a quem quer que lhe preste honesta atenção, despojado de egoísmo ou de propósitos mercenários. Esse mesmo sentido de comunhão, culminando numa imobilidade do orgulhoso e insaciável ego, também é central nos serenamente extáticos devaneios no e em torno do lago Bienne, que ele descreve no Quinto Passeio. O "fluxo e refluxo da água, seu contínuo mas ondulante marulho", ou "um regato murmurando sobre as pedras" geram um estado de semi-hipnose: "De tempos em tempos, surgiu algum breve e imponderável reflexo lembrando a instabilidade das coisas deste mundo, cuja imagem eu vi na superfície da água, mas logo essas frágeis impressões cederam diante do inalterado e incessante movimento que me embalava e, sem qualquer esforço ativo de minha parte, tomava tão completamente conta de mim" (*DCS* Passeio 5, 87; *OC* I, 1045). Num tal estado, uma pessoa apercebe-se do simples prazer da existência como uma coisa que vive e sente, liberta de todo o sofrimento e de todo o esforço em prol do sucesso e do progresso.

Rousseau evoca poderosamente a influência da natureza e seu poder inspirador, estimulante e redentor. Ele ocupa uma posição significativa entre aqueles que estabeleceram a importância da beleza e majestade naturais na satisfação de uma necessidade espiritual básica nos seres humanos.

Fontes: *DD*, Parte I
DCS, Segundo, Quinto e Sétimo Passeios

Nova Heloísa, A *Ver* JÚLIA, OU A NOVA HELOÍSA.

O

ópera *Ver* COMPOSIÇÃO MUSICAL.

origem da desigualdade *Ver* DISCURSO SOBRE A ORIGEM DA DESIGUALDADE.

origem das línguas O *Ensaio sobre a origem das línguas* parece nunca ter sido completado de modo a satisfazer Rousseau. Em 1765, pensou em publicá-lo juntamente com outros trabalhos pequenos, mas a obra só viria a lume em 1781 na coletânea de obras póstumas. Ainda há controvérsias quanto à sua data de composição, à sua ligação com outras de suas obras e ao seu lugar no contexto de seu desenvolvimento intelectual. É provável que Rousseau começasse a prepará-lo em conjunto com os seus comentários sobre linguagem incluídos no DISCURSO SOBRE A ORIGEM DA DESIGUALDADE (iniciado em 1753); depois, modificou-o e ampliou-o com o propósito de incluir no *Exame de dois princípios* (1755), sua resposta às críticas de Rameau à sua *Carta sobre a música francesa* (*ver* MÚSICA, TEXTOS SOBRE). Em 1760-61, após novos aditamentos, o ensaio assumiu a sua forma mais ou menos final.

Assim, o *Ensaio* compreende material preparado ao longo de sete ou oito anos, o que explica, sem dúvida, sua ampla abordagem e as múltiplas alusões a outras idéias em que Rousseau estava interessado nesse mesmo período. Há referência a *O levita de Efraim* (*ver* POESIA E PROSA VARIADA) e uma discussão da piedade (cuja coerência com o material afim no *Segundo discurso* e no *Emílio* é muito debatida; *ver* COMPAIXÃO). Os primeiros onze dos vinte curtos capítulos do *Ensaio* tratam, principalmente, da origem e do caráter das diferentes línguas; o resto, de música, sobretudo a questão da relação entre melodia e harmonia que tanto o preocupou em suas discordâncias com Rameau.

Rousseau começa por dizer que o gesto é a mais natural e poderosa forma de comunicação, a mais adequada para transmitir necessidades físicas. A fala, diz ele, é sumamente apropriada para despertar e expressar paixões. Amor, aversão, piedade e cólera necessitaram das primeiras vocalizações, as quais eram acentuadas, à maneira de cantilenas, e inarticuladas. O primeiro vocabulário era totalmente figurativo. O mundo foi apreendido na imagem dele formada por paixão e descrito como tal. Pessoas desconhecidas despertaram medo e temor, e por isso foram chamadas de gigantes.

As palavras só mais tarde adquiriram um significado literal, as línguas desenvolveram-se e foram repartidas entre muitos povos, e usadas para fins menos emocionais. À medida que as línguas progridem, tornam-se mais precisas e menos veementes; as idéias da razão substituem os sentimentos do coração; a acentuação desaparece e a monotonia ocupa o seu lugar. Essas mudanças são aceleradas por desenvolvimentos na escrita. Símbolos ideográficos são substituídos por um alfabeto cosmopolita que fixa a fala e analisa sua estrutura e componentes, tornando-a mais regular e exata à custa da flexibilidade expressiva. A precisão e perfeição gramatical acarreta uma perda de vigor.

Rousseau explica essas mudanças por referência a diferenças nas circunstâncias climáticas e materiais entre os povos meridionais e setentrionais. Os povos meridionais, que vivem em meios luxuriantes e quentes, têm pouca necessidade de juntar-se em grupos maiores do que a família e estão largamente dispersos. Vivem sem uma agricultura sedentária e sem os problemas correlatos de propriedade, exigências legais etc. Embora as primeiras a ser povoadas, as regiões meridionais foram as últimas a formar nações, a abandonar a sua primitiva liberdade e indolência. Somente uma necessidade ocasional, como encontrar água para os animais, reuniu muita dessa gente, dando assim origem ao desenvolvimento de relações amorosas entre as pessoas. Sua primeira fala teria sido suave e voluptuosa, adequada para as solicitações do amor, não para as da necessidade.

No inóspito norte, por outro lado, tudo é ditado pela necessidade de sobrevivência; a necessidade primordial é de ajuda, não de amor. A fala, concomitantemente, é áspera, brusca e exigente, com o propósito não de acariciar e seduzir, mas de transmitir necessidades com exatidão. Tão premente é a necessidade de sobrevivência que os outros são sempre vistos como predadores potenciais em relação aos quais uma postura hostil e dominante deve ser adotada. A fala é rude e estridente, mas clara e articulada em suas imposições precisas.

Rousseau aborda depois a questão da relação entre fala e música. Uma vez que a vocalização não pressionada pela necessidade é uma expressão de paixão, as primeiras falas dos homens são, por isso, canções cheias de ritmo, acento e melodia. A melodia em música imita a paixão, espelha essas intensas vocalizações do sentimento. A melodia é música falante; imita as inflexões da voz. A harmonia, por outro lado, nada tem em comum com as nossas paixões; impõe padrões e estruturas que coíbem a expressão oral apaixonada. Sob as regras da harmonia, canção e fala são separadas à força e passam a estar em mútuo conflito. Nem a harmonia pode ser defendida por comparação com uma paleta de cores; pois o colorido é uma imitação da natureza, enquanto que a música é um veículo de expressão humana. A música comove-nos não como mera experiência física, mas entendida e sentida como o sinal da alma falante de um outro ser humano. Assim como a apaixonada e veemente expressividade da fala se perdeu sob os severos requisitos que a necessidade infligiu aos povos do norte, também o mesmo destino acometeu sua música. Volume e sustentação são tudo o que era necessário em sua fala, e a única elaboração musical que isso permitia era a harmonia e o contraponto. Todo o vigor, todo o fluxo espontâneo e força da expressão melódica perdem-se sob os sistemas complexos que essas técnicas requerem. Voltando-se para as formas de linguagem adequadas para o governo, Rousseau declara que lei e regra nasceram de uma dura necessidade que retirou os homens das circunstâncias nativas de bem-estar e despreocupação primitivos, nas quais a única ocasião para expressarem alguma coisa era quando se fazia imprescindível a persuasão amorosa. Mas tudo isso desapareceu: a força regula as relações dos homens, que agora não reclamam amor, mas dinheiro. Toda a eloqüência desapareceu; o único objetivo da linguagem é o controle imperioso.

Muitos temas centrais na obra madura de Rousseau são evidentes nesse *Ensaio*. Ele insiste na primazia do sentimento, do coração, antes da razão, do intelecto, da cabeça. Argumenta que a complexidade e a precisão da língua, adequada para a refinada investigação científica e para as letras cultas, não constituem sinais de progresso e superioridade, mas de degeneração. Sob as pressões que os fizeram desenvolver a gramática, a lógica e a precisão da fala e da escrita, os homens viram-se forçados a distanciar-se cada vez mais do seu estado e modo de vida natural. Além disso, governo, lei, direitos de propriedade etc. são sinais do estado de deserdação do homem, não de obtenção de um *status* plenamente humano numa sociedade desenvolvida. Finalmente, Rousseau enfatiza que o mesquinho egoísmo e a hostilidade para com outros obliteraram os doces e ardentes vínculos de amor que são próprios das pessoas e propiciam o aperfeiçoamento de suas vidas.

Em seu exame das origens da língua no *Segundo discurso* (*DD* 58-64; *OC* III, 146-52), Rousseau está principalmente argumentando que a mente do homem primitivo não possui, nem requer, um conhecimento geral e abstrato; ele é governado por seus desejos e sensações imediatos. Com grande perspicácia, vê que as idéias gerais, as quais envolvem abstração de experiências e objetos particulares, são diferentes em espécie das sensações originais que influenciam a ação e exigem um refinado julgamento intelectual: "A definição de um triângulo é o que basta para dar-vos uma idéia verdadeira dele; assim que figurardes um deles em vosso espírito, será um determinado triângulo e não qualquer outro, e não podereis evitar dar-lhe linhas sensíveis num plano colorido" (p. 255 da trad., *op. cit.*). Tais definições abstratas requerem necessariamente o uso de palavras em proposições; uma língua de resposta a sensações permaneceria atada às circunstâncias particulares imediatas. Rousseau declara-se incapaz de conceber que necessidades poderiam ter provocado tal desenvolvimento intelectual, ou por que meios poderia ter ocorrido. O *Ensaio* pode ser considerado a sua resposta a esses problemas.

Nessas páginas admiravelmente originais, Rousseau identifica e articula um dos problemas centrais com que se defronta qualquer teoria empirista da linguagem e do pensamento (tal como pode ser encontrada em Locke), ao insistir na distinção entre sensações e juízos com uma clareza que só se voltaria a encontrar nos escritos de Kant.

Ver também EMÍLIO.

Fontes: *DD*, Parte I

Ensaio sobre a origem das línguas

Leituras sugeridas: Cranston, vol. I, cap. 14 (17); Derrida (210); Grimsley (211); Wokler (213); Wokler (214); Wokler (215)

P

paranóia Paranóia é o nome dado, com variáveis graus de precisão, a uma perturbação mental que envolve uma elaborada estrutura de sentimento e crenças cujas raízes se situam na agressão projetada. As manifestações paranóicas são muitas e diversas. As mais conhecidas são as falsas crenças de perseguição, oriundas da sincera convicção de que se está sendo vítima de uma secreta e tortuosa trama em que os conspiradores, que estão informados de todos os passos da pessoa, a menos que se adotem as mais detalhadas precauções, se dispõem a humilhá-la ou atormentá-la, ou a infligir-lhe algum outro e terrível dano. A vítima sente-se totalmente inocente, objeto ultrajado e violado da perversidade ou malevolência dos outros, nutrindo (acredita ela) se não sentimentos bons, afetuosos e generosos, não maculados por qualquer vestígio de maldade ou discordância. Outros padrões de crença e reação que têm um caráter paranóico incluem a idéia de que todos os gestos de gentileza ou amizade são armadilhas, destinadas a seduzir ou tornar vulnerável a vítima; e a insistência, pelo sofredor, em que todas as ações se baseiam na disposição de ânimo e no sentimento, sem preceitos derivados de qualquer sentido de dever ou responsabilidade — com a correspondente desvalorização de todas as ações empreendidas por dever.

Em todos os casos, o paranóico reluta ou é incapaz de admitir quaisquer sentimentos de cólera, hostilidade ou ódio. Tais sentimentos (que ele indubitavelmente possui) não desaparecem, porém, mas são "projetados": ou seja, não é o indivíduo que está colérico (acredita ele) mas todos aqueles que o cercam, que também são hostis e cruéis em relação a ele, que não pode entender por que seja tão maltratado, tão violentado. É a própria cólera não reconhecida do indivíduo que engendra a sua convicção de que aqueles que entram em contato com ele desejam atacá-lo e causar-lhe danos.

O próprio Rousseau sofreu cronicamente — assim como agudamente, de tempos em tempos — de tais falsas crenças e problemas afins. Seus constantes protestos de inocência, freqüentemente acompanhados de denúncias estridentes e farisaicas de outros; seu medo perpétuo de conspirações, sua desconfiança mórbida; sua freqüente representação da magnanimidade de outros como ardis preparados para tirar proveito dele, para o controlar e o constranger — tudo isso são claros sinais de perturbação paranóica.

Esses padrões de crença acabaram dominando sua vida em dois períodos em particular. No primeiro, porém, durante o colapso de suas relações com a sra. d'Épinay em 1757-58, quando estava provavelmente dominado pelo sentimento de culpa a respeito de sua paixão por Sophie d'Houdetot, Rousseau talvez não estivesse inteiramente errado em supor que

Diderot, Grimm e outros estavam zombando dele e espalhando maliciosos mexericos. Mas sua reação ao pouco que lhe chegou aos ouvidos, ou que simplesmente conjeturou a respeito, foi certamente excessiva. Muito mais sério foi o seu colapso na Inglaterra em 1766-67. Os anos precedentes de autêntica perseguição pela Igreja e pelc Estado; a exposição ao mundo do seu abandono dos filhos pequenos; seu extremo isolamento num país estranho — tudo isso pode ter contribuído para uma perda de estabilidade que persistiu, com remissões ocasionais, por quase dez anos. Suas acusações contra Hume, sua convicção de que era vítima desvalida de uma implacável trama organizada em quase toda a Europa, eram virtualmente sem o menor fundamento e revelaram apenas extrema perturbação mental.

Muitos perceberam na obra de Rousseau pouco mais do que a demonstração de sua predisposição paranóica. ROUSSEAU JUIZ DE JEAN-JACQUES: DIÁLOGOS (escrito em 1772-76) e partes (especialmente a segunda metade) das CONFISSÕES mostram-no claramente lutando só com escasso êxito contra seus conturbados sentimentos. Mas seria uma coisa muito diferente supor que suas principais obras teóricas são pouco mais do que elaborados exercícios de retaliação contra um mundo perseguidor. É verdade que na maioria dessas obras Rousseau estava preocupado com a hostilidade e a agressividade — freqüentemente disfarçadas, pensava ele — que as pessoas manifestam umas contra as outras em sociedade. Assim é que escreve: "A ambição insaciável, a ânsia de aumentar suas respectivas fortunas, menos por verdadeira necessidade do que para colocar-se acima dos outros, inspira a todos os homens uma abjeta propensão a prejudicarem-se mutuamente, uma secreta inveja tanto mais perigosa quanto, para desferir o golpe com maior segurança, é freqüente usar-se a máscara da bondade" (*DD* 87; *OC* III, 175). Mas devem esses juízos ser vistos como nada mais do que uma distorção mórbida produzida por sua animosidade em relação aos homens?

Provavelmente a resposta é Não. Mesmo que, por exemplo, o retrato de Rousseau da sociedade corrente como estando ordenada de modo a assegurar o lucro de alguns à custa da miséria de outros e o seu diagnóstico da profundidade de exigência de odiosa prioridade sejam exageros, não se pode negar que a sua descrição da conduta do homem em sociedade possui um excepcional poder, ainda em seus ângulos mais chocantes, e identifica alguns dos aspectos centrais das relações sociais. Uma das características principais das falsas crenças paranóicas é a sua repetitiva falta de originalidade. Mas embora ele possa ter-se repetido (ainda que só raríssimas vezes com exatamente as mesmas palavras), as idéias de Rousseau nunca são enfadonhas e jamais lhe faltou originalidade. Ele percebeu algo que penetra muito fundo nas relações sociais humanas: o potencial para outros serem representados como ameaças a ser rechaçadas, subjugadas ou, de um modo ou de outro, controladas. Há, em sociedade, muitas relações e instituições que consubstanciam atitudes de agressão e medo — por mais disfarçadas ou modificadas que sejam por convenção ou por nossa habituação à presença delas — das quais se poderia dizer que materializam atitudes paranóicas.

No EMÍLIO, Rousseau fornece uma penetrante descrição das fontes dessa agressividade. Todo o bebê, acredita ele, por causa de sua incapacidade para cuidar de si mesmo, está fadado a sentir, por vezes, a experiência da frustração de seus desejos. A ira da criança diante disso leva-a a representar aqueles que o cercam como perseguidores, decididos a contrariá-lo. Assim, parece-lhe imperativo que, ao adquirir o controle de sua situação e a satisfação de suas necessidades, ele imponha a sua vontade a outros a fim de neutralizar a vontade que eles, segundo pensa, estão-lhe impondo. De tais padrões elementares de resposta, argumenta Rousseau, surge a importância que as pessoas atribuem à ascendência, ao poder e ao comando de outros. E assim é que tais padrões hierarquizados de dominação e servidão alimentam e intensificam a cólera e o ressentimento que seres humanos sentem uns contra outros. Só um pensamento superficial pode negar a profundidade e intensidade da inimizade que informa os assuntos humanos. Pode-se considerar a crédito de Rousseau o fato de não ter minimizado isso.

Fontes: *C*, Parte 2
Hume, *The Concise Account* (336)
RJJ: *Diálogos* 1,2

Leituras sugeridas: Dent, cap. 2 (24); Hofstader (287); Klein (290); Solomon (344); Starobinski (37)

pecado (original) Rousseau discute a doutrina do pecado original minuciosamente apenas em sua CARTA A CHRISTOPHE DE BEAUMONT (embora também lhe faça alusão em JÚLIA, OU A NOVA HELOÍSA), na qual se defende contra as críticas feitas ao EMÍLIO pelo arcebispo de Paris. No *Emílio*, Rousseau argumenta que os homens são bons por natureza (*ver* BONDADE NATURAL) e foi contra essa afirmação — ou, melhor, contra o que considerou ser a implicação dela, que o homem não é responsável pela maldade do seu próprio ser e fazer — que Beaumont se opôs.

A principal entre as muitas objeções que Rousseau levanta contra o ponto de vista do arcebispo é que enquanto ele, Rousseau, explica como o homem se tornou mau, o arcebispo afirma simplesmente que ele é, e por sua própria culpa — mas sem uma explicação. Supõe-se que o rito do batismo, argumenta Rousseau, tem o propósito de limpar esse pecado; entretanto, não vemos que todos os cristãos sejam anjos. É absurdo dizer que todos precisamos de sábios e vigilantes mestres, porquanto é precisamente a tirania de tais pessoas que induz as disposições e atos perversos que são depois identificados como os males que exigem cura: "Provei que a educação a que chamais a mais perfeita e sensata é a mais absurda e irracional, que a educação a que chamais a mais virtuosa fornece à criança todos os seus vícios... Provei que todos os erros da juventude, de que vos queixais, não podem ser reprimidos por esses meios, e são, na realidade, o resultado destes" (*OC* IV, 941).

Subjacente nas objeções de Rousseau às afirmações do arcebispo está, porventura, uma fonte mais profunda de sua resistência à doutrina do pecado original. Embora concorde em que o dever supremo do homem é servir a Deus e realizar Suas obras, pensa que o mais poderoso contra-incentivo ao nosso cumprimento desse dever é a insistência em que cada um de nós está na obrigação de o cumprir. Em todos os seus escritos morais (particularmente no *Emílio*), Rousseau argumenta que a imposição de obrigações só produz ressentimento e agressão, e que o desejo de realizar o bem e obedecer a Deus só se concretiza através do amor e da liberdade criativa. Não é natural no homem ser controlado e julgado por outros, os custódios temporais do direito e da justiça. Os homens só aprendem a ser bons porque encontram na bondade a realização de suas próprias e melhores aspirações, não porque temam a punição e a maldição se praticarem o mal. Colocar o homem sob as ordens de outros significa apenas governá-lo pela ameaça e o medo, e agir direito torna-se um fardo detestado. É a essa perversão que Rousseau acredita que a doutrina do pecado original induz; o seu diagnóstico da patologia da disposição moral é extraordinariamente penetrante.

Rousseau não sustentou que os homens são incapazes de praticar o mal e de nutrir disposições maldosas, ou que essas coisas não eram de sua própria responsabilidade, mas que a idéia de pecado original não só não explicou essas questões mas, na realidade, serviu para despertar precisamente os próprios impulsos agressivos que são tomados como prova de sua existência.

O exame por Rousseau do pecado original, dessa idéia da perversão original da vontade humana, tem seu papel no contexto de um debate francês que se estendeu ao longo dos séculos XVII e XVIII. Pascal tinha argumentado que a natureza humana está irrevogavelmente dividida, e que o nosso próprio poder da razão e a nossa vontade são impotentes para nos apetrechar a conhecermo-nos a nós mesmos e a levar uma vida boa. Dependemos, em última instância, não de nós mesmos, mas de Deus para a nossa redenção. Longe de sermos auto-suficientes e de dependermos unicamente de nós próprios, rendemo-nos constantemente ao mal e à contradição através da nossa fraqueza e imperfeição. Se a integridade da natureza humana tem que ser afirmada, então desvendar as forças formativas dentro da personalidade do homem passa a ser a questão central, a fim de que a origem do mal e do sofrimento possa ser identificada e entendida, independentemente de qualquer teoria de dualidade humana.

A cuidadosa exposição por Rousseau (principalmente no *Emílio*) das condições empíricas que dão origem a emoções tais como a inveja, a malevolência e o ódio nas relações humanas, dispensa qualquer necessidade de pensar no homem como um ser dotado de caráter dual, parte uma fera cruel e parte dependente do divino (embora haja resíduos disso na PROFISSÃO DE FÉ DO VIGÁRIO SABOIANO). Os humanos não são, como criaturas da Terra, necessariamente maus; tampouco necessitam da redenção espiritual concedida unicamente pela graça de Deus para que se tornem sãos e bons. Embora Rousseau encontre sinais da providência divina nessa possibilidade de recuperação de uma vida intata e criativa, para a própria pessoa e para os outros, ele a vê como uma providência que se mostra na profunda harmonia da nossa natureza, não em termos da possibilidade de superar o mundo como escória.

Fonte: Carta para Christophe de Beaumont

Leituras sugeridas: Cassirer, cap. 4 (239); Grimsley (189); Horowitz, caps. 2, 8 (27)

perfectibilidade No DISCURSO SOBRE A ORIGEM DA DESIGUALDADE, Rousseau afirma que, mesmo em sua condição natural ou primitiva, os seres humanos possuem duas faculdades que os distinguem definitivamente dos animais. Uma delas é o livre-arbítrio (*ver* LIBERDADE); a outra é "a faculdade de aperfeiçoamento pessoal", a que ele chama de perfectibilidade. Com a maioria dos animais inferiores, o repertório de comportamentos e possibilidades de ação é limitado e fixo. No caso, por exemplo, da nidificação, o comportamento dos pássaros parece estar exclusivamente sob a direção do instinto e há pouca ou nenhuma variação entre indivíduos. Se, através de acidentes naturais, os materiais apropriados não forem acessíveis, as espécies pereceriam. Aos animais superiores é possível ensinar alguns estratagemas; e os etólogos têm visto decisões inovadoras de vários tipos serem tomadas, digamos, por símios. Mas a gama de variações e a capacidade espontânea de adaptação às circunstâncias são muito restritas.

No caso dos seres humanos, por outro lado, a plasticidade de resposta é muito grande. As rotinas instintivas dos seres humanos são muito poucas; os desejos instintivos permitem grande variação no modo como são satisfeitos. O homem pode aprender como o seu meio ambiente funciona e pode adaptar-lhe o seu comportamento para sua própria vantagem, assim como modificar esse meio ambiente a fim de obter mais vantagens. Virtualmente todos os comportamentos humanos são aprendidos ou adquiridos, e poucos se tornam tão consolidados que não permitam sua modificação se a necessidade (ou o gosto) o exigir. A nossa capacidade para toda essa flexibilidade e adaptabilidade, a nossa aptidão para aumentar o nosso estoque de conhecimentos e aplicá-los de modos infinitamente variados, Rousseau as atribui à perfectibilidade.

No *Segundo discurso*, Rousseau considera a nossa posse dessa capacidade, a qual é exclusiva dos seres humanos, como uma bênção e uma maldição. Por um lado, devemos-lhe a nossa capacidade para a agricultura, a construção, a ciência, as letras e as manufaturas — até a nossa própria sociedade — e sem ela, exceto nas mais propícias circunstâncias, a vida humana dificilmente seria sustentável. Mas, por outro lado, é essa mesma capacidade que "o tira dessa condição original na qual passaria dias tranqüilos e inocentes... [e] o torna com o passar do tempo o tirano de si mesmo e da natureza"(*DD* 54; *OC* III, 142)(p. 249 da trad., *op. cit.*). Porque o homem pode mudar-se e mudar o seu meio, ele é capaz de erigir e sustentar condições sociais que são nocivas para si mesmo, ao passo que, se estivesse limitado por possibilidades finitas intrínsecas da espécie, isso não lhe teria sido possível. Portanto, a nossa perfectibilidade é a fonte tanto de nossas virtudes quanto de nossos vícios.

A sugestão (apenas meio intencional) de Rousseau de que uma existência "irracional" em paz e inocência seria o melhor que poderia acontecer ao homem não deve ser levada demasiado a sério. A fim de, no *Segundo discurso*, consolidar o seu ponto de vista de que a sociedade humana ordinária revela uma cena de hostilidade mútua, de "necessidades, avidez, opressão, desejos e orgulho" (*DD* 45; *OC* III, 132), ele usará qualquer recurso retórico a fim de traçar um contraste adverso com outras possibilidades, mais benignas e harmoniosas, da existência humana. Mas não pode haver dúvida de que, se a capacidade de progresso pessoal não fosse exercida, a existência humana dificilmente se elevaria acima da das bestas; e Rousseau seria o primeiro a concordar que nenhuma vida humana seria assim plenamente realizada. A sua principal preocupação no *Segundo discurso* é mostrar que, tal como as coisas se apresentam, uma existência limitada foi trocada por uma corrupta e destrutiva. Resta mostrar como uma vida plenamente humana, que requer o desenvolvimento de todas as faculdades, o pleno exercício da memória e da imaginação, o raciocínio ativo (ver *DD* 86; *OC* III, 174), pode ser realizada em sociedade. É à tarefa de mostrar isso que se dedicam o *Emílio* e *O contrato social*. A perfectibilidade pode abrir o caminho para o vício e o erro; mas sem ela tampouco pode haver virtude ou sabedoria.

Fonte: *DD*, Parte 1

Leituras sugeridas: Horowitz, cap. 3 (27); Masters, cap. 3 (69); Shklar, cap. 2 (36)

piedade *Ver* COMPAIXÃO.

poder O poder consiste na capacidade de produzir efeitos; e, no caso de relações entre pessoas, os efeitos serão mudanças na vida, atitudes e comportamento do detentor do poder e daqueles sobre quem ele exerce o seu poder. Rousseau em nenhuma parte oferece qualquer definição precisa de poder, ou do que significa para uma pessoa ter maior poder do que outra, ou ter poder sobre esta outra. Poder-se-ia dizer, não obstante, que ele está mais preocupado com o poder do que com qualquer outra questão, não só em todas as suas principais obras sociais e políticas, mas também nos textos autobiográficos — embora sob uma diferente perspectiva. Ele submete à mais penetrante análise e crítica a base, o caráter e a função das relações de poder, tanto entre indivíduos como no interior das instituições da sociedade e do Estado (incluindo aqueles que ocupam posições de poder).

Na grande maioria dos casos, acredita Rousseau, as pessoas desejam um poder superior sobre outras por duas razões principais. Primeiro, ao possuir um poder superior uma pessoa pode fazer as outras cederem aos seus desejos e desígnios a fim de que possa alcançar melhor, através da complacência delas, os objetivos que busca. O poder é, assim, instrumentalmente útil para o seu possuidor. A segunda e mais importante razão pela qual o poder superior é desejado consiste em acreditar-se que a sua posse é uma prova de superioridade e distinção pessoal, testemunho de prestigiosa ascendência sobre outros. Ao mandar em outros, ao subordiná-los à sua vontade, o indivíduo passa a conhecer-se e a sentir-se uma pessoa de posses, alguém dotado de significado como pessoa e como presença. Esse tipo de preocupação com a posse de um poder superior está intimamente vinculado às (excessivas) preocupações do AMOR-PRÓPRIO.

O poder sobre outros, quer como instrumentalmente útil, quer como prova de importância pessoal, não precisa ser exercido através da força bruta. Riqueza, honrarias, prestígio, "visibilidade" elegante, tudo isso coloca uma pessoa numa posição que lhe assegura a deferência ou subordinação de outros. Os processos sociais e as instituições civis são freqüentemente estruturados de modo tal que estabelecem e consolidam relações de DOMINAÇÃO e subordinação, de potência e impotência.

Rousseau é invariavelmente hostil à existência de relações de poder desigual. Por exemplo, ao estarem subordinados a outros, os subjugados e oprimidos são, de várias maneiras, privados de liberdade — a oportunidade de levar a efeito seus próprios fins, com base em suas decisões pessoais — e estão dependentes de outros para a fruição de necessidades e direitos fundamentais. Além disso, ao serem identificados por outros como seres inferiores ou insignificantes, são capazes de ver a si mesmos de maneira idêntica, de se considerar desprezíveis, e suas vidas e necessidades insignificantes. No caso daqueles que desfrutam de poder superior, Rousseau não se contenta meramente em dizer que o comportamento deles é injusto e que tal superioridade é ilegítima — embora acredite efetivamente nisso. Ele procura, mais concretamente, mostrar que tal posição superior é, em certos aspectos, mera aparência e que, embora desejem desfrutar de dominação sobre outros, eles estão, de fato, escravizados. Espera assim demonstrar por que o recurso à justiça devia preocupar aqueles que parecem tirar proveito da injustiça.

Na medida em que o meu sentido de minha dignidade e importância depende da deferência e servilismo de outros, prossegue o seu argumento, sou solicitado o tempo todo a configurar o meu comportamento de uma forma que continue infundindo nos outros o respeito por — ou o medo de — mim. Em vez de poder agir como melhor me aprouver, imune às exigências que os outros me fazem, sou obrigado a controlar e a modificar a minha vida de modo a captar e reter a complacência deles. Estou "tolhido" pelas coerções que me são impostas pela retenção da minha posição superior:

> A vossa liberdade e o vosso poder vão até onde chega o vosso vigor natural e não além dele. Até a dominação é servil quando está ligada à opinião, pois dependeis dos preconceitos daqueles que governais mediante preconceitos. Para conduzi-los como vos aprouver, deveis conduzir-vos como lhes agrade. Eles têm apenas que mudar seu modo de pensar e deveis forçosamente mudar o vosso modo de agir (*E* II, 83; *OC* IV, 308-9).

Na opinião de Rousseau, essa dependência de outros tampouco está confinada à modificação do comportamento exterior. A necessidade do respeito e subordinação de outros insere-se na própria auto-estima do homem poderoso, que assim fica — na constituição do respeito por si próprio — à mercê dos sentimentos e avaliações de outros.

Ele não pensa, é claro, que os seres humanos podem sobreviver por muito tempo, ou conseguir para si próprios uma vida muito satisfatória, se continuarem confiando somente em sua "força natural". Mas é essencial que, quando as pessoas se unirem a fim de tirar proveito da ação concertada, isso não dê aso a relações de dominação e subordinação. Um propósito central das estruturas e procedimentos políticos que Rousseau descreve em *O contrato social* é habilitar as pessoas a agir harmonicamente, mas de um modo que não imponha o servilismo ou a impotência de nenhuma delas. Desse modo serão evitadas não só as desvantagens manifestas que os oprimidos e deserdados sofrem, mas também aqueles males mais sutis de que, de acordo com as suas considerações, sofrem os que estão no "pináculo da fortuna".

A força da explicação de Rousseau para o significado e a importância das relações de poder na sociedade é dupla. Em primeiro lugar, ele demonstra possuir uma visão clara e intuitiva da natureza difusa de tais relações, identificando como elas formam (ou deformam) não só o comportamento das pessoas, mas também seus sentimentos, aspirações e julgamentos próprios. Em segundo lugar, mostra como a renúncia ao desejo de alcançar a dominação promete um relacionamento com o outro que será criativo e construtivo para todas as partes, e que isso não deve ser considerado por aqueles que "desceram" de suas posições de ascendência como não envolvendo, para eles, mais do que uma perda que lhes foi infligida pela intransigência das classes subjugadas. Em tais argumentos, Rousseau prefigura os mais conhecidos pontos de vista de Hegel e Marx.

Fontes: *DD*

E, Livros I, II

Leituras sugeridas: Lukes (339); Shklar, cap. 3 (36)

poesia e prosa variada [25] Muito cedo em sua vida Rousseau escreveu numerosos poemas, um dos quais foi a sua primeira publicação de alguma substância. Também escreveu algumas breves (freqüentemente incompletas) peças em prosa, das quais sobreviveram umas poucas. Nenhuma delas constitui mais do que um elemento secundário em sua produção global.

O primeiro de seus poemas, *Le verger de Madame la baronne de Warens* (O pomar da sra. de Warens), foi escrito em 1738 e publicado no ano seguinte sob o selo de um editor de

Londres, mas foi, de fato, impresso em Annecy ou Chambéry. Rousseau escreveu essa rapsódia bucólica de cerca de 250 versos quando estava contemplando as belezas da vida e da meditação no pomar da sra. de Warens. Invoca a natureza, a ciência e as artes como o alimento da alma e menciona os filósofos, poetas, escritores e historiadores que o inspiram e elevam seu espírito para interesses superiores.

A Épitre à M. Bordes, poema epistolar escrito para um dos amigos de Rousseau, foi provavelmente completada em 1741, quando ele estava residindo em Lyon como preceptor da família Mably. Foi impresso no *Journal de Verdun* em março de 1743. Nesses 150 versos carentes de originalidade, em estilo heróico, Rousseau elogia Bordes como um homem brilhante e de muito saber; insiste em que ele, Rousseau, não será seduzido por riquezas e orgulho; e, graças ao seu espírito republicano, somente respeitará o verdadeiro mérito. Entretanto, louva também, de forma enjoativa, alguns dignitários de Lyon. Um poema mais extenso, mas que expressa sentimentos semelhantes é a *Épitre à M. Parisot*, escrita a um outro amigo de Lyon. Data, provavelmente, de mais ou menos um ano depois, mas só seria publicada em 1776. O único outro poema de alguma substância é *L'allée de Sylvie* ("O passeio de Sylvie"), escrito em 1746 em Chenonceaux, quando Rousseau estava aí residindo com a família Dupin. (Sua peça teatral *L'Engagement téméraire* data desse mesmo período; *ver* TEATRO.) Publicado no *Mercure de France* em setembro de 1750, esse poema invoca as belezas de caminhar e do campo, o que faz Rousseau desejar renunciar à vã pompa e disputas da humanidade, e depositar toda a sua confiança na generosidade divina.

Embora alguns tenham visto nessas obras os germes de seu subseqüente republicanismo e amor à natureza, em nenhuma delas Rousseau se eleva acima do uso de formulações poéticas estereotipadas para expressar os sentimentos mais convencionais.

Le lévite d'Éphraïm (O levita de Efraim), que qualificou de poema em prosa, é uma de suas mais estranhas realizações. Rousseau adormeceu na noite de 8 de junho de 1762 enquanto lia o Livro dos Juízes, caps. 19-21, onde se conta a história do levita de Efraim. Foi acordado por volta das duas horas da manhã por um mensageiro do príncipe de Conti, avisando-o de que seria preso em conseqüência de queixas apresentadas a respeito do seu recém-publicado EMÍLIO. Rousseau levantou-se, empacotou seus pertences e às quatro da tarde estava a caminho de um refúgio (temporário) em Yverdon, na Suíça, onde chegou no dia 14. Durante a viagem, começou escrevendo esse poema em prosa. Completou-o ao chegar a Yverdon, e embora não tivesse sido publicado em sua vida (apareceu pela primeira vez numa coletânea de suas obras póstumas, publicada em 1781), já era, disse ele, uma de suas peças favoritas (*C* XI, 541; *OC* I, 586).

Rousseau torna a contar no poema a história do jovem levita mais ou menos como foi apresentada no Livro dos Juízes. O levita tomou uma mulher de Belém de Judá para sua concubina e, embora não pudesse esposá-la, prometeu viver com ela em liberdade e felicidade. Quando ela o deixou e voltou para a sua família, ele a seguiu, exigindo que ela regressasse e chamando-lhe sua "esposa". Deixaram o lar da família dela juntos e fizeram uma parada em Jebus para pernoitar. Aí, os habitantes do lugar exigiram vingança pela afronta do levita ao levá-la consigo, pretendendo violá-lo sexualmente. O ancião da casa onde o levita e sua "esposa" estavam hospedados ofereceu-se para dar àqueles homens sua própria filha a fim de aplacar-lhes a ira mas, no lugar dela, o levita empurrou a sua própria concubina até eles. Na manhã seguinte, encontrou-a agonizante à porta da casa. Pegou no corpo dela e, levando-o para casa, dividiu-o em doze partes e mandou uma parte para cada uma das doze tribos de Israel. Eles se ergueram todos então para vingar a afronta que o levita havia sofrido e atacaram a tribo de Benjamin (que fora responsável pelo homicídio) numa tentativa de desagravar o mal cometido, deixando 26.000 homens mortos. O levita também morreu e foi sepultado com partes do cadáver de sua concubina.

Pode-se, talvez, imaginar que Rousseau encontrou nessa bizarra e brutal história alguma imagem da espécie de vingança que pensou poder ser a sua pelas injustiças que lhe eram infligidas por causa do *Emílio*. Mas fica difícil de entender por que pensaria ser essa uma de suas mais valiosas obras.

Das diversas peças em prosa de Rousseau, a mais completa é *La reine fantasque* (A rainha caprichosa), escrita provavelmente em 1756. Foi publicada, sem a aprovação de Rousseau, em 1758, e de novo em 1769, numa edição corrigida por ele. É quase uma história de fadas, a respeito de um rei sábio e de uma rainha caprichosa que não têm herdeiro. A rainha fica grávida; o rei quer um filho, mas sua voluntariosa esposa imediatamente declara que quer uma filha. Ela dá à luz gêmeos, um rapaz e uma menina. O rei acaba amando extremosamente sua filha, a rainha o filho... Repleta de fadas, gnomos, druidas e quejandos, a peça não passa de uma despreocupada e lépida fantasia.

Les amours de Claire et de Marcellin é um fragmento de apenas umas poucas páginas. Data do verão de 1756 e é possível que Rousseau a tivesse continuado se não ficasse absorvido na composição de *La nouvelle Héloïse*. Marcellin, que está noivo contra a sua vontade, apaixona-se por Claire. Para frustrar o seu casamento, ingere várias doses de emético e definha em perigo de vida. Nesse meio tempo, Claire, que herdou algum dinheiro, desquita o compromisso de Marcellin subornando a sua noiva... e aí termina. Um outro fragmento, de cerca do mesmo período, *Le petit savoyard* (O pequeno saboiano), também inclui uma personagem chamada Claire. Adota a forma de história autobiográfica de um Claude Noyer, que conta passagens do cotidiano de sua família e bairro. Sua irmã Claire torna-se alvo das atenções do devasso marquês d'Argentière... mas do que poderia seguir-se não temos a menor idéia.

La vision de Pierre de la Montagne foi escrita em 1765 quando Rousseau estava em Môtiers e foi publicada nesse ano em Genebra. Sua ocasião eram os dissabores que Rousseau estava sofrendo por causa de sua presença na igreja e muitas outras provações a que era submetido. (Violentas objeções tinham sido feitas ao fato de ele comparecer à comunhão, dado o seu suposto ateísmo.) Escrito em períodos numerados, trata da imaginada visão de Pedro, o Vidente, acerca de seu irmão errante Jean-Jacques (isto é, o próprio Rousseau). As acusações levantadas contra Jean-Jacques são denunciadas; Rousseau faz um relato burlesco das injustas acusações apresentadas contra ele e expõe francamente a sua própria avaliação do caso, aproveitando a oportunidade para desferir alguns golpes de raspão em seus acusadores.

Finalmente, *Le persifleur* (O trocista): planejado em 1747-8 pretendia ser uma revista, a ser dirigida alternadamente por Rousseau e Diderot. Nunca foi além do rascunho de um anúncio, escrito por Rousseau, enumerando os objetivos da revista e os méritos dos seus editores. Nele faz um retrato de si mesmo que pretende demonstrar ser capaz de produzir tal revista e de merecer o interesse dos leitores. Declara ser duas pessoas, ora elegante e refinada, ora áspera e misantrópica. É um camaleão que adquire cores tão variadas que o seu caráter não pode ser fixado. Um talento tão diverso habilita-o a apreciar e a comentar sobre todos os aspectos da vida. Embora em seus escritos autobiográficos sérios Rousseau também insistisse mais tarde em seu caráter volátil e cambiante, seria um erro interpretar essa peça dos primeiro tempos como uma tentativa sensata de auto-análise. Ele está meramente procurando despertar a curiosidade de potenciais assinantes.

Leituras sugeridas: Blum (21); Ellrich (206); Kavanagh (207); Rex (209)

Polissinodia *Ver* ESCRITOS SOBRE O ABADE DE SAINT-PIERRE.

Polônia *Ver* CONSIDERAÇÕES SOBRE O GOVERNO DA POLÔNIA.

Primeiro discurso *Ver* DISCURSO SOBRE AS CIÊNCIAS E AS ARTES.

príncipe *Ver* GOVERNO.

Profession de foi du vicaire savoyard, La *Ver* PROFISSÃO DE FÉ DO VIGÁRIO SABOIANO, A.

Profissão de fé do vigário saboiano, A (1762) (La profession de foi du vicaire savoyard) [12] No Livro IV do EMÍLIO, Rousseau inclui um longo e mais ou menos autônomo ensaio que intitula "A profissão de fé do vigário saboiano". Fornece-nos aí a sua mais completa declaração sobre a natureza e a base da crença e do sentimento religiosos; a sua explicação da natureza de Deus; um exame das relações de Deus com as Suas criaturas; e uma explicação das ligações entre crença religiosa e moralidade. Critica severamente o significado atribuído aos milagres e à revelação em religião, assim como a intolerância entre diferentes seitas religiosas. Essa discussão é de suma importância para o entendimento das idéias religiosas de Rousseau na medida em que se relacionam com a convicção pessoal (*ver* RELIGIÃO (CIVIL)).

O seu pretexto para incluir *A profissão de fé* nesse ponto do livro é a necessidade de apresentar a Emílio idéias de religião e de expor o gênero de crença e obediência religiosa que seria apropriado à sua educação, de acordo com os requisitos adequados ao cultivo e preservação da natureza intata. Rousseau estivera considerando essas questões independentemente do resto do *Emílio*, e esta obra dificilmente teria sido afetada, exceto na dimensão religiosa específica que a *A profissão de fé* lhe confere, se tivesse sido publicada em separado (como foi ulteriormente).

As idéias apresentadas encontram voz num imaginado vigário da Sabóia, empenhado em acalorada conversa com o jovem Rousseau, que entra no livro nesse ponto. Mas a distância retórica obtida é apenas superficial e não há dúvida de que as opiniões do vigário são as do próprio Rousseau. Não obstante, diz-se que aspectos da figura do vigário e algumas de suas idéias baseiam-se em duas pessoas com que se relacionou antes, o abade Gaime (a quem conheceu em Turim) e o abade Gâtier (com quem estudou por pouco tempo após o seu regresso a Annecy em 1729-30; *ver* CONFISSÕES, Livro III, 116-19; *OC* 117-20). É ao último que Rousseau atribui, erroneamente, a indiscrição sexual que faz o seu vigário cometer, e que foi responsável pela perda do cargo que o levou às intensas meditações expostas em *A profissão de fé*.

Foi essa seção do *Emílio* a principal responsável pela censura que atingiu o livro e pelos infortúnios que Rousseau sofreu em conseqüência. Particular reprovação mereceram a sua crítica à autoridade dos milagres e a sua denúncia da cruel intolerância das várias Igrejas, especialmente da Igreja Católica. Embora Rousseau, por vezes, viesse mais tarde a deixar entrever que os seus comentários eram exclusivamente dirigidos contra a Igreja Católica, é claro que as suas preocupações eram gerais. (Era muito difícil ele restringir ou retratar-se de opiniões expressas publicamente — o que deve ter exigido considerável coragem.)

Para começar, em *A profissão de fé*, Rousseau critica muito a contribuição que a filosofia pode dar para o entendimento da religião. A filosofia lida com grandes abstrações que não produzem luz alguma, apenas confusão e consternação. Os próprios filósofos estão mais preocupados em obter celebridade para suas opiniões do que em desvendar a verdade. Deveríamos, diz Rousseau, limitar-nos apenas ao que precisamos saber para os nossos interesses essenciais, e testar todas as idéias contra os nossos sentimentos mais simples, rechaçando todas as especulações e teorias pomposas.

A partir dessa simples convicção, descobrimos que existem elementos passivos e ativos no mundo: os objetos materiais são passivos; a inteligência e o entendimento são ativos. Disso podemos inferir que a matéria não é capaz de movimento espontâneo e, portanto, deve existir uma vontade que movimenta o universo e anima a natureza. Esse é o primeiro artigo de fé. Vemos, ademais, que tudo exibe uma ordem decorrente de leis, harmonia e mútuas relações. Isso mostra que essa vontade é inteligente. Este é o segundo artigo de fé. Através de apenas esses dois artigos, chegamos a um sentimento da presença de Deus no mundo: "A esse Ser, que tem vontade e é poderoso; a esse Ser ativo em si mesmo; a esse Ser, o que quer que possa ser, que move o universo e ordena as coisas, eu dou o nome de *Deus*. Junto a esse nome as idéias de inteligência, poder e vontade, que eu reuni, e a de bondade que é a sua necessária conseqüência" (*E* IV, 227; *OC* IV, 581). Não sabemos nem precisamos saber mais da essência de Deus. Esses pontos são sentidos com irresistível força e suficientes para assumir uma posição.

Nessa ordem harmoniosa, verificamos que o homem situa-se na primeira linha. Não só ocupa uma posição na ordem da criação, mas conhece a ordem e a proporção de todas as coisas. No homem percebemos dois princípios: a alma e o corpo. Por causa da nossa alma, amamos a justiça, a beleza moral; por causa do nosso corpo, somos iludidos pelos nossos sentidos e pela paixão. Mas também desfrutamos do livre-arbítrio; se cometemos um dano moral, isso é de nossa própria responsabilidade. É por malbaratarmos as nossas faculdades que nos tornamos infelizes; Deus fez-nos de tal maneira que, se usamos a nossa liberdade para viver como justos e manter a fé em harmonia com a nossa própria natureza, seremos felizes. É verdade que no mundo verificamos com bastante freqüência que os perversos prosperam. Mas isso dá-nos razão para pensar que a alma é imortal, ou que ela sobrevive por tanto tempo quanto a justiça de Deus requeira para ver que o bom recebe aquilo que justamente merece.

Portanto, o vigário considera que as regras de conduta devem ser uma decorrência desses artigos e crenças. Dá uma explicação da CONSCIÊNCIA como o poder para perceber se alguma coisa é apropriada ou não à nossa natureza — uma natureza que sabemos ser boa e saudável por causa da obra providente de Deus em ordenar-nos em harmonia com todas as coisas. Em cada um de nós existe um princípio de virtude e justiça que, devidamente acatado, nos conduzirá a uma vida benéfica para nós e para todos.

Num ponto de fervorosa declaração de *A profissão de fé*, o ouvinte Rousseau interpõe que o que vem escutando parece ser muito semelhante àquela forma de "religião natural" que é vituperada como ateísmo ou irreligião. O vigário responde a isso lançando-se numa crítica de credos religiosos que vão muito além do que ele acabara de declarar. Insiste em que o verdadeiro culto de Deus vem do coração, e em que o verdadeiro culto não requer cerimônias ou práticas especiais como condições de salvação. Exigir isso imporia a necessidade de encontrar provas extraordinárias de que somente uma forma de culto é a correta e de que aqueles que não a seguem estão amaldiçoados. Essas provas extraordinárias — milagres, palavras sagradas, revelação especial — carecem de credibilidade: quando as analisamos em detalhe, tudo o que encontramos é a autoridade que homens reivindicam para elas. Na tentativa de justificar essa autoridade, são usadas trapaças, fraudes, sofismas e todas as dissimulações de controle:

> Veja, pois, a que se reduzem as suas alegadas provas sobrenaturais, milagres e profecias; uma crença em tudo isso baseada na fé dos outros, e uma sujeição da autoridade de Deus, falando à minha razão, à autoridade dos homens. Se as verdades eternas que minha mente concebe pudessem ser enfraquecidas, deixaria de haver para mim qualquer espécie de certeza e, bem longe de ter a certeza de que você me fala em nome de Deus, nem estaria sequer seguro de que ele existe (*E* IV, 301; *OC* IV, 617).

Além disso, a insistência sobre uma revelação privilegiada e limitada a uns poucos torna os homens cruéis, intolerantes e maldosos. Como pode supor-se que o Pai de todos se restringe a um único povo e proscreve todos os demais?

Segue-se então uma extensa discussão do preconceito, da iniqüidade e da supressão de argumentos que convergiram na defesa da Igreja Católica e nos ataques contra grupos tais como os judeus. Não é nos livros dos homens, declara o vigário, mas no livro da natureza — que está aberto e é acessível a todos, indistintamente — que aprenderemos a "servir e a render culto ao seu divino Autor". O vigário não condena o Novo Testamento, que descreve uma moralidade de amor, compaixão, paciência e solicitude — a mensagem essencial do amor de Deus que nenhum sectarismo pode desalojar. "A essência da lei é amar a Deus sobre todas as coisas e o próximo como a ti mesmo... nenhuma religião está isenta desses deveres de moralidade... nada é mais verdadeiramente essencial do que esses deveres (*E* IV, 312; *OC* IV, 632). É essa moralidade benévola e o culto do coração, fundado na religião natural, que o vigário procura expressar. Ele não pretende instruir; quer apenas compartilhar sinceramente suas convicções.

Rousseau é extremamente cuidadoso para evitar aqui o dogmatismo ou repercutir pretensões epistemológicas. Por tudo isso, pode-se entender muito bem por que o seu ataque nessas páginas às credenciais da hierarquia católica — com efeito, de qualquer religião que reivindique *status* privilegiado — produziu tamanho furor. A longo prazo, entretanto, foi o gênero de opiniões expressas por Rousseau, especialmente em matérias de tolerância religiosa e no *status* problemático de reivindicações religiosas, que prevaleceu, pelo menos entre as Igrejas do mundo ocidental. A influência da própria *A profissão de fé* é mais difícil de determinar. Por certo, o argumento moral de Kant para a existência de Deus e a imortalidade da alma mostra claros vestígios das idéias de Rousseau. Mas no desenvolvimento geral do pensamento religioso, as apresentações de Rousseau dos argumentos sobre a "primeira causa" e o "desígnio" tiveram provavelmente pouco impacto, comparado aos de seus mais famosos expositores.

Fontes: *E*, Livro IV
Carta a Christophe de Beaumont
Cartas da montanha
Cartas morais

Leituras sugeridas: Dent, cap. 7 (24); Dickstein (185); Grimsley, cap. 6 (26); Grimsley (187); De Man (188); Masters, cap. 2 (69)

progresso Se entendemos por "progresso" a idéia de que mudanças na sociedade, técnicas produtivas, práticas educacionais etc. encaminham-se todas no sentido de uma condição de contínuo aperfeiçoamento e desenvolvimento, então Rousseau é enfaticamente crítico do progresso.

Escreve freqüentemente, por exemplo, no DISCURSO SOBRE A ORIGEM DA DESIGUALDADE, como se as mudanças nas circunstâncias humanas que levaram os homens a viver juntos em comunidades sedentárias já representassem um declínio nas perspectivas de felicidade e realização humana. Mais especificamente, ele identifica tais avanços "tecnológicos" como a metalurgia e a agricultura como causas primordiais das condições miseráveis e corrompidas dos seres humanos, uma vez que as qualificações que esses novos desenvolvimentos exigiram deram à posse da propriedade um significado e uma importância cruciais, e removeram irrevogavelmente as pessoas de sua condição primitiva de indolência e independência (ver *DD* 83-5; *OC* III, 171-4). Dessas mudanças "progressivas" emergem diferenças de riqueza e poder, as quais habilitam alguns a prosperar enquanto outros vivem em indigência imposta, e que resultam finalmente na instituição de Estados injustos, os quais reforçam tais desigualdades pelo direito positivo; são essas algumas das características da vida humana que recebem de Rousseau as mais severas críticas.

Não obstante, a reabilitação das questões humanas, embora difícil de realizar, não é impossível. Um dos principais objetivos do argumento do EMÍLIO é mostrar como um ser humano pode ser criado e educado de tal maneira que não venha a cair naquelas formas de relacionamento com outros que têm tão perniciosos efeitos. Mas faz parte do processo de educação que muitos dos produtos do "progresso", como o luxo, o refinamento e as artes sofisticadas, sejam evitados, e os gostos e ocupações sejam dirigidos para as simples necessidades da vida.

Ao não ver o seu tempo como uma era de triunfal desenvolvimento que libertara as pessoas de necessidades, superstições e ignorância, Rousseau colocou-se em conflito com muitos dos seus contemporâneos e antigos amigos. Ao mesmo tempo, articulou algumas das reservas acerca de desenvolvimento tais como o crescimento industrial e o recrudescimento no tamanho e influência das cidades que iriam encontrar expoentes mais eloqüentes nos séculos XIX e XX.

Ver também CIVILIZAÇÃO; ILUMINISMO.

Fontes: *DD*
DCA

Leituras sugeridas: De Jouvenel (83); Pollard (341); Wokler (149)

Projeto de constituição para a Córsega *Ver* CÓRSEGA, PROJETO DE CONSTITUIÇÃO PARA A.

Projeto de paz perpétua (Projet de paix perpétuelle) *Ver* ESCRITOS SOBRE O ABADE DE SAINT-PIERRE.

propriedade A Parte 2 do DISCURSO SOBRE A ORIGEM DA DESIGUALDADE começa assim:

> O verdadeiro fundador da sociedade civil foi o primeiro que, tendo cercado um terreno, lembrou-se de dizer *isto é meu* e encontrou pessoas suficientemente simples para acreditar nele. Quantos crimes, guerras, assassínios, misérias e horrores não pouparia ao gênero humano aquele que, arrancando as estacas ou enchendo o fosso, tivesse gritado a seus semelhantes: "Acautelai-vos de ouvir esse impostor; estareis perdidos se esquecerdes que os frutos são de todos e que a terra não pertence a ninguém!" (*DD* 76; *OC* III, 164) (p. 265 da trad., *op. cit*).

Deste trecho pareceria razoável inferir, primeiro, que Rousseau acredita que a instituição da propriedade privada foi fundamental para a formação da sociedade civil. Mas, segundo, com essa instituição — e, por implicação, com a formação da sociedade civil —, os homens atraíram para si próprios incomensurável mal e miséria. Entretanto, prossegue ele, "a idéia de propriedade depende de muitas idéias anteriores" e os homens "devem ter feito muitos e consideráveis progressos, adquirido muita indústria e luzes que também devem ter sido transmitidas e aumentadas de geração para geração, *antes* de chegar a esse último termo do estado de natureza" (o grifo é meu). Assim, é claro que Rousseau não deve ser classificado entre aqueles teóricos sociais e políticos que afirmam encontrar na propriedade privada a *raison d'être* da sociedade civil e a fonte de seus principais males. Para ele, a propriedade privada representa a culminação, ou cristalização, de muitos processos e desenvolvimentos mais básicos que levaram os homens a formar associações civis e a estabelecer aquelas relações que, tipicamente, prejudicam e incapacitam os seres humanos. A propriedade, para Rousseau, não desempenha um papel *fundamental* na explicação do surgimento e caráter da sociedade civil.

De fato, ele nem sequer argumenta a favor de um completa abolição da propriedade privada. Mesmo em sua obra política mais "coletivista", o *Projeto de constituição para a Córsega* (*ver* CÓRSEGA), não defende a propriedade comum de toda a terra. E em *O contrato social* permite que os cidadãos retenham alguma propriedade privada. Com efeito, cita como um dos *méritos* da associação civil aí descrita que ela transforma a "posse, que não é senão o efeito da força ou o direito do primeiro ocupante", em "propriedade, que só pode fundar-se num título positivo" (*CS* I, cap. 8, 178; *OC* III, 364; ver também o cap. 9, intitulado "Do domínio real") (p.40-41 da trad. *op. cit.*). É ridículo supor, portanto, que Rousseau viu a propriedade privada como "a raiz de todo o mal".

No primeiro exemplo, ele fundamenta a propriedade em princípios lockeanos — "o direito do primeiro ocupante pelo trabalho" (*E* II, 99; *OC* IV, 331; e *DD* 85; *OC* III, 173). Entretanto, não pensa que esse direito permanece inalterado pela instituição da sociedade civil. Em tal sociedade, esses direitos podem ser modificados; mas, primordialmente, o seu possuidor será protegido em seu gozo de tais direitos sob a égide da lei, de modo que a sua propriedade torna-se um direito positivo em cuja fruição será amparado e defendido.

Quando a propriedade privada causa prejuízos e miséria é porque, na opinião de Rousseau, a extensão da propriedade por alguns tornou-se tão grande que compeliu à servidão ou privação da posse por outros (*ver* DOMINAÇÃO). Isso, porém, não está na natureza da propriedade privada como tal, mas somente em sua indecorosa ampliação. No *Discurso sobre a origem da desigualdade*, ele oferece duas razões pelas quais as pessoas serão propensas a ampliar sua propriedade. Primeiro, com o desenvolvimento da metalurgia e da agricultura, o forte e empreendedor prosperará, o fraco e indolente fracassará — e fracassará de um modo tão mais decisivo por causa das exigências de recursos que a prosperidade dos mais fortes envolve. Um incentivo que o forte e enérgico tem para esse incremento em sua propriedade pelo trabalho é garantir-se mais completamente contra vindouros tempos difíceis, assim melhorando o seu futuro bem-estar.

Essa linha de argumentação converge agora com uma outra, a qual especifica uma segunda e distinta razão para essa extensão das possessões. Quando os homens se juntam em sociedade, torna-se importante para eles obter odiosa distinção e prestígio pessoal para si próprios impondo ignomínia e miséria a outros (*ver* AMOR-PRÓPRIO). A propriedade converte-se num dos sinais mais notáveis dessa prestigiosa diferença. Pela extensão de sua propriedade, uma pessoa é conhecida como um "homem de posses". É esse significado, ou aspecto do significado, de propriedade que tem, de fato, mais importância para Rousseau. É o desejo de adquirir visível precedência sobre outros o que faz com que a propriedade seja considerada tão crucial para o bem-estar humano. Em muitos casos, não é porque desejem proteger-se melhor contra privações futuras que as pessoas desejam possuir mais do que outras; é em atenção ao consumo (ou possessão) visível. É propriedade como sinal de *status*, não como necessidade para a sobrevivência, que é a manifestação de mal social. Rousseau observa penetrantemente: "Os ricos [têm] sentimentos, se assim posso expressar-me, em cada parcela de suas possessões" (*DD* 91; *OC* III, 179); e "os homens ricos e poderosos... só prezam aquilo de que desfrutam na medida em que os outros estão carentes de tudo isso... eles deixariam de ser felizes a partir do momento em que o povo deixasse de ser miserável" (*DD* 101; *OC* III, 189). As desigualdades em "qualidades pessoais" é que estão na raiz da má constituição de um Estado e, embora não seja assim no início, a riqueza torna-se a base da desigualdade "à qual todos estão reduzidos em última instância" (*DD* 101; *OC* III, 189).

Fontes: *DD*
E, Livro II
CS, Livro I

Leituras sugeridas: MacAdam (264); Ryan (296); Schlatter (297)

Providência *Ver* CARTA A VOLTAIRE SOBRE A PROVIDÊNCIA.

R

racionalismo *Ver* PROFISSÃO DE FÉ DO VIGÁRIO SABOIANO, A; CIVILIZAÇÃO; ILUMINISMO; RAZÃO.

razão Rousseau discute a natureza, âmbito e limites da razão em muitos contextos diferentes. Por vezes, critica o poder da razão, pelo menos na medida em que foi aplicada a questões nas quais não exerce nenhum papel adequado — por exemplo, fornecer uma base para a crença religiosa ou para princípios morais. Em outras ocasiões, sublinha o valor do uso da razão para ampliar o entendimento humano e corrigir o preconceito. Reconheceu que tinha, por vezes, dificuldade em apresentar com clareza as suas idéias no tocante à razão. Assim, escreve em nota de pé de página a um trecho sobre o raciocínio infantil: "Ora eu digo que as crianças são incapazes de raciocínio, ora faço com que raciocinem com bastante finura. Não creio, com isso, contradizer-me em minhas idéias, mas não posso deixar de convir em que me contradigo muitas vezes nas minhas expressões" (*E* II, 108n.; *OC* IV, 345) (p. 99 da trad., *op. cit.*).

Uma área em que, afirma Rousseau, a razão não tem aplicação ou uso adequado está relacionada com a busca de provas racionais para a existência de Deus. Em sua opinião, tal busca é imprópria e condenada ao fracasso. No começo da PROFISSÃO DE FÉ DO VIGÁRIO SABOIANO, argumenta, tipicamente, que as razões expostas pelos filósofos acerca da natureza e existência de Deus levam apenas a intermináveis e desorientadoras polêmicas, e culminam em ceticismo e confusão. Devemos, afirma ele, confiar, pelo contrário, na "luz interior", naquelas básicas, simples e incontestáveis convicções que, embora não se alicercem na razão — nem suportariam, talvez, uma inquirição racional — servem, não obstante, para persuadir uma pessoa sincera e sem preconceitos de que existe um "Ser que quer e é poderoso... ativo em si... que move o universo e ordena todas as coisas" (*E* IV, 277; *OC* IV, 581).

A segunda questão em que, sustenta Rousseau, o recurso à razão é impróprio e inútil refere-se às origens dos princípios morais:

> O preceito de agir com os outros como queremos que ajam conosco só tem como alicerce real a consciência e o sentimento; pois onde se encontra a razão precisa de agir, sendo eu, como se fosse um outro, sobretudo quando estou moralmente certo de nunca me encontrar no mesmo caso? E quem me garantirá que, seguindo fielmente a máxima, conseguirei que a sigam comigo?... Daí

concluo que não é verdade que os preceitos da lei natural assentem somente na razão: têm uma base mais sólida e segura. O amor dos homens é o princípio da justiça humana (*E* IV, 235n.; *OC* IV, 523) (p. 265 da trad., *op. cit.*).

As convicções e a conduta morais originam-se em nossos sentimentos e afetos, assim como na CONSCIÊNCIA; é um erro, portanto, pensar que só a razão é a fonte da compreensão e da ação morais (*ver* COMPAIXÃO).

Uma terceira questão diz respeito à educação das crianças: Raciocinar com as crianças era a grande máxima de Locke; é a que está mais em voga hoje; seu êxito não me parece entretanto muito de molde a justificar-lhe o crédito. Quanto a mim, nada vejo mais tolo do que essas crianças com as quais tanto se raciocinou. De todas as faculdades de homem, a razão, que não é, por assim dizer, senão um composto de todas as outras, é a que se desenvolve mais dificilmente e mais tarde (*E* II, 89; *OC* III, 317) (p. 74 da trad., *op. cit.*).

O raciocínio de Rousseau, neste ponto, é que as "explicações racionais" são suscetíveis de ir além da capacidade de discernimento da criança e não se relacionam com qualquer coisa que seja de interesse para ela ou a que queira prestar atenção. Mas, além disso, é provável que a criança veja apenas em tais explicações a tentativa de controlá-la e frustrá-la, dando aso ao ressentimento e à decisão de furtar-se a uma restrição que parece ser arbitrária. Ela vê apenas tirania e será propensa a nunca lhe dar ouvidos, mesmo quando possa haver algo de valioso a ser aprendido (*ver* EDUCAÇÃO).

Poderia ser natural inferir daí que existe na obra de Rousseau uma dominante temática irracionalista ou anti-racionalista, corroborada por sua reorientação de sentimentos e lealdades, em lugar do recurso à razão, central para a fundação da sociedade e do Estado; e por sua celebração do devaneio e da contemplação da natureza, em vez da análise crítica e da investigação racional. O lugar de Rousseau como precursor do Romantismo está bem estabelecido.

Por outro lado, afirma freqüentemente um uso essencial e desejável da razão. Se Emílio — ou qualquer de nós — está apto a suprir-se com êxito no mundo, a encontrar nele o seu rumo e a utilizar os seus recursos, então ele deve utilizar a razão a fim de comparar, analisar, explicar e generalizar, para que possa entender e predizer como as coisas funcionarão e mudarão. Sem idéias obtidas por generalização e abstração, uma pessoa ficaria confinada àquilo de que tivesse uma experiência imediata, o que a equiparia mal para lidar com circunstâncias novas ou adaptar-se eficazmente à mudança. Rousseau é inteiramente positivo em relação a essas funções da razão; uma parte substancial da vida de Emílio é dedicada à aquisição do conhecimento e das qualificações que elas envolvem.

Apesar de declarar que "a razão por si só" não pode ser o fundamento dos preceitos da lei natural, ele afirma igualmente que as "afeições da alma" devem ser "esclarecidas pela razão" (*E* IV, 235; *OC* IV, 522-3). Também a consciência parece requerer que a razão a mantenha sob controle e informada, para não "se transviar" (*E* IV, 382-3; *OC* IV, 730). Logo, a razão tampouco é rejeitada aqui como uma capacidade irrelevante ou obstrutiva. Mas Rousseau não é muito explícito sobre que fatores se incluem aqui na esfera de influência da razão. O que ele parece ter em mente é o conhecimento das circunstâncias da vida, dos possíveis enganos que poderiam levar uma pessoa, por mais bem intencionada que seja, a fazer escolhas erradas ou a interpretar mal a sua situação. É necessário experiência e discernimento para avaliar com precisão o que está acontecendo, se a inclinação — mesmo que íntegra — dirigir uma pessoa para realizar a coisa certa.

As idéias de Rousseau sobre o poder da razão poderiam ser mais claras se ele tivesse especificado que capacidades e realizações, em seu ponto de vista, a "razão" contém. Certamente parece significar para ele o poder para comparar, analisar e inferir, equipando desse modo a pessoa, a partir de suas próprias experiências e interesses, a julgar e compreender para além de suas atuais circunstâncias. A razão, em seu lógico e científico emprego, parece contar com a sua aprovação; ela excede o seu âmbito apropriado quando o estabelecimento dos objetivos da vida ou as bases da convicção moral e religiosa estão envolvidos.

Fontes: *DD*

E, Livros II-IV

Leituras sugeridas: Grimsley, cap. 1 (26); Derathé (308); Masters, caps. 1, 2 (69)

religião (civil) É em *O contrato social*, Livro IV, cap. 8, que Rousseau expõe em maior detalhe seus argumentos a respeito do lugar e papel das crenças e instituições religiosas numa sociedade civil. Suas idéias sobre a convicção religiosa individual e a natureza de Deus estão mais evidentes na PROFISSÃO DE FÉ DO VIGÁRIO SABOIANO.

Os críticos são capazes de ver nos argumentos de Rousseau acerca da necessidade de uma religião civil uma exibição muito clara de elementos totalitários em seu pensamento político. Sustenta ele que um indivíduo que não acredita nos artigos da "profissão de fé civil" tem que ser banido, e que aquele que reconheceu publicamente esses dogmas mas depois se comporta "como se não acreditasse neles" deve ser punido com a morte. (Todas as citações são de *CS* IV, cap. 8.) Isso parece subentender que, na opinião de Rousseau, a observância religiosa deve ser imposta mediante sanção. Entretanto, ao mesmo tempo, ele insiste em que a religião civil conterá um "dogma negativo" principal, proibindo a intolerância. Assim, o jugo religioso pode, no fim de contas, não ser tão molesto e opressivo.

A preocupação principal de Rousseau em sua discussão da religião civil é a necessidade de formar, consolidar e perpetuar os vínculos de união entre todos os membros de uma sociedade civil, para que se sustentem reciprocamente, em respeito, desvelo e apoio mútuos. Acredita ele que a obediência e a lealdade religiosas consistem num dos grandes estímulos ao compromisso ativo com uma causa. Portanto, é essencial apurar como essa disposição para dar-se se acomodará no seio de uma sociedade civil — apurar se sustenta, ou deve sustentar, essa sociedade, ou se a enfraquece ou subverte.

Na opinião de Rousseau, existem aqui quatro possibilidades. Em primeiro lugar, a obediência religiosa pode manter-se inteiramente desregulamentada pelos poderes civis e a lei. Segundo, pode estar mais ou menos marginalizada, tratada como assunto privado ou informal, sem relação alguma com a manutenção da associação civil. Em terceiro lugar, pode ser regulamentada pelos poderes civis; e, finalmente, quarto, pode ser dirigida de tal modo que, em alguns aspectos essenciais, acabe unindo-se aos requisitos da sociedade civil e da lei. Rousseau inclina-se para a quarta possibilidade. As suas razões para essa opinião são duplas: a primeira relaciona-se com os benefícios positivos que isso acarretaria; a segunda tem a ver com os riscos e desvantagens que as outras três possibilidades envolvem.

Os benefícios positivos são os seguintes. Se a obediência aos requisitos fundamentais da lei, os quais envolvem respeitar e honrar a pessoa e o bem dos outros, é também sentida como um requisito religioso, então a observância da lei será concomitantemente propiciatória de bênçãos e favores divinos, e a violação da mesma acarretará retaliação e maldição (além de quaisquer recompensas ou penalidades civis). Assim, a obediência civil é investida de um significado mais profundo, torna-se mais completa e dedicada.

Rousseau insiste em que isso não é converter uma exigência injustificada e ilegítima em uma que parece ter legitimidade, apenas porque está agora investida — ou assim é pretendido — com a autoridade de Deus. Pois as leis fazem suas próprias e características exigências a cada cidadão. Mas pode não haver dano algum, e é provável que daí resulte muitos benefícios se tais exigências forem reforçadas. Entretanto, somente na medida em que a religião afeta a observância da moralidade e daqueles deveres que cada cidadão está obrigado a desempenhar em benefício dos outros é que ela se torna de legítimo interesse para o Estado. "Quanto ao mais, cada um pode ter as opiniões que lhe aprouver, sem que o soberano possa tomar conhecimento delas."

Segue-se que, quando Rousseau diz que aquele que desobedece aos artigos da fé civil deve ser banido, não é por *irreligião* como tal que será assim tratado, mas porque se mostra como "ser anti-social, incapaz de amar as leis e a justiça". É em virtude do dano que realmente (ou potencialmente) inflige aos seus concidadãos que ele é punido, não por causa de sua irreligião em si mesma. Se Rousseau comete aqui um erro não é porque tenha feito da observância religiosa um instrumento de controle pelo Estado mas por causa de sua superzelosa preocupação com o que poderia contribuir para o desrespeito à lei ou a ausência desta.

Voltando-se para os riscos apresentados por outros modos de acomodação do sentimento e do compromisso religiosos, Rousseau declara que se estes últimos estão desregulados, envolverão um objeto alternativo de lealdade — o qual pode ser civilmente subversivo ou disruptivo. Uma pessoa pode, por exemplo, sustentar que sua religião a isenta de cumprir certas regulamentações civis. Ou as crenças religiosas de uma pessoa podem não ser muito fervorosas em seu compromisso com a manutenção da ordem civil e com a obtenção do bem-estar comum. Além disso, ele argumenta que o zelo religioso é suscetível de dividir o mundo entre os abençoados e os malditos, supostamente justificando as mais perversas e cruéis perseguições a fim de limpar o mundo dos nocivos descrentes. Tais atitudes geram manifestamente a divisão social e provocam a desintegração da sociedade civil a mais ou menos longo prazo.

Há três espécies de religião, diz Rousseau. A primeira está "confinada ao culto puramente interno do Deus supremo e às eternas obrigações de moralidade". A segunda está "codificada num só país, [e] dá-lhe os seus deuses, seus próprios tutores"; a terceira é a "religião do sacerdote", na qual existe um "sistema teológico" separado do "sistema político". Rousseau faz objeções a todas elas: à primeira, porque torna as pessoas indiferentes ao bem-estar terreno e, por conseguinte, à segurança e prosperidade de seus semelhantes; à segunda, porque torna os homens tirânicos e exclusivistas; e à terceira, porque divide soberania e poder, destruindo assim o Estado pela sujeição dos homens a deveres contraditórios.

A concepção de Rousseau do papel da crença religiosa na sociedade é central para a sua concepção da manutenção da lei e da ordem. Os que vivem num clima de intolerância religiosa podem aceitar suas opiniões mais seriamente do que aqueles que desfrutam de completa liberdade religiosa. Mesmo hoje, há muitos países onde os argumentos de Rousseau têm evidente aplicação.

Fonte: *CS*, Livro IV

Leituras sugeridas: Dent, cap. 7 (24); Derathé (310); Gildin (123); Grimsley (187); Masters, cap. 8 (69); Shklar, cap. 3 (36)

representação Numa famosa passagem sobre representação em *O contrato social*, Rousseau escreve:

> O povo inglês pensa ser livre e muito se engana, pois só o é durante a eleição dos membros do parlamento; uma vez estes eleitos, ele é escravo, não é nada... Os deputados do povo não são nem podem ser seus representantes; não passam de comissários seus, nada podendo concluir em termos definitivos. É nula toda a lei que o povo não ratificar diretamente; em absoluto, não é lei... a partir do momento em que o povo consente ser representado, deixa de ser livre: deixa de existir (*CS* III, cap. 15, 240; *OC* III, 430) (p. 114 da trad., *op. cit.*).

A posição de Rousseau é clara: não é tolerável — não é sequer possível — conferir a autoridade soberana a representantes. Ele compreende que isso o tornará vulnerável a objeções — até por que será dito que é praticamente impossível reunir o povo todo. A isso ele responde: "Há dois mil anos não era assim"; e não foi a natureza humana que mudou. Foi, mais exatamente, que as pessoas perderam o interesse pela causa pública e não vêem que a participação em assuntos soberanos é seu supremo privilégio e a mais digna das vocações. Lazer e conforto, aliado a um estreito egoísmo, tornam as pessoas relutantes em "acudir às assembléias", poucas se apercebendo de que ao preferir abster-se estão optando pela servidão e a degradação da humanidade em suas próprias pessoas (*ver* CIDADÃO).

Rousseau aceita, com reservas, que as assembléias populares são mais viáveis em pequenos Estados do que em grandes, não só por considerações de ordem prática mas porque o "agregado de felicidade comum fornece uma proporção maior desta para cada indivíduo, de modo que ele tem menos necessidade de buscá-la no interesse privado". Daí ele extrapola não ser provável que os grandes Estados sejam justos ou que possam promover o verdadeiro bem de seus cidadãos (*ver* DEMOCRACIA).

É difícil avaliar a aplicabilidade das idéias de Rousseau neste campo com alguma precisão, inclusive porque autoridade soberana e poderes governamentais (executivos) raras vezes se encontram tão claramente diferenciados em quaisquer Estados quanto Rousseau acredita que deveriam estar. Na maioria das "democracias representativas" não é meramente a pessoa do representante, mas um programa legislativo, que se oferece ao veredicto do povo. Mas tais programas raramente são apresentados em detalhe e há muitos atos promulgados como lei que não fazem parte de nenhum de tais programas. Além disso, o procedimento de submissão de tais programas ao sufrágio periódico do povo (isto é, dos cidadãos com direito a voto) seria, para Rousseau, um dos atos mais cruciais de determinação soberana popular (e, é claro, nunca foi isso). O que é certo é que Rousseau acreditaria que na Inglaterra de hoje, por exemplo, o caráter e o nível de participação popular em processos civis são extremamente limitados e que, pelo menos a esse respeito, a liberdade foi sacrificada ao lucro, e a pobreza é mais temida do que a escravatura. (*CS* III, cap. 5, 241; *OC* III, 430).

Apesar de todas as suas enfáticas censuras à impropriedade da representação em *O contrato social*, é impressionante que, por exemplo, em CONSIDERAÇÕES SOBRE O GOVERNO DA POLÔNIA (cap. 7), ele pareça levar em conta os representantes. (Eles cumprem somente um mandato por tempo limitado, ao término do qual sua conduta será submetida a rigoroso exame público, especialmente se desejarem apresentar-se para reeleição.) Entretanto, ele formula aí propostas para correção e aperfeiçoamento (tal como os vê) no âmbito de um quadro de referência constitucional estabelecido, e não define qual poderia ser a melhor em termos abstratos. Fica claro que deseja instituir disposições que, tanto quanto possível, mantenham as funções de soberania com o povo, atuando em seu verdadeiro papel como membros do CORPO SOBERANO. Quaisquer procedimentos que se desviem disso serão menos do que satisfatórios e devem ser corrigidos.

Fontes: *GP*, caps. 6-14
PCC
CS, Livros II, III

Leituras sugeridas: Fralin (64); Levine (128); Ritter (144); Rosenfeld (145); Weirich (148)

Roma Conta Rousseau (*As confissões*, Livro I) que muito cedo em sua vida recebeu a influência das *Vidas* de Plutarco e foi inspirado para imaginar-se um parceiro e perpetrador das grandes façanhas narradas nesses livros. Essa experiência infantil nunca o abandonou e em seus escritos políticos da idade madura refere-se constantemente a Roma como exemplo de um grande Estado que consubstancia, tanto em suas instituições quanto no caráter e atitudes de seu povo, alguns dos mais lídimos princípios de sociedade civil. No *Emílio* (I, 40; *OC* IV, 249), Rousseau escreve que "as boas instituições sociais são as que melhor sabem desnaturar o homem, tirar-lhe a sua existência absoluta para dar-lhe outra relativa e colocar o *eu* na unidade comum, de modo que cada particular não se acredite ser mais um, que se sinta uma parte da unidade e não seja mais sensível senão ao todo". Depois: "Um cidadão de Roma não era nem Caio, nem Lúcio; era um romano... Isso não tem muita relação, parece-me, com os homens que conhecemos". (p. 13 da trad., *op. cit.*).

Esse tema de identificação do cidadão romano com seu país, de sua superlativa lealdade e dedicação patriótica à grandeza de sua nação, tem também destaque no DISCURSO SOBRE ECONOMIA POLÍTICA: "Tudo em Roma e nos exércitos romanos exalava aquele amor recíproco de concidadãos e aquele respeito pelo nome romano que insuflava a coragem e inspirava a virtude de quantos tivessem a honra de o possuir" (*DEP* 133; *OC* III, 257). E Catão é exaltado acima de Sócrates: Catão "defendeu o seu país, sua liberdade e suas leis" — tinha "sempre no coração a causa de seu país". Sócrates pode ter sido o maior filósofo, mas Catão foi o maior cidadão. Ainda mais notável é a proeminência dada às instituições e procedimentos romanos em *O contrato social*. Mais de metade do Livro IV (caps. 4-6) dedica-se a um detalhado tratamento das estruturas civis romanas, enquanto Roma e os romanos figuram freqüentemente no resto de seu argumento.

Como ocorre com outros teóricos políticos, Roma continuou exercendo uma poderosa influência na imaginação de Rousseau. É possível obter uma percepção clara daquilo que lhe desagradava nas disposições políticas de seu tempo e do que aspirava realizar em seu próprio pensamento político, se os seus projetos fossem vistos como freqüentemente formulados pelo seu esforço para emular as realizações de Roma.

Fontes: *C*, Livro I
DEP
E, Livro I
CS, Livro IV

Rousseau juiz de Jean-Jacques: Diálogos (escritos em 1772-76; publicados em 1780-82) (Rousseau juge de Jean-Jacques) [20] Rousseau começou esta obra em 1772, não muito depois do seu regresso final a Paris e da proibição de leituras particulares de *As confissões*. Tinha-a concluído no começo de 1776. Em 24 de fevereiro, numa crise de alucinação frenética, tentou colocar uma cópia do manuscrito no altar-mor de Notre-Dame. Encontrando fechadas as portas do coro, vagou pelas ruas de Paris desesperado, voltando para casa altas horas da noite num estado de desfalecimento. Deu uma cópia do manuscrito a Condillac e uma cópia do Livro 1 a Brooke Boothby, um conhecido inglês do tempo em que esteve em Wootton, no Derbyshire. (Essa foi a primeira parte da obra a ser publicada, em Lichfield, em 1780.) Ainda dominado pela idéia de que era alvo de uma trama perversa e de desprezo, em abril desse ano, numa tentativa de defesa do seu nome, escreveu uma breve carta aberta, *A todos os franceses que ainda amam a justiça e a verdade* (À tout français aimant encore la justice et la vérité), que tentou distribuir de mão em mão a transeuntes e enviou para vários conhecidos. Não muito depois, parece ter passado o pior de seu sofrimento mental e começou a trabalhar em sua última e, em muitos aspectos, mais tranqüila e transparente obra, DEVANEIOS DE UM CAMINHANTE SOLITÁRIO.

Rousseau juiz de Jean-Jacques adota a forma de diálogos entre Rousseau, apresentando-se como participante, e um francês, um membro representativo do público. Um dos manuscritos oferece o seguinte índice de matérias: "Primeiro Diálogo: Do Sistema de Conduta em relação a Jean-Jacques, adotado pelo governo com a aprovação pública. Segundo Diálogo: Do caráter e hábitos de Jean-Jacques. Terceiro Diálogo: Do Espírito de seus Livros e Conclusões." Rousseau usa a forma de diálogo para desenvolver um debate sobre o seu próprio (de Jean-Jacques) caráter, motivos, modo de vida e realizações, entre o seu *alter ego*, "Rousseau" (o escritor e participante), e o francês. Rousseau começa com uma relação das inumeráveis calúnias e difamações que circulam por toda parte a seu respeito. Visa estabelecer gradualmente a verdade sobre si mesmo: essa verdade resultará, primeiro, de uma visita feita a Jean-Jacques por "Rousseau" (conforme descrita no Segundo Diálogo) e, segundo, de uma cuidadosa leitura de seus livros feita pelo francês (conforme descrita no Terceiro Diálogo). O todo é um amplo exercício de articulação pessoal e autodefesa por parte de Rousseau contra o que considerava ser uma implacável *vendetta* organizada por aqueles "cavalheiros" (não-especificados) que desejam tirar proveito de sua queda e ignomínia.

Os *Diálogos* são uma longa, repetitiva e, por vezes, obsessivamente detalhada obra, contendo pouca coisa de duradouro interesse ou significação, além de algumas expressivas reafirmações de seus pontos de vista sobre a natureza e os efeitos do AMOR-PRÓPRIO. (E, numa interessante avaliação de suas próprias obras, atribui ao EMÍLIO um lugar de destaque

(*RJJ* III, 211; *OC* I, 933).) A maior parte da obra consiste num rol das acusações feitas contra ele (de que é um plagiador, mentiroso, hipócrita, um monstro de maldade interesseira) e tenta mostrar não só que essas acusações carecem de fundamento mas que Jean-Jacques é vítima de homens motivados por uma consciência de seus próprios defeitos, que a simplicidade e a integridade de Jean-Jacques tornou tolerável para eles. É verdade, diz o escritor/participante Rousseau, que Jean-Jacques cometeu freqüentes desacertos, mas foram esses lapsos que proporcionaram a ocasião para os ataques de seus inimigos. Mas isso não é a perversidade de um homem corrupto, mas os deslizes de um homem fraco, dominado por excessiva sensibilidade, que não pode sofrer opróbrio ou infortúnio. Jean-Jacques é incapaz de maldade, que mais não seja porque acha que o esforço que isso envolve é excessivo. Anseia por uma intimidade carinhosa, e é o fato de expor-se abertamente que tem sido a fonte dos infortúnios que o atingiram.

Quando estudadas em detalhe, as suas obras mostram que Jean-Jacques não alberga qualquer rancor, não nutre qualquer animosidade, mas foi sempre, e em todas as circunstâncias, um crente na bondade humana, tendo-se dedicado a promover a causa da felicidade humana. Adequadamente entendidos, os seus são escritos de utilidade e serviço moral para a humanidade. Se assinala os erros de outras pessoas não é para regozijar-se com a insignificância delas, mas para tentar reorientá-las para o que lhes proporcionará verdadeira felicidade e recompensa.

Leituras sugeridas: Green (8); Grimsley (176); Jones (180); Kelly e Masters (181)

S

Segundo discurso *Ver* DISCURSO SOBRE A ORIGEM DA DESIGUALDADE.

selvagem *Ver* BOM SELVAGEM.

senhor Rousseau refere-se inúmeras vezes ao papel do senhor de homens, de quem detém o poder e o domínio sobre eles. Em seu entender, tal posição é quase invariavelmente injusta e ilegítima, e o desejo de supremacia sobre outros é corrupto e devastador. Em termos talvez mais familiares aos dos escritos de Hegel e Marx, Rousseau analisa a corrupção mútua do senhor e do escravo (*E* II, 85; *OC* IV, 311); e como alguém que "se pensa o senhor de outros... ainda permanece maior escravo do que eles" (*CS* I, cap. 1, 165; *OC* III, 352).

Muitas das principais idéias recorrentes que impregnam seus escritos do período maduro convergem em sua avaliação do relacionamento senhor-escravo. Rousseau pensa ser através das pressões de excessivo AMOR-PRÓPRIO que somos levados a ambicionar o domínio sobre os outros. Ao sermos capazes de submeter os outros à nossa vontade demonstramos para nós mesmos, pensamos, a nossa potência e importância como seres humanos. Ao impormos-lhes a sujeição, convencemo-nos de que valemos para alguma coisa, somos presenças inegavelmente importantes na vida dos outros. Mas, argumenta ele, trata-se de uma falsa crença. Tal resposta agressiva às outras pessoas é fruto do medo e da insegurança, e a relação que estabelece nada pode fazer para atenuá-los. Pois o reconhecimento que os outros me rendem quando estão me servindo não compreende, de maneira nenhuma, o reconhecimento por eles do meu valor e importância. Só o rendem como um tributo exigido deles, uma forma de adulação suscitada unicamente pelo medo de uma chicotada. Sou para eles apenas um temido e detestado poder superior; não sou acatado e respeitado como uma pessoa. A minha própria anulação dos outros impede-me de adquirir o verdadeiro respeito humano que queria merecer.

Além disso, na medida em que exijo a sujeição dos outros como prova do meu próprio poder e importância, o meu sentido do meu próprio valor está à disposição de outros. Bastará que eles escapem ao meu controle para ver como me insultam ou me ignoram; e, quando assim procedem, reduzem a zero o meu próprio sentido de importância pessoal. Estou escravizado, portanto, àqueles que escravizo e — em aspectos significativos — sou mais escravo do que eles (*ver* ALIENAÇÃO).

Pois é inconcebível que um escravo devesse acreditar que a sua potente realidade como ser humano dependia de sua sujeição ao senhor; essa relação é, de fato, uma negação de sua realidade. Mas para o senhor, o seu sentido de importância pessoal requer a obediência de outros. E é também dependente de outras maneiras: as suas necessidades e gostos são de tal natureza que exigem o trabalho de muitas mãos para o prover do que ele acredita precisar. Assim, ele é indefeso, fraco e incapaz de conservar sua vida na base de seus recursos próprios. Mesmo quando, aparentemente, está no auge do poder, ele sente-se cercado, encerrado de inúmeras maneiras e, para reter sua posição, tem que lisonjear e ameaçar, exigir ou arrancar serviços, de uma forma ou de outra.

É não só praticamente mais razoável, mas humana e moralmente mais valioso e criativo estabelecer com os outros relações de igualdade e cooperação em vez de supremacia e comando. Assim fazendo, cada pessoa pertence mais completamente a si mesma, depende de seus próprios poderes e recursos, e pode dar e receber reconhecimento de valor (*ver* COMPAIXÃO).

Rousseau apresenta poderosos e duradouros *insights* sobre o significado interior do desejo de domínio sobre outros. Pode ser que a sua análise esteja matizada pela sua necessidade de consolar-se por não desfrutar de uma posição de prestígio na própria sociedade — pois despeitadamente difama as pessoas e vive daquelas que o têm. Não obstante, a profundidade e penetração do desejo das pessoas de adquirir o controle sobre seus semelhantes dificilmente podem ser exageradas; e é também difícil exagerar o caráter e as conseqüências malignos disso. Onde, talvez, a análise de Rousseau seja frágil é quando ele supõe, ao que parece, que o senhor sofreria manifestamente dos efeitos malignos de sua dependência de outros (*ver* DEPENDÊNCIA): em geral, as pessoas organizam de tal modo suas vidas que se mantêm em pé de igualdade em relação a algumas pessoas e agem então de acordo com estas a fim de obter o domínio sobre outras. (Rousseau faz, é claro, outras objeções a tais formas de interesse setorial.) Talvez seja o fato de que qualquer indivíduo pode assim isolar-se de quaisquer efeitos funestos diretos de seu anseio de supremacia o que confere aos pontos de vista de Rousseau sobre o assunto menos força do que, de outro modo, poderiam ter. O que levou as pessoas a aceitarem em algum nível a exigência de igualdade humana — e isto é o oposto da opinião de Rousseau sobre como isso poderia ocorrer — não foi o seu prazer em vivenciar o intercurso humano igualitário, mas a convicção mais ou menos racional de que tal conciliação é adequada e oportuna aos seres humanos.

Fontes: *DD*, Parte 2
E, Livro IV
CS, Livro I

Leitura sugerida: Shklar, cap. 3 (36)

sensibilidade *Ver* PROFISSÃO DE FÉ DO VIGÁRIO SABOIANO, A; NATUREZA; DEVANEIOS DE UM CAMINHANTE SOLITÁRIO, OS.

sexo No DISCURSO SOBRE A ORIGEM DA DESIGUALDADE, Rousseau argumenta que há uma distinção que cumpre estabelecer entre "os ingredientes físicos e os morais no sentimento do amor" (*DD* 70; *OC* III, 157-8). Sobre o elemento físico, diz ele ser "esse desejo geral que leva um sexo a unir-se a outro". O elemento moral "é o que determina esse desejo e o fixa exclusivamente num só objeto ou que, pelo menos, faz com que dedique a esse objeto preferido um grau bem maior de energia".

> Ora, é fácil de compreender que o elemento moral, no amor, é um sentimento artificial, nascido do costume da sociedade e celebrado com muita habilidade e cuidado pelas mulheres, para tornar dominante o sexo que deveria obedecer. Esse sentimento, baseando-se em certas noções de mérito ou de beleza, que um selvagem é incapaz de ter, deve ser quase nulo para ele... Ele ouve unicamente o temperamento que recebeu da natureza... de modo que qualquer mulher lhe convém (p. 261 da trad., *op. cit.*).

Um pouco mais adiante (*DD* 81; *OC* III, 169), sugere algo timidamente que o desejo e a possessividade sexual ciumenta e exclusivista são duas das causas primárias do surgimento da odiosa desigualdade entre as pessoas. O desejo de impor a atenção e o desejo exclusivos de uma outra pessoa incita as pessoas a denegrir e anular os concorrentes a essa atenção, e a identificar sinais pelos quais parecerão ter distinção e mérito exemplares para a atenção do objeto de seu desejo. Rousseau faz algumas observações algo mais sutis sobre esse tema no *Emílio* (V, 429-30; *OC* IV, 796-9).

Dentro do próprio ciúme sexual, Rousseau distingue um componente natural e um artificial. Onde, em espécies animais, a potência sexual é ilimitada, a exclusividade ciumenta está em seu auge, pois "o macho mede os seus direitos de acordo com as suas necessidades e não pode ver num outro macho senão um competidor intrometido". Mas também há casos na natureza

> em que o acasalamento produz uma espécie de vínculo moral... a fêmea pertence por sua própria eleição ao macho a quem se entregou e resiste comumente ao assédio de outros. E o macho, que tem essa afeição fundamentada na preferência como garantia da fidelidade da fêmea, fica assim menos ansioso à vista de outros machos e vive mais pacificamente com eles (*loc. cit.*).

Aplicando isso à sexualidade humana, Rousseau argumenta que, no tocante ao componente natural da sexualidade, a nossa está mais próxima do segundo tipo: "É fácil ver, em decorrência da limitada potência do macho e da moderação dos seus desejos, que ele está destinado pela natureza a contentar-se com uma fêmea." Entretanto — e ele retorna aqui ao ponto central de seu anterior argumento — muito ciúme sexual em seres humanos é motivado "mais por paixões sociais do que... por instinto primitivo... Na maioria das ligações galantes e libertinas, o amante odeia os seus rivais muito mais do que ama sua amante. Se teme não ser o único objeto das atenções dela, isso é o efeito do... amor-próprio... e sofre muito mais por vaidade do que por amor" (*E* V, 430; *OC* IV, 797-8).

Assim, Rousseau considera boa parte da sexualidade humana uma cilada e um embuste, em que somos mais atormentados pela ansiedade a respeito do nosso prestígio e excelência do que motivados por prazer e afeição. É notoriamente difícil avaliar opiniões desse gênero, inclusive por causa da relutância ou incapacidade das pessoas para reconhecer a presença de tais fatores. Entretanto, ele não pensa que a paixão sexual está destinada a ser um "desenfreado ardor que inebria... com as quiméricas atrações de um objeto que deixamos de ver como ele realmente é" (*E* V, 430; *OC* IV, 797-8). É possível e desejável que forme parte da afeição e constância, o que promove e fortalece ainda mais o "vínculo moral" entre pessoas — uma "espécie de casamento", tal como o descreve, mesmo no caso de certos animais (*ver* AMOR).

A carreira sexual do próprio Rousseau foi sumamente infeliz (descrita minuciosamente, algumas vezes com penosos detalhes, nas CONFISSÕES). Encontrou muito cedo o prazer erótico em punições (Livro I, pp. 25 e ss.; *OC* I, 15), e isso modelou suas preferências sexuais — freqüentemente para sua perplexidade mas, ao mesmo tempo, salvando a virtude de muitos dos alvos subseqüentes do seu interesse sexual. Parece ter desfrutado de um plenamente confiante e amplo relacionamento sexual uma única vez em toda a sua vida (com a sra. de Larnage; *C* VI, 239-42; *OC* I, 251-5); nos demais casos, parece ter sido incapaz de concentrar seus desejos sexuais e sua admiração e respeito numa só mulher. Embora Thérèse Levasseur fosse a mãe de seus filhos, parece nunca ter sentido paixão por ela; e o objeto de sua mais profunda paixão, "o primeiro e único amor em toda a minha vida", Sophie d'Houdetot (*C* IX, 408; *OC* I, 439), foi poupada, ao que tudo indica, de qualquer ligação sexual com ele. A sua iniciação sexual com a sra. de Warens (*C* V, 186 e ss.; *OC* I, 193 e ss.) ocasionou-lhe claramente escasso prazer e, tal como relembra num episódio com uma prostituta veneziana, o seu ardor era submetido aos mais frustradores caprichos (*C* VII, 301; *OC* I, 321).

Raros escritores foram tão francos quanto Rousseau a respeito de sua inépcia sexual. Aqueles que são explícitos acerca de sua sexualidade tendem a concentrar-se em suas excepcionais façanhas — talvez ilustrando claramente, desse modo, a afirmação de Rousseau referente à influência das "paixões sociais".

Fontes: *C*, Parte I
DD, Parte I
E, Livros IV, V

Leitura sugerida: Schwartz (35)

sociedade Um jovem deve "saber que o homem é naturalmente bom; deixem-no sentir isso; deixem-no julgar o seu vizinho por si mesmo. Mas deixem-no perceber que a sociedade deprava e perverte os homens" (*E* IV, 237; *OC* IV, 525). Que a sociedade é corrupta e corruptora é um tema freqüente em todos os escritos de Rousseau. De que maneiras, exatamente, ele pensou que isso ocorria?

Uma interpretação muito difundida do pensamento de Rousseau é a seguinte: logo que um contato social de qualquer espécie estável é estabelecido entre pessoas, cada uma compete com as outras para obter uma odiosa ascendência e passa a aferir o seu próprio valor e significação somente em função da prestigiosa superioridade que tenha sobre as outras (*ver* AMOR-PRÓPRIO). A "sociedade" corrompe as pessoas, nesse sentido, não como um agente de corrupção mas como o fórum onde as tendências corruptas emergem e apossam-se dos seres humanos, dominando e deformando suas relações quando tem lugar o intercurso social.

Num aspecto, essa interpretação parece correta: a saber, na sua recusa em tratar a "sociedade" como se fosse uma entidade coletiva (outras pessoas) que, por acidente ou desígnio, trabalha contra o indivíduo e o deforma e prejudica. Por mais profundas que possam ter sido as falsas crenças paranóides do próprio Rousseau, e por mais difundidas que estivessem, em sua opinião, as atitudes paranóides na sociedade, elas não atingiram a sua "sociedade" coisificante, a qual não é vista como um agente maligno infligindo imerecidos sofrimentos a um indivíduo infeliz e inocente. "Sociedade" significa meramente "associação humana". É *associar-se* com outras pessoas que "deprava e perverte", não são elas que causam a depravação e perversão, que têm muito maiores probabilidades de originar-se em nossas próprias disposições e atitudes.

Num outro aspecto, essa interpretação está equivocada, a saber, em sua suposição de que é o ponto de vista de Rousseau que associar-se com outros acarreta *inevitavelmente* consigo depravação e perversão. Ele pensa, por certo, ser isso o que mais freqüentemente ocorre, e que os processos e instituições sociais codificam e consolidam aquelas formas de relacionamento odioso que são humanamente nocivas. Mas nunca foi sua opinião que isso tenha fatalmente que ocorrer. Um dos objetivos centrais do argumento no EMÍLIO é mostrar como isso pode ser evitado — impedindo-se o desenvolvimento da indignação e da agressividade — e apontar que possibilidades para a existência individual e social seriam concretizadas se isso fosse evitado. Se a COMPAIXÃO pode ser introduzida na associação humana como a base primária para o encontro e o relacionamento, então os laços de mútua solicitude e respeito podem unir as pessoas em sociedade, em vez da aversão e da maldade as dividir.

Rousseau não é um daqueles teóricos políticos que pensa que entre o ESTADO DE NATUREZA, em que os seres humanos não têm uma associação estável e vivem como criaturas isoladas, e a sociedade civil ou o Estado não existem modos intermediários significativos de associação humana. Com efeito, ele critica a República de Platão por abolir sociedades intermediárias que se situam entre o indivíduo e o Estado:

> Falo dessa subversão dos mais doces sentimentos da natureza, sacrificados a um sentimento artificial que só pode ser mantido por eles — como se não houvesse necessidade de uma base natural sobre a qual formar vínculos convencionais: como se o amor do próximo não fosse o princípio do amor que se deve ter ao Estado; como se não fosse por meio da pequena pátria que é a família que o coração se prende à grande; como se não fosse o bom filho, o bom esposo e o bom pai que fazem o bom cidadão (*E* V, 363; *OC* IV, 699-700).

Em outras palavras, é somente no contexto de associações menores do que o Estado que podemos aprender o significado e o valor de nos interessarmos por outros, compartilhando uma vida com eles e fazendo causa comum — sentimentos esses em que qualquer Estado precisa apoiar-se e engrandecer-se, mas não pode criar *ex nihilo*. Assim, não é simplesmente qualquer povo, muito menos um mero agregado de pessoas, que "está apto para legislação": deve existir alguma preexistente "unidade de origem, interesse ou convenção", para que essas pessoas estejam aptas a receber e aceitar a lei que favorecerá sua verdadeira liberdade e prosperidade (*CS* II, cap. 10, 203; *OC* III, 390-1) (p. 71 da trad., *op. cit.*).

Pode-se objetar que Rousseau diz em outro lugar que a existência de "sociedades parciais" dentro do Estado — incluindo, presumivelmente, "sociedades" tais como as famílias, unidas por estreitos vínculos — impede a determinação da vontade geral ou dá aso à sua usurpação (comparar com *CS* II, cap. 3, 185; *OC* III, 371). Entretanto, embora na prática as dificuldades surjam com bastante freqüência, não existe aí, de fato, nenhuma contradição de princípio. A sua queixa é contra "associações parciais", as quais são "formadas à custa da grande associação" (o grifo é meu). A família, por outro lado, é uma "associação" a partir da qual pode crescer a lealdade e o compromisso com a "grande associação"; a família não precisa existir em oposição à maior associação, ou à custa desta. Os sentimentos que são aprendidos na família — os de participar, quinhoar e sentir afeição por outros — não motivam as pessoas a procurar o lucro à custa dos outros, como fazem aquelas pessoas que formam as sociedades parciais que subvertem a vontade geral. Antes, tais "sentimentos de família" são, naturalmente, o bastante extensivos para incluir a preocupação com outros que não estão aparentados por qualquer laço de sangue imediato, mas têm alguma outra "unidade de origem". Na realidade, porém, é tão comum para o AMOR-PRÓPRIO trabalhar vangloriando-se da precedência de famílias, quanto da precedência de indivíduos. Assim, as idéias de Rousseau neste particular podem parecer um pouco otimistas.

Fontes: *DD*, Parte 2
E, Livros IV, V
CS, Livros I, II

Leituras sugeridas: Charvet (23); Masters, cap. 4 (69); Perkins (31); Shklar, caps. 1, 2 (36)

Sofia *Ver* EMÍLIO; EMÍLIO E SOFIA; MULHERES.

súdito A maior parte do que é significativo no entendimento de Rousseau do que é ser um súdito está contido em suas considerações a respeito do CIDADÃO e do CORPO SOBERANO. Ele define precisamente o termo quando no Livro I, cap. 6, de *O contrato social* escreve sobre aquele "corpo moral e coletivo" que é formado pelo ato de associação: "Quanto aos associados, recebem eles, coletivamente, o nome de *povo* e se chamam, em particular, *cidadãos*, enquanto partícipes da autoridade soberana, e *súditos* enquanto submetidos às leis do Estado" (*CS* I, cap. 6, 175; *OC* III, 362) (p. 39-40 da trad., *op. cit.*).

Assim, as noções de súdito e cidadão são estritamente complementares: um súdito é meramente um cidadão em seu caráter (ou papel) de alguém que vive ao abrigo da lei, de cuja autorização participou em seu caráter de cidadão. Ser um súdito, na acepção de Rousseau, é estar limitado por uma lei da qual também se é, indiretamente, o autor.

Segue-se, pois, que a posição civil de muitas pessoas que estão submetidas à lei, em Estados reais, não deveria ser descrita em função de serem súditos, dado que, na maioria dos casos, tanto no tempo de Rousseau quanto agora, essas leis não foram autorizadas pelas pessoas atuando como cidadãos. As pessoas estão, antes, sob o controle do sistema monárquico, aristocrático ou algum outro modelo que não expressa a VONTADE GERAL. São muito menos súditos do que subjugados pela LEI, em seu caráter de força dominante e não como autoridade legítima.

Ao afastar-se do uso ordinário e ao dar ao termo "súdito" esse significado específico, Rousseau identificou uma idéia principal de sua teoria política.

Fontes: *DD*, Parte 2
CS, Livro I

Leituras sugeridas: Gildin (123); Jimack (168); Mason (134); Masters, caps. 2, 6 (69); Shklar, caps. 1, 5 (36)

T

teatro [26] As peças teatrais de Rousseau são de limitado interesse. A única a receber representação pública foi *Narciso* (ou *O amante de si mesmo*), encenada pela Comédie Française em dezembro de 1752 na esteira do sucesso de *O adivinho da aldeia* (*ver* COMPOSIÇÃO MUSICAL). Foi com *Narciso* (provavelmente escrita por volta de 1732) e o seu *Projeto para uma nova notação musical* (*ver* MÚSICA, TEXTOS SOBRE) que Rousseau se pusera a caminho de Paris, em 1742, esperando conquistar a fama. A peça, que ele próprio considerou medíocre, foi retirada de cena depois de apenas duas ou três representações. Para a sua publicação em 1753 escreveu um extenso prefácio, o qual trata menos do conteúdo da própria peça do que da controvérsia em torno da recente publicação do seu DISCURSO SOBRE AS CIÊNCIAS E AS ARTES. Apenas uma outra peça de sua autoria foi levada à cena, embora particularmente: *O compromisso temerário*, que escreveu para a família Dupin a fim de a representar em sua residência de verão em Chenonceaux, em 1747. Também foi encenada uma vez ou duas pela sra. d'Épinay e seu círculo, e numa das apresentações o próprio Rousseau desempenhou, de maneira inepta, o papel do criado Carlin. Suas outras peças, *Arlequin amoureux malgré lui* (inacabada), *Les prisonniers de guerre* e *La mort de Lucrèce*, datam todas das décadas de 1740 e 1750, e nunca foram representadas. Só têm interesse como escritos eventuais de um famoso filósofo.

O enredo de Narciso trata de Valére, o herói, que está comprometido com Angélique e se apaixona por uma pessoa vista num retrato. Ele não se dá conta de que lhe estão mostrando um retrato dele próprio, disfarçado de mulher. Imediatamente deseja romper seu compromisso com Angélique. No enredo secundário, sua irmã Lucinde, que está comprometida com o irmão de Angélique, Léandre, apaixona-se por alguém que ela conhece como Cléonte, e já não deseja casar com Léandre. Mas Léandre e Cléonte são uma só e mesma pessoa. O rude e mal humorado pai de Valère e Lucinde, Lisimon, não tem tempo para essas frivolidades juvenis. No final, tudo se resolve no melhor dos mundos, com um desfecho feliz para todos. Vaidade, fatuidade e volubilidade de amantes são satirizadas numa veia simplista. Alguns críticos pretenderam ver na peça insinuações de desvio sexual — encontrando Valère (Rousseau) satisfação sexual numa união de natureza hermafrodita — assim como veladas alusões à masturbação.

No prefácio de *Narciso*, Rousseau ataca os que dizem que ele não fala sério quando diz todas aquelas coisas contra as artes e as ciências em seu *Primeiro discurso*. Suas próprias obras literárias, declara, não podem ser usadas contra ele, pois não pensou sempre como pensa agora, e suas investidas no campo da música e do teatro são meramente divertimentos da juventude. De qualquer modo, ele nunca argumentou que as artes e as letras são totalmente perversas. A sua tese era de que o gosto por elas nasce da ociosidade, e que estimulam o anseio pela notoriedade elegante, desviando as pessoas de seus deveres humanos primordiais. Na posição em que estamos agora, a virtude já se perdeu. As letras e as artes existem agora para evitar que as pessoas cometam males piores, porquanto é preferível que sejam canalhas em vez de bandidos. O seu envolvimento pessoal com a música e o teatro é, em todo o caso, muito superficial. Quando sua peça fracassou, não se sentiu envergonhado e desolado, pois nunca fora louco por sucesso. Sua alma não está, portanto, corrompida pelo desejo de uma odiosa supremacia; não quer rebaixar os outros, levar a melhor sobre eles. Pode escrever poemas e música por diversão, e essas obras podem aliviar um pouco a doença incurável da sociedade. É discutível se o que Rousseau diz sobre si mesmo nesse prefácio seja a expressão da verdade total.

O compromisso temerário, escrito em coplas rimadas, é uma outra peça insignificante a respeito dos complicados negócios do coração (o enredo usou por modelo várias peças de Marivaux). O herói, Dorante, promete à sua amada, a viúva Isabelle, que evitará fazer mais protestos de amor, uma promessa imprudentemente feita e acolhida na mesma disposição de espírito. Boa parte da trama é sustentada por dois criados cômicos, Carlin, criado de Dorante, e Lisette, camareira de Isabelle. O enredo secundário trata dos amores de Valère, amigo de Dorante, por Éliante, prima de Isabelle. A ação depende da troca de cartas falsas que pretendem revelar que cada um se apaixonou por uma outra pessoa. Depois de muitos vaivéns e qüiproquós, tudo é resolvido a contento.

A trama de *Les prisonniers de guerre* (Os prisioneiros de guerra), comédia em um ato escrita em 1743, gira em torno de um oficial francês, mais um Dorante, feito prisioneiro pelos húngaros. Dorante apaixonou-se por Sophie, a filha de um cavalheiro húngaro, Goterniz, que nutre violento preconceito contra os franceses. Ela está prometida a Maker, um velho obeso e grosseiro que é o carcereiro de Dorante. A liberdade de Dorante é obtida em troca da de Frederick, irmão de Sophie, que fora capturado pelos franceses. Frederick consegue demover seu pai da hostilidade ao francês e assegura a união de Dorante e Sophie.

Arlequin amoreux malgré lui (Arlequim amoroso à força) é um fragmento inacabado de comédia, provavelmente escrita em Chenonceaux em 1746 ou 1747. *La mort de Lucrèce* (A morte de Lucrécia) é a tragédia inacabada que Rousseau escreveu durante sua estada em Genebra, em 1754, quando ali foi para reclamar a sua cidadania. Inspirado, sem dúvida, pelo seu sentido de missão, achou que devia abordar um tema sério com austera oratória política.

Rousseau trata das questões morais e sociais suscitadas, do seu ponto de vista, pelo estabelecimento de teatros e a freqüência de espetáculos teatrais, que foram tema de sua CARTA A D'ALEMBERT.

Leituras sugeridas: Cranston, vol. I, caps. 11-14 (17); Ellrich (206); Rex (209)

V

vaidade Conceito baseado na idéia de que a própria pessoa é melhor do que as outras, a vaidade é um sentimento que, nos exames de Rousseau, está intimamente associado ao (excessivo) AMOR-PRÓPRIO. Com efeito, muitos críticos de Rousseau disseram que *vanity* é o equivalente inglês mais perto do *amor-próprio*. Mas isso é dar uma significação errônea a amor-próprio, na medida em que suas manifestações distorcidas ou excessivas são aceitas como se fossem a coisa em si; e é ser infiel ao pensamento de Rousseau, que usa sempre o termo *vaidade* como um noção distinta.

O desejo do indivíduo presumido de medir-se em relação a outros e de congratular-se por sua precedência sobre eles é, no entender de Rousseau, um dos mais difundidos desejos humanos em sociedade, apesar de ser profundamente nocivo tanto para o perpetrador quanto para o visado por essa atitude. A vaidade não só dá forma e expressão a processos e instituições sociais, induzindo as pessoas a buscar motivos para odiosas distinções, apenas com o intuito de poderem pensar que levaram a melhor sobre obras, mas também molda e dá colorido a outras preocupações mais íntimas das pessoas.

Assim, Rousseau argumenta que iguarias raras e refinadas raramente são escolhidas com o propósito único, ou mesmo principal, de proporcionar prazer gustativo mas, antes, com a idéia suprema na mente de que outros não têm condições de prová-las e de que esse é o sinal de riqueza ou de status de *connoisseur* que a pessoa exibe (*ver* LUXO). Do mesmo modo, a conquista sexual raras vezes é o desfecho do ardor sexual mas, antes, do desejo de considerar-se como tendo desfrutado de um prazer negado a outros, o que tornará a pessoa um objeto de inveja ou admiração (*ver* SEXO).

Rousseau não está dizendo que não devemos pensar bem de nós próprios, sentir prazer em nossas excelências; nem que essas excelências não envolva, por vezes, fazer as coisas melhor do que outros (*ver* COMPARAÇÃO). Tampouco diz que não devemos prestar atenção ao que os outros pensam de nós. Há uma enorme diferença entre realização superior numa atividade meritória e a invenção de diferenças entre pessoas com o propósito de manifestar desdém ou desprezo por aqueles que não possuem marcas de distinção. (Apesar de suas características morais e humanas tão distintas, essas duas atitudes tendem, porém, a fundir-se na vida real.) O ponto essencial fica bem claro nesta passagem do *Emílio*:

> Embora o desejo [de Emílio] de agradar não o deixe inteiramente indiferente à opinião dos outros, preocupar-se-á com as opiniões deles somente na medida em que se relacionam imediatamente

com a sua pessoa, e não se inquietará com as avaliações arbitrárias cuja única lei é a moda ou o preconceito. Ele terá o orgulho de querer fazer bem tudo o que faz, fazê-lo até melhor do que um outro. Quererá ser o mais veloz na corrida... o mais competente no trabalho... Mas dificilmente desejará vantagens que não sejam claras em si mesmas e necessitem ser estabelecidas pelo critério de outrem, como ser mais inteligente do que alguém, falar melhor... ainda menos desejará obter aquelas vantagens que não estão, de maneira nenhuma, vinculadas à própria pessoa, como ser de nascimento mais nobre, ser considerada mais rica... ou causar impressão pela pompa.

... será muito gratificado por ser aprovado em tudo o que se relacione com o bom caráter. Não dirá precisamente para si mesmo "Exulto porque me aprovaram", mas, antes, "Regozijo-me porque aprovam o que eu fiz que é bom" (*E* IV, 339; *OC* IV, 670).

O dano que uma pessoa vaidosa causa àqueles que a cercam é bastante claro. Mais sutil é a descrição de Rousseau do dano que sofre em si mesmo, o qual é principalmente de duas espécies. Como a sua boa opinião de si mesmo, a sua idéia de si mesmo como digno de reconhecimento, depende da sua capacidade para ver-se como superior aos outros, ele é particularmente vulnerável a qualquer indiferença ou desdém que lhe seja dirigido, não dispondo de uma base independente para a preservação do respeito por si mesmo e senso de valor pessoal em face de humilhação pública. Além disso, se os outros mudarem suas preferências, ele torna-se uma nulidade. Por último, mas não de somenos importância, uma pessoa vaidosa pode achar que foi superada precisamente naqueles aspectos em que se julgava excelente ou que lhe faltam outros atributos elegantes que chamam agora mais atenção. A pessoa vaidosa "parece receber a consciência de sua própria existência meramente da opinião de outros a seu respeito" (*DD* 104; *OC* III, 193) e, como tal, é um ser alienado e vazio (*ver* ALIENAÇÃO).

Fontes: *DD*, Parte 2
E, Livros IV, V
Leituras sugeridas: Plamenatz (70); Shklar, caps. 3, 4 (36)

virtude Rousseau faz uma distinção entre a posse de virtude e a posse de sentimentos amistosos ou bons (*ver* BONDADE NATURAL). A virtude, em sua opinião, requer vontade e compromisso com o princípio, acima da obediência aos estímulos da inclinação, por mais benevolente que tal inclinação possa ser. Alguém que é guiado somente por seus sentimentos será desviado com facilidade desse propósito se intervierem outros interesses; ou abandonará seus objetivos se estes deixarem de atrair aqueles sentimentos. O mesmo não ocorrerá com uma pessoa virtuosa. Ela terá um compromisso resoluto com a obtenção do bem, o que a fará persistir tenazmente em seu propósito, mesmo quando dificuldades ou inclinações contrárias surgem. Esta passagem do *Emílio* ilustra as idéias de Rousseau sobre o assunto:

Minha criança, não há felicidade sem coragem nem virtude sem luta. A palavra *virtude* deriva de *força*. A força é o alicerce de toda a virtude. A virtude só pertence a um ser que é fraco por natureza e forte pela vontade. É nisso que consiste o mérito do homem justo; e embora chamemos a Deus bom, não lhe chamamos virtuoso, porque não exige d'Ele nenhum esforço ser bom...Eu vos preparei para serdes bom, mais do que virtuoso. Mas aquele que é somente bom assim permanecerá só enquanto sentir prazer em sê-lo. A bondade é quebrada e dissipa-se sob o impacto das paixões humanas. O homem que é bom é somente bom para si mesmo.

Quem é, pois, o homem virtuoso? É aquele que sabe como conquistar suas afeições; pois segue então sua razão e sua consciência, faz o seu dever; mantém-se em ordem e nada pode fazê-lo desviar-se dela (*E* V, 444; *OC* IV, 817-18).

É com essa definição em mente que Rousseau freqüentemente diz de si próprio que, sendo uma criatura de inclinação governada por uma sensibilidade hiperativa, é desprovido de virtude (ver, por exemplo, *Rousseau juiz de Jean-Jacques*, Segundo Diálogo). Na mesma base, ele afirma não ter vícios, pois carece de determinação para levar a efeito um ato perverso.

Atribui à posse e exercício da virtude um importante lugar na manutenção de uma sociedade boa e justa. Obstina-se em afirmar que leis justas não podem ser promulgadas, nem serão bem administradas ou obedecidas, a menos que os cidadãos já estejam firmemente dispostos a agir de acordo com as formas prescritas e favoreçam os objetivos que as leis pretendem realizar. Onde a lei não é construída sobre virtudes estabelecidas, será burlada ou violada. Esse é um tema que predomina, por exemplo, em sua *Carta a d'Alembert* e no *Discurso sobre economia política*. A atenção não meramente ao comportamento dos cidadãos, mas também ao cultivo de suas lealdades e disposições, deve ser, pois, uma preocupação central de qualquer legislador ou estadista. Sistemas de educação que se propõem desenvolver os elos por meio dos quais — e só por meio dos quais — pode sustentar-se a integridade e o bem-estar de um Estado, devem ser de suprema importância em qualquer Estado satisfatório (*ver* CONSIDERAÇÕES SOBRE O GOVERNO DA POLÔNIA).

Rousseau inclina-se a afirmar que a virtude individual "tomará o lugar do direito positivo" (comparar com *E* V, 473; *OC* IV, 857). Essa asserção, em conjunto com suas idéias acerca da educação pública na virtude, foi alvo de críticas. Argumenta-se, em primeiro lugar, que ele se arroga (tanto para si próprio quanto para os que se afirmam dotados de perfeita virtude) uma posição acima da lei, o direito de julgar a competência e o mérito do que é exigido dele por lei, em vez de aceitar o dever comum de obediência à lei; e, em segundo lugar, que para um Estado inculcar virtude em seus cidadãos é forçoso que ele desempenhe um papel totalmente usurpatório e controlador na condução de vidas humanas, ao passo que lhe seria mais apropriado limitar-se, primordialmente, à regulamentação do comportamento pernicioso. Nenhuma dessas críticas nos parece justa. É precisamente porque, para Rousseau, cada cidadão desempenha um papel crucial na criação e elaboração de uma legislação soberana que ele exige que lealdade, justiça e compromisso com o bem comum sejam virtudes supremas de cada cidadão. Pois sem elas a legislação consubstanciará tão-só interesses faccionários e será potencialmente lesivo para muitos. Não se trata de que o homem virtuoso está acima da lei, mas de que a boa lei só pode vir daqueles que têm fortes e claros compromissos morais. Para tais pessoas, o direito positivo não é tanto a causa de seu bom comportamento quanto uma expressão adicional das atitudes e responsabilidades que o geram.

Também é um equívoco supor que virtudes tais como o compromisso com a justiça e o bem comum surgem do nada: elas precisam ser inculcadas e cultivadas. Leis que requerem a abstenção de conduta prejudicial para outros só podem conseguir obediência certa se o respeito aos outros e a solicitude com o seu bem forem disposições muito comuns. Qualquer Estado, por mínimas que sejam as exigências que faça aos seus cidadãos, planta as sementes de sua própria destruição se nada fizer para desenvolver as atitudes necessárias à manutenção dos seus princípios básicos. A negligência da educação pública na virtude só é admissível onde ela é desenvolvida e sustentada por outras instituições na comunidade, como a família. Rousseau pensou que isso não acontecia com freqüência — e temos poucas razões para discordar dele a respeito do que ocorre também em nossa própria sociedade.

Fontes: *DEP*
E, Livros IV, V

Leituras sugeridas: Blum (21); Grimsley (187); Hamilton (86); Masters, caps, 1, 2, 6 (69); Shklar, cap. 2 (36)

Virtude de heróis, A (1751) (Discours sur cette question: Quelle est la vertu la plus nécessaire au héros?) Em 1751, a Academia Corsa criou um prêmio para ensaio, tendo como tema "Qual é a virtude mais necessária ao herói?" Rousseau começou escrevendo a resposta mas deixou o trabalho inacabado. Quando, em 1768, ele foi ilicitamente publicado, Rousseau, irritado, tentou persuadir o seu editor, Marc-Michel Rey, a produzir uma versão autorizada. Nada resultou daí, porém, e o fragmento só veio a ser oficialmente publicado em 1782, na edição completa de suas obras preparada por P. Moultou e P. A. Du Peyrou. O próprio Rousseau diz, num breve prefácio, que se trata de um texto bastante medíocre.

Começa por contrastar as qualidades de sábios e heróis, tomando Diógenes e Alexandre como exemplos. O sábio, diz ele, propõe-se a mostrar às pessoas o caminho para a felicidade; mas são necessárias as qualidades do herói para habilitar as pessoas a viver bem. Os heróis não são sempre virtuosos. Sua excelência reside em inspirar as pessoas, despertando nelas a admiração e desse modo as unindo. O heroísmo requer carisma: ser justo, moderado e equânime não é essencial, mas manifestar uma glória e força pessoal é. Essa poderosa energia da alma é que constitui o verdadeiro alicerce do heroísmo, e só ela pode prestar-se à realização de grandes façanhas.

Alguns viram no fato de Rousseau não ter completado esse ensaio o seu reconhecimento de que a admiração pela virtude heróica nele expressada era incompatível com o seu novo papel de defensor das "serenas" virtudes cívicas de justiça, eqüidade e apaziguamento como requisitos prévios para uma sociedade estável e próspera; e é inegável que existe aí uma incompatibilidade real. Por outro lado, ele não abandonou então a questão dos atributos que capacitam uma pessoa a ser líder de homens, apto a uni-las numa causa comum. O papel que atribui ao LEGISLADOR, uma figura essencial no tocante à criação de um Estado, requer de maneira muito clara extraordinárias qualidades pessoais, embora certamente não espere que tal pessoa seja cruel e brutal, ativamente perversa, fazendo qualquer coisa que possa ser necessária para formar "um povo".

Leitura sugerida: Cameron (216)

vontade *Ver* LIBERDADE; VONTADE CORPORATIVA; VONTADE GERAL; VONTADE PARTICULAR; VONTADE DE TODOS.

vontade corporativa Em qualquer Estado, incluindo o melhor modelo de Estado — o qual Rousseau pretende descrever no CONTRATO SOCIAL —, haverá grupos de pessoas que, devido a sua posição no Estado, têm necessidades e interesses comuns a defender que são distintos, por um lado, dos interesses que todas têm como membros do Estado (como CIDADÃOS) e, por outro, dos interesses que cada uma tem como ser totalmente individual e separado (como pessoa privada). Esses interesses comuns são gerais em relação ao grupo — Rousseau refere-se a magistrados, membros do governo e da administração pública (*CS* III, cap. 2, 213; *OC* III, 400-1) — mas particulares em relação ao Estado como um todo, embora sendo ainda distintos do que ele denomina a vontade "particular" de uma pessoa, a qual tende "somente para sua vantagem pessoal". Esse interesse geral do grupo é o objeto de sua vontade comum, e essa vontade comum é denominada uma "vontade corporativa" (a vontade de magistrados como corporação).

A idéia de uma vontade corporativa (ou "faccionária" ou "corporativista"), uma vez introduzida, não fica necessariamente confinada aos organismos criados e estabelecidos pelo Estado, mas pode ampliar-se a grupos mais informais unidos por sua profissão, como os agricultores; ou a grupos com um interesse comum, como os ambientalistas, sócios de clubes etc. Embora existam complexidades marginais na idéia, o seu significado central é bastante claro. Em virtude de sua posição, profissão ou interesse semelhante, pode haver certas coisas que, para cada um deles, promoverá sem distinção o bem dessas pessoas. Essas coisas serão para vantagem comum do grupo e, por conseguinte, será de seu interesse comum obtê-las. Esse interesse é comum não porque aconteça haver uma coisa de que cada um dos membros, como pessoa particular, privada, extrairá um proveito mais ou menos igual — embora isso possa acontecer e seja exemplo perfeitamente adequado de um "interesse comum". Mas é, antes de tudo, porque, *como* magistrado, ambientalista, ou seja lá o que for, há certas coisas que só são vantajosas para quem for simplesmente considerado, em seu papel e função de magistrado, ambientalista etc. A comunidade de interesses não deriva da convergência dos interesses de pessoas privadas, mas da convergência de pessoas privadas que desempenham papéis comuns dos quais são obtidas vantagens específicas do papel desempenhado ou da função exercida.

Assim, é vantajoso para um magistrado, incumbido da administração da lei, estar apto a fazê-lo rápida e facilmente, e a desfrutar do poder e dos recursos necessários para tanto. A vontade corporativa dos magistrados tenderá, portanto, para um aumento de poder, por exemplo.

Talvez seja necessário realizar a conhecida advertência de que não estamos supondo aqui a existência de qualquer outra coisa que não sejam pessoas individuais que têm razão para querer isto ou aquilo. Não há uma entidade abstrata — a corporação ou órgão corporativo — que tenha uma vontade e interesses. Os indivíduos é que têm interesses e desígnios próprios como pessoas privadas e em seus papéis, *personae* e personagens; uma vontade corporativa é apenas a vontade que uma pessoa tem, como pessoa pública, de atuar e realizar seus desejos como membro de uma classe. Uma vez que, consideradas apenas em seu papel de membros de uma classe, as pessoas terão interesses mais ou menos idênticos (dependendo do maior ou menor grau de impenetrabilidade dessa "classe"), então a vontade corporativa de, digamos, magistrados ou ambientalistas, será exatamente a mesma vontade de qualquer magistrado ou de qualquer pessoa comum enquanto ambientalista — isto é, buscar racionalmente o que seja para sua vantagem.

A vontade particular e a vontade corporativa de uma pessoa serão distintas mas não conflitantes. Se se supuser, entretanto, que estão realmente em conflito, pode surgir confusão. Se me identifico fortemente com os objetivos da magistratura, então alguns dos meus próprios objetivos serão os de um magistrado. Podemos dizer que o meu interesse particular inclui agora o interesse corporativista; ou que deixei de agir como, ou de apreciar o fato de continuar agindo meramente como uma pessoa puramente privada. O conflito pode ocorrer, com freqüência, entre as necessidades de família e de trabalho. Em tais casos, é necessário determinar a prioridade ou prioridades — sobretudo no caso da VONTADE GERAL. A resolução de tal conflito pode ser uma questão de ampliar o interesse privado para incluir objetivos públicos, ou de deixar de ser, ou deixar de atribuir exclusivamente importância suprema a ser, uma pessoa puramente privada.

Segundo Rousseau, como uma corporação dentro do Estado, os magistrados existem para servir propósitos essenciais, mediante autorização do CORPO SOBERANO. Desde que apropriadamente regulamentada, a existência deles não ameaça a estabilidade nem o bem-estar do Estado. Entretanto, Rousseau tinha profunda consciência de que tais corpos, com seus interesses especiais, os quais permanecem particulares em face do bem geral de toda a comunidade, podem tentar favorecer cada vez mais seus interesses setoriais, por processos não-autorizados, à custa do bem geral. Desfrutando do poder necessário para o desempenho de suas tarefas, os magistrados serão propensos a tentar aumentar esse poder, seja ampliando (fraudulentamente) o papel da magistratura, seja usando (fraudulentamente) o mesmo poder para influenciar em outros assuntos. O impulso para fazer isso é mais uma manifestação de AMOR-PRÓPRIO, embora a uma certa distância — é a glória de ele ser um magistrado que está sendo exaltada à custa dos outros, ou então é uma extensão da ganância e da ambição que toda a pessoa privada tende a nunca perder e a levar, portanto para qualquer posição pública que possa ocupar. Assim, haverá na sociedade não só competição por odiosos avanços entre pessoas individuais, mas também competição entre grupos e facções, assim como a opressão de indivíduos privados por facções. Tal competição coloca em perigo a harmonia social e impede ainda mais a realização de qualquer bem comum.

A preferência de Rousseau era para que o número, poder e influência de tais corpos intermediários situados entre a vontade geral da comunidade como um todo e a vontade particular de um indivíduo fossem tão pequenos quanto possível, embora permanecendo compatíveis com a execução das necessárias tarefas governamentais. Somos infinitamente mais desconfiados do que Rousseau de que a "vontade geral" nunca será, de fato, geral, mas apenas uma máscara disfarçando certos interesses dominantes, mas parciais. Para deixar a pessoa privada desprotegida em face do que seria cortejar a tirania e a servidão — um perigo de que Rousseau tem plena consciência:

> É... essencial, para alcançar o verdadeiro enunciado da vontade geral, que não haja no Estado sociedade parcial e que cada cidadão só opine de acordo consigo mesmo... Caso haja sociedades parciais, é preciso multiplicar-lhes o número a fim de impedir-lhes a desigualdade, como o fizeram Sólon, Numa e Sérvio. Tais precauções são as únicas convenientes para que a vontade geral sempre se esclareça e o povo não seja enganado (*CS* II, cap. 3, 185; *OC* III, 372).

Algumas versões de "democracia de mercado" seguem o padrão de Sólon, embora possa ocorrer que se preste insuficiente atenção à regra que impede a desigualdade entre as seções e à questão de a quem caberá a custódia das regras pelas quais as reivindicações concorrentes serão arbitradas.

Mesmo que não concordemos com todas as suas afirmações sobre a natureza e a conveniência de facções, seções etc., a noção de Rousseau de uma vontade corporativa fornecerá um útil instrumento de análise social e política.

Ver também VONTADE PARTICULAR; VONTADE GERAL.

Fontes: *DEP*

CS, Livro III e passim

Leituras sugeridas: Masters, cap. 7 (69); Noone (140); Shklar, cap. 5 (36)

vontade de todos

> Há comumente muita diferença entre a vontade de todos e a vontade geral. Esta se prende somente ao interesse comum; a outra, ao interesse privado e não passa de uma soma das vontades particulares. Quando se retiram, porém, dessas mesmas vontades, os a-mais e os a-menos que nela se destroem mutuamente resta, como soma das diferenças, a vontade geral (*CS* II, cap. 3, 185; *OC* III, 371) (p. 52-3 da trad., *op. cit.*).

Poucas passagens em obras de Rousseau, ou em quaisquer obras de teoria política, suscitaram tanta perplexidade e provocaram tantos comentários quanto a que acima se transcreve.

Caso se queira perceber a coerência no pensamento de Rousseau é necessário, em primeiro lugar, compreender o que ele entende por VONTADE GERAL e por uma VONTADE PARTICULAR; depois, ver como, dos "a-mais e a-menos" de vontades particulares, poderia emergir a vontade geral.

O sentido da proposição de Rousseau pode ser interpretado assim. A "vontade particular" de uma pessoa consiste no que ela quer só para si, não atribuindo peso ou consideração aos desejos ou interesses alheios, exceto na medida em que pode fazer uso desses para promover o seu próprio interesse como pessoa individual, preocupada consigo mesma. Suponha-se que ela considera como seus interesses particulares, primeiro o gozo de segurança e conforto material obtidos com um dispêndio mínimo de esforço e, segundo, um controle de outros, de tal modo que o trabalho deles possa ser dirigido para servir ao seu próprio bem pessoal. (Não se suponha que a vontade particular de uma pessoa se refere somente ao seu bem, isoladamente; ela pode fazer com que sua vontade particular influa nas relações sociais com outros, visando "explorá-las" para seu próprio benefício privado. (*ver*, por exemplo, *CS* I, cap. 7, 177; *OC* III, 363) (p. 41-2 da trad., *op. cit.*).

Outros terão objeções semelhantes. Portanto, como nem todos podem desfrutar do controle de terceiros, e uma vez que, se os bens materiais não forem de fácil acesso, um esforço para os produzir ou obter terá de ser realizado, é claro que as necessidades ou carências de cada indivíduo não são realizáveis simultaneamente com as de todos os outros indivíduos. O que Rousseau quis dizer quando afirma que devemos, pois, "retirar" dessas vontades particulares "os a-mais e a-menos que se destroem mutuamente"? Um a-mais para mim é a minha fruição de abundância material com um mínimo de trabalho, mas isso é anulado pelo fato de que outros também querem isso para eles, e se ninguém estiver preparado para trabalhar nenhuma abundância ocorrerá. Um outro "a-mais" para mim seria ter o controle de outro; mas o "a-menos" é que outros querem também mandar, não ser mandados. Resta alguma coisa? O que resta são resíduos, em cada um dos nossos esquemas de interesse privado, que são compativelmente realizáveis. Esses resíduos incluem projetos para o benefício de cada que podem ser realizados, enquanto projetos semelhantes estão sendo empreendidos por outros. Se somarmos esses resíduos, teremos um conjunto de objetivos que serão do interesse de cada pessoa sem distinção. A promoção de tais objetivos pode ser considerada, pois, um bem em comum para todos e coincidir, pelo menos aproximadamente, com o objetivo da vontade geral, que é o "interesse comum".

Essa explicação deixa muita coisa por explicar. Em particular, não explica por que um qualquer indivíduo estaria disposto a pôr de lado aqueles elementos de seu interesse privado que conflitam com os interesses privados de outros, embora esteja disposto a contentar-se com (e a trabalhar para) aqueles bens que favorecem a todos e a cada um em igual medida. Ele pode, por exemplo, estar preparado para combater outros com o propósito de obter sobre eles vantagens superiores, ou para os burlar ou iludir em nome de seu benefício privado. O que está faltando completamente nessa explicação putativa da coincidência da "soma de vontades particulares" com a vontade geral é uma explicação da lealdade comum e do destino compartilhado — aqueles sentimentos que fazem parecer desejável a cada indivíduo promover aqueles projetos que são para vantagem idêntica de todos aqueles com quem ele convive numa associação. Rousseau reputa o cultivo e manutenção de tais sentimentos crucial para a existência de uma sociedade civil justa, eqüitativa e próspera. Embora, por algum cálculo abstrato, possamos elaborar o objetivo da vontade geral a partir de um estudo de todas as vontades particulares dos indivíduos, seria absurdo pensar que houvesse qualquer equivalência real entre eles.

Essa conclusão não deve causar surpresa. Rousseau não se alonga sobre o comentário (acima transcrito) relativo à vontade de todos. Prefere discorrer em seguida sobre a importância de sustar a influência de "associações parciais" na formação da lei e mando no Estado, insistindo em que, se tem de haver "sociedades parciais" (que seria preferível não existirem), então "é melhor multiplicar-lhes o número a fim de impedir-lhes a desigualdade" (*CS*, cap. 3, 185; *OC* III, 371) (p. 54 da trad., *op. cit.*) (*ver* VONTADE CORPORATIVA). Essas observações ajudam a confirmar a presente interpretação do significado proposto por Rousseau para a vontade de todos. Essa interpretação representa, na melhor das hipóteses, um caso idealizado onde o interesse de cada indivíduo é uniformemente equilibrado com o de todos ou outros, e o que se extrai como resíduo é alguma política comum que será vantajosa para todos. Onde crescem as "sociedades parciais" desiguais, esse "cancelamento" de diferenças não ocorrerá, e chegar-se-á a uma regra para todos na qual só se expressa, na realidade, o bem para um poucos.

Kant discute essa matéria em seu ensaio *Zum ewigen Frieden* (Para a paz perpétua), declarando que uma "boa organização para o Estado" pode ser obtida se for concertada de tal modo que "as energias egoístas dos homens se oponham umas às outras, cada uma neutralizando ou eliminando assim os efeitos destrutivos do resto... E no que diz respeito à razão... o resultado é o mesmo como se as tendências egoístas do homem fossem inexistentes, de modo que o homem, mesmo que não seja moralmente bom em seu íntimo, é compelido, não obstante, a ser um bom cidadão"[2]. Nisso, como ocorre tão freqüentemente, Kant é o melhor intérprete de Rousseau.

Fonte: *CS*, Livros I, II

Leituras sugeridas: Allen (109); Barry (112); Dent, cap. 5 (24); Gildin (123); Masters, cap. 7 (169); Melzer (137); Rosenfeld (145); Shklar, cap. 5 (36)

vontade geral A noção de vontade geral desempenha um papel central na explicação de Rousseau da origem da lei justa e eficaz no Estado "ideal" descrito em *O contrato social*. Ela contém a chave para se entender como podem ser legitimados o poder e a autoridade civil. Essa noção é complexa e sua interpretação é motivo de muita controvérsia. O que se segue é uma das possíveis interpretações.

O CORPO SOBERANO no Estado de Rousseau (como em qualquer Estado) divulga instruções (leis) para regulamentar a vida comum de todos os membros desse Estado (*ver* AUTORIDADE; LEI). As diretivas que têm a forma de mandamento devem ser entendidas como declarações de vontade. Assim, o soberano tem uma vontade e as leis são expressões dessa vontade. Segundo Rousseau, tais leis são legítimas, ordenam justa e corretamente que se lhes obedeça quando, e só quando, essa vontade soberana é a vontade geral.

Para Rousseau, o corpo soberano compreende todos os membros adultos do Estado. Assim, a vontade geral, como vontade do corpo soberano, é, de certo modo, a vontade de todos os membros desse Estado. A questão crucial consiste em determinar *como* a vontade geral se relaciona com a vontade de todos os membros do corpo soberano, ou dela emerge. Diz Rousseau: "A vontade geral, para ser verdadeiramente geral, deve sê-lo tanto no objeto quanto na essência... deve partir de todos para aplicar-se a todos" (*CS* II, cap. 4, 187; *OC* III, 373). Se pudermos determinar o que isso significa, podemos determinar de que modo uma diretiva oriunda de todos os membros do corpo soberano seria uma expressão da vontade geral. Sê-lo-á se se aplica a todos e parte de todos.

A questão de aplicar-se a todos significa que ninguém está isento, acima ou à margem dessa diretiva (lei); e que a lei está expressa em termos gerais para que nenhum indivíduo ou grupo específico seja discriminado por ela. Algumas leis podem impor exigências diferenciadas — por exemplo, a proprietários de imóveis ou a inquilinos. Mas Rousseau sustenta que o interesse primordial da vontade geral é impor condições e exigências da espécie mais ampla e fundamental que vinculam as pessoas simplesmente como membros do Estado. Criar leis mais específicas e aplicar a lei a casos particulares é função do GOVERNO.

A questão da vontade que "parte de todos" é mais problemática. Rousseau estabelece uma distinção entre a VONTADE DE TODOS e a vontade geral, embora julgue que a vontade geral possa ser o somatório da vontade de todos (*CS* II, cap. 3, 185; *OC* III, 371); essa distinção precisa ser observada, portanto, ao calcular como a vontade geral promana de todos. Rousseau acredita que haverá algumas diretivas básicas às quais cada pessoa tem motivos idênticos para anuir — motivos idênticos porque essas diretivas dizem respeito à defesa e proteção de interesses fundamentais, como a segurança pessoal, a garantia de meios de subsistência e a dignidade moral, de que todas compartilham. Esses interesses comuns dotam cada pessoa com uma razão para acolher favoravelmente tais diretivas. Uma diretiva que favorecesse alguns mas prejudicasse outros indivíduos, por outra parte, não poderia oferecer aos prejudicados a mesma razão (ou, talvez, qualquer razão) para acolhê-la ou concordar com ela; embora os favorecidos pudessem sentir que *tinham* uma razão mais forte para aprová-la do que se fosse uma diretiva que oferecesse a todos uma razão igual para anuir. Somente quando cada pessoa tem razão igual à de todas as outras para concordar com a diretiva é que, na opinião de Rousseau, essa diretiva pode ser corretamente considerada como tendo partido de todos de um modo igual e por motivos idênticos. Só nessas condições é que essa diretiva constitui a expressão de uma vontade propriamente geral.

Assim, poderia facilmente parecer a alguns — aqueles que seriam beneficiados no caso que acabamos de descrever — que aceitar uma diretiva favorável a todos por igual, do mesmo modo e no mesmo grau, significaria aceitar menos do que poderiam desejar ou do que poderiam aquinhoar. Dessa forma, somente quando a promoção dos interesses que todas as pessoas têm em comum é, para cada pessoa individual, uma preocupação elevada, até mesmo suprema, é que a lei tem possibilidade de ser, de fato, a expressão de uma vontade verdadeiramente geral. Somente quando a promoção dos interesses que todos têm em comum se converte no interesse de cada membro é que evitaremos que mesquinhos interesses pessoais ou setoriais usurpem o interesse comum, e a vontade geral seja substituída, por exemplo, por uma VONTADE CORPORATIVA (talvez falsamente mascarada como se fosse a vontade geral). É por isso que Rousseau pensa não ser provável que sejamos capazes de determinar uma vontade autenticamente geral se estivermos lidando com uma pessoa que não sinta já um certo senso de lealdade, propósito e destino comuns, de modo que o bem de todos, e não apenas o dela própria, se revista de suprema importância para cada um (ver *CS* II, cap. 7, 194-96; *OC* III, 381-82). Nem todas as pessoas estão capacitadas para elaborar leis que sejam justas e eqüitativas, ou para estabelecer uma vontade que seja verdadeiramente geral.

Mas dado que uma pessoa ou grupo pode sentir que tem mais a ganhar de diretivas que lhes sejam favoráveis de forma discriminadora, por que razão iriam submeter-se às exigências da vontade geral que favorece a todos por igual, sem diferenciação alguma? Por que razão a lealdade comum seria a sua preocupação suprema? Por que iria uma pessoa colocar o interesse comum acima de sua própria VONTADE PARTICULAR, a qual conduz à obtenção de suas próprias vantagens privadas (*CS* I, cap. 7, 177; *OC* III, 363)? Em resposta, Rousseau argumenta que uma pessoa só ganha para si uma vantagem ilusória se colocar em primeiro lugar vantagens particulares. Não só as pessoas desfavorecidas tentarão arrancar daquela o que lhes foi negado, de modo que a vida social será conduzida por conflito e agressão, mas o fato é que não há nenhum lucro pessoal palpável em anular e esbulhar os outros. É somente com iguais e de iguais que qualquer um de nós adquire aquele respeito e acatamento de que necessitamos. A nossa própria dignidade moral só é respeitada por aqueles a quem, por nossa vez, igualmente respeitamos (*ver* AMOR-PRÓPRIO; IGUALDADE).

Rousseau seria o primeiro a admitir a existência de muitos motivos nas pessoas que militam contra a realização e aceitação desse estado de coisas. E essa é uma outra razão pela qual somente aqueles que estão acostumados a compartilhar e colaborar com outros num esforço comum — e sentem satisfação nisso — possuem qualquer perspectiva concreta de realizar uma existência civil regulamentada por leis que derivam da vontade geral. É também a razão pela qual somente Estados pequenos, pensa Rousseau, têm alguma probabilidade de estabelecer leis justas e eqüitativas para todos, as quais serão bem observadas. Pois só em tais Estados pode crescer e ser sustentado um verdadeiro sentimento de comunidade, um real vínculo de lealdade mútua. Nos grandes Estados, o destino de muitas pessoas deixará indiferentes outras tantas.

A noção de vontade geral tem dado motivo a abusos, especialmente quando equiparada com "a vontade do povo", tal como esse conceito foi usado durante o Terror. De fato, a "vontade do povo" estava muito longe de ser geral, na medida em que vitimou certos indivíduos e grupos. Não há razão para duvidar da sinceridade de Rousseau quando escreve no DISCURSO SOBRE ECONOMIA POLÍTICA:

> A segurança dos indivíduos está tão intimamente ligada à confederação pública que... essa convenção seria licitamente dissolvida se no Estado, a um único cidadão que poderia ter sido ajudado, fosse permitido perecer... o empreendimento celebrado por todo o corpo da nação não o obriga a fornecer segurança ao mais humilde de seus membros com o mesmo zelo dispensado a todos os demais? (*DPE* 131-32; *OC* III, 256).

Uma vontade, para ser verdadeiramente geral, deve dar voz aos interesses que cada pessoa tem em comum com todas as outras. Se qualquer pessoa for desatendida ou desconsiderada, a vontade deixa de ser geral, a lei para essa pessoa é tirânica e ela não tem a obrigação de obedecer-lhe. Só através da vontade geral é que a justiça pode ser feita a cada pessoa, em comum com todas as outras.

Quando Rousseau diz que as pessoas devem ser forçadas a obedecer à vontade geral, está apenas dizendo que elas devem ser obrigadas a respeitar as necessidades e a dignidade de todas as outras. E é ao ser assim obrigada que uma pessoa está sendo forçada a ser livre — ou seja, a fazer tudo aquilo que é correto que faça como pessoa moralmente responsável que reconhece os direitos dos outros (*CS* I, cap. 7, 177; *OC* III, 364; *Ver* LIBERDADE).

Talvez seja porque temos tão raramente visto a vontade geral ser posta em prática, não porque a própria idéia de tal vontade seja incoerente ou perniciosa, que as pessoas se mostram predispostas ao ceticismo ou à desconfiança a seu respeito.

Fontes: *DEP*
E, Livro V
CS, Livros I, II

Leituras sugeridas: Barnard (111); Barry (112); Crocker (117); Dagger (118); Dent, cap. 5 (24); Gildin (123); Jones (124); King (126); MacAdam (131); Masters, cap. 7 (69); Melzer (137); Riley (143)

vontade particular No Livro III, cap. 2, de *O contrato social*, Rousseau diz que podemos distinguir num magistrado três vontades: a sua VONTADE CORPORATIVA, que ele tem como membro de um GOVERNO; a sua VONTADE GERAL, que ele tem como cidadão; e a sua vontade privada, particular ou pessoal, a qual "tende somente para sua vantagem pessoal". Cada uma dessas três noções de vontade necessita ser entendida a par das outras duas.

É opinião de Rousseau que cada pessoa tem um forte (mas não necessariamente dominante ou exclusivo) sentido de si mesmo como indivíduo separado, não ligado por sentimento ou obrigação a outros, de maneira nenhuma. Guiado por essa visão de si mesmo, o indivíduo formará uma concepção do que é de seu interesse privado ou pessoal — ou seja, do que será vantajoso para ele como e quando se considera apenas tal indivíduo separado, particular. Portanto, a vontade privada, ou particular, de uma pessoa compreende o seu desejo de promover sua vantagem pessoal, assim entendida. Tal desejo está intimamente relacionado com o AMOR DE SI MESMO.

Como Rousseau sublinha em *O contrato social*, a vontade particular de uma pessoa pode estar em conflito com a vontade geral "que ele tem como cidadão". Assim escreve: "Seu interesse particular pode ser muito diferente do interesse comum. Sua existência, absoluta e naturalmente independente, pode levá-lo a considerar o que deve à causa comum como uma contribuição gratuita, cuja perda prejudicará menos os outros, do que será oneroso o cumprimento a si próprio" (*CS* I, cap. 7, 177; *OC* III, 363)(p. 41 da trad., *op. cit.*). Por causa desse conflito, os indivíduos podem não estar dispostos a fazer o que lhes é solicitado pela vontade geral. Ou pode ser que tentem subverter a vontade geral, substituindo-a pela sua própria vontade particular sob o disfarce daquela. Em ambos os casos, a sociedade civil perecerá.

O nítido contraste que Rousseau parece fazer, sobretudo em *O contrato social*, entre vontade particular e vontade geral, entre o indivíduo detentor de independência absoluta e natural e o indivíduo como cidadão, entre interesse pessoal e interesse comum, leva os críticos a supor que Rousseau acredita que só deixando para trás a vontade particular e substituindo "a existência física e independente que todos nós recebemos da natureza por uma existência parcial e moral" (*CS* II, cap. 7, 194; *CS* III, 381) é que os homens podem tornar-se cidadãos satisfatórios e a sociedade civil pode ser instituída e florescer (*ver* DESNATURAÇÃO). Isso dá origem à crença de que Rousseau deseja ver os homens em sociedade tornarem-se nada mais do que ocupantes de um papel social, privados de sua individualidade e caráter particular.

Essa crítica é inadequada. Em primeiro lugar, Rousseau deixa claro que nem todos os poderes, bens e liberdade de um indivíduo estão sob o controle da vontade geral e da lei (ver *CS* II, cap. 4, 186; *OC* III, 373). Essa opinião seria absurda se nada restasse de uma pessoa como indivíduo independente, uma vez que se tornasse um cidadão, ocupante de um papel social. Em segundo lugar, embora Rousseau trace uma linha divisória entre o interesse privado e o interesse comum (o interesse que uma pessoa tem como cidadão), seria absurdo supor que as vantagens de que uma pessoa desfruta como cidadão não são em seu interesse, mas em conflito com este. O que acontece quando uma pessoa assume o *status* de CIDADÃO é que adquire um novo "eu" ou "identidade" adicional, diferente do eu ou identidade que possui como ser absoluto e independente. Como cidadão, uma pessoa está ligada a outras numa causa comum, sob leis iguais, de tal modo que certas coisas que são para sua vantagem ou desvantagem não estariam em questão se ela não tivesse ligação alguma com outras. Ou, se estivessem em questão, seriam vistas a uma luz inteiramente diferente (por exemplo, como "contribuição gratuita"). Somos obrigados, pois, a comparar vantagens e desvantagens não do ponto de vista constante de uma identidade imutável (um feixe de interesses autoconstitutivos) mas de diferentes pontos de vista. Somos obrigados então a indagar que razão poderemos ter para adotar um ou outro ponto de vista. Rousseau explica em *CS* I, cap. 8 (*OC* III, 364) que adotar a identidade de um cidadão é desenvolver suas faculdades, ampliar suas idéias e enobrecer seus sentimentos de um modo que nunca ocorreria se ele retivesse uma identidade individual particular. Ao passar a viver como membro com outros de uma sociedade justa e próspera, o ser de um indivíduo é ampliado e a gama de suas possibilidades de vida é alargada.

Isso não é uma questão de realizar uma escolha que exclua todas as outras opções, como tampouco o é quando uma pessoa decide ser pai, ou professor, ou um indivíduo particular.

Trata-se, antes, de uma questão de gama de objetivos, responsabilidades e recompensas ao alcance de uma pessoa em cada um de vários modos de atividade e auto-expressão. Rousseau pensa, por certo, que a auto-realização como cidadão deve ter prioridade sobre a existência privada de um indivíduo. Mas isso não é dizer que a existência privada de alguém deva ser obliterada. Quando o indivíduo se torna pai, ele não deixa automaticamente de valer o que valia quando não era pai, nem deixa de ser capaz de funcionar como alguém que se esforça por realizar-se e adquirir certos bens. O conflito pode ocorrer, obrigando o indivíduo a estabelecer prioridades. Mas ao descrever o conflito entre a vontade particular e a vontade geral, Rousseau está apenas dizendo que tal é a natureza da atividade humana quando respondemos a muitos bens conflitantes que representam diferentes modos de ser, diferentes identidades a ser interpretadas.

Fontes: *DD*, Parte I
E, Livros I-III
CS, Livros I, II

Leituras sugeridas: Dent, cap. 3 (24); Horowitz, cap. 7 (27); Masters, cap. 1 (69); Shklar, caps. 1, 5 (36)

Bibliografia

A Bibliografia está dividida em duas partes principais: Parte I, Obras de Rousseau; e Parte II, Obras sobre Rousseau.

CONTEÚDO DA PARTE I: OBRAS DE ROUSSEAU

Textos fundamentais

1 Traduções citadas no texto

2 Edições completas em francês

3 Edições brasileiras

4 Seleções em francês

5 Seleções em inglês

6 Obras isoladas

Cada uma destas foi assinalada com um número entre colchetes, ao qual são referidos os títulos dessas obras quando se apresentam como título de verbete no texto. Em cada caso, a data e o lugar de publicação da edição original são fornecidos em conjunto com a citação de edições modernas e traduções inglesas. O volume de *Jean-Jacques Rousseau: œuvres complètes*, org. B. Gagnebin e M. Raymond, no qual a obra figura, é também indicado, sempre que aplicável, como *OC* I, II, III ou IV.

7 Grupos de obras

Abrangem obras (em sua maioria secundárias) de Rousseau que não têm título de verbete separado. Os grupos são os escritos sobre botânica [22]; composição musical [23]; textos sobre música [24]; poesia e prosa variada [25]; teatro [26].

Obras bibliográficas

Correspondência

CONTEÚDO DA PARTE II: OBRAS SOBRE ROUSSEAU

Cada item (livro, capítulo, artigo) recebeu um número entre parênteses com remissão para a citação dada em Leituras sugeridas no final de cada verbete no *Dicionário*. A literatura secundária sobre Rousseau é vasta. Seria impraticável citar até mesmo uma quarta parte de itens possivelmente importantes, mas espero ter feito uma seleção útil.

Annales: Annales de la Société Jean-Jacques Rousseau
SVEC: Studies in Voltaire and the Eighteenth Century

USANDO A BIBLIOGRAFIA

Parte I: Obras de Rousseau

Estas são referidas ou como títulos de verbete (no caso das principais obras), ou no corpo dos verbetes. Quando ocorrem como títulos de verbetes, o número entre colchetes indica onde, na lista de obras isoladas de Rousseau (p. 225), encontrar a informação sobre qualquer das obras principais.

Se a obra é mencionada no corpo do verbete, ou é especificada pelo seu título completo ou (se é uma das obras principais) por uma abreviatura — por exemplo, *DD* (ver lista de abreviações, p. 32). A referência ao título do verbete para essa obra dá o número entre colchetes usado na lista de obras isoladas, ou pode ser consultado o Índice remissivo. Todas as referências a determinadas passagens, e citações, são seguidas pelo livro, capítulo e números de página (conforme for apropriado) na tradução inglesa, a que se segue o volume e números de página em *Œuvres complètes,* org. B. Gagnebin e M. Raymond (Bibliothèque de la Pléiade, 1959), que se converteu na edição de referência.

Como sua publicação ainda não está completa, não foi possível citá-la em todos os casos, de modo que edições alternativas são ocasionalmente usadas.

Exemplo: *DD* 57; *OC* III, 169 significa *Discurso sobre a origem da desigualdade*, p.57 na tradução usada (*A Discourse on the Origin of Inequality*, trad. por G. D. H. Cole, revista por J. H. Brumfitt e J. C. Hall); *Œuvres complètes*, vol. III, p. 169. O *Discurso sobre a origem da desigualdade* é o item [2] na lista de obras isoladas de Rousseau.

Parte II: Obras sobre Rousseau

Leituras sugeridas no final de cada verbete fornece para cada obra mencionada o nome do autor seguido de um número entre parênteses, que é o número que precede essa obra conforme aqui listada. Tentei agrupar essas obras secundárias aproximadamente de acordo com os tópicos que lhes são pertinentes, de modo que se um desdobramento de material sobre um dado tópico é requerido, então ele ficará acessível à pesquisa. Mas esses agrupamentos são, quando muito, apenas um guia.

Ao citar essas obras secundárias que cobrem uma ampla gama de idéias de Rousseau, fui deveras seletivo, por motivo de economia. Referi-me com maior freqüência a Charvet (23), Horowitz (27), Masters (69), Shklar (36) e ao meu próprio trabalho, Dent (24). É claro que outras obras de âmbito geral poderiam ser igualmente consultadas. Tais obras são listadas nas seções 2 (19)-(38) e 3 (55)-(76). Muitas das obras enumeradas na seção 1 também têm um âmbito geral.

PARTE I: OBRAS DE ROUSSEAU

TEXTOS PRINCIPAIS

1. TRADUÇÕES CITADAS NO TEXTO

(Para detalhes de edições em língua francesa e traduções alternativas dessas obras, ver abaixo, p. 224-9).

A Discourse on the Sciences and the Arts (DCA) [1]

Em *The Social Contract and Discourses*, Jean-Jacques Rousseau, trad. e org. G.D.H. Cole, revista e ampliada por J. H. Brumfitt e J. C. Hall (Londres: Dent, 1973)

A Discourse on the Origin of Inequality (DD) [2]

Em *The Social Contract and Discourses,* Jean-Jacques Rousseau, trad. e org. G.D.H. Cole.

(A Discourse on) Political Economy (DEP) [3]

Em *The Social Contract and Discourses,* Jean-Jacques Rousseau, trad. e org. G.D.H. Cole.

Émile, or on Education (E) [11]

Trad. com introdução e notas, Allan Bloom (Nova York: Basic Books, 1979)

The Social Contract (CS) [14]

Em *The Social Contract and Discourses,* Jean-Jacques Rousseau, trad. e ed. G.D.H. Cole.

Project for a Constitution for Corsica (PCC) [16]

Em *Political Writings*, Jean-Jacques Rousseau, trad. e org. F. Watkins (Edimburgo: Nelson, 1953).

The Confessions (C) [18]

Trad. com introd., J. M. Cohen (Harmondsworth: Penguin Books, 1954).

Considerations on the Government of Poland (GP) [19]
Em *Political Writings*, Jeann-Jacques Rousseau, trad. e org. F. Watkins.

Rousseau Judge of Jean-Jacques: Dialogues (RJJ) [20]
Em *The Collected Writings of Rousseau*, trad. J.R. Bush, C. Kelly e R.D. Masters, org. R.D. Masters e C. Kelly (Hanover, New Hampshire: University Press of New England for Dartmouth College, 1990), vol. I.

The Reveries of the Solitary Walker (DCS) [21]
Trad. com introd., P. France (Harmondsworth: Penguin Books, 1979).

Quando não foi especificada nenhuma tradução, usei a minha própria. Também usei por vezes *A Discourse on (the Origin of) Inequality*, trad. e org. M. Cranston (Harmondsworth: Penguin Books, 1984), que tem todas as notas de Rousseau para o *Discurso*.

2. *EDIÇÕES COMPLETAS EM FRANCÊS*

A edição mencionada ao longo de todo o presente livro é:

Jean-Jacques Rousseau: œuvres complètes, org. B. Gagnebin e M. Raymond (Paris: Gallimard, Bibliothèque de la Pléiade, 1959), 4 volumes até a data.

Esta edição firmou-se como padrão para uso moderno. O volume V, que conterá o *Essai sur l'origine des langues*, de Rousseau, a sua *Lettre à M. d'Alembert sur les spectacles* e outras obras principalmente relacionadas com música, ainda não foi publicado.

Outras coletâneas importantes incluem:

Collection complète des œuvres de Jean-Jacques Rousseau, ed. P. Moultou e P.A. Du Peyrou, 17 volumes (Genebra: Société Typographique de Genève, 1782-9).

Œuvres complètes de Jean-Jacques Rousseau, 13 volumes (Paris: Hachette, 1905).

Œuvres et correspondance inédites de Jean-Jacques Rousseau, org. G. Streckeisen-Moultou (Paris: Michel Levy, 1861).

Œuvres complètes, org. M. Launay, 3 vols. (Paris: Éditions du Seuil, 1967-71).

3. *EDIÇÕES BRASILEIRAS*

O contrato social. São Paulo, Martins Fontes, 1989

Os devaneios de um caminhante solitário. Brasília, UNB, 1986

As confisões. Rio de Janeiro, Ediouro

Projeto para a educação do sr. de Sainte-Marie. Porto Alegre, Paraula, 1994

Discurso sobre a origem e os fundamentos da desigualdade entre os homens. (precedido do *Discurso sobre a ciência e as artes*). São Paulo, Martins Fontes, 1993

Emílio, ou Da educação. Rio de Janeiro, Bertrand, 1995, 3ª ed.

Júlia, ou A nova Heloísa. Campinas, Unicamp, 1994

Considerações sobre o governo da Polônia e a reforma projetada. São Paulo, Brasiliense, 1982.

Carta a d'Alembert. Campinas, Unicamp

Carta a Voltaire sobre a Providência. São Paulo, Unesp

Romances, contos novelas. Editora Mérito, 1955

4. SELEÇÕES EM FRANCÊS

The Political Writings of Jean-Jacques Rousseau, org. C.E. Vaughan, 2 volumes (Cambridge University Press, 1915), contém todos os principais escritos políticos de Rousseau, com material afim extraído de cartas e outras fontes, e uma substancial introdução pelo editor.

Rousseau: Religious Writings, org. Ronald Grimsley (Oxford: Clarendon Press, 1970), reúne escritos de Rousseau sobre temas religiosos, com introduções do editor.

5. SELEÇÕES EM INGLÊS

The Social Contract and Discourses, trad. e org. G.D.H. Cole, rev. e aumentada por J.H. Brumfitt e J.C. Hall (Londres: Dent, 1973).

The Indispensable Rousseau, org. John Hope Mason (Londres: Quartet Books, 1979), contém uma breve seleção extraída da gama total de escritos de Rousseau.

Não existe uma tradução inglesa que abranja a totalidade da produção de Rousseau. A mais extensa está em andamento. O volume I de *The Collected Writings of Rousseau* é o único que veio a lume até hoje: *Rousseau Judge of Jean-Jacques: Dialogues,* org. R.D. Masters e C. Kelly (Hanover, New Hampshire: University Press of New England for Dartmouth College, 1990).

6. OBRAS ISOLADAS

[1] *Discours qui a remporté le prix a l'Académie de Dijon en l'année 1750.* Genebra, ed. Barrilot, 1750.

Normalmente conhecido como *Un discours sur les sciences et les arts,* ou o *Premier discours.* Publicado em *OC* III. Tradução usada no texto inglês: *The Social Contract and Discourses,* trad. e org. G.D.H. Cole, J.H. Brumfitt e J.C. Hall (Londres, 1973).

Outras traduções incluem *First and Second Discourses,* org. R.D. Masters (Nova York, 1964); *The First and the Second Discourses together with the Replies to Critics,* org. V. Gourevitch (Nova York, 1986).

Uma outra edição francesa moderna: *Discours sur les sciences et les arts.* org. G.R. Havens (Nova York, 1946).

[2] *Un discours sur l'origine et les fondements de l'inégalité parmi les hommes.* Amsterdã, org. Marc-Michel Rey, 1755.

Normalmente conhecido como *Un discours sur l'origine de l'inégalité,* ou *Discours sur l'inégalité,* ou *Second discourse.* Publicado em *OC* III. Tradução usada no texto inglês (salvo se especificado diferentemente): *The Social Contract and Discourses,* G.D.H. Cole, J.H. Brumfitt e J.C. Hall (Londres, 1973).

Outras traduções incluem *First and Second Discourses,* org. R.D. Masters (Nova York, 1964): *The Social Contract and the Discourse on Inequality,* org. L.G. Crocker (Nova York, 1967); *A Discourse on Inequality,* org. M. Cranston (Harmondsworth, 1984); *The First and Second Discourses together with Replies to Critics,* org. V. Gourevitch (Nova York, 1986).

[3] *Discours sur l'oeconomie politique.* Genebra, org. Emanuel du Villard Fils, 1758.

A primeira edição separada; publicado primeiro como artigo, "De l'économie politique", no vol. V da *Encyclopédie ou Dictionnaire raisonné des sciences, des arts et des métiers...* por M. Diderot... e M. d'Alembert, Paris, 1755. Publicado em *OC* III. Tradução usada no texto inglês: *The Social Contract and Discourses,* G.D.H. Cole, J.H. Brumfitt e J.C. Hall (Londres, 1973).

Outras traduções inglesas incluem *The Social Contract,* org. C.M. Sherover (Nova York, 1974); *On the Social Contract with Geneva Manuscript and Political Economy,* org. R.D. Masters (Nova York, 1978).

[4] Os *Écrits sur l'abbé de Saint-Pierre* englobam duas obras (e material afim): *Extrait du projet de paix perpétuelle* (Paris, 1761) e *La polysynodie,* vol. XXIII das *Œuvres Complètes,* org. P. Moultou e P.A. Du Peyrou (Genebra, 1782). (O *Jugement sur la paix perpétuelle* e o *Jugement sur la "Polysynodie",* do próprio Rousseau, também foram publicados pela primeira vez no vol. XXIII das *Œuvres complètes,* org. P. Moultou e Du Peyrou.) Publicados em *OC* III. Partes dessas obras traduzidas em *The Indispensable Rousseau,* John Hope Mason (Londres, 1979). Derivadas desse material são também as obras fragmentárias de Rousseau que tratam da guerra, incluindo *Que l'État de guerre naît de l'État social,* e *Guerre et état de guerre,* também publicados em *OC* III. Não há traduções correntes dessas obras.

[5] *Lettre de Jean-Jacques Rousseau à M. de Voltaire,* 18 de agosto de 1756.

Veio primeiro a lume em *Lettre sur l'état présent des sciences et des mœurs,* org. J.L.S. Formey (Berlim, 1759), uma publicação não-autorizada. Primeira edição autorizada: *Lettre à Voltaire* (Paris: Duchesne, 1764). Publicada em *OC* IV.

Partes desta carta traduzidas para o inglês em *The Indispensable Rousseau,* John Hope Mason (Londres, 1979).

[6] *Lettres morales*

As cartas 2, 3 e 4 apareceram primeiro como *Lettres sur la vertu et le bonheur,* org. G. Streckeisen-Moultou, em *Œuvres et correspondance inédites* (Paris, 1861). As cartas 1, 5 e 6 foram publicadas primeiro como *Lettres inédites de Jean-Jacques Rousseau à Madame d'Houdetot,* em *Verhandlung der neununddreissigsten Versammlung Deutscher Philologen...,* org. E. Ritter (Leipzig, 1888). Publicado em *OC* IV.

Não existe tradução corrente em inglês.

[7] *Lettre à M. d'Alembert sur les spectacles*

Título completo na edição original: *Jean-Jacques Rousseau, citoyen de Genève, à M. d'Alembert... sur son article Genève dans le VIIe volume de l'Encyclopédie et particulièrement sur le projet d'établir un Théâtre de Comédie en cette ville.* Amsterdã, org. Marc-Michel Rey, 1758. Ainda não incluído em *OC*. Tradução usada no texto inglês: *Politics and the Arts. Rousseau's Letter to d'Alembert,* trad., org. e introd. de Allan Bloom (Ithaca, NY, 1960).

Edições francesas modernas: M. Fuchs (org.) (Genebra e Lille, 1948); M. Launay (org.) (Paris, 1967).

[8] *Essai sur l'origine des langues*

Publicado originalmente numa coletânea de obras várias de Rousseau sobre música; *Traités sur la musique* (Genebra, 1781). Ainda não incluído em *OC*. As traduções inglesas incluem *On the Origin of Languages,* org. J.H. Moran e A. Gode (Nova York, 1966); *The First and Second Discourses... and the Essay on the Origin of Languages,* org. V. Gourevitch (Nova York, 1986).

A melhor edição francesa moderna: *Essai sur l'origine des langues,* org. C. Porter (2ª ed., Bordéus, 1970). Também uma edição organizada por A. Kremer-Marietti (Paris, 1974); e um *Index-concordance de l'Essai,* D. Bourdin e M. Launay (Paris, 1989).

[9] *Julie, ou La nouvelle Héloïse,* subtítulo: *Lettres de deux amans, habitants d'une petite ville au pied des Alpes.* Amsterdã, org. Marc-Michel Rey, 1761.

A seqüência, *Les amours de Milord Édouard Bomston,* foi publicada pela primeira vez nas *Œuvres complètes,* org. P. Moultou e P.A. Du Peyrou (Genebra, 1782).

Publicado em *OC* II. Traduções incluem *La nouvelle Héloïse,* trad. de Judith H. McDowell (Filadélfia, 1968) (substancialmente resumida); *Eloisa, or a Series of Original Letters,* reimpressão da tradução de 1803 (Oxford, 1989) (inclui *The Adventures of Lord B———at Rome,* uma tradução completa mas arcaica).

Outras edições francesas incluem D. Mornet (org.), 4 volumes (Paris, 1925); R. Pomeau (org.) (Paris, 1960).

[10] *Lettres à Malesherbes*

Publicadas originalmente como notas à décima primeira estrofe do poeta de J.A. Roucher, *Les mois* (Paris: Quillau, 1779); sem autorização. Primeira edição autorizada: *Œuvres Posthumes,* org. P.A. Du Peyrou, vol. VIII (Genebra, 1782). Publicadas em *OC* I.

Cartas traduzidas em *Citizen of Geneva,* trad. e org. C.W. Hendel (Oxford, 1937). Partes incluídas em *The Indispensable Rousseau,* John Hope Mason (Londres, 1979).

[11] *Émile, ou De l'éducation.* Haia, org. Jean Néaulme, 1762. Publicado em *OC* IV (inclui o MS Favre). Tradução usada no texto inglês: *Émile, or On Education,* Allan Bloom, com introd. e notas (Nova York, 1979).

Outras traduções incluem *Émile, or Education,* trad. B. Foxley (Londres, 1911). As modernas edições francesas incluem a de F. e P. Richard (orgs.) (Paris, 1951).

[12] *La profession de foi du vicaire savoyard*

Publicado originalmente no Livro IV de *Émile,* 1762. Publicado em *OC* IV. Outras traduções inglesas incluem *The Creed of a Priest of Savoy,* trad. A.H. Beattie (Nova York, 1956).
Uma edição francesa moderna: P.-M. Masson (org.) (Friburgo e Paris, 1914).

[13] *Émile et Sophie*

Publicado originalmente em *Collection complète des œuvres de Jean-Jacques Rousseau,* org. P. Moultou e P.A. Du Peyrou (Genebra, 1782).

Primeira edição isolada: *Émile et Sophie, ou Les solitaires.* Genebra, Société Typographique, 1781. Publicado em *OC* IV.

Não existem traduções inglesas, mas apenas uma descrição resumida em J. Shklar, *Men and Citizens* (Cambridge, 1969).

[14] *Du contrat social, ou Principes du droit politique.* Conhecido normalmente como *Du contrat social.* Amsterdã, org. Marc-Michel Rey, 1762.

Publicado em *OC* III. Tradução usada no texto inglês: *The Social Contract and Discourses,* G.D.H. Cole, J.H. Brumfitt e J.C. Hall (Londres, 1973).

Outras traduções incluem *On the Social Contract with Geneva Manuscript and Political Economy*, org. R.D. Masters (Nova York, 1978); *Political Writings*, org. F. Watkins (Edimburgo, 1953); *The Social Contract*, org. M. Cranston (Harmondsworth, 1968); *The Social Contract*, org. C.M. Sherover (Nova York, 1974); *The Social Contract and Discourse on Inequality*, org. L.G. Crocker (Nova York, 1967).

As edições francesas incluem E. Dreyfus-Brisac (org.) (Paris, 1896); G. Beaulavon (org.) (Paris, 1903; 5ª ed., 1938); C.E. Vaughan (org.) (Manchester, 1918); M. Halbwachs (org.) (Paris, 1943); B. de Jouvenel (org.) (Genebra, 1947); R. Grimsley (org.) (Oxford, 1972); J. -L. Lecercle (org.) (Paris, 1956).

[15] *Jean-Jacques Rousseau, citoyen de Genève, à Christophe de Beaumont.* Amsterdã, org. Marc-Michel Rey, 1763.

Normalmente conhecida como *Lettre à Christophe de Beaumont.* Publicada em *OC* IV. Não há traduções inglesas correntes, mas partes estão incluídas em *The Indispensable Rousseau,* John Hope Mason (Londres, 1979).

[16] *Projet de constitution pour la Corse*

Publicado pela primeira vez em *Œuvres et correspondance inédites,* org. G. Streckeisen-Moultou (Paris, 1861). Publicado em *OC* III.

Tradução usada no texto inglês: *Political Writings,* org. F. Watkins (Edimburgo, 1953). Partes incluídas em *The Indispensable Rousseau,* John Hope Mason (Londres, 1979).

[17] *Lettres écrites de la montagne.* Amsterdã, org. Marc-Michel Rey, 1764.

Publicado em *OC* III. Não existe uma tradução inglesa em circulação, mas partes estão incluídas em *The Indispensable Rousseau,* John Hope Mason (Londres, 1979).

Uma edição francesa moderna: H. Guillemin (org.) (Neuchâtel, 1962).

[18] *Les confessions*

Parte 1, contendo os Livros I-VI, foi originalmente publicada em *Œuvres posthumes,* org. P.A. Du Peyrou (Genebra, 1792), vols. VIII, IX.

Parte 1, também publicada em 1782 em edição separada. Parte 2, contendo os Livros VII-XII, veio a lume pela primeira vez no *Second supplément à la collection des œuvres de Jean-Jacques Rousseau,* orgs. P. Moultou e P.A. Du Peyrou (Genebra, 1789). Primeira edição da obra na íntegra publicada por Poincot, Paris, 1796. Publicada em *OC* I. Tradução usada no texto inglês: *The Confessions,* J.M. Cohen (Harmondsworth, 1954).

[19] *Considérations sur le gouvernement de Pologne*

Publicado originalmente em *Collection complète des œuvres de Jean-Jacques Rousseau,* org. P. Moultou e P.A. Du Peyrou (Genebra, 1782). Edição separada publicada em 1782, em Genebra. Publicado em *OC* III. Tradução usada no texto inglês: *Political Writings,* org. F. Watkins (Edimburgo, 1953).

Outras traduções inglesas incluem *The Government of Poland,* trad. e org. W. Kendall (Nova York, 1972).

[20] *Rousseau juge de Jean-Jacques: dialogues*

Primeiro diálogo: *Rousseau juge de Jean-Jacques: dialogues,* segundo o manuscrito de M. Rousseau, deixado em mãos de M. Brooke Boothby. Lichfield, org. J. Jackson, 1780.

Primeira edição completa: *Collection complète des œuvres de Jean-Jacques Rousseau,* orgs. P. Moultou e P.A. Du Peyrou (Genebra, 1782). Publicado em *OC* I. Tradução usada no texto inglês: *Rousseau Judge of Jean-Jacques: Dialogues,* em *The Collected Writings of Rousseau,* vol. I, orgs. R.D. Masters e C. Kelly (Hanover, New Hampshire, 1990).

[21] *Les rêveries du promeneur solitaire*

Publicado pela primeira vez em *Œuvres posthumes,* org. P.A. Du Peyrou (Genebra, 1780). Edição separada veio a lume em Genebra, também em 1780. Publicado em *OC* I. Tradução usada no texto inglês *Reveries of the Solitary Walker,* P. France (Harmondsworth, 1979).

Outras traduções inglesas incluem: *Reveries of the Solitary Walker,* trad. e org. C.E. Butterworth (Nova York, 1979); *Reveries of the Solitary Walker,* trad. e org. J.G. Fletcher (Nova York, 1971). Outras edições francesas incluem: J.S. Spink (org.) (Paris, 1948); M. Raymond (org.) (Genebra, 1948); J. Voisine (org.) (Paris, 1964).

7. GRUPOS DE OBRAS

Nota: Quando duas datas são indicadas nesta seção, a primeira refere-se à data da composição e a segunda à data de publicação.

[22] Escritos sobre botânica
Duas obras principais:

Lettres élémentaires sur la botanique à Madame de L..., e *Fragments pour un dictionnaire des termes d'usage en botanique.* Ambas tiveram sua primeira publicação na *Collection complète des œuvres de Jean-Jacques Rousseau,* org. P. Moultou e P.A. Du Peyrou (Genebra, 1782). Publicadas em *OC* IV. Tradução usada no texto inglês: *Botany: A Study of Pure Curiosity,* org. K. Ottevanger, ilustr. P.J. Redouté (Londres, 1979).

[23] Composição musical
Oito obras significativas:

Iphis et Anaxarette (1737?), em *Œuvres mêlées,* org. de Boubers (Londres, 1776); e em *Supplément à la collection des œuvres,* org. P. Moultou (Genebra, 1782). *La découverte du Nouveau Monde* (1740-1), em *Supplément. Les muses galantes* (1745), em *Œuvres posthumes,* org. P.A. Du Peyrou (Genebra, 1781). *Les festes de Ramire* (1745), *Annales, 1* (1905). *Le devin du village,* representada dem Fontainebleau... com privilégio do rei (1752) (Paris: Pissot, 1753); traduzido como *The Cunning Man,* org. C. Burney T. Becket e P.A. de Hondt (Londres, 1766). *Pygmalion* (1762-3), em *Mercure de France,* 1771. *Daphnis et Chloé* (1774), org. Corancez, Paris, Espril Libraire, 1779. *Les consolations des misères de ma vie* (1770-8) (Paris, 1781). Publicadas em *OC* II (sem música).

[24] Música: textos sobre
Cinco obras significativas:

Dissertation sur la musique moderne (Paris: Quillau, 1743); trad. L. Hewitt (org.), *Project Concerning New Symbols for Music* (Kilkenny, 1982). *Lettre sur la musique françoise* (Paris: Pissot, 1753), trad. em parte em *Source Readings in Music History,* org. O. Strunk (Nova York, 1950). *Dictionnaire de musique* (Paris: Duchesne, 1767); trad. W. Waring, *The Complete*

Dictionnary of Music (Londres, 1771). *Traités sur la musique* (Genebra, 1781) (contém *Projet concernant de nouveaux signes pour la musique; Dissertation sur la musique moderne; Essai sur l'origine des langues; Lettre à M. l'Abbé Raynal; Examen de deux principes avancés par M. Rameau; Lettre à M. Burney). Œuvres complètes* (Paris: Hachette, 1905), contendo as supracitadas e também *Lettre d'un symphoniste; Observations sur l' "Alceste" de Gluck; Lettre à M. Grimm au sujet d'omphale.* Nenhuma destas está ainda incluída em *OC.*

[25] Poesia e prosa variada
Dez obras significativas:

Le verger de madame la baronne de Warens (Londres: Jacob Tonson, 1739, na realidade publicado em Chambéry ou Annecy).

Épître à M. Bordes, Journal de Verdun, 1743. *Épître à M. Parisot* (1741-2), em *Œuvres mêlées,* org. de Boubers (Londres, 1776). *L'allée de Sylvie* (1746), *Mercure de France,* 1750. *La reine fantasque* (1756), edição não-autorizada, 1758; edição autorizada em *Œuvres de Jean-Jacques Rousseau* (Amsterdã: Marc-Michel Rey, 1769). *Les amours de Claire et de Marcellin* (1756), em *Œuvres et correspondance inédites,* org. G. Streckeisen-Moultou (Paris, 1861). *Le petit savoyard* (1756), em *Œuvres et correspondance inédites,* org. Streckeisen-Moultou. *Le lévite d'Éphraim* (1762), *Œuvres posthumes* (Genebra, 1781). *La vision de Pierre de la Montagne* (Genebra, 1765). *Discours sur la vertu du héros* (1751), edição não-autorizada, *L'Année Littéraire,* 1768; edição autorizada, *Œuvres de Jean-Jacques Rousseau* (Amsterdã: Marc-Michel Rey, 1769).

Tudo publicado em *OC* II.

[26] Teatro
Cinco obras significativas:

Les prisonniers de guerre (1743), *Supplément à la collection des œuvres complètes* (Genebra, 1782). *Arlequin amoureux malgré lui* (1746-7), *Annales,* 2 (1906), *L'engagement téméraire* (1747), *Œuvres posthumes* (Genebra, 1781). *Narcisse, ou L'amant de lui-même* (1732?) (Paris: Pissot, 1753). *La mort de Lucrèce* (1754), *Annales,* 2 (1906).

Tudo publicado em *OC* II.

OBRAS BIBLIOGRÁFICAS

Courtois, L. J., "Chronologie critique de la vie et des œuvres de Jean-Jacques Rousseau", *Annales* 15 (1923).

Dufour, T., *Recherches bibliographiques sur les œuvres imprimés de Jean-Jacques Rousseau,* 2 vols. (Paris, 1925).

Aubert, F., *Manuscrits de Jean-Jacques Rousseau qui se trouvent à Genève* (Genebra, 1938).

Schinz, A., *État présent des travaux sur Jean-Jacques Rousseau* (Nova York, 1941).

Sénelier, J., *Bibliographie générale des œuvres de Jean-Jacques Rousseau* (Paris, 1950).

Leigh, R.A., "Les manuscrits disparus de Jean-Jacques Rousseau", *Annales,* 34 (1956-8).

CORRESPONDÊNCIA

Dufour, T. e P.-P. Plan (orgs.), *Correspondance générale de Jean-Jacques Rousseau,* 20 vols. (Paris, 1924-34).

Hendel, C.W. (trad. e org.), *Citizen of Geneva: Selections from the Letters* (Oxford, 1937).
Leigh, R.A. (org.), *Correspondance complète de Jean-Jacques Rousseau,* 49 vols. (Genebra, 1965-71; Banbury, 1972-89). Uma das maiores realizações da moderna erudição.

Parte II: Obras Sobre Rousseau

1. VIDA E OBRA

Muitos destes livros incluem substanciais exames de obras de Rousseau, assim como narram sua vida. Estas referências são apresentadas por ordem de publicação, para que o leitor possa ver num relance quais são as biografias modernas, as quais, de um modo geral, são mais abrangentes e confiáveis do que as mais antigas.

(1) Bernardin de Saint-Pierre, *Études de la nature,* 3 vols. (Paris, 1784)
(2) Morley, J., *Rousseau* (Londres, 1873)
(3) MacDonald, F., *Jean-Jacques Rousseau: A New Study in Criticism,* 2 vols. (Londres, 1906)
(4) Wright, E.H., *The Meaning of Rousseau* (Oxford, 1929)
(5) Hendel, C.W., *Jean-Jacques Rousseau, Moralist,* 2 vols. (Londres, 1934)
(6) Mowat, R.B., *Jean-Jacques Rousseau* (Bristol, 1938)
(7) Cassirer, E., *The Question of Jean-Jacques Rousseau*, trad. P. Gay (Indiana, 1954; 2ª ed., 1989) ["A Questão de J.-J. Rouseau". In: Maria Teresa Sardeck e Maria Célia Quirino Galvão (orgs.) *O Pensamento Político Clássico,* São Paulo.]
(8) Green, F.C., *Jean-Jacques Rousseau: A Critical Study of his Life and Writings* (Cambridge, 1955)
(9) Grimsley, R., *Jean-Jacques Rousseau: A Study in Self-Awareness* (Cardiff, 1961)
(10) Broome, J.H., *Rousseau: A Study of his Thought* (Londres, 1963)
(11) Guéhenno, J., Jean-Jacques Rousseau, 2 vols., trad. J. e D. Weightman (Londres, 1966)
(12) Einaudi, M., *The Early Rousseau* (Nova York, 1967)
(13) Crocker, L.G., *Jean-Jacques Rousseau: The Quest (1712-58),* vol. I (Nova York, 1968); *Jean-Jacques Rousseau: The Prophetic Voice (1758-78),* vol. II (Nova York, 1973)
(14) De Beer, G., *Rousseau and his World* (Londres, 1972)
(15) Huizinga, J.H., *Rousseau: The Making of a Saint* (Londres, 1975)
(16) Grimsley, R., *Jean-Jacques Rousseau* (Brighton, 1983)
(17) Cranston, M., *Jean-Jacques,* vol. I (Londres, 1983); *The Noble Savage,* vol. II (Londres, 1991)
(18) Miller, J., *The Dreamer of Democracy* (New Haven, Conn., 1984)

2. ASPECTOS DA OBRA DE ROUSSEAU

Livros

(19) Babbit, I., *Rousseau and Romanticism* (Nova York, 1919)
(20) Berman, M., *The Politics of Authenticity* (Nova York, 1970)
(21) Blum, C., *Rousseau and the Republic of Virtue* (Ithaca, Nova York, 1986)
(22) Cameron, D., *The Social Thought of Rousseau and Burke* (Londres, 1973)
(23) Charvet, J., *The Social Problem in the Philosophy of Rousseau* (Cambridge, 1974)
(24) Dent, N.J.H., *Rousseau* (Oxford, 1988)

(25) Ellrich, R.J., *Rousseau and his Reader* (Chapel Hill, NC, 1969)
(26) Grimsley, R., *The Philosophy of Rousseau* (Oxford, 1973)
(27) Horowitz, A., *Rousseau, Nature and History* (Toronto, 1987)
(28) Kavanagh, T.M., *Writing the Truth* (Berkeley, Calif, 1987)
(29) Melzer, A.M., *The Natural Goodness of Man: On the System of Rousseau's Thought* (Chicago, 1990)
(30) O'Neal, J.C., *Seeiging and Observing* (Saratoga, Calif., 1985)
(31) Perkins, M.L., *Jean-Jacques Rousseau on the Individual and Society* (Lexington, Ky., 1974)
(32) Riley, P., *Will and Political Legitimary* (Cambridge, Mass., 1982)
(33) Riley, P., *The General Will before Rousseau* (Princeton, NJ., 1986)
(34) Roche, K.F., *Rousseau: Stoic and Romantic* (Londres, 1974)
(35) Schwartz, J., *The Sexual Politics of Jean-Jacques Rousseau* (Chicago, 1984)
(36) Shklar, J., *Men and Citizens* (Cambridge, 1969)
(37) Starobinski, J., *Jean-Jacques Rousseau: la transparence et l'obstacle* (Paris, 1971) *Cia. das Letras. Transparency and Obstruction,* trad. A. Goldhammer (Chicago, 1988)
(38) Viroli, M., *Jean-Jacques Rousseau and the "Well-Ordered Society"* (Cambridge, 1988)

Coleções de artigos (por ordem de publicação)
(39) *Yale French Studies,* 28 (1961-2)
(40) *Jean-Jacques Rousseau,* Université Ouvrière et Faculté des Lettres de l'Université de Genève (Neuchâtel, 1962)
(41) "Entretiens sur Jean-Jacques Rousseau", *Annales,* 35 (1959)
(42) *Études sur le contrat social de Jean-Jacques Rousseau,* Actes des journées d'étude organisées à Dijon (Paris, 1964)
(43) *Jean-Jacques Rousseau et son œuvre: problèmes et recherches* (Paris, 1964)
(44) "Rousseau et la philosophie politique", *Annales de la Philosophie Politique,* 5 (1965)
(45) Cranston, M. e R.S. Peters (org.), *Hobbes and Rousseau* (Nova York, 1972)
(46) Launay, M. (org.), *Rousseau et Voltaire en 1978* (Genebra, 1981)
(47) "Rousseau for our time", *Daedalus,* 107 (1978)
(48) MacAdam, J., M. Neumann and G. LaFrance (orgs.), *Trent Rousseau Papers* (Ottawa, 1980)
(49) Harvey, S., M. Hobson, D. Kelly, e S.S.B. Taylor (orgs.), *Reappraisals of Rousseau* (Manchester, 1980)
(50) Leigh, R.A. (org.), *Rousseau after 200 Years* (Cambridge, 1982)
(51) Terrasse, J. (org.), *Studies on Rousseau's Discourses* (Ottawa, 1988)
(52) Bloom, H. (org.), *Jean-Jacques Rousseau* (Nova York, 1988)
(53) Lively, J. e A. Reeve (orgs.), *Modern Political Theory from Hobbes to Marx* (Londres, 1989)
(54) LaFrance, G., *Studies on the Social Contract* (Ottawa, 1989)

3. FILOSOFIA POLÍTICA DE ROUSSEAU (E ASSUNTOS AFINS)

Geral

(55) Burns, J.H., "Du côté de chez Vaughan: Rousseau revisited", *Political Studies,* 12 (1964)
(56) Cell, H.R., and J.I. MacAdam, *Rousseau's Response to Hobbes* (Nova York, 1988)
(57) Chapman, J.W., *Rousseau — Totalitarian or Liberal?* (Nova York, 1956)
(58) Cobban, A., *Rousseau and the Modern State* (Londres, 1934: ed. rev. 1964)

(59) Cobban, A., "New Light on the Political thought of Rousseau", *Political Science Quarterly*, 66 (1951)

(60) Cobban, A., and J.H. Burns, "Rousseau's *Du contrat social:* some problems of translation", *Political Studies*, 10 (1962)

(61) Colletti, L., *From Rousseau to Lenin* (Nova York, 1972)

(62) Della Volpe, G., *Rousseau and Marx* (Londres, 1978)

(63) Ellenburg, S., *Rousseau's Political Philosophy: An Interpretation from Within* (Ithaca, NY, 1976)

(64) Fralin, R., *Rousseau and Representation* (Nova York, 1978)

(65) Hall, J.C., *Rousseau: An Introduction to his Political Philosophy* (Londres, 1973)

(66) De Jouvenel, B., "Rousseau's Theory of the Forms of Government", in (45)

(67) Kateb, G., "Aspects of Rousseau's Political Thought", *Political Science Quarterly*, 66 (1951)

(68) Lemos, R., *Rousseau's Political Philosophy* (Athens, Geórgia, 1977)

(69) Masters, R.D., *The Political Philosophy of Jean-Jacques Rousseau* (Princeton, 1968)

(70) Plamenatz, J., *Man and Society*, vol. I (Londres, 1963)

(71) Repacynski, A., *Nature and Politics* (Ithaca, NY, 1987)

(72) Shklar, J., "Rousseau's Two Models: Sparta and the Age of Gold", *Political Science Quarterly*, 76 (1961)

(73) Strauss, L., "On the intention of Rousseau", in (45)

(74) Talmon, J., *The Rise of Totalitarian Democracy* (Boston, 1952)

(75) Vaughan, C.E., *Studies in the History of Political Philosophy Before and After Rousseau* (Manchester, 1939)

(76) Wokler, R., "Rousseau and Marx", in *The Nature of Political Theory*, org. D. Miller and L. Seidentop (Oxford, 1983)

Os *Discursos*

(77) Aldridge, A.O., "The state of nature", *SVEC*, 198 (1982)

(78) Allers, U.S., "Rousseau's *Second Discourse", Review of Politics*, 20 (1958)

(79) Benda, H., "Rousseau's early Discourses", Parte I, Parte II, *Political Science*, 5, 6 (1953, 1954)

(80) Cook, M., "Rousseau and the negro", *Journal of Negro History*, 21 (1936)

(81) Crocker, L.G., "The relation of Rousseau's *Second Discourse* and the *Social Contract"*, Romantic Review, 51 (1960)

(82) Dent, N.J.H., "Rousseau and respect for persons", in *Justifying Toleration*, org. S. Mendus (Cambridge, 1988)

(83) De Jouvenel, B., "Rousseau évolutionniste pessimiste", *Annales de la Philosophie Politique*, 5 (1965)

(84) Gourevitch, V., "Rousseau on the arts and sciences", *Journal of Philosophy*, 69 (1972)

(85) Hamilton, J.F., "Parallel interpretations... of Rousseau's *Discours sur l'inégalité", SVEC*, 94 (1972)

(86) Hamilton, J.F., "Virtue in Rousseau's First Discourse", *SVEC*, 98 (1972)

(87) Havens, G.R., *Voltaire's Marginalia on the Pages of Rousseau* (Columbus, 1933)

(88) Havens, G.R., "Diderot and the composition of Rousseau's First Discourse", *Romanic Review*, 30 (1939)

(89) Havens, G.R., "Diderot, Rousseau and the *Discours sur l'inégalité", Diderot Studies*, 3 (1961)

(90) Havens, G.R., "The road to Rousseau's *Discours sur l'inégalité", Yale French Studies,* 42 (1968)

(91) Levin, M., "Rousseau on independence", *Political Studies,* 18 (1970)

(92) Lovejoy, A.O., "Rousseau's supposed primitivism", in *Essays on the History of Ideas,* A.O. Lovejoy (Baltimore, 1948)

(93) MacAdam, J.I., "The Discours on Inequality and the Social Contract", Philosophy, 50 (1975)

(94) Manuel, F.E., "Sketch for a natural history of paradise", *Daedalus,* 101 (1972)

(95) Mason, J., "Reading Rousseau's First Discourse", *SVEC,* 249 (1987)

(96) Meek, R., *Social Science and the Ignoble Savage* (Cambridge, 1976)

(97) Peled, Y., "Rousseau's inhibited radicalism", *American Political Science Review,* 74 (1980)

(98) Perkins, M.L., "Liberty and the concept of legitimacy in the *Discours sur l'inégalité", SVEC,* 89 (1972)

(99) Plattner, M.F., *Rousseau's State of Nature: An Interpretation of the Discourse on the Origin of Inequality* (DeKalb, 1979)

(100) Powers, R.H., "Rousseau's useless science: dilemma or paradox?", *French Historical Studies,* 2 (1961-2)

(101) Skillen, A., "Rousseau and the fall of social man", *Philosophy,* 50 (1975)

(102) Winch, P., "Man and society in Hobbes and Rousseau", in (45)

(103) Wokler, R., "The influence of Diderot on the political theory of Rousseau", *SVEC,* 132 (1975)

(104) Wokler, R., "Tyson and Buffon on the orang-utan", *SVEC,* 155 (1976)

(105) Wokler, R., "Perfectible apes in decadent culture: Rousseau's anthropology revisited", *Daedalus,* 107 (1978)

(106) Wokler, R., "The *Discours sur les sciences et les arts* and its offspring", in (49)

(107) Wokler, R., and C. Frayling, "From orang-utan to vampire", in (50)

(108) Wokler, R., *Social Thought of Jean-Jacques Rousseau* (Nova York, 1987)

O contrato social

(109) Allen, G.O., " 'La volonté de tous' and 'la volonté générale' ", *Ethics,* 73 (1962)

(110) Althusser, L., "Sur le *Contrat social",* in *Politics and History,* L. Althusser (Londres, 1972)

(111) Barnard, F.M., "Will and political rationality in Rousseau", *Political Studies,* 32 (1984)

(112) Barry, B.M., "Preferences and the common good", *Ethics,* 73 (1962)

(113) Cell, H., "Breaking Rousseau's chains", in (48)

(114) Charvet, J., "Rousseau and the ideal of community", *History of Political Thought,* 1 (1980)

(115) Cohen, J., "Reflections on Rousseau and democracy", *Philosophy and Public Affairs,* 15 (1980)

(116) Cranston, M., "Rousseau's *Social Contract",* in *The Mask of Politics,* M. Cranston (Londres, 1973)

(117) Crocker, L.G., *Rousseau's Social Contract: An Interpretive Essay* (Cleveland, 1968)

(118) Dagger, R., "Understanding the general will", *Western Political Quarterly,* 34 (1981)

(119) Echeverria, D., "The pre-revolutionary influence of Rousseau's *Social Contract", Journal of the History of Ideas,* 34 (1972)

(120) Fetscher, I., "Rousseau's concepts of freedom", *Nomos* (1962)

(121) Friedrich, C.J., "Law and dictatorship in the *Social Contract", Annales de la Philosophie Politique,* 5 (1965)

(122) Gardiner, P., "Rousseau on liberty", in *Conceptions of Liberty in Political Philosophy,* Z.A. Pelczynski and D. Gray (Londres, 1984)

(123) Gildin, H., *Rousseau's "Social Contract"* (Chicago, 1983)

(124) Jones, W.T., "Rousseau's general will and the problem of consent", *Journal of the History of Philosophy,* 25 (1987)

(125) Kelly, C., "To persuade without convincing", *American Journal of Political Science,* 31 (1987)

(126) King, P., "Towards a theory of the general will", *History of Philosophy Quarterly,* 4 (1987)

(127) Leigh, R.A., "Liberté et autorité dans *Le contrat social",* in (43)

(128) Levine, A., *The Politics of Autonomy* (Amherst, Mass., 1976)

(129) Lough, J., "The *Encyclopaedia and the Contract Social",* in (49)

(130) MacAdam, J.I., "Rousseau and the friendes of despotism", *Ethics,* 74 (1963)

(131) MacAdam, J.I., "What Rousseau meant by the general will", *Dialogue,* 5 (1967)

(132) McKenzie, A., "Rousseau's debate with Machiavelli in the *Social Contract", Journal of the History of Ideas,* 43 (1982)

(133) McManners, J., *"The Social Contract* and Rousseau's revolt against society", in (45)

(134) Mason, J.H., "Individuals in Rousseau's republican vision", *History of Political Thought,* 10 (1989)

(135) Matthews, R., e D. Ingersoll, "The therapist and lawgiver", *Canadian Journal of Political and Social Theory,* 4 (1930)

(136) Melzer, A., "Rousseau and the problem of bourgeois society", *American Political Science Review,* 74 (1980)

(137) Melzer, A., "Rousseau's moral realism: replacing natural law with the general will", *American Political Science Review,* 77 (1983)

(138) Nesbit, R., "Rousseau and equality", *Encounter,* 43 (1974)

(139) Nisbet, A.R., "Rousseau and the general will", in *The Social Philosophers,* A.R., Nisbet (Londres, 1974)

(140) Noone, J.B., *Rousseau's Social Contract* (Londres, 1980)

(141) Plamenatz, J., "On le forcera d'être libre", in (45)

(142) Remple, H.D., "On forcing people to be free", *Ethics,* 87 (1976-7)

(143) Riley, P., "A possible explanation of Rousseau's general will", *American Political Science Review,* 67 (1970)

(144) Ritter, G., "Direct democracy and totalitarianism", *Diogenes,* 3 (1954-5)

(145) Rosenfeld, D., "Rousseau's unanimous contract and the doctrine of popular sovereignty", *History of Political Thought,* 8 (1987)

(146) Shklar, J., "Rousseau's imagens of authority", in (45)

(147) Waldmann, T., "Rousseau on the general will and the legislator", *Political Studies,* 8 (1960)

(148) Weirich, P., "Rousseau on proportional majority rule", *Philosophy and Phenomenological Research,* 47 (1986-7)

(149) Wokler, R., "Rousseau's perfectible libertarianism", in *The Idea of Freedom,* org. A. Ryan (Oxford, 1979)

(150) Wokler, R., "Rousseau's two concepts of liberty", in *Lives, Liberties and the Public Good,* org. G. Feaver and F. Rosen (Londres, 1987)

Outros Textos Políticos

(151) Barnard, F.M., "National culture and political legitimacy: Herder and Rousseau", *Journal of the History of Ideas,* 44 (1983)

(152) Cohler, A., *Rousseau and Nationalism* (Nova York, 1970)

(153) Fralin, R., "Rousseau and community: the role of *mœurs* in social change", *History of Political Thought,* 1 (1980)

4. JÚLIA, OU A NOVA HELOÍSA

(154) Anderson, D.L., "Abélard and Héloïse: eighteenth-century motif", *SVEC,* 84 (1971)

(155) Crocker, L.G., "Julie: ou la nouvelle duplicité", *Annales,* 34 (1963-5)

(156) Ellis, M.B., *Julie or La nouvelle Héloïse: A Synthesis of Rousseau's Thought* (Toronto, 1949)

(157) Frayling, C., "The composition of *La nouvelle Héloïse",* in (49)

(158) Gossman, L., "The worlds of *La nouvelle Héloïse", SVEC,* 41 (1966)

(159) Howells, R.J., *La nouvelle Héloïse* (Londres, 1980)

(160) Jimack, P.D., "The paradox of Sophie and Julie", in *Women and Society in Eighteenth-Century France* (Londres, 1979)

(161) Jones, J.F., *La nouvelle Héloïse: Rousseau and Utopia* (Genebra, 1977)

(162) Tanner, the "Julie and 'La maison paternelle' ", *Daedalus,* 162 (1976)

5. EMÍLIO

(163) Bloom, A., "Introduction", in *Émile, or On Education,* A. Bloom (Nova York, 1979) (ed. rev. of "The education of democratic man", A. Bloom, *Daedalus,* 107 (1978)

(164) Burgelin, P., "The second education of Émile", *Yale French Studies,* 28 (1961-2)

(165) Carr, D., "The free child and the spoiled child", *Journal of the Philosophy of Education,* 19 (1985)

(166) Dent, N.J.H., "The basic principle of Émile's education", *Journal of the Philosophy of Education,* 22 (1988)

(167) Jimack, P.D., "La genèse et la rédaction de l'*Émile", SVEC,* 13 (1960)

(168) Jimack, P.D., *"Homme* and *citoyen* in Rousseau's *Émile", Romanic Review,* 56 (1965)

(169) Jimack, P.D., *Rousseau-Émile* (Londres, 1983)

(170) Mercken-Spaas, G., "The social anthropology of Rousseau's *Émile", SVEC,* 132 (1975)

(171) Meyer, P.H., "The individual and society in Rousseau's *Émile", Modern Language Quarterly,* 19 (1958)

6. AS CONFISSÕES E OUTROS ESCRITOS AUTOBIOGRÁFICOS

(172) Ellis, M.B., *Rousseau's Venetian Story: An Essay on Art and Truth in* Les confessions (Baltimore, 1966)

(173) France, P., *Rousseau: Confessions* (Cambridge, 1987)

(174) Gourevitch, V., "Rousseau on lying. A provisional reading of the Fourth Reverie", *Berkshire Review,* 16 (1980)

(175) Gossman, L., "The innocent art of confession and revery", *Daedalus,* 107 (1978)

(176) Grimsley, R., *Jean-Jacques Rousseau: A Study in Self-Awareness* (Cardiff, 1961)

(177) Hamilton, J.F., *Rousseau's Theory of Literature* (York, S. Carolina, 1979)

(178) Hartle, A., *The Modern Self in Rousseau's Confessions* (Indiana, 1983)

(179) Jimack, P.D., "Rousseau and the primacy of self ", *SVEC,* 32 (1965)

(180) Jones, J.F., "The *Dialogues* as autobiographical truth", *Eighteenth-Century Studies,* 14 (1965)

(181) Kelly, C., and R.D. Masters, '"Rousseau on reading Jean-Jacques" — *The Dialogues',* *Interpretation,* 17 (1989)

(182) Palmer, R.R., "A clash with democracy: Geneva and Jean-Jacques Rousseau", in *The Age of Democratic Revolution,* R.R. Palmer (Princeton, 1959)

(183) Pascal, R., *Design and Truth in Autobiography* (Cambridge, Mass., 1960)

(184) Williams, H., *Rousseau and Romantic Autobiography* (Oxford, 1983)

7. RELIGIÃO

(185) Dickstein, M., "The faith of a vicar: reason and morality in Rousseau's religion", *Yale French Studies,* 28 (1961-2)

(186) Goldbery, R., "Voltaire, Rousseau and the Lisbon earthquake", *Eighteenth-Century Life,* 13 (1989)

(187) Grimsley, R., *Rousseau and the Religious Quest* (Oxford, 1968)

(188) de Man, P., "The timid god: a reading of Rousseau's *Profession", Georgia Review,* 29 (1975)

(189) Masson, P.-M., *La formation religieuse de Rousseau,* 3 vols (Paris, 1916)

(190) Thomas, J.F., *Le pélagianisme de Jean-Jacques Rousseau* (Paris, 1956)

8. MÚSICA

(191) Blom, E., "The philosopher, the actress and the boy", in *Stepchildren of Music,* E. Blom (Londres, 1923)

(192) Cucuel, G., *La Pouplinière et la musique de chambre au 18e siècle* (Paris, 1913)

(193) Duchez, M.-E., "Principe de la mélodie et origine des langues", *Revue de Musicologie,* 60 (1974)

(194) Jansen, A., *Jean-Jacques Rousseau als Musiker* (Berlim, 1884; reimp. Genebra, 1971)

(195) Kisch, E., "Rameau and Rousseau", *Music and Letters,* 22 (1941)

(196) Launay, D. (org.), *La Querelle des Bouffons,* 3 vols. (Paris, 1973)

(197) Oliver, A.R., *The Encyclopedists as Critics of Music* (Columbus, 1947)

(198) Pougin, A., *Jean-Jacques Rousseau musicien* (Paris, 1940)

(199) Robinson, P.E.J., *Jean-Jacques Rousseau's Doctrine of the Arts* (Berne, 1984)

(200) Strauss, J.F., "Jean-Jacques Rousseau, musician", *Music Quarterly* (1978)

(201) Strunk, O. (org.), *Source Readings in Music History* (Nova York, 1950)

(202) Weber, S.M., "The aesthetics of Rousseau's *Pygmalion", Modern Language Notes,* 83 (1986)

(203) Wokler, R., "Rousseau on Rameau and revolution", *Studies in the Eighteenth Century,* 6 (1979)

(204) Wokler, R., *Social Thought of Jean-Jacques Rousseau* (Nova York, 1987)

9. TEATRO, POESIA, PROSA VARIADA

(205) Bloom, A., "Introductory essay", in *Politics and the Arts: Letter to M. d'Alembert on the Theatre,* A. Bloom (Ithaca, NY, 1960)

(206) Ellrich, R., "Rousseau's androgynous dream: the minor works 1752-62", *French Forum,* 13 (1988)

(207) Kavanagh, T., "Rousseau's *Le lévite d'Éphraïm", Eighteenth-Century Studies,* 16 (1982-3)

(208) Polizer, R.L., "Rousseau on the theatre and the actors", *Romanic Review,* 46 (1955)

(209) Rex, W.R., "Sexual metamorphoses... Rousseau's *Narcisse", SVEC,* 278 (1990)

10. O ENSAIO SOBRE A ORIGEM DAS LÍNGUAS

(210) Derrida, J., "Genesis and structure of the *Essay",* in *Of Grammatology,* J. Derrida (Baltimore, 1976)

(211) Grimsley, R., "Rousseau and the problem of 'original' language", in *The Age of Enlightenment: Studies Presented to Th. Besterman,* org. W.H. Barber (Edimburgo, 1967)

(212) Lovejoy, A.O., "Monboddo and Rousseau", in *Essay in the History of Ideas,* A.O., Lovejov (Baltimore, 1948)

(213) Wokler, R., "Rousseau, Rameau and the *Essai", SVEC,* 117 (1974)

(214) Wokler, R., *"L'essai* en tant que fragment du *Discours sur l'inégalité",* in (46)

(215) Wokler, R., *Social Thought of Jean-Jacques Rousseau* (Nova York, 1987)

11. BOTÂNICA; ESCRITOS DO ABADE DE SAINT-PIERRE; GUERRA; MULHERES

(216) Cameron, D.R., "The hero in Rousseau's political thought", *Journal of the History of Ideas,* 45 (1984)

(217) Canovan, M., "Rousseau's two concepts of citizenship", in *Women in Western Political Thought,* org. E. Kennedy and S. Mendus (Brighton, 1987)

(218) Cantor, P.A., "The metaphysics of botany: Rousseau and the new criticism of plants", *Southwestern Review,* 70 (1985)

(219) Carter, C.J., *Rousseau and the Problem of War* (Nova York, 1987)

(220) Graham, R., "Rousseau's sexism revolutionised", in *Women in the Eighteenth Century,* org. P. Fritz and R. Morton (Toronto, 1976)

(221) Hinsley, F.H., *Power and the Pursuit of Peace* (Cambridge, 1967)

(222) Hoffman, S., "Rousseau on war and peace", *American Political Science Review,* 57 (1963)

(223) Hoffman, S., *The State of War* (Londres, 1965)

(224) Lloyd, G., "Rousseau on reason, nature and women", *Metaphilosophy,* 11 (1983)

(225) Okin, S.M., *Women in Western Political Thought* (Princeton, 1979)

(226) Perkins, M.L., *The Moral and Political Philosophy of the Abbé de Saint-Pierre* (Genebra, 1959)

(227) Rapaport, E., "On the future of love: Rousseau and the radical feminists", in *The Philosophy of Sex,* A. Soble (Totowa, NJ, 1980)

(228) Roosevelt, G., *Reading Rousseau in a Nuclear Age* (Filadélfia, 1988)

(229) Roosevelt, G.,"The role of Rousseau's writings on war and peace in the evolution of the *Social Contract",* in (54)

(230) Scott, D., "Rousseau and flowers", *SVEC,* 182 (1979)
(231) Waltz, K.N., *Man, the State and War* (Nova York, 1959)
(232) Wexler, V.G., "Made for man's delight: Rousseau as anti-feminist", *American Historical Review,* 81 (1976)

12. O ILUMINISMO; A ENCICLOPÉDIA; ASSUNTOS AFINS

(233) Baczko, B., "Rousseau and social marginality", *Daedalus,* 107 (1978)
(234) Becker, C., *The Heavenly City of the Eighteenth-Century Philosophers* (New Haven, Conn., 1932)
(235) Blanchard, W.H., *Rousseau and the Spirit of Revolt* (Ann Arbor, 1967)
(236) Bloom, A., "Rousseau", in *The History of Political Thought,* org. L. Strauss e J. Cropsey (Chicago, 1963)
(237) Boswell, J., *Boswell on the Grand Tour: Germany and Switzerland 1764,* org. F. Pottle (Londres, 1953)
(238) Bowler, P., "Evolutionism in the Enlightenment", *History of Science,* 12 (1974)
(239) Cassirer, E., *The Philosophy of the Enlightenment* (Princeton, 1951)
(240) Cassirer, E., *Rousseau, Kant and Goethe* (Princeton, 1970)
(241) Crocker, L.G., "Rousseau et 'l'opinion'", *SVEC,* 40 (1967)
(242) Darnton, R., *The Great Cat Massacre* (Nova York, 1984)
(243) Darnton, R., *The Business of Enlightenment* (Cambridge, Mass., 1979)
(244) Durkheim, E., *Montesquieu and Rousseau* (Ann Arbor, 1960)
(245) Ellis, H., "Mme de Warens", *Virginia Quarterly,* 9 (1933)
(246) Ellis, M.B., "Jean-Jacques Rousseau — biographical problems", *Romanic Review,* 38 (1948)
(247) Gay. P., *The Enlightenment —An Interpretation,* 2 vols. (Nova York, 1966, 1969)
(248) Gay. P., *The Party of Hummanity* (Nova York, 1971)
(249) Grimsley., R., "Rousseau and the problem of happiness", in (45)
(250) Gossman, L., "Time and history in Rousseau", *SVEC*, 30 (1964)
(251) Hall, R.W., "Plato and Rousseau", *Aperion,* 16 (1982)
(252) Hampson, N., *The Enlightenment* (Harmondsworth, 1968)
(253) Hampson, N., *Will and Circumstance* (Norman, Okla., 1983)
(254) Hazard, P., *European Thought in the Eighteenth Century* (Harmondsworth, 1965)
(255) Howells, R.J., "The metaphysic of nature: basic values... in Rousseau", *SVEC,* 60 (1968)
(256) Hubert, R., *Rousseau et l'Encyclopédie* (Paris, 1928)
(257) de Jouvenel, B., "Rousseau", in *Western Political Philosophers,* org. M. Cranston (Londres, 1974)
(258) Kedourie, E., *Nationalism* (Nova York, 1972)
(259) Kelly, G.A., "Rousseau, Kant and history", *Journal of the History of Ideas,* 29 (1968)
(260) Keohane, N.O., "The masterpiece of policy in our time: Rousseau on the morality of the Enlightenment", *Political Theory,* 6 (1978)
(261) Kontos, A., "Domination: metaphor and political reality", in *Domination,* A. Kontos (Toronto, 1965)
(262) Leigh, R.A., "Jean-Jacques Rousseau and the myth of antiquity in the eighteenth century", in *Classical Influences on Western Thought 1650-1870,* R.R. Bolgar (Cambridge, 1979)

(263) Lough, J., *The Encyclopaedia* (Nova York, 1971)

(264) MacAdam, J.I., "The moral dimensions of property", in *Theories of Property —Aristotle to the Present,* org. A. Parel e T. Flanagan (Waterloo, Ontario, 1979)

(265) MacNeil, G.H., "The cult of Rousseau and the French Revolution", *Journal of the History of Ideas,* 50 (1945)

(266) MacNeil, G.H., "The anti-revolutionary Rousseau", *American Historical Review,* 58 (1953)

(267) McDonald, C.V., "J. Derrida's reading of Rousseau", *The Eighteenth Century,* 2 (1979)

(268) McDonald, J., *Rousseau and the French Revolution* (Londres, 1965)

(269) de Man, P., "The rhetoric of blindness: Derrida's reading of Rousseau", in *Blindness and Insight,* P. de Man (Londres, 1983)

(270) Manser, A., "Rousseau as philosopher", *Royal Institute of Philosophy Lectures,* vol.V (Londres, 1971)

(271) Marshall, T.E., "Rousseau and the Enlightenment", *Political Theory,* 6 (1978)

(272) Martin, K., *French Liberal Thought in the Eighteenth Century* (Nova York, 1963)

(273) O'Mara, P., "Jean-Jacques and Geneva", *The Historian,* 20 (1957-8)

(274) Orwin, C., "Compassion", *The American Scholar,* 49 (1980)

(275) Palmer, R.R., *The Age of Democratic Revolution, 1760-1800* (Princeton, 1979)

(276) Sabine, G.H., *History of Political Thought* (Londres, 1963)

(277) Spink, J.S., *Jean-Jacques Rousseau et Genève* (Paris, 1934)

(278) Taylor, S.S.B., "Rousseau's contemporary reputation in France", *SVEC,* 27 (1963)

(279) Taylor, S.S.B., "Rousseau's Romanticism", in (49)

(280) Trilling, L., *Sincerity and Authenticity* (Londres, 1972)

(281) Williams, D., "The influence of Rousseau on political opinion", *English Historical Review,* 48 (1933)

13. OUTRAS OBRAS EM INGLÊS

(282) Barnard, F.M., *Self-Direction and Political Legitimacy* (Oxford, 1988)

(283) Chadwick, O., *The Secularization of the European Mind in the Nineteenth Century* (Cambridge, 1975)

(284) Green, T.H., "On the different senses of 'freedom'...", in *Lectures on the Principles of Political Obligation,* T.H. Green (Londres, 1924)

(285) Hegel, G.W.F., *Hegel's Philosophy of Right,* trad. T.M. Knox (Oxford, 1957)

(286) Hirsch, F., *Social Limits to Growth* (Londres, 1977)

(287) Hofstader, R., *The Paranoid Style in American Politics* (Londres, 1966

(288) Kant, I., *Kant's Political Writings,* org. H. Reiss (Cambridge, 1977)

(289) Kant, I., *Religion within the Limits of Reason Alone,* trad. T.M. Greene e H. Hudson (Nova York, 1960)

(290) Klein, M., *Envy and Gratitude and Other Works, 1946-63* (Londres, 1975)

(291) Laing, R.D., *The Divided Self* (Harmondsworth, 1965)

(292) MacPherson, C.B., *The Political Theory of Possessive Individualism* (Oxford, 1962)

(293) Marx, K., "Introduction to a critique of political economy", in *The German Ideology,* org. C. J. Arthur (Londres, 1970)

(294) Pateman, C., *Participation and Democratic Theory* (Cambridge, 1970)

(295) Paul, E.F., F.D. Miller, e J. Paul (orgs.), *Liberty and Equality* (Oxford, 1985)

(296) Ryan, A., *Property and Political Theory* (Oxford, 1984)

(297) Schlatter, R., *Private Property: The History of An Idea* (Londres, 1957)

(298) Skinner, Q., "The idea of negative liberty: philosophical and historical perspectives", in *Philosophy in History,* orgs. R. Rorty, J. Schneewind, and Q. Skinner (Cambridge, 1984)

(299) Taylor, C., "What's wrong with negative liberty?", in *The Idea of Freedom,* org. A. Ryan (Oxford, 1979)

(300) Tonnies, F., *Community and Association* (Londres, 1955)

(301) Veblen, T., *Theory of the Leisure Class* (Londres, 1970 (1899))

14. OUTRAS OBRAS EM FRANCÊS

(302) Ansart-Dourlen, M., *Dénaturation et violence* (Klincksieck, 1975)

(303) Baczko, B., *Rousseau: solitude et communauté* (Paris, 1974)

(304) Burgelin, P., *La philosophie de l'existence de Jean-Jacques Rousseau* (Paris, 1952)

(305) Burgelin, P., "Le social et la politique chez Rousseau", in (42)

(306) Château, J., *Jean-Jacques Rousseau: sa philosophie de l'éducation* (Paris, 1962)

(307) Clément, P.-P., *Jean-Jacques Rousseau: de l'éros coupable à l'éros glorieux* (Neuchâtel, 1976)

(308) Derathé, R., *Le rationalisme de Rousseau* (Paris, 1948)

(309) Derathé, R., "Les réfutations du *Contrat social* au XVIIIe siècle", *Annales,* 32 (1950-2)

(310) Derathé, R., "La religion civile selon Rousseau", *Annales,* 35 (1959-62)

(311) Derathé, R., *Rousseau et la science politique de son temps* (2ª ed. Paris, 1970)

(312) Eigeldinger, M., *Jean-Jacques Rousseau et la réalité de l'imaginaire* (Neuchâtel, 1962)

(313) Eigeldinger, M., *Univers mythique et cohérence* (Neuchâtel, 1978)

(314) Faij, B., *Jean-Jacques Rousseau, ou Le rêve de la vie* (Paris, 1974)

(315) Goldschmidt, V., *Anthropologie et politique: les principes du système de Rousseau* (Paris, 1974)

(316) Gouhier, H., *Les méditations métaphysiques de Jean-Jacques Rousseau* (Paris, 1970)

(317) Groethuysen, B., *Jean-Jacques Rousseau* (Paris, 1949)

(318) Kryger, E., *La notion de liberté chez Rousseau* (Paris, 1979)

(319) Lanson, G., "L'unité de la pensée de Jean-Jacques Rousseau", *Annales,* 8 (1912)

(320) Launay, M., *Jean-Jacques Rousseau: écrivain politique* (Grenoble, 1971)

(321) Lecercle, J., *Rousseau et l'art du roman* (Paris, 1962)

(322) Lévi-Strauss, C., "Jean-Jacques Rousseau: fondateur des sciences de l'homme", in (40)

(323) May, G., *Rousseau par lui-même* (Paris, 1961)

(324) Pizzorusso, A., "La comédie de Narcisse", *Annales,* 35 (1961-2)

(325) Polin, R., *La politique de la solitude* (Paris, 1971)

(326) Proust, J., *Diderot et L'Encyclopédie* (Paris, 1962)

(327) Raymond, M., *Jean-Jacques: la quête de soi et la rêverie* (Paris, 1962)

(328) Schinz, A., *La pensée de Jean-Jacques Rousseau* (Paris, 1929)

(329) Vernes, P.M., *La ville, la fête, la démocratie: Rousseau et les illusions de la communauté* (Paris, 1978)

15. SUPLEMENTO

(330) Berlin, I., "Two concepts of liberty", in *Four Essays on Liberty,* I. Berlin (Oxford, 1969)

(331) Charvet, J., "The idea of equality as a substantive principle of society", in *Contemporary Political Theory,* A. de Crespigny e A. Wertheimer (Londres, 1970)

(332) Clark, S.R.L., *Aristotle's Man* (Oxford, 1975)

(333) Fromm, E., *Fear of Freedom* (Londres, 1942)

(334) Harding, D.W., *The Impulse to Dominate* (Londres, 1941)

(335) Hinsley, F.H., *Sovereignty* (Londres, 1966)

(336) Hume, D., "Account of the controversy between Hume and Rousseau" *(The Concise Account),* in *Philosopical Works,* D. Hume, vol.I (Edimburgo, 1826 (1766)

(337) de Jouvenel, B., *Sovereignty* (Londres, 1957)

(338) Leigh, R.A., "Rousseau's letter to Voltaire on optimism", *SVEC,* 30 (1964)

(339) Lukes, S., *Power* (Londres, 1974)

(340) MacDonald, M., "Natural rights", *Proceedings of the Aristotelian Society,* 48 (1946-7)

(341) Pollard, S., *The Idea of Progress* (Harmondsworth, 1977)

(342) Perelman, C., *The Idea of Justice and the Problem of Argument* (Londres, 1963)

(343) Reisman, D., *The Lonely Crowd* (Chicago, 1967)

(344) Solomon, R., *History and Human Nature* (Brighton, 1979)

(345) Spink, J.S., "La première rédaction des *Lettres écrites de la montagne", Annales,* 20 (1931)

(346) Strauss, L., *Natural Right and History* (Chicago, 1953)

(347) Walzer, M., *Spheres of Justice* (Oxford, 1983)

(348) Wasserstrom, R., "Rights, human rights, and racial discrimination", *Journal of Philosophy,* 61 (1964)

(349) Williams, B.A.O., "The idea of equality", in *Philosophy, Politics and Society,* P. Laslett e W.G. Runciman (Oxford, 1962)

Índice remissivo

O Índice remissivo tem a intenção principal de fazer com que o leitor possa encontrar material sobre tópicos e obras localizados em outros lugares além de nos verbetes específicos sobre esses tópicos e obras. Os números das páginas dos verbetes estão impressos em negrito.

Este livro foi composto pela Textos & Formas, em Times New Roman, e impresso por Tavares e Tristão Ltda., em abril de 1996.